普通高等教育金融科技卓越人才培养系列教材

金融科技概论

编著 马 勇

机械工业出版社

近年来，金融科技发展迅猛，在很多方面以极快的速度和极为深刻的方式改造乃至改变着金融业，并且很有可能成为整个21世纪前1/4段金融领域重要的现象级事件。这主要是因为，乘着第四次工业革命的浪潮，现代金融科技对金融业的影响已经不再像过去那样是渐进、缓慢和表层意义上的，而是直达金融活动的底层基础，从内容、手段到形式等多方面、综合化、立体化地塑造着金融业的未来。在这一背景下，深刻理解金融科技的基本原理、方法和应用，已经成为未来金融从业人员的一项必备基本技能。

有鉴于此，本书旨在从全面、系统和综合的视角对金融科技及其在金融业中的应用进行一个入门级别的、简明扼要而又通俗易懂的介绍，同时通过若干资料、数据和现实案例的引入，增加理论联系实际的切入点、代入感和深入性。简明易懂而不失专业性，是本书的一个突出特色。

本书既可供高等院校经济、金融、管理及相关专业的本科生和研究生作为教材使用，还可供从事经济、金融和管理方向的相关理论研究的人员和实务工作者阅读参考，特别是供中央银行、金融监管和其他相关政策部门的研究人员和管理人员作为理论学习与实务操作的参考用书。此外，本书也适合企事业单位作为培训教材。

图书在版编目（CIP）数据

金融科技概论 / 马勇编著. —北京：机械工业出版社，2023.6（2025.8重印）

普通高等教育金融科技卓越人才培养系列教材

ISBN 978-7-111-73313-3

Ⅰ．①金… Ⅱ．①马… Ⅲ．①金融—科学技术—高等学校—教材 Ⅳ．①F830

中国国家版本馆CIP数据核字（2023）第108185号

机械工业出版社（北京市百万庄大街22号 邮政编码100037）

策划编辑：裴 泱　　　　　责任编辑：裴 泱 何 洋
责任校对：张晓蓉 陈 越　封面设计：王 旭
责任印制：刘 媛
北京富资园科技发展有限公司印刷
2025年8月第1版第2次印刷
184mm×260mm·18.5印张·387千字
标准书号：ISBN 978-7-111-73313-3
定价：59.80元

电话服务　　　　　　　　网络服务
客服电话：010-88361066　机 工 官 网：www.cmpbook.com
　　　　　010-88379833　机 工 官 博：weibo.com/cmp1952
　　　　　010-68326294　金 　书 　网：www.golden-book.com
封底无防伪标均为盗版　　机工教育服务网：www.cmpedu.com

前　言

近年来，以大数据、云计算、区块链和人工智能为代表的信息和计算机技术正在以极快的速度和极为深刻的方式影响着金融业的组织形式、经营模式和产品业态，并由此诞生了一系列新的机构、产品和管理方法。对于本来就建立在信息和数据基础之上的金融业而言，随着信息科技和计算机技术的不断发展和向金融领域渗透，特别是随着海量数据的存储、下载和分析等瓶颈被突破，不仅传统的金融机构和业务面临新的发展机遇和变革需求，而且一系列新兴的产业、组织和机构将不断涌现。新旧两股金融力量的相互作用，将在很大程度上塑造出未来的金融生态新格局。

从广义上说，信息和计算机技术与金融业务相结合而产生的一系列金融产品、服务和管理模式等，都涵盖在今天人们所称的"金融科技"范围之内。但从核心内涵上看，金融科技区别于早期金融技术应用的关键要点在于：以大数据、云计算、人工智能和区块链为代表的金融科技在很大程度上是作为"底层技术"进入金融领域的，这意味着整个金融产业从基础设施、组织架构、业务模式、产品开发到经营管理的几乎所有环节都将受到金融科技的普遍影响。换言之，金融科技的出现对金融体系及其活动的影响是必然的、系统性的和前所未有的，离开了对金融科技的了解，要从一般意义上理解未来的金融发展及其影响几乎是不可能的。

不过，从教材编写的角度来看，由于金融科技是最近几年才正式走入大学校园的一门新兴学科，因此，国内外目前尚无公认的范式和体例可以遵循，相关教材的编写工作也大都处于起步和探索阶段。为此，笔者在编写本书的过程中，不仅参阅了国内外相关领域的大量著作，而且本着尽量化繁为简的原则，力求为读者提供一个足够清晰且简明的金融科技学习框架。从内容上看，本书一共分为8章，总体按照循序渐进的原则安排相关章节。首先，第1章对金融科技的发展历程、现状与特点等进行一般性的概括和介绍；然后，第2~5章分别对大数据、云计算、人工智能和区块链这四项目前极为核心的金融科技进行详细介绍；第6章进一步从金融科技公司的视角来看待金融科技在金融领域的产业应用现状及未来发展趋势；第7章介绍金融科技在其应用过程中可能遭遇的各种伦理问题，以及相应的应对原则、方法和策略；第8章对金融科技的潜在风险和监管方法等问题进行论述。

较之已有相关教材，本书的主要特点包括以下四个方面：①金融科技的核心和落脚点在于金融而不是技术，因此，本书对金融科技的讨论始终坚持以金融为中心；②金融科技本身处于快速发展的过程中，各种具体的应用更是层出不穷，因此，本书本着抓住共识和主线的原则，集中介绍以大数据、云计算、人工智能和区块链为代表的、比较公认的金融科技，而对一些在概念和应用上尚处于模糊阶段的技术（如物联网和元宇宙等）则暂未介绍，以免对初学者造成不必要的误导和负担；③鉴于大部分读者对纯信息科技或计算机技术层面的知识理解存在一定难度，本书在章节安排和内容阐述等方面均力求通俗易懂、简明扼要，使任何一个具备初级经济金融学基础的读者都可以通过阅读本书，形成一个理解和分析金融科技的整体框架；④对于目前大部分教材较少涉及但又非常重要的内容，如金融科技的伦理问题等，本书安排了独立的章节予以详细介绍。

　　本书的顺利编写与出版得益于机械工业出版社相关编辑同志的高效工作，在此谨表真诚的谢意。同时，在本书的编写过程中，中国人民大学的董梦楠、孙海宁、袁静琦、赵一啸和周笑涵等同志分别参与了第2~6章部分内容的资料收集、整理和起草工作，在此一并致谢。此外，本书还广泛参考了国内外的相关专著、论文和报告等文献资料，在此特向相关作者表示衷心的感谢。最后，由于金融科技教材的编写是一项全新的工作，加之笔者水平有限，书中难免存在错误与不足之处，在此恳请各位专家、学者和读者不吝批评指正。

马　勇
于中国人民大学

目　录

第 1 章 ▶

金融科技概述

金融科技概论

【本章要点】

1. 金融与科技的一般关系。
2. 金融科技的定义、主要技术与特点。
3. 金融科技的演进与发展。

【背景材料】

金融科技对传统银行的冲击是颠覆性的，虽然刚刚开始，但它的影响已经产生了，所以我用的语言是"颠覆"。这是瑞士一个地方，那是一个 1000 人的交易大厅，看一个人对全世界同时交易，非常壮观。16 年以后，这个大厅几乎不存在，是业务没有了吗？教育量翻番了，为什么人没有了？因为人被机器取代了，在这个旁边有一个高盛的教育大厅，当年有 600 名交易员，今天只有 4 名。所有的交易今天被机器取代，原因很简单，因为机器看得更广，看得更宽，时效更强，抓得更精准，执行得更有效，从全世界看，机器的能力远远超过人类。这还是我们几乎不太讨论的金融业中的交易这一条。

传统银行有四大支柱：合作伙伴、组合产品、专业的风险管理以及物理的网络机构。今天，这四点都被科技金融或者金融科技所颠覆。战略合作者变成众多市场的产业链的合作者，产品由整个产业链供应，而不单是银行供应，有无数供应商在这条产业链上，专业的风险管理几乎 80% 以上可以被机器取代，分支机构已经变成人们手中的手机。传统商业银行赖以生存的基础发生了根本的变化，所以新的金融科技是从数字世界和物理世界两个方面，通过云来降低成本，然后通过生物特征的人脸识别、精准定位、大数据风控、扁平化，以及简单的直线客户接触，达到为客户提供多方面的服务，而且效益大大提高。这是一个智慧金融的过程，现在刚刚开始，但它的前景非常宽广。

毕加索是我们都熟悉的一个画家，画抽象画。这个人的精力特别充沛，画了无数的画，连吃鱼也吃得特别精彩，吃得干干净净，吃得津津有味。20 世纪 60 年代的时候有一个西班牙记者想采访毕加索，到他家门口，发现他在吃鱼，就为他拍摄了一张照片，结果这张照片使这个记者一举成名。毕加索瞪着眼睛吃鱼的照片让所有人都很惊讶，这个鱼骨是毕加索吃完鱼之后留下的骨头。

在金融科技的冲击下，传统银行这条鱼，其实正在被垂直细分的金融机构蚕食和分割。如果传统商业银行没有反击，用不了多久，金融科技就会一个产品一个产品、一个领域一个领域地分解这条鱼：鱼头仍然存在，鱼骨当然也在，但是鱼头和鱼骨的价值何在？在金融科技的攻击下，我觉得银行会迎击、反击、蜕变、创新，使自己变成一条新的鱼，这条鱼就会是毕加索的新的鱼。我们今天还不知道这是条什么鱼，但我们仍然相信这条鱼会继续地活着，仍然游得非常迅猛。

（资料来源：摘引自搜狐财经，《朱民：毕加索的鱼——金融科技对传统商业银行的颠覆》，2017 年 11 月 6 日。）

1.1 　金融与科技的一般关系

1.1.1 　金融与科技的关系简史

最近十多年，金融领域的一个新现象是以信息和计算机技术为代表的各种前沿科技正在以前所未有的速度影响和塑造着新兴的金融业态。根据 2022 年 3 月腾讯金融研究院、腾讯云和毕马威联合发布的报告《数实共生·2022 金融科技十大趋势展望》，2021 年全球金融科技投资交易再创新高，总交易数量达到 5684 宗，投资总额达到 2100 亿美元，打破了 2018 年以来的记录。其中，支付科技、保险科技、监管科技、网络安全技术、财富科技、区块链、加密货币等金融科技细分领域的企业成为资本重点追逐和扶持的对象。

事实上，金融与科技之间的密切关联并非最近几年才出现的一个新现象。如果从稍长的历史来看，就不难发现，金融和科技之间其实一直都存在着彼此共生、相互促进的关系。

一方面，金融一直影响着人类社会的科技发展。例如，在 18 世纪—19 世纪，金融机构提供的资本在推动工业革命方面发挥了重要作用；在 20 世纪之后现代经济的快速发展过程中，金融体系所提供的各种投融资工具、产品和服务也一直是企业技术创新和新兴科技发展的重要推动力。很多文献印证了上述观点。例如，白芝浩（Bagehot，1873）认为，在英国工业化过程中，金融对聚集资本起了关键性的作用。熊彼特（Schumpeter，1912）认为，银行通过向最具有创新能力和精神的企业家提供资金而鼓励技术和产品创新——"只有先成为债务人，才能成为企业家"。卡梅隆（Cameron，1967）通过对早期的工业化过程中银行与工业之间的法律、经济、金融等方面的联系进行分析，发现银行体系推动了英国等七个早期国家的工业化进程。持类似观点的还有希克斯（Hicks，1969）。在《经济史理论》一书中，希克斯详细考察了金融对工业革命的刺激作用，他发现，工业革命并不是技术创新的结果，而是金融革命的结果，因为工业革命早期使用的技术创新大多数发生在工业革命之前。据此，希克斯认为，工业革命只有在金融革命发生之后才有可能发生。

另一方面，根据巴塞尔银行监管委员会主席帕布洛·埃尔南德斯·德科斯（Pablo Hernández de Cos，2019）的概括，迄今为止，科技在金融领域的应用长达 150 多年，并且出现了以下三波金融科技浪潮：第一波技术浪潮是 1866 年第一条跨大西洋电报电缆建成，金融逐渐从模拟转向数字；第二波是金融服务领域技术创新浪潮，始于 1967 年自动柜员机（ATM）的问世；现在人们正在目睹第三波金融技术浪潮，即金融科技普及率的上升以及金融供应渠道和参与者的出现。

因此，从本质上看，金融和科技的结合并非历史上的新现象，而是二者融合到一定阶段和程度后的自然加速推进。随着金融和科技的深度融合，一个更加具有想象力、活力与效率的金融生态体系正在形成。对于传统的金融企业而言，随着数据、信息和业务模式更加多元化，经营管理的效率会更高；对于新兴的科技企业而言，与金融业的融合可以催生更多的跨行业应用，从而开发出各种不受时间与地域限制、个性且精准的金融产品和服务场景。

1.1.2　科技如何助力金融发展

金融要处理的核心问题是投融资过程中"收益－风险"之间的权衡问题，即如何在有效控制风险的前提下实现预期收益的最大化。这也相应产生了金融业长期持续发展所必须倚仗的一项基本原则：最优的金融决策是在同等风险的情况下实现预期收益的最大化，或者在同等预期收益的情况下实现金融风险的最小化。因此，从一般的意义上来看待科技对金融的助力，可以从收益和风险两个基本角度展开。

首先，从收益的角度来看，科技在金融中的应用可以提升金融业经营管理的效率，从而增加金融业的收益。从早期的电信和网络技术（如电子汇兑、ATM、电话银行、网上银行）到最近的大数据、云计算、人工智能和区块链，每个时代的新兴科技在金融业中的普遍应用几乎都会带来金融服务成本的显著下降和金融服务效率的大幅提升。特别是一些科技的应用从底层改善甚至重构了金融系统的基础设施，从而产生了规模巨大的金融收益以及持续的正外部性效应。

其次，从风险的角度来看，科技在金融中的应用可以帮助金融机构和相关主体开发各种新的风险管理工具、方法和模型，从而有效降低金融业运行的风险，提高金融活动的安全性，而这又会反过来推动金融的可持续发展。例如，从早期基于企业经营数据和个人征信数据的简单信用评分模型，到最新的基于大数据和人工智能的综合风险控制系统（如基于大数据的各种智能"风险画像"），科技的渗入使得金融风险的预警、管理和控制等环节都更加及时、全面和有效。

总体来看，科技可以从收益和风险两个方面同时助力金融产业发展，从而提升金融效率，改进用户体验，实现金融的持续稳定发展。事实上，世界各国金融与科技的发展经验也充分表明：相关科技应用所带来的金融效率提升越高、用户体验越好、用户规模越大、运营成本越低、风险控制能力越强，那么它的应用价值也就越大。于是，科技在金融中的应用价值可概括为如下公式：

$$V = \mathrm{Max}\left(\frac{E \cdot F \cdot S}{C \cdot R}\right)$$

式中，V 表示金融科技的价值；E 表示金融科技提升的效率；F 表示金融科技的用户友好度，即金融科技带来的用户体验；S 表示金融科技带来的用户规模增长，如金融科技对"长尾用户"的覆盖；C 表示金融科技带来的运营成本下降；R 表示金融科技带来的风控能力上升。

根据上述公式，科技支持金融发展的路径和方向主要包括：①通过各种科学技术的应用为金融"赋能"，帮助金融业提高经营管理的效率或降低成本；②利用科学技术创新金融产品和服务的场景，为用户提供更为精准和贴心的综合化服务，通过改善用户体验，增加用户黏性和满意度；③通过科学技术手段延伸金融服务的对象和范围，特别是服务于潜在需求巨大的"长尾市场"，促进普惠金融的发展；④通过科学技术增加或改进风险管理的方式、方法和手段，增加金融业运行的安全性和稳定性。

1.1.3　金融与科技的融合模式

从目前的情况来看，金融与科技的融合模式主要有三种：①金融机构和科技企业共同设立子公司；②金融机构和科技企业联合进行项目运营；③科技公司向金融机构提供服务。

1. 设立公司模式

在该模式下，金融机构和科技企业通过设立子公司，发挥各自的比较优势，实现业务的协同和合作，共同为目标客户提供金融产品和服务。例如，中信银行和百度发起成立的百信银行，一方面依托中信银行的客户经营管理能力、产品研发创新能力和风险管理控制体系；另一方面借助百度公司的流量资源、数据和信息技术，共同创建金融与互联网技术相结合的直销银行，以更好地满足客户的个性化和差异化金融需求。

2. 联合运营模式

在该模式下，金融机构和科技公司基于长期一致的目标，通过共建产品、联合风控和联合运营等方式进行项目共建，实现彼此的优势互补，提升项目运作的效率和竞争能力，合作中双方各自承担相应的风险。例如，中国农业银行通过与百度联合成立金融科技联合实验室以及共建金融大脑，借助百度的技术优势打造智能化银行，从而帮助中国农业银行在智能客服、客户画像和反欺诈等领域提升服务能力和水平，进而更好地推动服务延伸和普惠金融。又如，京东数科与中国农业银行携手打造"智能托管平台"，平台上线首周交易量达 1.038 亿元，信用卡数字化运营解决方案已服务于 30 余家银行（专栏 1-1）。

专栏 1-1

金融机构和科技公司共建开放的操作系统

在京东数科副总裁许凌看来，京东数科所谈的共建共生，并不是科技公司去"赋能"，而是金融机构和科技公司"共建"，是各机构打破自我封闭，实现效率最优、成本最优，是各机构携手创造更大的产业价值和客户价值。

"金融机构与金融科技公司是命运共同体，双方合作的重点在于共建一套开放的金融科技操作系统。"许凌介绍，经过几年发展，金融科技步入下半场，由强线上属性的业务领域向强金融属性、强线下特征的业务领域渗透，金融机构的数字化需要科技公司的助力。

基于积淀 6 年的大数据分析、区块链、AI 等技术，京东数科在助力金融机构数字化转型方面积累了大量的实践经验。

许凌提出，一个开放的金融科技操作系统应满足三个要求：①利用数字化能力输出，帮助金融机构在系统架构、产品运营、风险管理、场景运营等核心业务环节实现全方位数字化，降本增效；②为金融行业各类参与机构提供底层互通、相互关联的数字化服务体系，提升机构间协同效率，助力金融市场高效运转；③助力金融机构与各实体产业深度融合，实现场景共建、业务共生，提升金融服务实体经济的质效。

基于这一操作系统，京东数科推出了一系列金融行业解决方案，包括一站式金融数字化解决方案 JDD T1、信用卡数字化运营解决方案以及智能资管科技平台 JT²。

"京东数科坚持以科技为基础，以数据为要素，以价值为中心，以共建为理念，从金融科技、资管科技、数字农牧、数字乡村、数字营销再到智能城市，既实现了技术上的进阶，又实现了科技与实体产业更好的融合。"京东数科 CEO 陈生强还透露，京东数科已经将智能城市操作系统落地雄安新区，成为新区开放式智能城市大数据平台——块数据平台的建设者。

（资料来源：本专栏内容摘引自《华夏时报》2019 年 11 月 23 日的文章《如何正确开启金融科技下半场？科技公司与金融机构"赋能"变"共建"》。）

3. 提供服务模式

在该模式下，科技企业通过向金融机构提供数据、信息、技术和模型等服务，实现金融机构的信息化和智能化转型。例如，2017 年百度金融宣布开放"般若"大数据风险控制平台、智能消费金融平台以及 ABS 平台，金融机构通过这些平台可以提升获客能力，改善经营管理。又如，百度金融通过人工智能为南京银行提供获客系统，其推送给南京银行的客群通过率高达 81.5%。此外，百度金融还通过人工智能技术，帮助易方达基金优化量化投资模型，在提升投资收益的同时降低投资风险。

1.2 金融科技的定义、主要技术与特点

1.2.1 金融科技的定义

金融科技（Financial Technology，FinTech）是一个舶来词，最早起源于美国，从字面意思

看，可以理解为"Finance（金融）+Technology（科技）"，即金融和科技的结合。但从更具体的界定来看，由于金融科技在总体上尚处于探索阶段，虽然发展迅速，但很多东西尚未完全成熟，需要在实践中进一步明确，因此，目前的各种定义都是尝试性的。

根据国际金融稳定理事会（FSB）的定义，金融科技是一种"技术带来的金融创新"，它能够带来新的产品及服务，催生新的商业应用及模式，最终对整个金融市场乃至金融体系的运行方式带来重大影响。在 FSB 的界定中，金融科技所涉及的技术创新主要包括大数据、云计算、人工智能和区块链，这些技术创新被全面应用于支付清算、借贷融资、财富管理、零售银行、保险和交易结算六大金融领域，塑造着金融业未来的发展趋势。

巴塞尔银行监管委员会（BCBS）总体上支持 FSB 关于金融科技的一般定义，并界定了金融科技的四个核心应用领域，分别是：①包含众筹、征信、网贷等内容的"存贷款与资本筹集"领域；②包含智能投顾与智能投研等内容的"投资管理"领域；③包含移动支付、P2P（Peer to Peer，点对点）汇款等内容的"支付结算"领域；④包含大数据、云计算、人工智能、区块链等内容的"市场设施"领域。

国际证监会组织（IOSCO）将金融科技定义成"多种可能使金融行业产生变革的创新商业模式和新兴技术"。其中，创新商业模式是指能够自动利用互联网提供某种金融产品或服务的模式；新兴技术是智能运算、机器学习、人工智能、分布式记账技术等。IOSCO 将金融科技分为八类：支付、保险、规划、借贷和众筹、区块链、贸易额投资、数据分析和安全保障。这种分类方式主要是基于对金融市场功能的划分，强调金融科技与客户需求的对接。

从各个国家的定义来看，美国国家经济委员会（NEC）将金融科技定义为"金融方面的科技创新"，或更广义地定义为"对金融活动产生广泛影响的一系列科技创新"。澳大利亚政府将金融科技定义为"一切可以使金融市场和金融系统可以变得更有效或提升消费者体验的技术创新"。英国金融行为监管局（FCA）将金融科技定义为"创新公司利用新技术对现有金融服务公司进行去中介化"。新加坡金融管理局（MAS）将金融科技定义为"通过使用科技来设计新的金融服务和产品"。

综合上述定义可以看出，各国际组织和主权国家对金融科技的定义具有以下两个方面的相似性：①强调新技术在金融中的应用；②强调基于新技术所产生的金融产品（服务）、商业模式和应用场景等。我国官方对金融科技的定义也遵循类似特点。例如，中国人民银行在其 2019 年发布的《金融科技（FinTech）发展规划（2019—2021 年）》中，将金融科技定义为"技术驱动的金融创新"，这些创新旨在运用现代科技成果改造或创新金融产品、经营模式、业务流程等，推动金融提质增效。

对于金融科技的现有定义，需要强调的是，金融科技改变的主要是金融活动的实现方式而不是金融本身，更不是金融的本质。例如，无论金融科技如何发展，金融体系在促进资金融通、资源配置、价格发现、提供流动性、风险管理、支付结算等方面的基本功能都仍然存在，并且发挥得更加充分。因此，金融科技的落脚点仍然是金融，强调的是利用科技手段为金融发展服务。此外，金融科技也不能简单地等同于互联网金融或科技金融（专栏1-2）。

专栏1-2

为什么金融科技不是互联网金融或科技金融？

1. 为什么金融科技不是互联网金融？

按照百度百科对"互联网金融"的定义，互联网金融是指传统金融机构与互联网企业利用互联网技术和信息通信技术实现资金融通、支付、投资和信息中介服务的新型金融业务模式。互联网金融不是互联网和金融业的简单结合，而是在网络技术被用户熟悉接受后（尤其是对电子商务的接受），为适应新的需求自然而然产生的新模式及新业务。它是传统金融行业与互联网技术相结合的新兴领域。

在大数据时代，不仅现代科技更为广泛，而且还会有更多新的科技创新出现。金融科技不仅正在利用这些现代科技提升整个金融服务效率，创造出新的市场、新的商业模式、新的金融服务需求，而且改变了信用获得、评级及信用风险定价的方式。这才是金融科技的核心所在。但"互联网金融"的概念并没有揭示这些方面的内容。此外，在大数据背景下，尽管金融的本质不会改变，但金融服务变化或金融科技对信用风险定价方式变化有革命性及颠覆性的意义。如果不从新的角度来观察，同样无法理解新的金融市场或金融科技市场所具有的革命性特征。

2. 为什么金融科技不是科技金融？

对于科技金融来说，早期研究强调的都是金融对科技进步的支持与作用。现在，科技金融强调的是现代金融与科学技术的融合及两者的相互作用。科技革命及进步推动了产业布局与结构调整和更新，为经济结构的变化与经济增长带来持续的动力，而科技发展的每一阶段都是科技资本化的过程；同时，金融的深化与变革也有赖于科技对其运作方式与机制的改进和完善。例如，金融的电子化、网络化无不与科技息息相关，互联网金融的出现不过是科技发展所造成的结果。也就是说，金融对科技的支持可以激励与促进新技术的出现，金融发展的科技化可以促进金融创新及提升金融服务的效率。

但对于金融科技来说，研究的焦点并不会放在金融对科技的支持及科学技术的资本化上，也不限于金融的电子化、网络化，而是在大数据的背景下如何利用现有各类科技手段对传统金融业所提供的产品及服务进行革新，挖掘出潜在或没有看到的金融需求，普及金融服务及提升金融服务效率，改变信用风险定价的方式。对于这些方面，科技金融都没有涉足。所以，科技金融不是金融科技。

（资料来源：本专栏内容摘引自易宪容，2017。）

综合上述不同视角下的定义可以发现，金融科技这一概念的核心要点有三：①"金融"，即金融是金融科技的核心、本质和目的，科技不会改变金融的本质，二者之间的关系不能主次颠倒；②"科技"，即科技是促进金融发展、创新和进步的重要手段，它通过对金融活动场所、对象和模式等的影响，对金融服务效率的提高具有不可忽视的重要作用；③"融合"，即金融和科技只有在充分遵循各自比较优势的基础上实现深度融合，才能产生持续的协同效应，进而引领金融业的创新发展。

1.2.2　金融科技的主要技术

从目前的情况来看，金融科技中较为公认的四大技术支柱可以概括为"ABCD"。其中，A 指人工智能（Artificial Intelligence，AI），B 指区块链（Blockchain），C 指云计算（Cloud Computing），而 D 则指大数据（Big Data），均以各自英文术语中的标志性字母予以简要指代。下面依次对大数据、云计算、人工智能和区块链这四大技术支柱及其在金融领域的应用进行简单介绍。

1.　大数据：提供信息仓库

2017 年，《经济学人》在报道中指出："世界上最有价值的资源不再是石油，而是数据。"在 2022 年世界经济论坛（WEF）对大约 1300 位 CEO 展开的调查中，超过 70% 的受访者表示，必须带头展开一场完全以数字为主导的商业模式变革。毕马威国际全球主席比尔·托马斯（Bill Thomas，2019）的市场调查显示："数字领导力最强的企业和机构在经济效益上要比那些最差的企业和机构高出 50%，这实在令人吃惊。"

金融活动的每分每秒都会产生大量需要加工、处理和存储的数据，而大数据技术正好为海量金融信息的存储和利用提供了一个超级信息仓库。大数据具有大容量、多样性、快速化、价值化的特征。大数据的大容量和多样性不仅扩大了数据来源，而且丰富了数据的维度和类型，可以更好地支持金融机构的"客户画像"和智能风控等服务。大数据的快速化（如秒级审批）和实时风控能力可以提升金融业务的处理速度。

在此基础上，大数据通过找出数据之间的关联性，可以更好、更充分地挖掘数据中的隐含价值，从而不断提升金融服务的附加值。近年来，大数据在金融领域的应用场景正在不断扩大，涵盖了金融机构的运营管理、销售支持和风险控制等多个方面和环节。例如，支付宝基于大量用户的消费数据，可以获得中国城市消费的分布情况和变化趋势，从而为商家定向提供精准的营销数据支持。

2.　云计算：提供算力支持

"云计算"这一概念的源头可以追溯到 1959 年。在这一年，牛津大学的计算机教授克里斯托弗·斯特拉切（Christopher Strachey）发表了一篇有关虚拟化的论文。虚拟化是今天云计算基础架构的核心，是云计算发展的基础。2006 年 8 月 9 日，谷歌（Google）首席执行官埃里克·施密特（Eric Schmidt）在搜索引擎大会上首次明确提出了"云计算"（Cloud Computing）的概念，随后云计算成为计算机领域最令人关注的话题之一，被称为"互联网的第三次革命"。

云计算是一种基于互联网的新型计算模式，它能把软硬件资源、数据、应用作为服务通过互联网提供给客户。云计算也是一种新的基础架构管理方法，能够把大量的、高度虚拟化的资源管理起来，组成一个庞大的资源池，提供统一服务。"云"其实就是对网络、互联网的一种比喻说法。云计算的核心思想是将大量用网络连接的计算资源进行统一管理和调度，构成一个计算资源池，向客户提供按需服务。"云"中的资源在使用者看来是可以无限扩展的，并且可以随时获取、按需使用。向客户提供"计算"服务（即信息处理服务）是云计算模式的核心。

在金融领域，云计算技术对金融机构的数字化和信息化转型具有重要的支撑作用。特别是在大数据和复杂算法的背景下，云计算可以帮助金融科技的应用者有效清除相关技术在金融应用过程中的算力障碍，从而使技术和资源能够得到更加充分和有效的利用。2013 年，基于云计算的金融数据管理平台 Inovance 成立，通过人工智能技术的应用和大数据分析，普通客户在平台上也可以进行金融市场研究和投资分析。

云是金融科技时代的新型基础设施，若把这类设施比喻成一片土壤，那么土壤的性质决定了上面适合种植什么类型的业务。例如，阿里云和腾讯云主要扎根于互联网业务，而平安金融云则主要专注于自身金融平台的综合数字化转型。在金融应用中，云计算可以低成本地为金融活动提供超级计算能力，从而减少金融服务的成本，降低社会公众获取金融服务的门槛。目前，许多金融机构都已经将 IT 等业务部署在自建的私有云或第三方公有云平台上。

3. 人工智能：提供智能处理

在过去，"人工智能"仅仅是科幻小说中存在的词语，但现在，它是最具变革意义的创新之一，并正在成为各方追逐的主流技术趋势之一。人工智能在近年来的大发展，其背后的原因多种多样，包括处理和数据存储成本的下降、研究人员在算法设计方面取得的进步使模型训练的准确性得以提高等。对于企业而言，实施人工智能的最终目的是在市场上提供差异化更强的产品，从而打造由创新驱动的竞争力。

在人工智能领域，存在强人工智能（Bottom-up AI）和弱人工智能（Top-down AI）两种不同的观点。前者认为，有可能制造出真正能推理和解决问题的智能机器，并且这样的机器能被认为是有知觉和自我意识的。强人工智能可以分为两类：①类人的人工智能，即机器的思考和推理就像人的思维一样；②非类人的人工智能，即机器产生了和人完全不一样的知觉和意识，使用和人完全不一样的推理方式。相比之下，弱人工智能的观点认为，不可能制造出能真正推理和解决问题的智能机器，这些机器只不过看起来像是智能的，但是并不真正拥有智能，也不会产生自主意识。从目前的发展情况来看，主流研究一般集中在弱人工智能上，且已经取得了可观的成就，而强人工智能的研究则处于停滞不前的状态。

在金融领域，人工智能提供了多种场景下的综合处理方案，可以使相关金融决策和服务更加自动化和智能化。人工智能根据数据和模型进行计算并预测，其在金融领域的应用可大致分为以下三个阶段：

（1）识别智能 通过有监督学习（Supervised Learning），如人脸识别、指纹识别、声纹识别和虹膜识别等，提升对客户服务的效率，目前各种生物识别技术在金融领域得到了应用，如支付宝的刷脸支付等。

（2）认知智能 以有监督学习为主、无监督学习（Unsupervised Learning）为辅，综合运用客户的身份信息（身份证、手机号、姓名、人脸、指纹等）、网络行为信息（搜索记录、网站访问行为、聊天记录等）、社会关系信息（人际交往和社会关联等）和金融信息（收入、消费、资产、信用等），绘制出用户的"学历画像""职业画像"和"资产画像"等，用于预测用户的信贷需求，或对其进行信用评估。

（3）决策智能 以无监督学习为主，通过预测尚未发生且人脑无法预知的情境，影响或制定当前的决策，如运用数据和模型进行金融量化投资。

4. 区块链：提供信用支持

区块链是一种"去中心化"（Decentralization）的分布式共享记账技术，一切交易都将绕过传统的中心机构（如信用中介或集中式清算机构），而直接采取"点对点"的方式完成交易。在交易发生时，区块链上的所有参与方都会得到完全公开、经过加密且不可篡改的交易记录，且所有记录都可以通过链式结构被准确追踪。

总体来看，区块链具有去中心化、公开性、不可篡改性、可匿名性和自治性等特征。其中，去中心化是指区块链采取分布式存储，不存在任何中心化的硬件和管理机构；公开性是指区块链上的数据完全公开透明，可查询任何节点的信息，包括交易方加密过的私有数据信息；不可篡改性是指存储在区块链的信息一旦被验证，就会永久地传送到所有节点，仅修改单个节点上的数据是无效的；可匿名性是指区块链节点之间的数据交换按照固定算法，交易双方不需要公开自己身份就可以进行数据交换；自治性是指区块链上的程序和代码基于事先部署的智能合约，可自动执行和强制履约，任何人为干预都将无效。

在金融领域，区块链的应用范围和场景非常广泛，包括支付、清算、结算、征信、保险、金融交易、资产证券化、供应链金融、信用证汇票等。在这些应用中，区块链技术旨在为相关交易活动提供信用基础，增加交易便利，降低管理成本，提高运行效率。例如，区块链直接构成了比特币等主打"去中心化信用机制"的数字货币的核心技术基础；同时，区块链在供应链金融和支付结算等领域的应用不仅可以减少人工处理，提高资金流动性，还能进行实时确认和监控，降低交易成本。以区块链技术公司 Ripple 为例，其区块链技术可在数秒内完成国际支付业务，同时降低 33% 的支付成本。

1.2.3　金融科技的特点

基于前述金融科技的定义和核心技术，同时结合目前金融科技领域的相关实践，金融科技的主要特点可概括为金融性、科技性、融合性、普惠性等方面。下面分别予以简要介绍。

1.　金融性

金融科技的核心是金融而不是技术，技术是服务于金融的，因此，金融属性是金融科技的首要属性。金融的核心功能是通过投融资引导资源的有效配置，并尽可能降低这一过程中的风险。这就决定了金融科技的本质是通过基于信息（数据）技术的信用和风险管理，提升金融服务的效果和效率。具体而言，金融科技可以通过新技术的运用，改变传统金融的数据收集和风险定价方式，实现更加高效和准确的信用评价和风险定价，并进一步降低金融交易过程中存在的各种风险。

因此，金融科技是技术创新驱动下的金融创新，无论金融科技如何发展，都不会改变金融的基本功能及其内涵的信用和风险等基本属性。例如，互联网金融通过将投融资、支付和财富管理等移至互联网空间，可以进一步提升金融服务的深度和广度，同时增强金融服务的及时性和有效性，从而使更多的人能够享受更加快捷、高效的金融服务。云计算、人工智能等技术可以利用客户在应用终端产生的大量行为数据，通过深度挖掘数据之间的相关关系，为客户进行立体的"风险画像"，并将其作为信用评估和风险评价的参考。区块链技术则创新了金融交易的信息记录的方式，使交易主体可以在没有"中心化机构"的背景下完成"点对点"的价值交易，从而为"去中心化"条件下的信用交易和风险控制提供了一种新的方式。

2.　科技性

在新兴金融科技的驱动下，技术进步在金融行业的应用已经不是简单地将金融中介的服务从线下扩展到线上，而是对金融产品开发、金融资产定价、金融风险管理等方面产生全面系统的影响。例如，人脸支付、智能投顾、智能风控、智能合约等应用场景正在逐步向相关金融领域渗透，并逐渐成为基础性的金融服务工具和金融基础设施的一部分。这些技术的引入加速了金融业各方面的迭代升级，正在衍生出越来越丰富多样的金融业态和金融服务管理模式，智能获客、智能风控和智能服务等新型服务方式正在成为现实。

金融科技的智能化特征正逐步推动传统金融走向智能化的金融。例如，人工智能可以通过对客户行为的大数据分析，精确了解客户的需求和风险特征，进而实现智能化的服务对接和风险匹配。同时，不同于传统金融服务需要投入大量专业人力资源，金融科技可以通过机器学习和数据算法等技术为客户提供高效便捷的定制化服务，完成以往通常需要专家才能实现的任务。可以预期，随着技术的不断进步和数据规模的扩大，金融科技将为客户提供越来越多的智能化服务，在提升效率的过程中降低服务成本，并衍生出更多的金融业态。

3. 融合性

金融科技的融合性特征体现在两个方面：

（1）金融和科技的深度融合　虽然金融依然是其本质要素，但是科技的作用明显增加，成为金融创新过程中不可忽视的重要因素，其贡献程度甚至超过了传统的劳动力要素。前沿技术的引入改变了传统的信用收集、风险定价和价值交易方式，使得金融服务的边界和模式都发生了重要变化。事实上，金融科技时代的技术进步已不再是促进金融效率的辅助工具，而是"你中有我，我中有你"地水乳交融在一起。

（2）科技和科技之间的横向融合　历史上的很多重大产业创新都是建立在多种技术集成创新基础上的。从金融科技目前的发展趋势来看，大数据、云计算、人工智能和区块链这些新兴的前沿技术，并不是其中的某一项或某一类技术单独支撑起金融科技的发展，而是对这些技术的综合运用促进了金融服务的整体升级。从这个意义上看，金融科技所带来的发展机遇也极有可能是一种集成式的创新。同时，可以预期的是，随着 5G 应用终端的逐步落地和全面铺开，更加高速的信息传输将使科技和金融更加紧密地融合在一起。

4. 普惠性

传统金融服务具有较强的专业性和一定的封闭性，针对不同的业务往往有不同的底层软硬件设备与之适应，导致业务成本高，服务范围相对有限。金融科技促进了金融服务的有机融合，使同一平台可以容纳多个应用场景的金融服务，从而降低了业务底层软硬件设备的搭建成本，打破了传统金融业务之间的藩篱。金融科技通过其开放共享的服务平台，降低了金融服务的成本，满足了"长尾客户"的金融需求，服务对象从存量的"头部"逐渐发展到增量的"长尾"，从而在一定程度上突破了传统金融服务的"二八定律"（专栏 1-3），使科技金融呈现出普惠性的特征。

金融科技的普惠性特征主要表现在两个方面：①对个人而言，金融机构可以利用大数据和智能分析为客户进行"风险画像"，从而弱化了其面临的信息不对称风险问题和道德风险问题，使低净值客户也能享受到相应的金融服务；②对中小微企业而言，金融机构可以利用区块链和物联网等技术获得企业资质信息并验证其真实性，从而在一定程度上缓解了信息不对称，便于将金融服务下沉到产业链。将资金引流到中小微企业，有助于解决中小微企业的融资难、融资贵问题，使金融更加全面地服务于实体经济。

传统金融服务的"二八定律"及其原因

"二八定律"是意大利经济学家帕累托（Pareto）首先发现的，又名帕累托法则（Pareto's Principle）或关键少数法则。1897 年，帕累托在调查 19 世纪英国人的财富和收益模式的过程中偶然注意到，大部分财富流向了少数人手里，并且在其他国家也发现了类似情况。后来，帕累托经总结提出：在任何一组东西中，最重要的只占其中的一小部分（约 20%），其余 80% 尽管是多数，却是次要的。这种统计的不平衡性在社会经济生活中无处不在。例如，约 80% 的社会财富集中在 20% 的人手里，而 80% 的人只拥有 20% 的社会财富；很多企业 80% 的利润来自 20% 的关键客户，等等。

在过去两三百年里，金融行业也存在类似的"二八定律"。由于 80% 的利润来自 20% 的客户，按照成本效益原则，金融机构只需要服务好 20% 的头部企业就可以获得 80% 的利润，这意味着剩余 80% 的多数群体（企业、个人）实际上并未得到充分的关注。传统金融服务模式之所以难以渗透 80% 的中下层客户，其直接原因是信息收集困难、信息处理成本过高，导致大量向中下层客户提供金融服务并不是经济上最优的选择。但如果从根源上看，更深刻的原因则是金融服务的技术总体还比较落后，没有在经济上可行的工具和方法向中下层客户有效延伸金融服务。

1.3 金融科技的演进与发展

1.3.1 金融科技的演进历程

从演进历程来看，现代意义上的金融科技发展主要经历了两个阶段："金融科技 1.0"阶段和"金融科技 2.0"阶段。

1. "金融科技 1.0"阶段

"金融科技 1.0"阶段主要对应互联网金融的兴起和发展。这一阶段的主要特征是传统的金融产品和服务开始从线下扩展到线上，并诞生了诸如网络信贷、第三方支付、众筹等以网络空间（技术）为运营场所（手段）并具有一定"脱媒"特征的新型金融服务与运作模式。互联网金融兴起的初衷是试图以"脱媒"（即绕过传统的银行等金融中介机构）的方式来降低金融服务的门槛，提高金融服务对普通大众的可及性，同时试图通过简化传统金融服务的中间环节，来降低金融服务的成本和提升金融服务的效率。

互联网的本质是互联互通，通过跨时空的多维信息网络，将人与人以及人与服务之间的关系更加紧密地连接起来。依托互联网技术，资金供求信息可以在各方主体之间直接共享，理论上可以减少对传统金融中介的依赖，从而提升资金配置的效率。互联网技术的应用也促进了金融服务的有机融合，使得同一平台可以同时容纳多个应用场景的金融服务，在简化服务流程的同时提升用户体验。不过，在"金融科技 1.0"阶段，金融和科技的结合还相对比较简单和初步，尚未涉及对物理底层技术的变革，更多的只是金融服务在线上"攻城略地"。

2. "金融科技 2.0" 阶段

"金融科技 2.0"阶段即当下所处的阶段。该阶段的主要特征是大数据、云计算、人工智能和区块链等前沿科技开始深入金融业务核心，属于科技和金融深层次结合的阶段。在这一阶段，金融科技开始对大数据信息进行深度挖掘，利用人工智能对客户风险进行"画像"，基于区块链进行价值交换，从而在一定程度上改变了金融业的底层技术和风险定价方式，实现了资产端的创新。

在"金融科技 2.0"阶段，金融机构可以利用云计算技术对海量的客户信息进行处理分析，深度挖掘大数据的内在价值，从数据的相关性中预测客户行为，从而实现精准营销。人工智能具备高效的自主学习能力，可通过对海量数据的学习替代金融机构的中低端分析活动，典型代表如智能投顾系统。人工智能还能将客户的行为大数据输入风险定价模型，通过对客户风险进行立体画像，实现风险的准确定价。如果说互联网便利了信息交换，那么区块链则在一定程度上提供了价值交换的新方式。作为一种分布式记账技术，区块链以"点对点"的方式进行交易，所有交易信息一经发生就被加密并公开，且不可篡改。这种交易方式由于不需要第三方机构进行公证，可以摆脱传统账户模式下对"中心化机构"的依赖。因此，基于区块链开发的金融产品和服务将自动具备"去中心化"的特征，可以完成实时清算和结算，这为现有的金融基础设施设计提供了一种新的选择。

不过，在"金融科技 2.0"阶段，金融科技对传统金融服务的变革和创新也意味着相应的潜在风险，包括金融活动本身所具有的各种风险，以及金融科技引入之后所带来的各种新型技术风险。在这种情况下，金融科技的发展必须高度重视自身的风险控制和合规发展，才能更好地提升效率和服务大众。特别是在经历了互联网金融平台的多个"爆雷"事件（专栏 1-4）之后，金融科技的发展需要在创新与风险之间更好地维持平衡。

专栏 1-4

互联网金融平台"爆雷"事件

2015 年，在股灾冲击和实体经济下行的双重压力下，很多 P2P 公司出现了"爆雷"事件——P2P 平台因经营不善、跑路等原因停业。从杭州到深圳，P2P 连环"爆雷"。尽管两年前，深圳还组织过 P2P 互联网金融平台参观过监狱，但这依然无法阻止 42 天内全国共有 108 家 P2P 平台"爆雷"。

雪崩的时候,没有一片雪花是无辜的。金融投资,尤其是互联网金融理财产品,难以有庞大的暴利行业来支撑投资所需的高回报。所以在钱多、资产荒的情况下,那些所谓高利诱惑下的互联网金融,所涉及的资产包虽然承诺能给予良好的高回报,但最后都难以兑现。

资产包一旦出问题,甚至有大额借贷者、大额资产包无法兑付,导致资金链紧张,陷入兑付危机,P2P 平台跑路、关门、停业也就随之而来。正如中国人民银行党委书记郭树清所说:"收益率超过 6% 就要打问号,超过 8% 就很危险,10% 以上就要准备损失全部本金。"但各大 P2P 互联网金融往往承诺或变相提示 10% 以上的高收益回报。

《大空头》开篇有一句经典的话引自马克·吐温:"不懂的事情,你自然会多加小心;惹祸上身的是你自以为懂的事。"这也是很多投资者的写照,"不懂"与"自以为懂"本就是孪生,虽表述不同,本质却一样。很多投资 P2P 的人,一边对国家和正规的金融机构缺乏信任感,一边对路边小商小贩小摊的"超高收益回报"推销如灌迷魂药。整体而言,这是监管的滞后与投资者教育的缺乏。

有 P2P 投资者自嘲:"跟投资界大佬学会了分散投资的理念,于是投资分布在了多个 P2P 平台。于是,现在每个维权群都能看见我的身影。"这就是传说中的"鸡蛋不能放在一个篮子里"。问题是,把篮子都放在一辆名为 P2P 的货车上,减振制动都不灵,还是在崎岖的山路上行驶,鸡蛋不碎才怪。说不定翻下山沟,连鸡蛋壳都找不着。

我们相信,投资者在经历教训之后,也会更加理性。更为核心的是,监管需要跟上,乱世用重典——现在互联网金融领域就属于乱象丛生的状态。否则,那些金融庞氏骗局,那些非法集资,甚至金融诈骗就难以清除,受害的投资者也只会越来越多。

(资料来源:本专栏内容摘编自《每日经济新闻》2018 年 7 月 25 日的文章《P2P 互联网金融平台刚参观过监狱,不久这 108 家 P2P 平台"爆雷"了》。)

1.3.2 金融科技的发展趋势

金融科技的发展为金融业生产能力和服务水平的提升提供了更多的可能性和创造性,推动着一系列新兴金融业态的形成,这些都显著增加了金融体系的层次和活力。目前,金融行业与科技领域的融合性不断上升,金融科技的领域已经覆盖到经济金融活动的方方面面。从发展趋势来看,未来的金融科技将朝着更大范围、更加智能、更加安全和更加普惠的方向发展。

1. 更大范围的应用

随着人工智能、大数据、云计算和区块链的快速发展,科技与金融融合的范围越来越广,扫码支付、人脸支付、NFC、人脸识别、声纹识别、自动核保、客户画像、信用分析、个性化定价、智能投顾、智能客服、智能合约、智能匹配、量化投资、联合建模等，都充分展现了金融科技在金融服务中的重要作用。

例如，人脸识别、声纹识别等生物识别技术简化了支付流程，大大提高了支付效率；通过大数据为客户进行年龄、学历、职业、资产、收入进行"画像"，可以对客户的信用和风险进行分层，从而更好地识别和响应客户的需要；区块链可以简化跨境支付的流程，从而提升交易速度、降低交易成本。

在科技推动金融扩大服务范围的过程中，除了各种场景化的金融应用外，嵌入式金融也逐渐发展起来。嵌入式金融通过将金融科技集成到非金融产品中来扩大金融的服务范围。例如，在网站上结账时，客户可以选择分期购买商品。又如，客户在结账时，可以选择为汽车或电子设备等物品添加保险。这些应用既可以提高转化率，同时也能产生更有价值的数据，从而推动金融和科技无处不在的广泛融合。

2. 更加智能的应用

金融科技的解决方案常常涉及大量的数据，在处理这些数据时，人工智能和大数据、云计算等技术的结合，将大大提升金融科技在相关金融领域的智能化应用。例如，针对小微企业数据不全的问题，可以使用联邦学习（Federated Learning）等分布式机器学习技术，通过建立多元数据融合机制，涵盖小微企业在税务、工商以及银行等方面的多维信息，提高数据交互效率，丰富其特征体系。

从金融平台的构建来看，分布式云技术的应用将重塑金融系统的大数据架构，同时低代码开发平台（LCDP）将提升金融业敏捷服务的能力。所谓低代码开发平台，是指通过少量代码就可以快速生成应用程序的开发平台。在金融领域，低代码以其强大的结合能力，将推动新兴金融科技的快速发展，从而加速金融产业的数字化转型。

此外，机器人流程自动化（RPA）将极大地推进金融产业的自动化和智能化。RPA通过模拟人类在软件系统的交互动作，协助完成大量规则固定、重复性较高、附加值较低的业务流程，从而提升工作效率、降低人力成本。由于金融行业具有较多重复性程度较高、人工操作较多的流程性业务，RPA在银行、证券、保险等多个领域均有丰富的应用场景。

3. 更加安全的应用

天下没有免费的午餐，金融科技在提升效率的同时，也存在一些潜在的安全隐患。例如，一些金融创新业务游离于监管范围之外，一些数据挖掘技术容易侵犯个人隐私和安全，一些同时掌握着技术和资本的大企业容易导致"赢者通吃"并走向垄断，等等。同时，由于金融科技的未来发展是走向开放式融合，这使其在发展过程中必然会面临新的安全挑战。

强调金融科技的安全应用，至少包括以下两个层次的含义：①确保整个体系的安全；②维护个体的隐私和安全。在传统的金融架构下，安全的获得和维持是被动的，主要是以不断加密和加探头等方式来发现和监测相关安全问题。而在新的金融科技框架下，开放式融合的理念强调的是新安全思维，即自主和主动的安全。例如，遵循"持续验证，永不信任"原则的"零信任架构"（Zero Trust Architecture，ZTA）。

此外，为推进金融数据安全共享，各种现代加密方式成为针对性保护数据安全和用户隐私的重要工具。例如，同态加密（Homomorphic Encryption）成为保障金融云安全的重要手段。同时，为保障金融数据的安全融合，隐私计算将通过持续升级算法和密码技术来实现性能提升。例如，在联合风控场景中，金融机构可以联合互联网公司和征信公司，对多系统和多场景的客户数据进行综合交叉分析，从而减少信息缺失和低质量的问题；在普惠金融场景中，隐私计算将有助于保障个人信息安全，从而有效降低信息泄露风险。

4. 更加普惠的应用

金融科技能够全面降低金融市场的交易成本，增加金融服务的便利性，提高金融服务的效率，并通过移动手机或移动互联网把这种服务延伸至地球上的每一个角落。随着移动互联技术的发展和普及，仅凭一部手机，地球上的每一个人都能够在任何时间和任何地点获得各自所需的金融服务，并由此创造出更加庞大、高效的全球金融市场。

在上述背景下，全真互联将加速金融普惠的发展。具体而言，随着移动互联网技术的深化以及更具想象力的 Web 3.0 技术（专栏 1-5）的发展，客户将置身于更加全面、真实的应用场景，从而创造出"线上线下一体化、虚拟和现实交互"的全方位、多模态体验。从目前的情况来看，为获得高质量、低延时的体验，各种线上投资讲解、金融产品销售等工作已经如火如荼地展开，银行、证券和保险的众多业务流程也开始搬至线上。

此外，金融科技的发展还将进一步突破时空限制，将金融产品和服务延伸至更为宽广的领域和人群。例如，在智能风控领域，金融机构可以通过利用金融科技，整合合作方数据、用户交易数据、运营商数据等多维度外部数据，实现数据联动；在智能投顾领域，以人工智能和机器学习驱动的场景金融，主要针对的是年轻用户，因而具备潜在的全生命周期价值。

有研究表明，在未来的十几年里，金融科技的发展将帮助世界上最贫困的人口获得金融服务和改善生活状况。特别是随着移动网络和智能设备在更多发展中国家中普及，人们的手机既可以存款，也可以付账和贷款，几乎成了一个移动金融服务终端。预计到 2030 年，目前没有开通银行账户的 20 亿人将可以直接用手机完成存款及支付活动。到那时，科技金融将在更大的空间里体现其普惠性。

专栏1-5

什么是 Web 3.0？

1．Web 3.0 的定义

Web 3.0 是 Web 2.0 的高级版本，建立在区块链技术和去中心化、开放性和最佳用户满意度的关键概念之上。基本上，Web 3.0 是用于网站和应用程序的第三代互联网服务，它将使用户和机器能够与数据进行交互，具有更智能和无处不在的工具包。这是一个将 Web 1.0 的去中心化、社区管理的功能与 Web 2.0 的改进的现代功能结合在一起的 Web 时代。它旨在创建更加智能、互联和开放的网站。

2．从 Web 1.0 到 Web 3.0 的发展史

自 20 世纪 90 年代和 21 世纪初的 Web 1.0 开始，互联网已经从最初的 Web 出现三个版本。继 Web 1.0 之后的下一个 Web 迭代是 Web 2.0，它在撰写本文时被认为是 Web 的当前版本。这个网络时代为交互性、社交连接和用户生成内容铺平了道路，解决了 Web 1.0 的社会问题。

从早期的迭代趋势开始，Web 1.0 是一个静态信息提供者，人们阅读网站，但很少有机会与网站互动。这个时代由 Web 2.0 接替，它是一个交互式和社交网络，解决了 Web 1.0 的问题，因为它支持用户之间的协作。这预示着新兴的 Web 3.0 将改变网站的制作方式以及人们与网站的交互方式。

更准确地说，Web 1.0 可以定义为第一代万维网，也被称为只读网络。Web 1.0 使展示网站上的信息成为可能。它基本上作为企业传播信息的信息场所，只允许用户搜索和阅读信息。Web 采用的技术工具包括 IP、HTTP、URI 和 HTML。

同时，Web 2.0 顾名思义是描述 21 世纪互联网的第二代万维网。它是一个交互式和社交网络，解决了 Web 1.0 的问题，因为它专注于用户之间的交互。Web 2.0 支持使用 WhatsApp、Facebook 等应用程序，使来自不同端的用户能够交互。

最后，Web 3.0 是基于区块链技术的网站和应用程序的第三代互联网服务。这个互联网时代尚未完全实施，但是，它拥有独特的有前途的功能，这些功能往往使用户和机器能够与数据进行交互，同时还具有更智能和无处不在的工具包。Web 3.0 致力于建立在去中心化、开放性和最佳用户满意度的概念之上。

3．Web 3.0 和元界

Web 3.0 和元界已成为近年来最受关注的技术，因此它们都位于热门技术的榜首。虽然 Web 3.0 是互联网的下一个迭代，其网络提供分散、分布式和全球信息控制，允许用户和机器与数据交互，但元界是一个身临其境的 3D 虚拟世界，用户可以通过其与他人实时交互。

"元宇宙"这个词是"元"和"宇宙"这两个词的组合，它基本上代表了一组相互关联的虚拟现实世界。Metaverse 和 Web 3.0 携手合作，因为它们确实具有去中心化的概念，同时能提供最佳用户满意度。

（资料来源：本专栏内容摘引自链上情报局 2022 年 7 月 29 日的文章《什么是 Web 3.0》。）

1.3.3　我国的金融科技发展

纵观我国的金融科技发展历程，金融与科技的融合大致经历了以下三个阶段：1974年—2003年的"电子金融阶段"、2004年—2015年的"线上金融阶段"及2016年至今的"智能金融阶段"。

1. 1974年—2003年：电子金融阶段

1974年，中国银行引进了第一套理光-8型（RICOH-8）主机系统，银行的部分人工处理业务改为计算机处理业务，揭开了我国金融电子化发展的序幕。1991年，中国人民银行卫星通信系统上电子联行正式运行，标志着我国的银行信息系统进入了全面网络化阶段。1993年，国务院出台《关于金融体制改革的决定》，首次明确提出要加快金融电子化建设，推广计算机的运用和开发，实现联行清算、信贷储蓄、信息统计、业务处理和办公的自动化。1997年，中国信息保险网运营，成为中国首家保险网站，同时招商银行推出网上银行业务，标志着金融信息化阶段的到来。随后，随着IT技术的逐步推广应用，银行存款、贷款、汇款等业务均实现了电子化。

总体来看，在这一阶段，科技与金融还没有实现真正意义上的融合，科技的应用主要表现为IT技术促进了网点联网、信用卡及ATM的大量出现；同时，计算机开始大量参与金融机构的业务流程之中，"无纸化"操作大幅提升了金融机构在账务系统和信贷系统等方面的业务处理效率，金融数据也开始得到更全面有序的分类、存储和归集。在这一阶段，我国金融业完成初步的信息化技术积累，同时传统的金融机构开始接触互联网，为后续线上金融业务的蓬勃发展奠定了基础。

2. 2004年—2015年：线上金融阶段

2004年，支付宝（中国）网络科技有限公司成立。这标志着第三方支付平台的兴起，我国金融科技的发展进入了线上金融阶段。2007年，我国第一家网贷平台"拍拍贷"成立。随后，在短短的10年左右时间里，P2P网贷发展迅速，平台数量与日俱增。2011年7月，我国首家众筹网站"点名时间"成立。同年11月，我国第一家股权众筹平台"天使汇"成立。2014年，十二届全国人大二次会议审议的政府工作报告提出，促进互联网金融健康发展，完善金融监管协调机制。这是互联网金融首次被写入政府工作报告，标志着互联网金融上升为国家经济金融发展战略。

总体来看，在这一阶段，金融场景与互联网技术结合所形成的线上金融，创新了金融产品的销售方式和渠道，扩大了金融服务的覆盖面。特别是随着以第三方支付为代表的金融科技公司在金融领域"开疆辟土"，网上支付、网络投资、网上理财和掌上金融等线上金融应用场景相继涌现并迅速普及，极大地推动了我国金融科技市场的整体发展，并初步奠定了我国在全球金融科技应用领域的重要地位。根据麦肯锡公司（McKinsey & Company）的报告，2015 年中国金融科技市场规模达 12 万亿~15 万亿元人民币，用户超过 5 亿人，成为全球最大的金融科技市场。不过，互联网金融在加速我国金融科技发展的同时，也带来了一些潜在的问题，特别是 P2P 网贷和各种筹款平台一度出现"野蛮生长"现象，最终倒逼监管部门不得不出重拳予以治理。

3．2016 年至今：智能金融阶段

2016 年，国务院发布的《"十三五"国家科技创新规划》明确提出，要促进科技金融产品和服务创新。2017 年 5 月，中国人民银行成立金融科技（FinTech）委员会，加强金融科技工作的研究规划和统筹协调。2019 年 8 月，中国人民银行发布《金融科技（FinTech）发展规划（2019—2021 年）》，指明了金融科技领域的战略方向和发展路径。2020 年 10 月，党的十九届五中全会提出，要构建金融有效支持实体经济体制机制，提升金融科技水平，增强金融普惠性。2022 年 1 月，中国人民银行印发的《金融科技发展规划（2022—2025 年）》提出了金融科技在新时期的发展指导意见，其中明确了金融数字化转型的总体思路、发展目标、重点任务和实施保障。

总体来看，2016 年至今，推动我国金融科技发展的核心动力已经由互联网金融转变为更加具有科技属性的大数据、云计算、人工智能和区块链等新兴技术。传统金融服务在这些技术手段的加持下，服务效率大幅提升，服务对象也更加广泛，金融覆盖面显著扩大。在这一阶段，金融机构可以通过大数据、云计算、人工智能以及区块链等技术获取包括客户消费、交易和信用等各类信息，并通过一系列的数据分析与处理，对客户进行精准定位，提供更为全面和立体的金融服务，同时降低这一过程的成本和风险。

近年来，在国家相关政策的引导、规范和扶持下，金融科技发展的基础设施建设不断完善，金融科技和金融活动在多个维度上出现了深度融合的趋势，这些都推动着我国金融科技生态朝着更加丰富、多元和立体的方向发展（专栏 1-6）。

专栏 1-6

我国金融科技行业的发展现状及方向研究

金融科技基于大数据、云计算、人工智能、区块链等一系列技术创新，全面应用于支付清算、借贷融资、财富管理、零售银行、保险、交易结算六大金融领域，是金融业未来的主流趋势。

党的十八大以来，我国金融业不断加强党对金融工作的领导，遵循金融发展规律，推进构建现代金融监管框架。特别是 2017 年全国金融工作会议召开，金融业全

面转变发展理念，以为实体经济服务为宗旨，明确责任，回归本源，把服务实体经济放在首要位置，主动为实体经济"输血""造血"，形成金融和实体经济共生共荣的良性循环。

当前，金融科技的发展浪潮已然势不可挡。2022年是我国金融科技发展继往开来的关键之年，中国人民银行发布《金融科技发展规划（2022—2025年）》，中国银行保险监督管理委员会发布《关于银行业保险业数字化转型的指导意见》。相关政策文件的纷纷出台，为金融科技企业更好地把握新阶段和新形势下创新发展的脉动和趋势指明了方向。

2021年以来，金融业充分运用金融科技手段打造多层次、高效率、可持续的农村数字普惠金融服务体系，为农村金融谋创新、增活力，为推进乡村振兴战略实施提供坚实保障。中研普华研究院发布的《2021—2025年中国金融科技行业市场竞争分析与发展前景预测报告》显示：

在服务广度方面，按照"共建、共享、共用"原则加强农村普惠金融服务点与益农信息社、电商服务站等的服务协同与资源共享，运用数字技术推动实体网点向多项服务"最多跑一次"的综合型农村金融触点升级，探索数字惠农营业厅、远程音视频银行等轻量化、多媒体服务渠道，构建线上线下贯通、跨金融机构互通、金融与公共领域融通的服务模式，着力疏通农村金融脉络、扩大服务覆盖范围，推动金融服务下沉至乡村一线、广泛嵌入农村生产生活场景。

在服务深度方面，运用图计算、知识图谱等技术强化农村客群的数字化认知，发挥人工智能头雁效应，开展端到端服务流程智慧再造，推出更多差异化、精细化、人性化的数字金融产品，有效打通农产品交易、农村电商、小额日常消费等场景金融服务断点堵点，更好地满足农村创业者、返乡农民工、脱贫农户、新市民等不同群体的多元化金融需求。

随着平台企业数字普惠金融的发展，其业务范围不断拓展，数字技术的应用场景也不断丰富，最终形成头部平台与金融科技生态，全面赋能实体经济发展。依托先进的数字技术、庞大的客户群体，以及数字金融、数字生活服务等，对消费者形成的强大合力和黏性，平台企业在原有数字支付、消费信贷、理财、保险等业务的基础上不断扩大业务范围，第三方出行、饮食、医疗、娱乐等服务也被纳入平台中，最终实现金融、消费、医疗、科技等领域的全覆盖。此外，平台企业在追求自身发展的同时，还与包括消费者、商家、金融机构、第三方服务商等在内的平台参与者共同发展，逐渐形成数字金融科技生态。

我国金融科技平台发展至今，已达到国际领先水平。相比国外金融科技平台，我国金融科技平台发展规模更大、聚合度更广、对传统金融业的颠覆性更强。这使得我国金融科技平台为实体经济发展提供了更多的支持。

借助我国庞大的市场规模和先进的数字科技水平，我国金融科技平台的市场竞争力已达到全球领先水平。2019年，金融科技投资公司H2 Ventures和毕马威公布的全球金融科技100强榜单显示，前11家企业中，中国企业（蚂蚁金服、京东数科、度小满金融、陆金所）占比超过了 1/3。此外，2019 年，阿里巴巴在云计算等金融科技相关领域的亚太市场份额高达 28.2%，并已连续三年位列亚太首位。腾讯依托电商、社交、游戏和娱乐等领域，以垂直发展客户并为其提供腾讯云解决方案的方式，在金融科技行业也占据了很大的市场份额。

我国金融科技平台在科技水平、创新活跃度、发展潜力等方面也位于世界前列。2018 年 1 月至 2022 年 10 月的五年间，在全球超过 50 个国家和地区共申请了 19 万件金融科技领域相关专利。其中专利申请数量最多的 3 个国家分别是中国、美国和日本，专利申请数量分别约 10.69 万件、3.71 万件和 0.78 万件。中国金融科技专利申请已经位列世界前列。

（资料来源：本专栏内容摘引自 2022 年 10 月 10 日的新浪财经的文章《2022 年中国金融科技行业的发展现状及方向研究》。）

【本章小结】

金融和科技的结合并非历史上的新现象，而是二者融合到一定阶段和程度后的自然加速推进。随着金融和科技的深度融合，一个更加具有想象力、活力与效率的金融生态体系正在形成。对于传统的金融企业而言，随着数据、信息和业务模式更加多元化，经营管理的效率会更高；对于新兴的科技企业而言，与金融业的融合可以催生更多的跨行业应用，从而开发出各种不受时间与地域限制、个性且精准的金融产品和服务场景。

金融要处理的核心问题是投融资过程中"收益－风险"之间的权衡问题，即如何在有效控制风险的前提下实现预期收益的最大化。这也相应产生了金融业长期持续发展所必须倚仗的一项基本原则：最优的金融决策是在同等风险的情况下实现预期收益最大化，或者在同等预期收益的情况下实现金融风险的最小化。因此，从一般的意义上来看待科技对金融的助力，可以从收益和风险两个基本角度展开。

科技支持金融发展的路径和方向主要包括：①通过各种科学技术的应用为金融"赋能"，帮助金融业提高经营管理的效率或降低成本；②利用科学技术创新金融产品和服务的场景，为用户提供更为精准和贴心的综合化服务，通过改善用户体验，增加用户黏性和满意度；③通过科学技术手段延伸金融服务的对象和范围，特别是服务于潜在需求巨大的"长尾市场"，促进普惠金融的发展；④通过科学技术增加或改进风险管理的方式、方法和手段，增加金融业运行的安全性和稳定性。

金融科技改变的主要是金融活动的实现方式而不是金融本身，更不是金融的本质。无论金融科技如何发展，金融体系在促进资金融通、资源配置、价格发现、提供流动性、风险管理、支付结算等方面的基本功能都仍然存在，并且发挥得更加充分。因此，金融科技的落脚点仍然是金融，强调的是利用科技手段为金融发展服务。此外，金融科技也不能简单地等同于互联网金融或科技金融。

　　金融科技的字面意思是金融和科技的结合，在实践中它主要强调以下两个方面：①新技术在金融中的应用；②基于新技术所产生的金融产品（服务）、商业模式和应用场景等。目前金融科技中较为公认的四大技术支柱可以概括为"ABCD"。其中，A 指人工智能，B 指区块链，C 指云计算，而 D 则指大数据。金融科技的主要特点包括金融性、科技性、融合性和普惠性。

　　从演进历程来看，现代意义上的金融科技发展主要经历了两个阶段："金融科技 1.0"阶段和"金融科技 2.0"阶段。"金融科技 1.0"阶段主要对应互联网金融的兴起和发展。"金融科技 2.0"阶段即当下所处的阶段。该阶段的主要特征是大数据、云计算、人工智能和区块链等前沿科技开始深入金融业务核心，属于科技和金融深层次结合的阶段。

　　金融科技的发展为金融业生产能力和服务水平的提升提供了更多的可能性和创造性，推动着一系列新兴金融业态的形成，这些都显著增加了金融体系的层次和活力。目前，金融行业与科技领域的融合性不断上升，金融科技的领域已经覆盖到经济金融活动的方方面面。从发展趋势来看，未来的金融科技将朝着更大范围、更加智能、更加安全和更加普惠的方向发展。

【关键词】

　　金融科技　人工智能　区块链　云计算　大数据　金融性　科技性　融合性　普惠性二八定律　Web 3.0

【复习思考题】

　　1. 简要解释金融与科技的关系。

　　2. 简要说明金融科技的核心技术。

　　3. 简要解释金融科技的主要特点。

　　4. 简要阐述金融科技的发展趋势。

第 2 章 ▶

大数据及其在
金融领域的应用

金融科技概论

【本章要点】

1. 大数据的含义及特点。
2. 大数据的处理要求与关键技术。
3. 大数据在金融领域的应用。

【背景材料】

在"数据为王"的时代，金融大数据被誉为"待挖掘的金矿"，其价值已经成为共识。自从 2014 年大数据首次作为国家战略被写入政府工作报告，金融机构不断引入大数据平台、构建大数据体系。

如今大数据早已成为金融机构核心竞争力的关键一环，其中，数据中台、大数据平台已经成为金融机构全面数字化转型的关键，金融机构服务客户、创新产品、内部管理等都越来越依赖"数字"。"建立健全企业级大数据平台，充分释放大数据作为基础性战略资源的核心价值。"中国人民银行印发的《金融科技（FinTech）发展规划（2019—2021 年）》曾提到。

根据 2021 年 12 月 29 日发布的《金融大数据平台总体要求》中的定义，金融大数据平台是企业级、分布式、开放、统一的大数据平台，应包括数据接入、数据存储、数据处理、数据分析及数据服务相关组件。

金融大数据平台的总体目标是帮助金融机构更高效、更快速地完成金融大数据应用的开发、部署和管理，从以交易为中心转向以数据为中心，以应对更多维、更大量、更实时的数据和互联网业务的挑战。

（资料来源：以上内容摘引自李静瑕，《巨变来了！金融大数据平台走向何方》。）

2.1 大数据概述

2.1.1 大数据的含义及特点

1. 大数据的含义

在通常语境下，"大数据"的含义一般指规模巨大的海量数据；但从大数据的核心本质来看，其主要特性不仅仅是数量维度，还包括结构、计算、存储等其他多个维度的关键特征。全球著名管理咨询公司麦肯锡对大数据的定义是：一种规模大到在获取、存储、管理、分析方面远远超出传统数据软件工具能力的数据集合，具有海量的数据规模、快速的数据流转、多样的数据类型和较低的价值密度四大特征。

2. 大数据的特点

在信息系统领域，大数据最主要的特点可概括为"5V"，即量级大（Volume）、速度快（Velocity）、多样性（Variety）、真实性（Veracity）和价值性（Value），如图 2-1 所示。

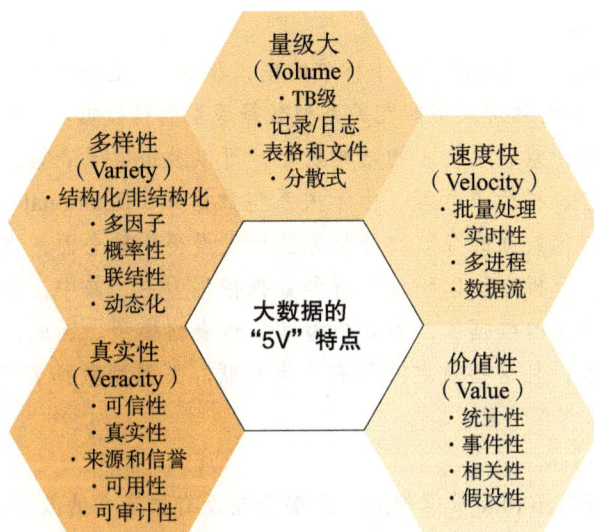

图 2-1　大数据的"5V"特点

（1）量级大（Volume）　大数据最基本的界定标准是数据量的大小。大数据通常涉及大规模的数据量，包括采集、存储和计算的量都非常大，并且呈持续增长的趋势。从目前的情况来看，大数据的通常计量单位至少达到 PB、EB 或 ZB（1GB=1024MB；1TB=1024GB；1PB=1024TB；1EB=1024PB；1ZB=1024EB）的级别。未来随着技术的进步，相应的量级标准可能进一步提高。

（2）速度快（Velocity）　大数据增长速度快，处理速度也快，时效性要求高。例如，搜索引擎要求几分钟前的新闻能够被用户查询到，个性化推荐算法尽可能要求实时完成推荐。这是大数据区别于传统数据挖掘的显著特征之一。大数据生成、积累、流动的速度都非常快，这意味着对数据的采集和分析等过程必须迅速及时，才能使大数据充分发挥作用。

（3）多样性（Variety）　大数据通常囊括多种不同格式和不同类型的数据，包括结构化、半结构化和非结构化数据（专栏 2-1），具体表现为网络日志、音频、视频、图片、地理位置信息等。大数据包含的数据种类相当丰富，一方面拓宽了信息量，可以通过多模态分析得到过去无法得到的结论，另一方面对数据的处理能力也提出了更高的要求。

专栏 2-1

大数据的数据类型结构

结构复杂是大数据的一个基本特征，特别体现在数据的高维度与大量非结构化的数据上。高维数据在大数据背景下是非常常见的。例如，一条网页搜索记录，其包含的信息可能有搜索关键词、搜索时间、用户点击行为、停留时间等。大数据来源的多样性导致数据类型的多样性。根据数据是否具有一定的模式、结构和关系，数据可分为三种基本类型：结构化数据、非结构化数据和半结构化数据。

1. 结构化数据

所谓结构化数据，是指遵循一个标准的模式和结构（Conform to A Data model or Schema），以二维表格的形式存储在关系型数据库里的行数据。此类数据一般是先有结构，后产生数据，能够用统一的结构表示，可以放进电子表格，有特定的格式与规范，如身份证号、银行卡号等。由于关系型数据库（Relational Database）发展较为成熟，因此结构化数据的存储和分析方法也发展得比较全面，有大量的工具支持结构化数据分析，分析方法以统计分析和数据挖掘为主。其中，关系型数据库是创建在关系模型基础上的数据库，关系模型即二维表格模型。因此，一个关系型数据库包括一些二维表，且这些表之间具有一定关联。关系型数据库可运用 SQL 语言，通过固有键值提取相应信息。

2. 非结构化数据

非结构化数据与结构化数据相对，主要是指没有预定义的数据，如文本、图像、视频、音频等，经常产生于邮箱、微博、微信等公众平台。非结构化数据由于不遵循统一的数据结构或模型，因此不方便用二维逻辑表来呈现。这部分数据在企业数据中占比大，且增长速率快。非结构化数据更难被计算机理解，不能直接被处理或用 SQL 语言进行查询。非结构化数据常以二进制大对象（BLOB，将二进制数据存储为一个单一个体的集合）形式，整体存储在关系型数据库中，或存储在非关系型数据库（NoSQL 数据库）中。由于在现实分析中一般都需要使用结构化数据，因此，在利用非结构化数据之前，一般需要对这些数据进行预处理。虽然处理过程较为复杂，但非结构化数据确实能给予人们更多的额外信息。

3. 半结构化数据

半结构化数据介于完全结构化数据和完全非结构化数据之间，是指有一定的结构性，但本质上不具有关系性的数据。半结构化数据可以说是结构化数据的一种，但是结构变化很大。因此，为了了解数据的细节，不能将数据简单按照非结构化数据或结构化数据进行处理，而需要特殊的存储（化解为结构化数据/用 XML 格式来组织并保存到 CLOB 字段中）和处理技术。半结构化数据一般使用相关标记来分隔语义元素以及对记录和字段进行分层，因此也被称为自描述的结构数据（以树或者图的数据结构存储的数据）。半结构化数据一般先有数据，再有结构。两种常见的半结构化数据如 XML 文件和 JSON 文件，常见来源包括电子转换数据（EDI）文件、扩展表、RSS 源、传感器数据等。

此外，还有一种用于描述其他数据的"元数据"，其作用类似于数据仓库中的数据字典。元数据可说明已知的数据的一些属性信息（如数据长度、字段、数据列、文件目录等），提供数据系谱信息（含数据的演化过程）和数据处理的起源。元数据可分为三种不同的类型，即记叙性元数据、结构性元数据和管理性元数据，一般由机器生成并添加到数据集中，如数码照片中提供文件大小和分辨率的属性文件等。

（资料来源：本专栏根据网上相关公开资料综合编撰。）

（4）真实性（Veracity）　数据科学中有一句老话："投入垃圾，则产出垃圾（Garbage in, garbage out）。"其含义是，通过错误或质量不高的数据分析出的结果往往是无价值的。因此，大数据的"大"是一方面，"质"也同样重要。大数据通常伴随大量的"噪声"（干扰信息），如何从海量数据中 找出真正有价值的信号，提高信噪比（信噪比越高，表明无用信息，即"噪声"越少），确保数据的质量，是大数据应用时需要考虑和解决的问题。

（5）价值性（Value）　大数据本身是有价值的，并且对大数的不同使用最终会赋予大数据不同的价值。传统数据基本上都是结构化数据，通常每个字段都有用，因此价值密度相对比较高。而在大数据环境下，随着数据量的大幅增长，数据中有意义的信息往往不能以相应比例同步增长，这导致了大数据的"低价值密度"问题。在这种情况下，有效信息的挖掘犹如"浪里淘金"，因而必须考虑合理运用大数据，尽可能以低成本创造出高价值。

2.1.2　金融与大数据的关系

金融活动每天，甚至每时每刻都在处理着海量数据，这使得金融数据天然具有大数据的特征。因此，在大数据相关技术及其应用范围不断拓展的过程中，金融与大数据之间的关系日渐紧密，逐渐形成了具有金融行业特色的包括数据、技术、应用在内的体系。这一体系所依赖的数据基础一般被称为金融大数据；而这一体系作为一种金融业务模式，则被称为大数据金融（Big Data Finance）。

简单来说，金融大数据就是金融行业产生的各种数据的集合，包括金融机构、政府机关、个人等主体在投资、借贷、储蓄等各类交易过程中产生的数据。面对海量的金融数据，传统的处理方式显然存在着很多的不足。在这种情况下，如何应用人工智能、云计算等新兴技术，对海量数据进行管理，在海量数据中挖掘有用的信息，同时利用信息为决策者提供相应的支持，成为金融大数据发展过程中要解决的重要问题。

相应地，大数据金融主要是运用大数据技术开展金融服务，即集合海量结构化、半结构化、非结构化数据，通过互联网、云计算和数据挖掘等信息技术进行实时分析，向客户提供全方位的信息，并通过分析和挖掘客户的交易信息和消费习惯，精准预测客户行为，支持开展资金融通和提供创新金融服务。

近几年来大数据在金融行业迅速发展并不是偶然的现象，其背后是有原因的。传统金融模式侧重的是客户与金融机构面对面的交易，而大数据下的金融模式利用互联网上的第三方支付平台就可以实现，极大地降低了金融机构的工作量及成本。特别是在数字经济模式下，数据融入了整个价值创造的全过程，而高质量的数据无疑成为一种重要资源，可以在竞争中发挥重要作用，在高度依赖数据处理的金融行业尤其如此。

一方面，金融发展需要大数据的助力。社会的发展与技术的迭代推动着更高标准的金融需求，如何提供更精准的定价、更个性化的金融服务和更好的风险控制，成为金融行业必须直面的问题。更进一步，新兴科技早已渗透生活的方方面面，全面塑造着人们的行为习惯和生活模式，这使得传统服务模式的吸引力下降或效率弱化；同时，新技术的运用往往需要与之适应的架构，从而推动行业的相应变革。这两种内外聚合的力量促使金融行业在社会发展中不断寻找新的发展方向，而基于大数据的金融业务正是其中的重要方向之一。

另一方面，金融与大数据的结合具有互补的优势。首先，金融行业具有庞大的数据集群，各类客户、产品、交易明细、财务报表构成了丰富的数据资源，能够挖掘更深层次的信息；其次，金融行业数据结构化程度和质量相对较高，数据一般具有一定的逻辑结构，并且对实时性、准确性、一致性要求程度高，有利于进一步的分析处理；最后，金融行业业务繁多，能够为大数据的应用提供丰富的场景选择。麦肯锡公司在研究报告中指出，除互联网行业外，金融行业将是未来最具有大数据价值潜力的行业之一。

科学技术的蓬勃发展为大数据金融的发展提供了良好的契机。从统计数据来看，近年来大数据在金融业的发展已经达到了新的高度。中国大数据产业联盟的统计数据显示：2017 年，中国金融大数据的市场规模为 333.7 亿元；2018 年为 412.1 亿元，同比增长 23%；2019 年为 506.3 亿元，同比增长 22.9%；2020 年为 605.5 亿元，同比增长 19.6%。随着金融大数据市场规模的不断扩大，很多行业或企业逐渐从传统的金融业务转向了基于大数据的新兴金融业务（专栏 2-2）。

专栏 2-2

金融大数据及其商业应用

金融数据是大数据商业应用最早的数据源，早在 1996 年，摩根大通银行就聘请数学家丹尼尔采用递归决策树统计方法。大数据技术的应用提升了金融行业的资源配置效率，强化了风险管控能力，有效促进了金融业务的创新发展。金融大数据在银行业、证券行业、保险行业、支付清算行业和互联网金融行业都得到了广泛的应用。

近年来，金融市场竞争日趋激烈，部分金融机构尚未有效建立数字化的金融分析算法与模型，同时面临较大的市场风险和相对较弱的竞争力。为此，金融机构拓展金融大数据应用的需求日益旺盛，投入不断加大。中研普华产业研究院发布的《2022—2027 年中国金融大数据行业市场前景预测及投融资战略咨询报告》显示：大数据金融主要从三方面体现：首先，数据客观，精准匹配；其次，交易成本低，客户群体大；最后，数据及时有效，有助于控制风险。

金融大数据平台是企业级、分布式、开放、统一的大数据平台，应包括数据接入、数据存储、数据处理、数据分析及数据服务相关组件。而金融大数据平台的总体目标是帮助金融机构更高效、更快速地完成金融大数据应用的开发、部署和管理，从以交易为中心转向以数据为中心，以应对更多维、更大量、更实时的数据和互联网业务的挑战。

（资料来源：本专栏内容摘引自中研普华产业研究院，《2022—2027 年中国金融大数据行业市场前景预测及投融资战略咨询报告》2022。）

2.1.3　金融大数据的相关应用

作为信息技术演化的最新产物，大数据将成为未来高信息化时代人类社会、物理世界和信息空间的重要联系纽带，并且有望第一次在人（人类社会）、机（计算机空间）、物（物理世界）之间建立起具有统一数据格式的"三元合一"的信息系统。事实上，物理世界和人类社会在信息空间中都有其数据映像。在过去自然科学的巨大发展进程中，人类对物理世界的规律认识已经取得了长足进步，但对人类社会自身的认识却相当有限，而大数据分析模式则为人们提供了一条新的认识路径。正是基于大数据在改善人类自身认知方面的巨大潜力，近年来，大数据已经成为经济和科技界关注的热点。

目前，大数据在政府、金融、交通、教育、电信、安防、传媒、电商、医疗等领域都有相应的应用。根据贵阳大数据交易所 2020 年的统计数据，在所有相关领域中，政府部门的大数据应用占比是最大的，达到 35.95%；其次是金融业，大数据的应用占比达到 25.68%，如图 2-2 所示。金融行业的大数据应用比例仅次于政府部门，排名第二，足以说明金融业大数据应用的广泛程度。

大数据技术与金融相结合形成独特的应用场景，在很多方面创新了金融服务的模式和方法，对传统金融行业革新、产业链价值重构、金融生态圈建设等起到了重要的推动作用，各种新型金融企业和金融新业态层出不穷。大数据、人工智能、云计算等新科技日趋成熟，推动金融行业变革，帮助企业控制风险、降低成本、发掘个性化需求与潜在价值。通过大数据技术，金融企业可以精确地刻画出客户画像。其中，个人客户画像包括人口统计学特征、消费能力数据、兴趣数据、风险偏好等；企业客户画像包括生产、流通、运营、财务、销售和客户数据、上游和下游相关产业链数据等。金融企业利用大数据技术对客户个人情况等静态信息和交易记录等动态信息进行综合分析，得出客户的消费偏好、风险偏好等内在客户行为数据，从而可以为客户提供个性化的服务。

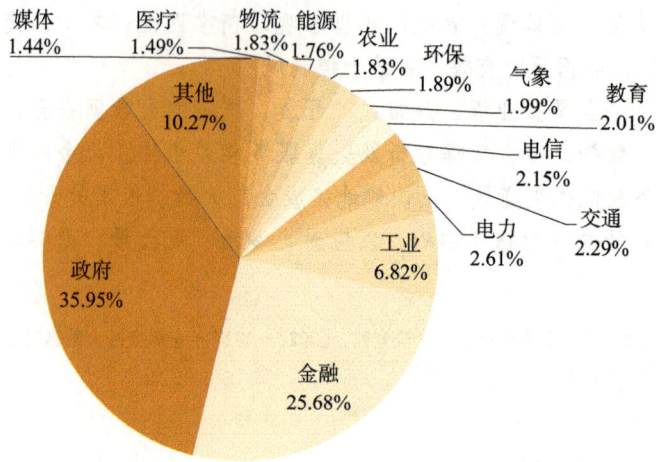

图 2-2　2020 年中国各行业大数据应用占比

（资料来源：贵阳大数据交易所。）

例如，精准营销中的"实时营销"，可以根据客户当时的所在地、客户最近一次交易记录等信息数据进行针对性的营销，或者把客户改变居住城市等生活状态事件挖掘成营销机会，从而大大提高金融服务效率。大数据技术在客户金融生命周期管理上也发挥了重大的作用，可以帮助建立监测模型，分析客户在金融生命周期的阶段，从而为其提供差异化的服务，例如，它为处于不同生命周期阶段的客户提供不同的理财规划方案与金融产品和服务；同时可以培养潜在客户，发挥现有客户的潜在价值，从整体上改善前瞻性金融服务水平。图 2-3 系统地展现了科技赋能现代金融业的发展状况。

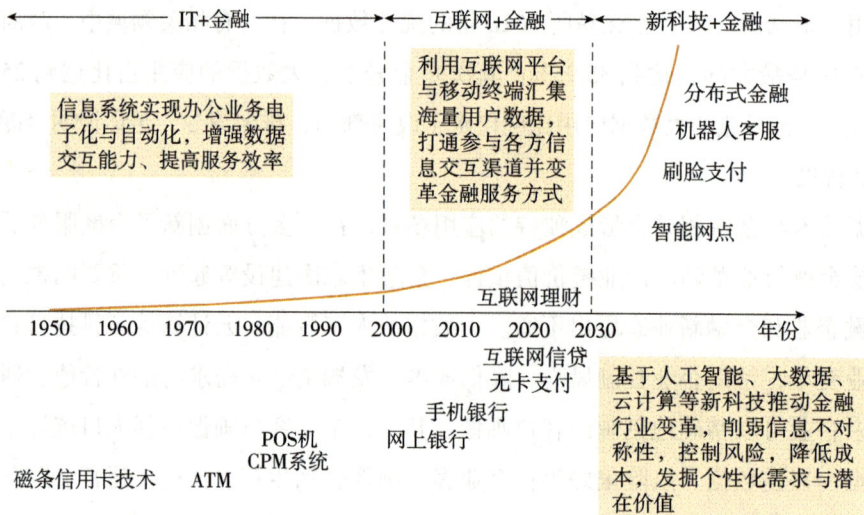

图 2-3　科技赋能现代金融业的发展状况

（资料来源：艾瑞咨询研究院。）

目前，金融大数据的应用主体主要为银行、保险和证券。对于银行业，大数据技术是业务运营的强大驱动力，具体应用于客户画像、精准营销、风险管控、运营优化等方面；对于保险业，以客户为中心，大数据技术主要应用于精细化营销、精细化运营和欺诈分析；对于证券行业，其大数据技术的发展相对落后于银行业、保险业，主要方向为股价预测、客户关系管理、投资景气指数。根据前瞻产业研究院的统计数据，2020 年大数据在银行业的投资比例为 41.1%，占金融行业的首位；其次为证券业，投资比例为 35.1%；最后为保险业，投资比例为 23.8%。

从大数据在经济分析，尤其是金融稳定分析与监测方面的应用前景来看，由于金融体系是整个经济中数据信息最密集、频率最高、数量最大、增速最快、动态性最强的领域，这使得大数据分析在金融体系关联信息的获取方面具有巨大的潜力和重要的应用价值。同时，与传统的逻辑推理研究不同，大数据研究是对数量巨大的数据做统计性的搜索、比较、聚类和分类等分析归纳，因此继承了统计科学的一些特点。这使得相关性分析在大数据分析中占据重要位置。

相关分析的目的是找出数据集里隐藏的相互关系网，一般用支持度、可信度和兴趣度等参数反映相关性。由于大数据背后的共性问题是关系网络，因此，基于动态化信息的各种网络分析将成为大数据分析范式下新的信息来源。从经济和金融学的角度来看，基于大数据的网络分析不仅为建立宏微观数据之间的关联提供了一种可能的路径，而且有助于对网络条件下的金融运行规律进行深层挖掘。

此外，金融大数据的相关应用场景还包括以下方面：

（1）识别金融欺诈　利用大数据可以方便地做到细颗粒度地监控每一个消费者的消费信息，通过识别消费者的消费行为习惯，当发现消费者做出明显与习惯不符或不合逻辑的举动时，金融机构就可以拒绝服务，以避免更大的损失。

（2）管理金融风险　对于企业而言，赊销赊购是常态，发生的频率是相当高的，如果这些企业通过银行来提供信用，银行不太可能有专员一项一项核对。对银行来说，使用大数据来监控这些企业，自动控制风险，显然是更合适的决策。企业也可以通过大数据来分析对方企业的信用风险，提前知道对方按时全额付款的可能性，再决定是否做这笔交易。

（3）减少客户和员工流失　对于一家企业而言，失去老客户常常是致命的。而大数据可以帮助销售或运营团队确定哪些类型的客户风险最大，确定客户为什么选择使用其他服务，从而减少客户流失。在减少员工流失方面，大数据对人力资源的分析有助于人力资源部门及时了解员工离职的原因，从而改善员工的工作条件，降低员工流失的风险。

（4）评估运营风险　对一个规模较大、结构较复杂的企业来说，其对运营中的最大风险可能是很清楚的，但第二大和第三大风险可能就不那么显而易见了。大数据的力量可以让企业在运营中发现新的风险点，这些之前未知的风险点可能一直在让企业付出代价。通过大数据技术，企业可以发现并及时清除这些风险点。

（5）降低决策风险　例如，当一家金融机构考虑开设一个新的分支网点时，就可以利用大数据来确定合适的网点位置。在传统方法下，金融机构一般只能根据一个地点的外观和地段等简单信息进行粗略的判断，有时还要借助直觉。而在大数据条件下，金融机构可以借助备选地点的人流、交易和人口统计等相关数据，做出更为科学的决策，降低选址失误的决策风险。

2.2　大数据处理及其关键技术

2.2.1　大数据处理要求

大数据处理是对庞大复杂的海量数据进行提炼，在提炼过程中，最有价值的地方是预测性分析，即通过数据可视化、统计模式识别、数据描述等方式帮助人们更好地理解数据，利用历史数据对未来事件进行预测，并根据数据挖掘的结果做出预测性的决策。

大数据来源相当广泛，且数据类型丰富，存储的数据总量庞大，由此产生了多种应用处理方法。但总的来说，大数据处理的要求和流程大体是一致的，且对数据呈现的要求比较高，重视数据处理的高效性与可用性。

相比于大数据，传统数据来源和类型较为单一，需要存储和分析的数据总量也比较小，因此，对传统数据的处理大多采用关系型数据库和并行数据库，后者追求一致性和容错性。根据 CAP 定理（CAP Theorem）（见图 2-4），一个分布式系统最多只能同时满足一致性（Consistency）、可用性（Availability）和分区容错性（Partition Tolerance）三项中的两项；而传统的数据处理方法在保证一致性和容错性的同时，往往难以保证其可用性。

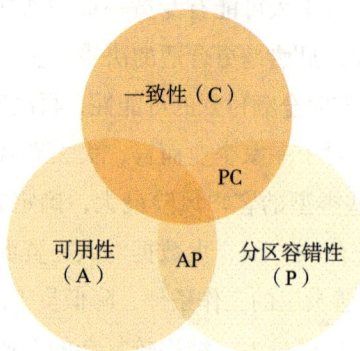

图 2-4　CAP 定理

此外，在大数据环境下，为减少大量数据移动带来的成本，需要采用以数据为中心的数据处理模式。在这一点上，传统数据处理中以处理器为中心的模式难以适应大数据处理的要求；而大数据则采取分布式存储和计算模式，提倡"计算向数据靠拢"而非"数据向计算靠拢"，以移动计算代替移动数据，在数据的存储节点进行运算操作，从而大大减少了节点间大量数据移动的成本。

2.2.2　大数据处理的流程框架

大数据的基本处理流程与传统数据的处理流程差别不大，主要工作环节一般包括大数据采集、大数据预处理、大数据存储与管理、大数据挖掘与分析及大数据呈现与应用五个步骤。

大数据处理与传统数据处理的主要区别在于，由于大数据要处理大量非结构化数据，因此在处理数据的各个环节中，都可以采用 MapReduce 框架进行并行处理，以提高处理速度。具体流程如图 2-5 所示。

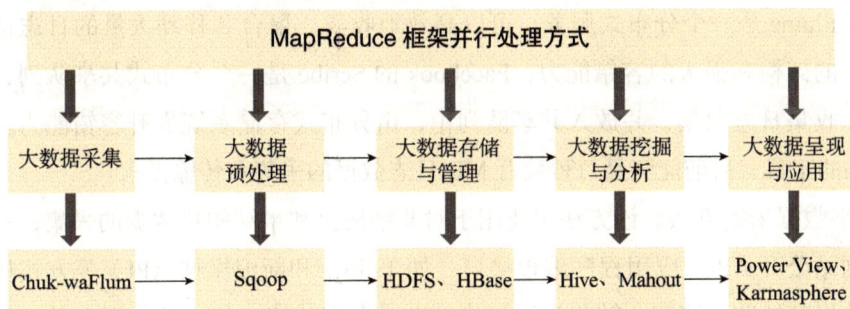

图 2-5　MapReduce 框架处理流程

2.2.3　大数据的关键技术

1. 大数据采集技术

大数据采集是大数据技术的第一步，也是关键一步。在大数据环境下处理与分析数据，需要从各种数据源中获取结构化、半结构化和非结构化数据，并对数据主体进行预处理与存储。在互联网技术蓬勃发展的今天，由于每时每刻都在产生海量的新数据，数据源多样、数据体量大、数据变化快、数据实时化难度大，这些都显著增加了数据采集的复杂性。

（1）大数据的数据源　具体来看，大数据的数据源主要包括以下几个方面：

1）各种智能设备中的运行数据。随着智能制造、可穿戴设备、物联网等日益普及，智能设备的数据采集变得非常重要。例如，通过智能家居中的传感器，可以收集用户的喜好和生活习惯；通过可穿戴式健康监测设备，可以实时监测使用者的各项身体指标。但是，通过智能设备采集的数据不仅包括结构化数据，也包括半结构化、非结构化等多种类型的数据，在收集中还存在很多技术难题需要克服。

2）互联网网页数据。社交网络、App、电商平台、官方网站中的用户数据，是商家获取用户消费、交易、产品评价信息及其他社交信息的重要来源。从技术上看，可以通过网络爬虫或网站公开 PI 等方式，将这类非结构化数据、半结构化数据从网页中提取出来，并以结构化的方式将其统一存储为本地数据文件。

3）RFID 数据。无线射频（RFID）标签安装在装运托盘或产品外包装上。有了 RFID 标签，商品在制造和零售时就不再需要人工盘点，驾驶员通过高速公路收费站时不再需要停车，从而进一步提高了行业效率。

（2）具体采集方法　在目前的实践中，大数据的采集主要包括以下几种具体方法：

1）系统日志采集方法。通过收集企业业务平台的日志信息，可以挖掘出很多有价值的数据。因此，互联网企业大都有自己的海量数据采集工具，进行系统日志的采集。例如，Cloudera 的 Flume 是一个分布式服务，可以高效地收集、聚合和移动大量的日志信息，且具有简单灵活的架构和强大的容错能力；Facebook 的 Scribe 是一个分布式共享队列，可以从各种数据源上收集日志数据，并放入共享队列中，由分布式存储系统提升容错能力。这些采用分布式架构的工具，目前能满足每秒数百 MB 日志数据的采集和传输需求。

2）网络数据采集方法。该方法主要用于对非结构化和半结构化数据的采集，一般通过网络爬虫或网站公开 API（应用程序编程接口，如 Twitter 和新浪微博 API）等方式从网站上获取数据，并将其提取、清洗、转化为以结构化方式存储的统一的本地数据文件。目前常用的网页爬虫系统有 Apache Nutch、Crawler4j、Scrapy 等。

3）其他数据采集方法。对于企业生产经营数据、科学研究数据等保密性要求较高的数据，可以通过与企业或研究机构合作，使用特定系统接口等相关方式采集数据，例如，一些企业会使用传统的关系型数据库（MySQL、Oracle 等）来存储数据。

不过，数据采集手段的进步也带来了一系列值得研究与思考的问题，包括数据壁垒问题、数据隐私问题和数据安全问题等（专栏 2-3）。

专栏 2-3

大数据采集手段带来的问题

1．数据壁垒问题

在大数据时代，数据资源是一种核心资产，商业主体都倾向于保护自己的数据，不愿意无偿公开数据。此外，长期以来，政府部门之间的数据共享难以解决，相关法律法规、政策制度和技术标准缺失，导致数据不敢开放，形成了数据壁垒。虽然国内在大数据交易方面做出了一些探索，也有一些大数据交易平台成立，但目前还不是很完善。

2．数据隐私问题

对于隐私，目前采集的界限很难界定。一些数据一旦采集便涉及隐私，但不采集又会损失很多重要信息。于是，数据利用在什么情况下算是侵犯了隐私，在什么情况下才算是合法利用，这些问题既是道德和法律问题，同时也与技术的实现手段密切相关。

3．数据安全问题

如何保证数据不受损、不被修改、不被偷窥、不被偷窃，是当前大数据采集所要重点解决的安全问题。这涉及隐私保护和推理控制、数据真伪识别和取证、数据持有完整性验证等技术。

（资料来源：本专栏根据网上相关公开资料综合编撰。）

2. 大数据预处理技术

大数据预处理即通过对大数据的辨析、抽取、清洗等操作提取有效信息。现实数据经常存在不完整、不一致、有噪声（即数据包含错误或存在期望偏离的离群值）的情况，无法利用这些数据获得高质量的结果，所以需要对决策信息数据进行填补、平滑、合并、规格化、检查一致性等预处理，以实现将杂乱无章的数据转化为相对单一且便于处理的构型，从而达到提高数据分析质量和减少分析时间的目的。

大数据预处理技术主要包括数据清洗、数据集成、数据变换和数据规约。其中，数据清洗是保证数据质量的重要手段，包括遗漏值处理、噪声数据处理、不一致数据处理等；数据集成是将多个数据源中的数据合并，并存储到一致的数据库中；数据变换可以改进涉及距离度量的挖掘算法的精度和有效性，利用平滑、聚集、数据泛化、规范化等过程将不同度量下的数据归一化，从而更好地对数据源中的数据进行挖掘；数据规约则是利用数据方聚集、维规约、数据压缩、数值规约、概念分层等方法，实现数据集的规约表示，将庞大的数据集缩小的同时保持原数据的完整性，进而降低大规模数据分析的成本。这些大数据预处理技术在数据分析之前使用，可以显著提高数据分析的质量、速度与准确性。

3. 大数据存储与管理技术

大数据存储与管理技术是整个大数据处理系统的基础。在大数据环境下，数据量正以前所未有的速度扩大，考虑到数据的可用性、功能的集成度、系统的稳定性和可拓展性，往往采用分布式存储方式来存储数据，建立相应的数据库进行管理，同时将同一份数据存储多个副本以保证可靠性。大数据存储系统主要包括分布式存储系统、数据仓库和非关系型数据库（NoSQL）三大基本类型。

（1）分布式存储系统　分布式存储系统将数据分散存储在多台独立的数据存储服务器上，可以提升系统的可靠性、安全性、可拓展性。社交网络的流行导致大量非结构化数据出现，传统处理方法难以应对，于是数据库技术开始不断发展。2005年，分布式系统基础架构Hadoop诞生。分布式存储系统包括分布式数据库和分布式文件系统，具体见专栏2-4。

专栏2-4

分布式数据库与分布式文件系统

分布式数据库（Distributed Data Base，DDBS）是用计算机网络将物理上分散的多个数据库单元连接起来组成的一个逻辑上统一的数据库。每个被连接起来的数据库单元称为站点或节点。分布式数据库由一个统一的数据库管理系统进行管理，称为分布式数据库管理系统。

分布式数据库的基本思想是将原来集中式数据库中的数据分散存储到多个通过网络连接的数据存储节点上，以获取更大的存储容量和更高的并发访问量。随着数据量的高速增长，分布式数据库技术得到了快速发展，传统的关系型数据库开始从集中式模型向分布式架构发展，基于关系型的分布式数据库在保留了传统数据库的数据模型和基本特征下，从集中式存储走向分布式存储，从集中式计算走向分布式计算。2010年起，阿里巴巴、蚂蚁金服开始自主研发数据库系统OceanBase，这一系统从立项到开花结果经历了足足五年时间。

分布式文件系统（Distributed File System，DFS）是指文件系统管理的物理存储资源不一定直接连接在本地节点上，而是将大规模数据用文件形式保存在不同存储节点中，并用分布式系统进行管理。其技术特点是将大的任务分解为多个小任务，通过让多个处理器或多个计算机节点参与计算来解决问题。

分布式文件系统对存储的数据格式并无苛刻的要求，数据可以是非结构化的或其他类别。分布式文件系统能够支持多台主机通过网络同时访问共享文件和存储目录，每个服务器都具备对数据的访问能力，使多台计算机上的多个用户共享文件和存储资源。分布式文件系统架构更适用于互联网应用，能够更好地支持海量数据的存储和处理。

目前典型的分布式文件系统产品有GFS（Google文件系统）、HDFS（Hadoop分布式文件系统）等。与传统的系统相比，GFS/HDFS将计算和存储节点在物理上结合在一起，从而避免在数据密集计算中的吞吐量制约，其分布式架构能达到较高并发访问能力。

（资料来源：本专栏根据网上相关公开资料综合编撰。）

（2）数据仓库　数据仓库适合存储关系复杂、难以进行数据管理的数据模型（如企业核心业务数据）。它通过将信息精简后统一集中到数据仓库中，对数据进行集中分层次管理，可以进行要求比较高的计算以及复杂的BI（商业智能）计算。这类数据库以列式存储或大规模并行处理系统（MPP）技术为代表。MPP重点面向行业大数据，采用无共享（Shared Nothing）架构，即在存储和处理过程中不共享资源，只是将任务分散到多个服务器和节点进行计算，并将各个部分的结果汇总为最终结果。MPP 的运行环境多为低成本的计算机服务器，因而具有高性能和高扩展性的特点，可广泛用于企业分析类应用。

（3）非关系型数据库　相比传统的关系型数据库，非关系型数据库（NoSQL）具有能进行高并发读写、高效率存储和访问、高可扩展性和高可用性、较低成本等突出优势。NoSQL 使数据库具备了非关系、可水平扩展、可分布和开源等特点，为非结构化数据的管理提供了支持。NoSQL 技术大多应用于互联网行业，目前谷歌的 BigTable 和亚马逊（Amazon）的 Dynamo 使用的就是 NoSQL。

4. 大数据挖掘与分析技术

大数据挖掘与分析主要是指运用计算机技术，从海量应用数据中提取隐含的、有价值的信息的过程。

（1）大数据挖掘　大数据挖掘有基于海量数据、非平凡性、隐藏性和价值性等特点，具体见表 2-1。

表 2-1　大数据挖掘的特点与具体体现

大数据挖掘的特点	具体体现
基于海量数据	数据挖掘的范围包括大量的、不完全的、模糊的、有噪声的、随机的应用数据
非平凡性	数据挖掘的结果应该是复杂的，而非简单的
隐藏性	数据挖掘是要在大量数据中找到隐含信息，而非显现数据表面的信息
价值性	数据挖掘的结果应当为应用主体带来直接或间接的效益

（2）大数据分析　常用的大数据分析方法包括可视化分析、数据挖掘算法、预测性分析、语义引擎和数据质量管理等。

1）可视化分析。可视化分析是一种分析仪，可以将数据进行关联分析，并展现出直观的分析图表。数据可视化是大数据挖掘与分析中最基本的功能之一，可视化的结果可以静态地存储在大数据框架供以后访问，也可以与大数据的提供者、处理者、消费者的处理框架和平台进行动态交互。

2）数据挖掘算法。数据挖掘相当于机器的母语，包括对大规模数据进行自动或半自动分析，精炼数据，呈现出数据本身的特点，挖掘并提供价值。为实现数据分析的价值性，数据挖掘算法必须能够处理大量的数据，同时要兼具很快的速度。

3）预测性分析。分析师常常要利用可视化分析和数据挖掘的结果做出前瞻性的判断和预测，这就是所谓预测性分析。其过程一般是基于大数据的特点建立相应的模型，然后代入新的数据进行预测。专栏 2-5 给出了一个大数据用于股价走势预测的案例。

4）语义引擎。语义引擎是语义网时代的搜索引擎，是语义技术最直接的应用。它从词语所表达的语义层次上来认识和处理用户的检索请求，进而从数据中提取信息。

5）数据质量管理。数据质量管理是指为了满足信息利用的需要，对信息系统的各个信息采集点进行规范，并通过一定的流程管理，确保数据和分析质量的真实和价值，进而使数据的作用得到充分发挥。

专栏 2-5

大数据用于预测股价走势

IBM 运用大数据信息技术，成功开发了"经济指标预测系统"。借助该预测系统，可通过统计分析新闻中出现的单词等信息来预测股价等走势。

IBM 的"经济指标预测系统"首先从互联网上的新闻中搜索"新订单"等与经济指标有关的单词，然后结合其他相关经济数据的历史数据分析与股价的关系，从而得出预测结果。

在"经济指标预测系统"的开发过程中，IBM 还进行了一系列的验证工作。IBM 以美国"ISM 制造业采购经理人指数"为对象进行了验证实验。该指数以制造业中的大约 20 个行业、300 多家公司的采购负责人为对象，调查新订单和雇员等情况之后计算得出。实验前，首先假设"受访者受到了新闻报道的影响"，然后分别计算出约 30 万条财经类新闻中出现"新订单""生产"以及"雇员"等 5 个关键词的数量。追踪这些关键词在这段时期内的搜索数据变化情况，并将数据和道琼斯指数的走势进行对比，从而预测该指数的未来动态。

IBM 研究称，一般而言，当"股票""营收"等金融词语的搜索量下降时，道琼斯指数随后将上涨；而当这些金融词语的搜索量上升时，道琼斯指数在随后的几周内将下跌。

据悉，IBM 的试验仅用了 6 小时，就计算出了分析师需要花费数日才能得出的预测值，而且预测精度几乎一样。

（资料来源：本专栏根据网上相关公开资料综合编撰。）

5. 大数据呈现与应用技术

大数据经过分析处理，可以呈现出可视化的结果，主要形式包括报表、图形、选择性查询等。大数据技术的价值在于将数据中的隐藏信息挖掘提取并有效利用，从而提高人类社会各个领域的运行效率和整个社会经济运行的集约化程度。从目前的实际发展情况来看，大数据将最可能重点应用于商业智能、政府决策和公共服务三大领域。

2.3　大数据在金融领域的应用

2.3.1　大数据在银行领域的应用

如今，新一轮的信息科技革命方兴未艾，大数据、人工智能、移动互联网等产业的发展，给商业银行的线上发展带来了新的机遇，也带来了颠覆性的挑战。面对挑战，商业银行开始探索在业务管理、风险管控、决策制定、客户服务等各个主要场景应用大数据技术。

总体来看，大数据技术在银行业务中的应用价值非常突出，不仅可以实现业务处理的集中化、数字化和智能化，提升工作的效率和业务的准确性，还能根据不同的业务处理需求建立系统化的数据库，为银行的业务处理提供技术和信息保障。

目前，大数据技术在银行领域中的应用主要包括以下四个方面：

（1）实现数据存储的安全与可靠　在信息技术飞速发展的情况下，单靠传统技术难以实现对海量信息的可靠筛选，也难以防范数据获取过程中的安全威胁。因此，大数据技术在银行业务的运用强调数据获取和数据存储的安全性，特别是线上支付行为的普及，对银行的数据安全提出了更高的要求。

（2）避免出现"信息孤岛"　银行传统的服务模式使得服务难以全面和深入，当各部门的工作之间衔接不畅、信息不能互通时，就会出现所谓的"信息孤岛"。为此，大数据技术通过在银行各部门之间建立有效的信息衔接系统，推动各部门之间的信息连通和互动。

（3）确保数据的格式统一　数据库的建设是保障数据安全、避免数据泄露的重要一环，而格式差异大的数据将导致相关数据无法有效衔接。为此，银行需要建设能够实现信息共享的安全数据库，确保数据格式的统一。

（4）促进业务和技术的结合　为充分发挥大数据技术在银行业务处理方面的优势，有必要将技术和业务的处理进行有机结合，以更好地利用大数据技术进行市场分析及处理一些高难度业务，并为业务创新和管理模式改革提供相应的支持。

在实际应用中，大数据技术以其强大的数据处理能力，可以实现对信息的精细化处理和对客户的精准营销。特别是大数据技术能够对海量信息进行精准、细致的筛选，并结合客户的个性化需求，为客户进行"画像"，从而更好地发现需求、利用市场和提升服务效率。

此外，大数据技术在银行中间业务中也有大量应用场景，具体可参阅专栏2-6。

专栏2-6

大数据技术在银行中间业务的应用

1．大数据在支付结算类业务中的应用

随着互联网和大数据的发展，支付宝等第三方支付平台可以凭借自身的优势，通过内部结算避开银行的账号管理和转账手续，这就增加了商业银行支付和结算业务的难度，客户数量也相应受到影响。

在这种情况下，一些银行也开始利用大数据技术对消费者数据进行采集，分析其消费能力、消费偏好和消费水平等，并通过网络平台的优势降低收费，扩展服务对象的范围。例如，中国建设银行通过对 C 端消费场景"惠市宝"进行升级并构建统一的结算平台，促进了大数据的应用和相关业务的智能化管理。

2．大数据在银行卡类业务中的应用

在信用卡业务方面，银行通过大数据的优势，大力拓展获客渠道，通过线上线下商家间合作等方式加强多场景切入，构建"信用卡＋"模式，不断加强信用卡跨界融合创新，构建权益丰富、特色鲜明的产品体系，推出联名卡、虚拟信用卡等创新产品，以此满足不同客户的需求。

例如，中国工商银行的工银白金数字卡，其特色是线上无实物，可实现秒批秒开；招商银行通过与互联网公司进行产品合作，联合发行了许多联名信用卡，如哔哩哔哩、今日头条、天猫等；中国建设银行强化线上线下场景的构建，并与支付宝、抖音、百度、京东、美团等知名品牌进行联合推广、捆绑支付、积分兑换等。

通过运用大数据技术，商业银行还可以通过信用卡分期、消费分期、邮购分期等方式来促进消费。例如，中国工商银行通过推出信用卡 App，开发了专门的信用卡消费平台，新增了申请提额、e 分期等功能。

3．大数据在代理类业务中的应用

在大数据、移动互联等技术不断发展的背景下，传统的消费方式已经向线上转变。商业银行通过对信息收集、信息串通、防范风险的分析，开发了一些新的中介服务模式。

例如，消费金融信托就是一种新兴的金融产品，它通过与消费金融公司、小贷公司、电商平台、分期消费平台等机构合作，满足不同消费人群的需求；同时通过构建更为完善的信托制，提高信托业的服务能力，增强客户的服务体验。

（资料来源：本专栏根据网上相关公开资料综合编撰。）

2.3.2　大数据在证券领域中的应用

大数据在证券领域中的应用，使得证券公司的海量交易数据能够利用大数据技术进行处理，从而提高价值密度，为相关决策提供支持。从行业监管角度来看，大数据技术可以有效解决过去交易监管中的一些难点问题，进而提升监管的有效性。

1．大数据在投资银行业务中的应用

证券公司和投资银行的概念在国内外有所区别。证券公司在国内通常是指从事证券相关业务的公司，即券商；而国内的投资银行则主要是指券商中从事企业直接融资的部门或子公

司业务。在国际上，投资银行的业务涵盖范围更为广泛，大体接近于国内的券商，同时还能从事部分商业银行业务。

国内投资银行的业务主要包括股权融资、债券融资、收购兼并、财务顾问等。证券公司在开展投资银行业务时，必然涉及对数据的收集和分析。例如，在证券发行时，对发行价格、规模和承销方式等的确定，证券公司可以利用大数据进行分析判断。此外，证券公司还可以借助大数据对资金提供方的市场行为进行分析，从而帮助证券公司进行证券的设计和创新。

2. 大数据在经纪业务中的应用

在证券经纪业务中，证券公司不仅作为证券买卖媒介存在，同时也提供信息服务支持。证券公司提供的信息服务包括行业研报和上市公司研报、股票市场数据、宏观经济预测等，这些信息依靠证券公司的投资顾问向客户提供。证券公司的投资顾问作为证券公司内部从事经纪业务的一线工作人员，通常需要在维护客户关系的同时，为客户做出投资决策提供一定的帮助和引导。

近年来，在大数据技术的支持下，各种智能投顾系统开始出现，这标志着投资顾问的工作开始由纯人力判断演变为机器和数据帮助判断。智能投顾通过采集客户的交易数据，将其应用到量化模型，进而得到客户的风险偏好和交易习惯，并在此基础上形成对客户的投资建议。

智能投顾具有明显的数据思维特征，对客户数据的收集和投资方案的制定等都是在智能化和非人工的状态下完成的，因而可以向客户提供定制化的顾问服务，并能提高服务效率，降低服务费用。智能投顾能够避免或减少人为主观判断所造成的各种误判，在很多方面可以有效弥补传统人力型投资顾问的不足。

3. 大数据在资金营运业务中的应用

证券公司的资金营运业务主要包括证券自营业务、买入返售业务、融资融券业务等。在证券自营业务中，通过利用大数据，证券公司可以搜寻投资热点，优化金融资产的选择与配置。

在证券公司的业务结构中，资金营运业务具有高风险和高收益并存的特点，因而风险管理成为资金营运业务的重点环节之一。由于风险管理需要建立数据库，利用大数据技术可以对数据库中累积的风险进行有效处理，并对风险进行计算。风险管理水平的提升有助于资金营运业务更加高效地完成。

4. 大数据在资产管理业务中的应用

资产管理业务是证券公司新兴业务之一，主要是指证券公司按照资产管理合同的相关约定，使用客户的资产进行运作，并为客户提供各类债券、股票、金融衍生品的投资管理服务。证券公司资产管理业务包括专项资产管理业务、集合资产管理业务和定项资产管理业务三大类型。

在国外成熟度较高的市场上，投资者大都愿意选择资产管理业务，将资金委托给专业人员管理，避免因自己知识和经验不足带来的不必要的风险。在国内市场上，大数据的应用有助于资产管理业务建立更为完善的投资模型，取得更多数量和维度的数据，从而弥补市场不成熟和投资者信任度不高的问题。通过大数据分析，证券公司可以获得投资者的资金流动情况、收益率等相关数据，并由此了解市场预期、投资者信心和风险偏好等信息，从而对市场做出预测。

2.3.3 大数据在保险领域的应用

保险公司作为金融体系中的重要风险管理主体，在大数据飞速发展的背景下，也获得了一些新的发展机会。从目前来看，保险行业中的大数据运用可以帮助推广产品、提升管理效率和降低经营风险。

1. 大数据促进保险产品创新和精准营销

在实践中，保险产品除类别不同外，不同的地理位置、不同的投保者特征等都可能造成保险需求和定价的差异。大数据技术的应用有助于保险公司对地理、人口、行为、心理等各个可能影响保险需求的要素进行划分和处理，从而建立更加细分的产品数据体系，使产品设计不再高度同质化。例如，2020年以来，因为疫情导致航班延误或取消的情况增多，保险公司顺势推出航班延误险，通过大数据对航班延误情况进行分析，在实现合理定价的同时，扩展了业务，增加了利润。

大数据由于能实现数据信息的分类、存储和有效筛选，充分发挥数据的导向优势，因而可以为保险公司的精准营销提供目标定位。具体而言，保险公司基于大量的数据分析，首先收集市场客户信息并进行分类，然后经过筛选得到客户的实际保险需求、保险购买力、个人特征、社会背景等信息，并据此将客户细分为不同客群。在此基础上，保险公司可以根据不同客群的不同特征和偏好，设计出相应的保险产品，并发掘潜在的目标客户。此外，保险公司还可以基于现有产品的定价策略和价格变化情况，为相关保险产品的合理定价提供数据支持。

2. 大数据提升保险运营管理效率

大数据集成了结构化和非结构化的数据，这些文本资料、图片、影音等信息构成了一个供使用者挑选的庞大数据体系。从使用者的角度来看，想要挑选所需信息用以支持各项工作，其中最关键的是要确保数据信息的准确性和时效性。对于保险公司而言，在扩大业务和提升经营效益方面，需要收集更多、更精准的客户与市场信息；在提升效率、增强团队协调方面，需要将收集的信息进行共享，并形成稳定的数据。

保险公司利用大数据技术，可以建立统一共享的大数据平台，并根据各部门的工作内容和职责设置相应的功能模块，这样公司人员就可以实时反馈和共享平台中的数据。同时，各部门业务人员还可以通过数据平台加强业务联系，增加团队合作，避免多次联系客户所导致的信息重复收集，进而降低经营成本，提高工作效率。此外，保险公司的管理层可以在大数据平台上动态追踪公司的经营和管理情况，从而为发展和管理策略的制定提供数据支持。

3. 大数据降低保险公司经营风险

大数据在保险风险管理上的运用，可以帮助保险公司有效控制风险损失。首先，通过从海量数据体系中挑选出重要信息并进行细致的分析，不仅能确保公司的业务科学、产品高质和价格合理，还能使公司的业务发展方向符合政策法规和市场的动态需求；其次，通过在大数据平台建立数据模型，可以使数据的分析和评估实现保险全要素和业务全流程的覆盖，并对保险赔付进行科学评估，进而降低保险公司的风险损失，提高被保险人的安全保障。此外，以分布式存储为特征的大数据平台还能实现数据存储得去中心化，从而最大限度地降低保险公司的数据风险。

在保险业务的开展过程中，大数据在克服逆向选择和道德风险等方面也发挥着重要作用。以健康保险为例，在传统核保环节，很多客户为获得更高的医疗费用赔付或减少投保金额，可能会隐瞒自身病史，这不仅加大了保险公司的核保困难，同时也增加了承保后的风险。但通过大数据的应用，保险公司可以从数据库中获得客户的就医记录、既往投保行为等相关信息，从而快速、准确地判断投保人是否存在重复投保以及健康状况是否良好等关键事项。在核赔环节，保险公司可以有效利用其历史理赔数据库，及时发现各种潜在的欺诈风险。此外，利用健康保险大数据平台，保险公司还能深度挖掘和分析健康保险大数据，从而开发出个性化产品来满足不同客户的保险需要，进而降低保险公司的运营成本，并为社会公众提供更为完善的保险保障。

2.3.4　大数据在征信领域的应用

大数据技术的发展为征信业务依赖的海量数据提供了更强的数据收集和分析处理能力，大数据在个人征信和中小微企业征信中的应用空间很大，尤其是在中小微企业融资中。中小微企业具有资产规模小、生命周期短、信息不透明的特点，往往无法得到可用的信用数据，近八成中小微企业融资以抵押贷款为主，信用贷款的比例较小。传统银行贷款业务或因中小微企业的信用信息不完善而难以通过其贷款审核，或因单笔贷款额度较低而难以实现预期利润率，加剧了中小微企业融资难的问题。

运用大数据技术，将中小微企业的金融和非金融信贷信息纳入信用评估系统，可以有效补充中小微企业的信用数据。这对于解决小微企业融资难和提升金融机构的中小微企业风险管理能力等都具有十分重要的意义。从目前的实践来看，通过来自税务、工商、法院、征信等的多维度信息对贷款企业进行评价，是大数据融资的主流。相关产品根据所用核心信息的不同，可以具体分为税务信息模式、支付信息模式和企业经营信息模式等。

1. 税务信息模式

税务信息是指企业的税收缴纳情况，因覆盖范围广、数据难以伪造、信息易于标准化等优点，成为金融机构给企业授信时参考的重要信息。税务信息通常能覆盖几乎所有规模的企业，并能直接反映企业的盈利等经营状况。同时，税务数据具有易于比较的优点，便于通过大数据技术进行建模，从而开发出标准化的产品。税务信息模式框架如图2-6所示。税务信贷产品目前主要有直联税务贷和间联税务贷两类。

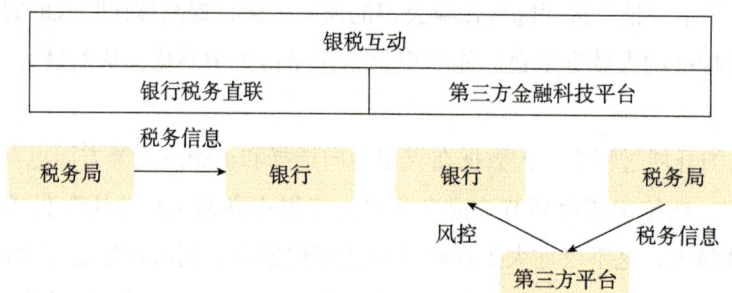

图 2-6 税务信息模式框架

（1）直联税务贷　直联税务贷是由银行与税务局直联，获得共享数据，然后自主开发的一种税务贷。目前已有多家银行开发出了此类贷款产品，多数为可以循环使用的标准化产品，贷款额度在数十万到数百万元之间。2015年，税务部门和银保监部门面向诚信中小微企业开展"银税互动"融资支持活动，其目的是将纳税信用转化为融资信用。具体而言，税务部门将企业的部分纳税信息提交给银行，银行利用这些信息优化信贷模型，为诚信的小微企业提供相应的贷款，从而解决银行和小微企业之间的信息不对称问题。例如，中国建设银行的"税易贷"就是面向按时足额纳税的中小微企业发放的贷款，其最高金额为300万元，期限1年，且可以循环使用。

（2）间联税务贷　税务局和银行以第三方金融科技平台为中介，进行信息的连接共享，并由平台获得企业的税务信息和对企业的信用状况进行评价，进而代替直联税务贷中银行自行开发的部分。在这种模式中，银行作为资金来源方，既可以与平台合作推出产品，也可以参考平台出具的征信报告直接对企业贷款。目前比较典型的第三方平台有微众税银、东方微银、爱信诺等。以微众税银为例，该平台目前已与近 30 个省市的国税局以及近百家银行的总行和大型金融机构实现合作，其云计算数据库覆盖全国 12 个省份，拥有 30 余类权威数据源，为超过 100 万户小微企业提供贷款，其额度超千亿元。

2. 支付信息模式

根据资产流动的方向，支付信息可以分为向上游支付和向下游收取资金两种，而支付信息可以反映企业购买和销售等方面的运营情况。随着移动支付的快速发展，相比税务信息，支付信息对中小微企业的画像更为全面和精准。目前以支付信息为核心的贷款产品主要有 POS 贷和支付贷等（见图 2-7）。

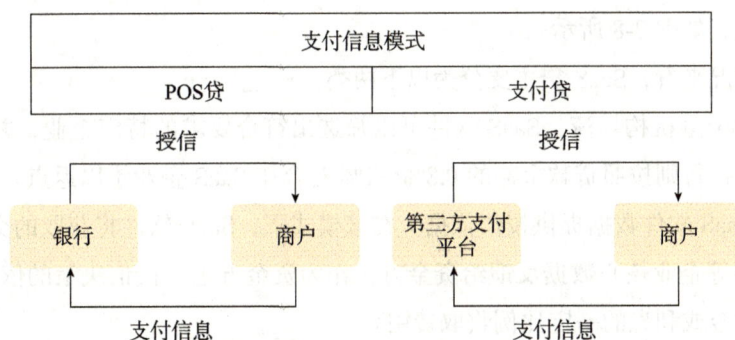

图 2-7　支付信息模式框架

（1）POS 贷　银行依据中小微企业 POS 机的交易流水，测算出企业的规模和资金流等情况，然后据此对企业进行贷款。POS 贷中的小微企业贷款产品落地最早，目前覆盖面最广，其中多数为金额在数十万到数百万元之间的短期贷款。以招商银行推出的"POS 流量贷"为例，对安装银联 POS 机且每月 POS 机收费符合一定标准的企业，招行提供最高额度为 150 万元的贷款，期限长达 5 年，且手续简单、无须抵押，2 天即可完成审核。但 POS 贷的数据相对比较单一，有时无法全面反映企业的运行状况，同时，POS 贷的核心（即银联系统掌握的海量交易流水）在移动支付兴起的背景下会受到一定挤压。

（2）支付贷　银行依据第三方平台的支付数据，获得企业的经营状况信息，并据此进行信用评估和决定是否发放贷款。支付贷的优势在于数据维度多样、信息真实可靠。近年来，阿里巴巴、腾讯、京东、美团等第三方平台相继推出了支付贷产品。其中，美团 2016 年推出信用贷款产品"美团生意贷"，主要针对美团平台的商家进行贷款。"美团生意贷"充分利用了其平台上的大量支付数据，以大数据手段评估中小微企业的授信额度，实现了较低的不良贷款率。目前，"美团生意贷"有效覆盖了其平台上的大部分中小微企业。

3. 企业经营信息模式

软件即服务（Software as a Service，SaaS），主要是指通过软件解决企业协作问题，对企业的财务、库存、人力等进行管理。SaaS 软件最初面向大中型企业，近年来，许多中小微企业也开始使用比较简约的 SaaS 软件。

SaaS 企业相比传统银行的优势在于，其积累的用户数据可以用于缓解金融机构和企业之间的信息不对称问题。正是由于这一特征，使 SaaS 企业可以在金融机构和企业之间扮演一个"中间信息服务商"的角色：金融机构可以通过 SaaS 企业获得企业的经营和数据，或委托 SaaS 企业投放贷款广告；SaaS 企业则获取相应的服务费用或业务返点，如图 2-8 所示。

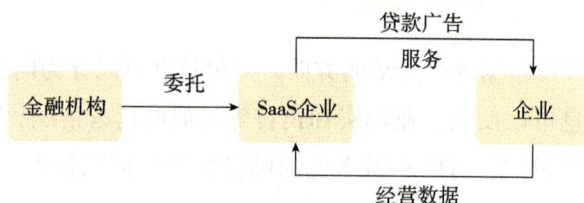

图 2-8 企业经营信息模式框架

从目前的情况来看，SaaS 贷主要分为以下两类：

（1）直接为金融机构导流　SaaS 软件可以筛选出符合要求的特定企业，并在软件页面中显示贷款广告，银行则按照贷款金额的 0.8%～1% 对合作 SaaS 企业予以返点。

（2）基于 SaaS 软件数据提供授信依据　在该模式下，SaaS 软件将获取的交易流水、财务状况、产品库存等企业核心数据反馈给资金方，作为资金方进行授信决策的依据，而 SaaS 企业则按照贷款本金或利息的一定比例收取费用。

目前，SaaS 贷还存在一些问题有待进一步解决：①多数 SaaS 企业只负责某一特定行业的服务，数据量比较有限；②作为授信依据的企业财务、交易等信息，一般由企业自己在软件上填写，其真实性有时难以保障；③多数 SaaS 平台难以做到多维数据的整合，由于数据结构比较单一，通常不足以成为可靠的授信依据，需要进一步引入税务、工商等外部数据。

2.3.5　大数据在风险管理领域的应用

大数据和大数据技术在金融风险管理中的应用，不仅可以作为传统金融风险管理手段的有效补充，而且在一些特定的场景下，还能使风险管理主体对各种目标金融风险做出更为及时和有效的反应，从而增强风险分析、判断和决策的能力。从目前的情况来看，大数据风险管理在一些主要的风险领域都有其相应的应用场景。

1. 基于大数据的信用风险管理

基于大数据的信用风险管理在传统的银行业和新兴的互联网金融领域都有其应用场景。以常见的贷款风险为例，传统的信贷评估方法一般基于银行以前的信贷数据和内部的交易信息，根据历史数据对企业做出评判。这种做法有两个潜在缺陷：①从纵向的时间维度而言，缺乏时效性与前瞻性，因为企业的违约因素不仅依赖历史信用，还与当下的经济形势和企业当前的经营状况有关；②从横向的数据维度而言，仅仅靠银行内部存储的信息刻画出的企业的信用特征并不完整，甚至有可能陷入小数据集的"选择性误差"之中。

相比之下，在基于大数据的金融风险管理之下，一方面，企业最新的经营信息能够立即被收集并纳入风险度量模型中，从而增加模型的准确性；另一方面，通过内外部数据的联动，可以拓展关于贷款对象的信息维度，从而更加精准地对客户进行画像。通过拓展维度来实现对目标对象精准画像的方法多用于小微企业贷款。小微企业相较大企业，更难获得银行的贷款。主要原因是小微企业的财务管理不规范，缺乏信用记录，银行难以通过历史信息有效识别小微企业的信贷风险。

从银行业基于大数据的信用风险管理来看，大数据技术通过将现场调查与非现场数据挖掘分析相结合，可以提高信贷风险管理的精细化水平，从而更加全面地评估客户的风险状况，提升贷前风险判断和贷后风险预警的能力，进而加强对潜在风险的即时防控。其主要步骤包括：①通过外部数据进行客户关联画像，将企业登记状态、资金、信用、声誉、征信、股东、法人、主要管理人员、控股及关联企业等信息均纳入风险监测系统中，提升客户识别及风险预警水平；②依据预先设定的风险指标和已知的风险客户评级，通过机器学习算法进行近似性匹配，完成数据挖掘分析，并依据机器学习的结果逐步调整指标范围和关联程度，完善机器学习的风险模型和算法；③深度挖掘历史数据，并逐步扩展机器学习所涉及的数据范围，使风险的识别、防范和决策更为可靠和贴近现实需要。

与银行业不同，互联网金融平台的客户往往是小微企业，这些企业一般融资金额小、时间短、频率高，加之财务透明度较差，因而运用传统的风险管理方法很难有效地对其进行风险评估和控制。而互联网金融平台依托大数据技术，能够从多维度对小微企业的相关信息进行收集、整合和分析，从而缓解信息不对称问题。具体而言，互联网金融平台可以基于客户在网络上的行为数据（如网络活跃度、交易量、信用评价等）及其财务和经营数据，采取如下基于大数据的信用风险管理流程：①在贷前，调取小微客户的电子商务经营数据及第三方认证信息，并根据信用评估模型来判断企业的信用情况和违约风险；②在贷中，持续监测来自电子商务平台、支付平台、物流网络等平台的客户信息，对贷款企业的信息流、资金流和物流情况进行动态监控，并进行风险预警；③在贷后，持续跟踪企业的经营变化和信用状况，对发生违约的客户限制其网上经营和借贷，及时进行不良资产处置。

2. 基于大数据的市场风险管理

由于金融市场风险通常与资产的波动性密切相关，因此，对金融市场风险进行管理就必须对资产价格或投资组合的波动性进行分析、预测和控制。传统对波动率预测的方法一般基于资产收益的历史数据建立时间序列模型，并将一些宏观经济变量同时纳入波动性的预测之中。

对于金融机构而言，作为金融市场风险的接受者，一般只能未雨绸缪地尽可能降低损失。在大数据背景下，预测资产价格变动或波动性变化主要有两种思路：①对技术分析进行优化，如使用机器学习技术拟合历史数据，采用 BP 神经网络算法预测资产价格和波动性的短期变动等。但这种方法由于缺乏明确的理论支撑，模型拟合出的参数以向量的形式出现，容易导致拟合过程的"黑箱"问题。②在基本因素分析，即传统经济因素的基础上，加入新的与资产价格或波动性变化密切相关的其他各种大数据变量，以达到更好的预测效果。

大数据的引入增加了资产价格变动和波动性预测的数据源，同时扩展了波动性的度量方法。传统对波动性的度量主要基于日度收益率数据，而随着日内高频数据的可得性和可处理性的增强，基于日内高频数据的各种波动性度量方法开始出现，这些方法为每日实时监控金融市场风险提供了新的基础。

同时，大数据也为资产管理和投资决策提供了新的数据源，如来自网络的非结构化数据。这些数据包括媒体信息、投资者情绪、网络搜索行为、网络消费行为等。通过大数据技术手段获取这些网络数据，有利于更准确地把握投资标的的价格变动趋势，从而预测可能出现的风险并采取必要的风险管理措施。

利用大数据对市场价格变动趋势进行预测，投资者可以趋利避害，减少价格将出现不利变动时的资产头寸，从而减少投资损失。近年来，投资机构开始尝试对社交网络、电商网站、求职网站等进行大数据挖掘，分析股民情感、消费热点、就业率波动等信息，从而对市场价格走势做出预判，并以此指导投资决策。

2010 年，约翰·博伦（Johan Bollen）、毛慧娜（Huina Mao）和曾晓军（Xiaojun Zeng）三位学者在《计算科学杂志》（*Journal of Computational Science*）发表论文《Twitter 情绪预测股票市场》（*Twitter Mood Predicts the Stock Market*）。在该论文中，作者基于 6 个月的 Twitter 数据和情绪状况构建每日的全球市场情绪指标，并据此对股市进行预测。他们发现，该方法可以提前三天预测道琼斯平均工业指数的变动方向，正确率达到 87.6%。

在上述论文的基础上，三位学者和一位对冲基金交易员共同组建了全球首家社交媒体基金 Derwent Capital。该基金的投资策略是随机选择 10% 的 Twitter 信息，从中找出诸如"警报""快乐""重要"等关键词，并将这些信息归类以显示不同的情绪状态，进而预测股票市场的走势。据该公司官网披露，该基金在 2012 年 7 月—2014 年 2 月的 20 个月中，累计收益达到 32.88%，并且仅在 2012 年 12 月、2013 年 1 月和 2013 年 2 月出现了较小的亏损，分别为 -0.05%、-0.06% 和 -0.01%。

3. 基于大数据的操作风险管理

大数据技术有能力从任何地方收集数据：不仅包括交易系统、社交媒体和电子邮件、计算机访问日志文件，甚至包括刷门卡、打卡等活动。通过大数据对这些操作进行监控，一方面可以避免欺诈行为，另一方面可以减少人为失误造成的损失。

从目前的情况来看，当前利用大数据开展的操作风险管理主要是针对外部因素所带来的操作风险，如外部欺诈。在互联网时代，这是操作风险的一种主要类型。特别是随着移动互联网的发展，现代支付服务操作十分便捷，客户能够随时随地进行各种交易和转账操作。相应地，金融诈骗和盗刷案件的发生也日益频繁，这使得支付清算企业在反欺诈方面面临巨大挑战。基于大数据手段，支付企业能更加及时有效地发现欺诈行为，进而降低欺诈带来的相关损失（见表 2-2）。

表 2-2 交易欺诈方式与场景示例

欺诈方式	欺诈场景	处理方式
盗刷	客户账号在多个不同的手机上登录	要求进行身份再验证
	客户在一个不常出现的地区突然进行大额转账	
	短时间（如 1 个小时）内在不同的城市消费	
诈骗	多个客户集中在短时间内向同一账户转账	提醒客户相关风险
	发现钓鱼网站	

引入大数据之后，欺诈风险管理与传统的风险管理在模式上存在很大差异。具体而言，为了实时识别和处理各种潜在的欺诈行为，工程师需要在新的硬件系统的基础上，创造出新的方法来便利地处理大量的数据。为了支持新的算法，通常需要建立新的风险管理框架。其中一个基本的风险管理框架是如图 2-9 所示的"多层风险预防框架"，该框架被阿里巴巴用于支付宝的欺诈风险管理中（专栏 2-7）。

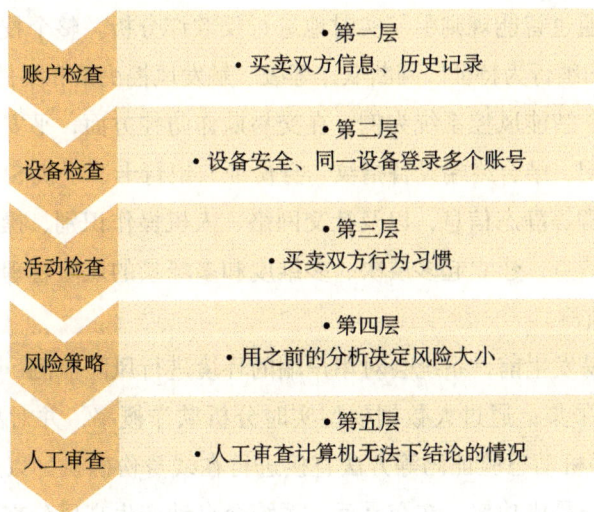

图 2-9 阿里巴巴的"多层风险预防框架"

账户检查
- 第一层
- 买卖双方信息、历史记录

设备检查
- 第二层
- 设备安全、同一设备登录多个账号

活动检查
- 第三层
- 买卖双方行为习惯

风险策略
- 第四层
- 用之前的分析决定风险大小

人工审查
- 第五层
- 人工审查计算机无法下结论的情况

阿里巴巴的欺诈风险管理

阿里巴巴一共使用五个层次来防止交易中可能的各种欺诈行为。欺诈者或许能通过其中某一层，但通常很难持续地通过下一层。当交易开始的时候，阿里巴巴的多层风险预防系统会自动开始检查相关行为和交易是否涉嫌欺诈。

第一层是账户检查。检查对象包括买方和卖方的账户信息。买方或卖方账户以前是否有不良或可疑活动？买方账户是否有可能被盗？在这一层，非常可疑的交易会被拒绝，以保护买家的权益；若比较可疑，则会触发一些额外的认证方法来再次确认情况，例如让用户输入手机验证码。

第二层是设备检查。这个设备有没有申请大量的交易？这个设备有没有不良交易记录存在数据库里？处理可疑交易的方法与第一层类似。

第三层是活动检查。系统通过检查历史记录，得到买方和卖方的行为模式，以及账户、设备和使用场景之间的联系。如果交易的模式不符合买方或卖方之前的模式，就会触发风险控制。

第四层是风险策略。这一层会根据之前的分析来判断如何采取行动，包括自动通过正常的交易与打回明显的欺诈交易。

第五层是人工审查。前几层无法明确的"灰色交易"会被送到这一层。这类交易是最不好处理的：一方面，为了留住客户，支付宝希望提供更好的体验，让交易更加便捷；另一方面，支付宝也不希望因为任何误判而导致客户损失。为此，可疑的交易将被人工审查，在此过程中，专员会搜寻更多的信息，并可能打电话提醒买家。

采用大数据手段，支付清算企业可以利用账户基本信息、交易历史、历史行为模式、当前行为模式等数据，通过智能规则引擎实时地进行反欺诈分析。整个技术实现流程包括实时采集行为日志、实时归纳行为特征、判断欺诈等级、触发风控决策和案件归并等步骤。

以"平安壹钱包"智能风控系统为例，在交易欺诈防控方面，平安壹钱包的智能风控系统采用多维度数据匹配，结合终端设备指纹、身份证、银行卡、手机 SIM 卡、操作环境归属地信息、手机越狱异常等静态信息，以及社交网络、人机操作识别、操作（交易）行为、频率、金额变动的动态信息，建立起多层次、多维度和多场景的风险管理模型，可以实现金融市场交易风险的实时监测。

一般而言，在交易发生前，系统会对用户端的环境进行风险监测、设备指纹识别，以及用户各类行为数据的采集；通过大数据模型实时分析欺诈概率，并对高风险账户通过人脸（指纹）识别技术及手机动态验证码等方法直接进行在线身份确认，以避免对正常用户的干扰，提升用户体验和交易成功率。在交易后，系统会自动产生高风险交易事件，供风险管理人员分析评估，然后结合关系网络甄别欺诈团伙。

从目前已部署的模型来看，包括账户评分模型、聚类模型、社会网络模型、星网关联性模型、可信行为模型等，这些模型可以对用户的复杂行为进行有效区分。这些模型通过平台统一管理，可以实现底层存储、变量加工、模型拟合、模型评估、模型上线、自动迭代等基本功能，从而为风险管理决策提供更为全面的数据支持。此外，决策树和随机森林等方法的运用，也可以在一些情况下改进操作风险的管理。

4. 基于大数据的流动性风险管理

流动性风险包括两类：融资流动性风险和交易性流动性风险，分别对应负债端和资产端的流动性风险。融资流动性风险是指短期负债支持长期资产从而导致的期限错配问题；交易性流动风险是指资产的市场价值显著小于其账面价值，导致资产大幅缩水，无法兑现，从而引发危机。

在大数据背景下，金融机构为了获客，往往会推出流动性高的理财产品（如余额宝），在收益率降低时或市场利率发生大的变动时，可能会引发较大的流动性风险。同时，寻求银行贷款的有很大一部分是创新领域的企业，这类企业的有形资产少，无形资产占比大，在贷款过程中倘若没有正确评估贷款人的风险，产生银行坏账的可能性较大，因而面临更高的（由信用风险引发的）流动性风险。

流动性风险管理一般从操作性的流动性开始，通过将每日的支付序列展示出来，预测所有可能发生的现金流入和流出。大数据基于其多维数据处理技术，可以对未来的流动性风险做出更加准确的判断，进而改善流动性风险管理的效率。例如，相比普通的货币型基金，余额宝面临更大的流动性风险。首先，由于与支付宝挂钩，余额宝资金会在"双 11"等消费高峰期大量流出，从而形成井喷式的计提压力。其次，一般货币基金的 T+0 交易需要基金公司先行垫付资金，基金规模越大，每日的垫付资金数量越大，流动性管理的难度也会相应上升。在这种情况下，支付宝每天通过支付宝平台将赎回消费等行为数据实时传输给天弘基金。天弘基金利用这些实时数据以及支付宝近十年的消费数据，对未来的流动需求进行预测，预测误差一般在 5% 以内。凭借大数据技术，即使"双 11"期间出现超 50 亿元的巨额赎回，余额宝仍能提前调整头寸，从而避免流动性风险的发生。

风险管理除了要应对预期损失之外，还要尽可能地应对非预期损失。为此，金融机构应注意评估那些现金流从期望的路径和来源被突然切断的压力情景，包括机构自身的特殊情况与市场的特殊情况等，而大数据的运用则可以帮助金融机构更加准确地掌握各种压力情形出现的概率。

【本章小结】

大数据一般指规模巨大的海量数据，其主要特点包括量级大、速度快、多样性、真实性和价值性。金融活动每天，甚至每时每刻都在处理着海量数据，这使得金融数据天然具有大数据的特征。因此，在大数据相关技术及其应用范围不断拓展的过程中，金融与大数据之间的关系日渐紧密，逐渐形成了具有金融行业特色的包括数据、技术、应用在内的体系。这一体系所依赖的数据基础一般被称为金融大数据；而这一体系作为一种金融业务模式，则被称为大数据金融。

金融大数据就是金融行业产生的各种数据的集合，包括金融机构、政府机关、个人等主体在投资、借贷、储蓄等各类交易过程中产生的数据。大数据金融主要是运用大数据技术开展金融服务，即集合海量结构化、半结构化、非结构化数据，通过互联网、云计算和数据挖掘等信息技术进行实时分析，向客户提供全方位的信息，并通过分析和挖掘客户的交易信息和消费习惯，精准预测客户的行为，支持开展资金融通和提供创新金融服务。

通过大数据技术，金融企业可以精确地刻画出客户画像。其中，个人客户画像包括人口统计学特征、消费能力数据、兴趣数据、风险偏好等；企业客户画像包括生产、流通、运营、财务、销售和客户数据、上游和下游相关产业链数据。金融企业利用大数据技术对客户个人情况等静态信息和交易记录等动态信息进行综合分析，得出客户的消费偏好、风险偏好等内在客户行为数据，从而可以为客户提供个性化的服务。

大数据在银行领域的应用，为商业银行线上发展带来了新的机遇。在实际应用中，大数据的应用为银行的业务处理提供保障，对信息的精细化处理满足了客户的个性化需求。大数据技术在业务管理、风险管控、决策制定、客户服务等主要场景中和银行的中间业务中都有应用空间。

大数据在证券领域中的应用，不仅能解决证券行业内业务同质化的问题，还能够提高证券公司交易数据的价值密度，增强证券公司的精准决策能力并提升交易监管效果。目前大数据已经应用在证券领域的投资银行业务、经纪业务、资金营运业务和资产管理业务等业务中。

大数据在保险领域的应用，能满足保险公司新业务对半结构化、非结构化数据的需求，在促进保险产品创新和精准营销、提升运营管理效率、降低保险公司经营风险等方面，均有实际的应用。

大数据在征信领域的应用，主要体现在对中小微企业的征信中。根据征信所使用的核心信息不同，大数据征信可分为税务信息模式、支付信息模式和企业经营信息模式，多维度的信息填补了中小微企业信用数据的不足，对解决中小微企业融资困境和降低金融机构风险都有重要意义。

大数据在风险管理领域中的应用，不仅可以作为传统金融风险管理手段的有效补充，而且在一些特定的场景下，还能使风险管理主体对各种目标金融风险做出更为及时和有效的反应，从而增强风险分析、判断和决策的能力。从目前的情况来看，大数据风险管理在信用风险、市场风险、操作风险和流动性风险等领域都有其相应的应用场景。

【关键词】

大数据　金融大数据　大数据金融　客户画像　CAP 定理　系统日志采集　网络数据采集　数据壁垒　数据隐私　数据安全　大数据预处理　数据清洗　数据集成　数据变换　数据规约　分布式存储系统　数据仓库　非关系型数据库　可视化分析　数据挖掘算法　预测性分析　语义引擎　数据质量管理　税务信息模式　支付信息模式　企业经营信息模式　直联税务贷　间联税务贷　POS 贷　支付贷　SaaS 贷　大数据金融风险管理

【复习思考题】

1. 简述大数据的主要特点及其应用场景。
2. 简要说明大数据的处理流程和关键技术。
3. 举例说明大数据在银行领域的主要应用。
4. 举例说明大数据在证券领域的主要应用。
5. 举例说明大数据在保险领域的主要应用。
6. 举例说明大数据在征信领域的主要应用。
7. 举例说明大数据在风险管理领域的主要应用。

第 3 章 ▶

云计算及其在
金融领域的应用

金融科技概论

【本章要点】

1. 云计算的原理与特点。
2. 云计算的模型架构与关键技术。
3. 云计算的交付与部署模型。
4. 云计算在金融领域的应用。

【背景材料】

《华尔街日报》（2021 年 11 月 30 日报道）：美国纳斯达克交易所计划自 2022 年开始，将其旗下包括股票市场、衍生品市场、大宗商品市场等在内的超过 25 个市场分阶段迁入云端运行，这一工程将在未来 10 年内完成，最先迁入云端的会是北美期权市场。

纳斯达克交易所选择的云服务提供商是亚马逊云服务，此前，两家公司已经合作超过 9 年。利用亚马逊云服务的数据仓库，纳斯达克交易所实现了金融数据的低成本存储和高效率读取。谈及未来进一步深度运用云计算技术的优势时，纳斯达克交易所首席信息官布拉德·彼得森（Brad Peterson）认为，这样做能够提升交易系统的安全性、可靠性，方便在交易高峰期时迅速扩张系统容量，还可以为顾客提供基于云平台的新服务。

纳斯达克交易所选择通过采购云服务来实现交易系统上云，与之相比，我国证券交易所更偏好联合云服务提供商研发自有云平台。早在 2018 年，上海证券交易所（简称上交所）便发布了其与阿里云联合构建的"证通云"。"证通云"既服务上交所自身，为所内业务数字化转型提供基础底座，又面向证券行业开放，为业内公司 IT 系统云架构改造提供支持方案。

2022 年，上交所又将已有的云计算技术成果汇总统筹，推出了新品牌"上证云"。"上证云"包括"证通""证信""证星""云市场"4 个产品系列，分别提供多元化云资源产品、云信息服务、云创新产品和行业共有问题解决方案。未来，上交所还将继续推进"上证云"的建设和优化，在信创探索、开放生态建设等方面积极作为，为行业提供安全、可靠、领先的云计算服务。

从上述材料中可以看出，金融机构非常重视利用云计算技术改进自身业务水平。那么，什么是云计算？云计算的基本原理和特点是什么？使用云计算技术有什么优势？云计算的系统架构是什么样的？云服务的交付和部署模式有哪些？金融行业采用云计算技术的驱动因素和使用特点是什么？云计算技术在银行、证券、保险、支付领域有哪些具体应用？本章将对上述问题进行回答。

3.1 云计算概述

3.1.1 云计算简介

就像大多数新兴技术一样，云计算（Cloud Computing）到目前为止并没有一个明确的定义。全球云计算行业龙头公司亚马逊云服务（Amazon Web Service）认为，云计算是指采用按使用量付费的定价方式，通过互联网按需提供 IT 资源。我国阿里巴巴旗下的云服务提供商阿里云则将云计算视为通过网络按需分配计算资源，而计算资源包括服务器、数据库、存储、平台、架构及应用等。

在学术界，一个比较广为流传的云计算定义来自美国国家标准与技术研究院（National Institute of Standards and Technology，NIST）。该院将云计算定义为一种按使用量付费的模式，该模式被用于实现对可配置计算资源（如网络、服务器、存储、应用程序和服务等）进行高效、方便、按需的网络访问，这些计算资源可以快速获取和释放，同时管理成本极低，与提供商的沟通成本基本为零。

通过横向对比上述定义，可以发现两个关键词：网络与计算资源。它们既是理解云计算的切入点，又呼应了"云计算"这一名称的由来。"云计算"中的"云"主要指连接云服务提供商和云服务消费者的互联网；而"计算"则指计算资源，可以理解为包括中央处理器（CPU）、图形处理器（GPU）、内存、硬盘、网卡等在内的计算机硬件设备以及运行在其上的软件的总和。另一个与"计算资源"相近的概念是"IT 基础设施"，指支持信息技术服务所需的全部硬件和软件的集合，通常用在企业管理的语境下。为表述方便，本章后面将视不同的语境需要，交替使用"计算资源"与"IT 基础设施"这两个术语。

总体而言，云计算可以通俗地理解为：个人或企业将一些原本需要在本地完成的计算和存储等任务，通过互联网交由云服务提供商的计算机集群完成。在日常生活中，人们常用的网络云盘、在线文档等应用服务，都属于云计算的范畴。

在云计算的概念出现之前，个人或企业使用计算资源的方式实际上已经发生了多轮演变。如图 3-1 所示。在早期，结构复杂、成本高昂的大型机通过终端与多个用户交互；当个人计算机（PC）的性能已经足以满足大多数日常需求时，独立的个人计算机便成了主流的办公工具；此后，这些个人计算机又被本地网络和互联网连接在了一起，这使得异地计算资源的调用更加方便；互联网的兴起导致了网格计算的出现，后者将复杂任务拆分后，交给分布式系统内各个独立的计算机分别完成，最后再次汇集结果。网格计算的理念其实与云计算已经非常接近，二者的主要区别在于：前者的计算资源是分散的，主要由一个组织共同管理；而后者的计算资源是集中的，主要由云服务提供商统一构建和运维。

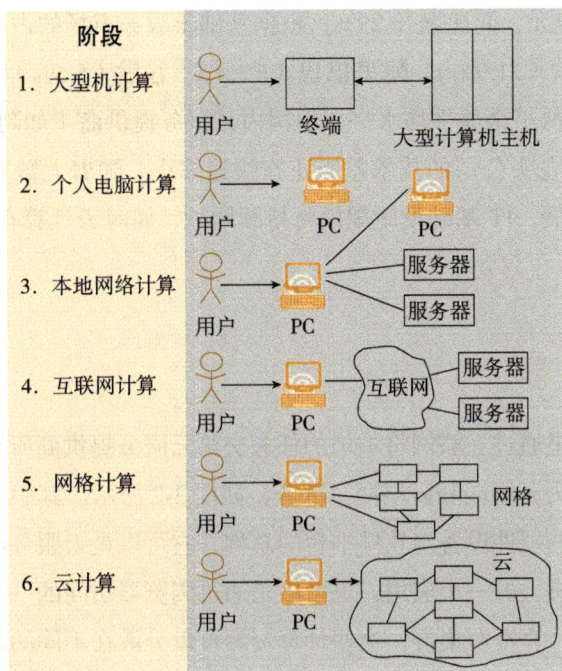

图 3-1　计算资源使用方式的演变

尽管当下云计算产业已经非常庞大，但其发展历史不过 20 年左右。1999 年，一家帮助中小企业进行客户关系管理的公司（名为 Salesforce）率先通过互联网网页向客户提供订阅制服务，允许客户将数据存储在云端，成为云计算服务的先驱。2006 年，亚马逊意识到企业自建数据中心其实并不经济，同时自己数据中心的计算资源存在着冗余，于是先后推出了提供存储功能的简易存储服务（Simple Storage Service）和提供多样计算资源的弹性计算云（Elastic Compute Cloud）。2008 年，谷歌发布云平台 Google App Engine，帮助开发者搭建基于网页的应用程序。同年，微软公布其云计算计划 Azure，并于两年后正式发布产品。上述企业在云计算领域起步较早，形成了比较充分的先发优势，至今仍在市场份额和产品创新等方面占据着领先地位。

目前，我国云计算行业的领头羊是阿里巴巴。阿里巴巴于 2009 年推出阿里云，发展至今已成为我国最大的综合性云服务提供商。腾讯尽管在早期对云计算的应用前景有所怀疑，但仍于 2010 年在公司内部进行了云计算研究立项，并于 2013 年将腾讯云向公众开放。华为同样在 2010 年公布了其云计算战略，但是囿于自身本来就是云服务提供商的硬件供应商，上下游之间的利益冲突使其对云服务的重视程度在 2017 年后才逐渐提升。随后，依托其客户优势，华为在传统企业"上云"的浪潮中斩获了很多市场份额。2021 年，互联网"独角兽"字节跳动加入云计算市场的争夺中，目标是建成继"阿里云、腾讯云、华为云"之外的国内第四朵云。

根据国际数据公司（International Data Corporation，IDC）的估计，2021 年全球公有云计

算行业收入为 4086 亿美元,同比增长 29%;根据基础云服务市场的占有率,前五大公司分别为亚马逊(40%)、微软(21.9%)、阿里巴巴(6.1%)、谷歌(5.5%)和 IBM(2.5%)。尽管我国的云计算渗透率仍低于全球平均水平,但国内云服务提供商(如阿里巴巴、华为、腾讯)与亚马逊、微软等全球龙头公司的技术差距正在快速缩小。随着大数据、人工智能和物联网等新兴技术的进一步发展,IT 基础设施规模将持续增长,届时云计算在 IT 基础设施中的渗透率也会相应上升。

3.1.2 云计算的原理与特点

云计算的基本原理是通过互联网将本地的任务交给云服务提供商所构建的计算资源集群完成。其系统结构可以分为云终端和云端两个部分,如图 3-2 所示。其中,云终端是云服务消费者用于获取云计算服务的硬件设备与软件平台的总称,它可以是云服务消费者控制的一台计算机,可以是安装在计算机上的一个应用,也可以是通过浏览器访问的一个网络页面;云端则是云服务提供商所构建的计算资源集群,这些计算资源可以分散在不同的地理位置,但是相互之间保持通信,由云服务提供商根据云服务消费者的请求进行统一调度。云端和云终端之间通过互联网连接,云服务消费者只需在云终端发布命令,具体的计算和存储等任务则由云端的计算资源直接完成。在完成任务的过程中,云服务消费者可以通过云终端实时监控。相关任务完成后,云服务消费者需要根据计算资源的使用情况,向云服务提供商支付相应的费用。

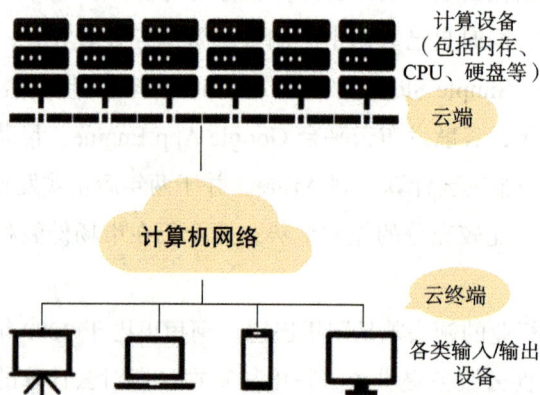

图 3-2 云计算的系统结构

如果将计算资源比作数字时代的基础设施,那么云计算的运作模式与电力系统、自来水系统等传统基础设施的运作模式十分类似:由基础设施的供给方(发电厂、自来水厂、云服务提供商)负责资源(电力、自来水、计算资源)的集中生产,而基础设施的需求方(企业、居民)则按需购买。

举例而言,假设有一家数据分析公司,在云计算出现之前,该公司需要自己购买拥有计算、存储、网络连接等功能的服务器（专栏 3-1），并将这些服务器安置在配有电力设备和温控设施的机房内。为完成工作，该公司还需要为每个员工购置满足特定配置要求的个人计算机，为这些计算机装配合适的操作系统和软件运行环境，并将这些个人计算机与公司服务器通过内部网络相互连接。如果这家公司没有自己开发的数据分析软件，那么它还需要为每台个人计算机购买并安装合适的商用数据分析软件。最后，为了确保公司 IT 基础设施能够应对突发事故，该公司还需要雇用专业的技术人员构建安保措施和备份机制，并在日常工作中进行实时维护。

但在云计算时代，该公司便不再需要自己完成上述工作。相比自己购买并安置服务器，它可以直接向云服务提供商租用特定规格的服务器，来进行相关数据的存储和运算；其员工则可以使用个人计算机上的云终端软件，通过互联网与云端的服务器相连接；公司可以选择自己为这些服务器安装操作系统和运行环境，也可以选择云服务提供商提供的现成方案；此外，如果该公司没有自己开发的数据分析软件，还可以直接向云服务提供商按需订阅相关软件。不难看出，有了云计算服务，公司并不需要多少自建自营的 IT 基础设施，因而在运维方面的投入也会大大降低。

专栏 3-1

服务器概述

服务器（Sever），顾名思义，是向另一个计算机程序及其用户——统称为客户（Client）——提供服务的计算机程序或设备，不过在云计算的语境下，服务器一般均指计算机设备。

最初，"服务器"只是一个功能意义上的概念，并不要求任何具体的硬件配置。只要能接受并处理来自客户端的服务请求，台式机、笔记本计算机甚至手机，都可以作为服务器使用。但随着信息技术产业的快速发展，"服务器"逐渐被用来专指提供计算、存储、网络等服务的高性能计算机设备。

这些高性能计算机设备在设计时通常留有冗余组件。例如，配置两个电源、两个 CPU，以保证在其中一个发生故障之后，另一个能立刻接手工作。与此同时，所有的硬件配置具有很高的拓展性。例如，其内存和 CPU 插槽都比个人计算机多得多，以方便实现性能扩充。此外，由于服务器全天候不间断运行，因而还拥有更稳健的错误诊断和自动恢复能力。

按照使用的指令集分类，服务器可以分为 x86 服务器和非 x86 服务器两类。x86 服务器使用兼容 x86 指令集的 CPU 芯片，一般采用 Windows 操作系统，价格便宜、兼容性好，但是稳定性较差；非 x86 服务器包括大型机、小型机等，主要使用兼容 RISC 指令集或 EPIC 指令集 CPU 芯片，并搭配 UNIX 或其他专有操作系统，其体系封闭、稳定性好，但价格昂贵。

总体来看，云计算在本质上是一种新的社会分工模式。在该模式下，云服务提供商专门负责进行计算资源的集中构建，而企业和个人则在需要时向云服务提供商支付费用以使用相关计算资源。根据 NIST 的概括，云计算模式至少有以下五个方面的基本特点。

1. 资源池化（Resource Pooling）

云服务提供商在分配自身拥有的计算资源时，会利用虚拟化技术（详见 3.2.3 节）将它们汇集在一个资源池中（即"池化"），然后根据云服务消费者的需求，动态分配这些实体和虚拟的计算资源。在云服务提供商的统筹下，一台服务器可以服务多个云服务消费者，多台服务器也可以服务同一个云服务消费者。云服务消费者在使用云计算服务时，并不知道自己所用计算资源的确切位置，但会被允许选择大概的地理方位，如指定在哪个国家、哪个地区或哪个数据中心，以降低网络通信时延。

2. 广泛的网络访问（Broad Network Access）

云服务消费者可以通过各式各样的云终端设备接入网络以调动云端的计算资源。由于计算任务由云端承担，云终端的设备并不需要十分先进，只要能满足一定的网络需求，包括笔记本计算机、移动手机、平板计算机等在内的常见设备都可以成为云终端。对于安全需求不高、可以接受网络拥堵和时延的云服务消费者而言，可以选择普通公网接入；而对于那些安全需求较高、对网络拥堵和时延较敏感的云服务消费者而言，则可以选择通过专线接入。

3. 按需自助服务（On-demand Self-service）

即使在极少甚至没有云服务提供商协助的情况下，云服务消费者也可以单方面按照自身需要获取云端的计算资源。这是因为，云服务提供商在通过虚拟化技术将资源"池化"时，往往会保证计算资源之间相互独立，并按照常用的服务情景提供多种标准化的计算资源，以方便云服务消费者从中选择最契合自身需求的计算资源来为自己服务。除了少量需要量身定制的计算资源外，大多数标准化的计算资源可由云服务消费者自主选购后迅速投入使用。

4. 快速弹性（Rapid Elasticity）

云服务消费者可以以一种具有弹性的方式来调用云端的计算资源。"具有弹性"是指在需要时能迅速获取计算资源，而在不需要时则能够迅速释放计算资源。一方面，这可以通过云服务消费者的相机抉择和自助服务来实现；另一方面，云服务消费者也可以与云服务提供商提前签订协定，约定在负载波峰时段自动获得更多的计算资源，而在波谷时段则停用部分计算资源。在弹性调用的情况下，云端的计算资源可以得到更加高效的利用。

5. 可度量的服务（Measured Service）

通过某种与使用服务类型相匹配的计量方式（如网络加速服务按流量计量、存储服务按数据量计量），云计算系统可以监测、控制、优化和报告计算资源的使用情况，从而为云服务消费者和云服务提供商提供透明的处理过程。一般情况下，根据提前议定的协议，云服务提供商会根据计算资源的使用流量、使用时间或使用次数进行收费。

3.1.3　云计算的主要优势

基于上述云计算的五大特点，与传统的由个人或企业自建自营 IT 基础设施的模式相比，云计算具有经济实惠、效率增进、高度灵活、安全可靠和与时俱进等优势。

1. 经济实惠

云服务提供商的出现，意味着需要计算资源的云服务消费者不再像过去那样，必须自己费时费力地搭建 IT 基础设施，而是可以直接向云服务提供商按需订阅相应的服务。对于成熟企业而言，将 IT 基础设施的建设和日常运维工作交给云服务提供商，有助于降低管理成本；对于初创企业而言，尽管短期内没有搭建 IT 基础设施的物质和人力资本，但通过订购云服务提供商的服务，它们同样可以获得与成熟公司一样的计算资源，从而有助于避免初期的大规模投入同时保持市场竞争力。

2. 效率增进

云服务消费者对计算资源的需求可能存在周期性波动，因此，自行搭建 IT 基础设施时往往需要留有一些冗余，而这些冗余会在负载较低时闲置，从而造成资源的浪费。相比之下，云服务提供商可以通过资源"池化"的方式，将计算资源按需分配给云服务消费者，并根据协议，在负载高峰期和低谷期额外划拨和回收计算资源，进而提高资源的利用效率。此外，云服务提供商还可以根据云服务消费者交托的任务性质，调动最合适的计算资源予以支持。相比之下，云服务消费者在自行搭建 IT 基础设施时，往往需要根据自身的综合需求进行均衡配置，从而难以做到计算资源和特定计算任务的高度匹配。在这种情况下，云服务消费者自行完成任务的效率将不如借助云服务提供商。

3. 高度灵活

云计算的灵活性首先体现在计算资源可以通过网络实现广泛访问。由于云计算服务的获取依赖互联网，因此，企业员工在外地出差或因故无法到岗办公时，可以凭借自己的个人终端与云端相连，参与协同工作。如果企业因发展需要搬迁，也只需考虑迁入地的网络服务质量，而不必担心机房和硬件设备等的转运和安置问题。其次，云计算的灵活性还体现为计算资源可以快速扩缩。在自建自营模式下，如果企业或者个人想要增加或减少计算资源，就需要面对机房重新布局、设备添置或出售等一系列烦琐的问题，而云计算模式则可以避免这些麻烦，直接借助自助服务便可以实现计算资源的迅速扩缩。

4. 安全可靠

云计算服务的安全可靠主要体现在突发事故和恶意攻击两种情境之中。在发生停电、断网等外生事故时，云服务提供商可以启用灾难备援中心，保证服务不间断和数据不丢失；在发生代码故障、操作失误等内部事故时，云服务提供商可以调用备份文件进行滚回操作，将系统恢复至事故发生之前的状态。当面对不法分子的恶意攻击时，云服务提供商相比自建自营 IT 基础设施的企业，拥有更加专业的技术团队和更为丰富的技术经验，从而可以更好地维持服务运行和保护数据安全。

5. 与时俱进

相较企业自营 IT 部门或个人开发者，云服务提供商在计算资源和专业团队方面均具有显著优势，并在大数据、人工智能、物联网等新兴技术领域积累了许多成果，这些技术成果最终又被封装为各种服务进行销售。一方面，服务的标准化使得云服务消费者可以即取即用，最小化部署时间和资金成本；另一方面，云服务提供商也支持技术援助和个性化定制，这有助于加强新技术与消费者需求的适配程度。因此，云服务消费者能够在不关注底层技术细节的情况下，随时运用 IT 产业的新兴技术对自身业务进行改造或升级，从而提高自身的市场竞争能力。

上述五方面优势是站在云服务消费者的角度而言的。实际上，云计算的优势并不仅仅体现在使用者层面。从社会层面来看，云服务提供商可以统一构建硬件和批量安装软件，进而充分利用规模经济；同时，云服务消费者可以按需购买服务，从而忽略技术细节，集中精力发展主业。这些都有利于节约人力和物力成本，提高计算资源的使用效率，从而加速科技创新，推动经济社会的发展进步。

3.1.4 云计算与大数据的区别与联系

在实践中，由于云计算和大数据的概念经常被相提并论，所以有必要对二者的区别与联系进行简要说明。如果仅从定义出发，那么大数据与云计算的区别是非常明确的：大数据可以被理解为特定类型的数据或处理这些数据的活动，而云计算则是一种获取计算资源的模式。前者的作用对象是数据，目的是发掘数据背后的可用信息；而后者的作用对象是计算资源，目的是在使用计算资源时降本增效。

　　尽管如此，大数据和云计算的内在联系仍十分紧密。首先，二者萌芽的时代背景相似。进入 21 世纪后，人类面临着数据量的飞速增长。根据市场研究公司 IDC 的统计，2020 年当年产生的数据量已经达到 64ZB 左右，到 2025 年这一数字将超过 180ZB。不断涌现的数据既需要云计算技术作为基础设施来承接，也需要大数据技术来进行分析。其次，与数据量飞速增长相辅相成的还有互联网技术的不断突破。在 21 世纪的第一个 10 年，移动互联技术趋于完善，为云计算服务提供了无处不在的接入节点，这使得计算资源构建与使用的"脱钩"成为可能；在 21 世纪的第二个 10 年，智能物联技术方兴未艾，各种机器开始收集活动过程中的环境和自身运行数据，这些数据同移动互联时代涌现的社交媒体数据一起，成为大数据分析和研究的对象。

　　展望未来，大数据与云计算的发展将呈现出相互促进的态势。一方面，云计算为大数据提供了技术平台。云计算所具有的资源池化、快速弹性、广泛的网络访问等特点，可以很好地解决大数据处理过程中可能遭遇的技术难题。事实上，大数据领域的一些初创技术，如实现了可扩展分布式存储功能的 Google File System、适配多类型数据的分布式并行数据库 Big Table、并行式批处理数据分析框架 MapReduce，其背后都有云计算技术的支持。另一方面，大数据分析也可以为云计算的发展提供指导和帮助。云计算业务的运行过程本身就会产生海量的数据，分析、利用这些数据可以帮助云服务提供商提高服务水平、完善商业决策。除了日常经营外，云服务提供商在开发人工智能领域的新产品时，也需要大量数据进行测验和调试，此时大数据本身便成为云计算创新的原材料。

　　从目前的实际情况来看，大数据与云计算已经高度绑定。例如，许多云服务提供商会将大数据分析作为一项增值服务，出售给云服务消费者；同时，许多大数据公司也会从云服务提供商处订阅计算资源，以开发和维持自身的服务。在这一背景下，大数据和云计算的结合程度会不断加深，因此，二者更应该被视为一个相互促进的技术组合，而不是各自独立发展的技术分支。

3.2　云计算的模型架构与关键技术

3.2.1　云计算的技术架构

　　云计算的技术架构是指为提供云服务而将具体或抽象的功能组件组织起来的方式。由于侧重点不同，不同文献所提及的云计算技术架构存在一定差异（专栏 3-2）。2020 年，中国人民银行发布了 JR/T 0166—2020《云计算技术金融应用规范　技术架构》，作为云计算技术在中国金融业应用的国家标准。根据该标准，云计算的技术架构由基础硬件设施与设备层、资源抽象与控制层、云服务层三个递进的水平层级和一个纵向的运维运营管理层组成（见图 3-3 ）。

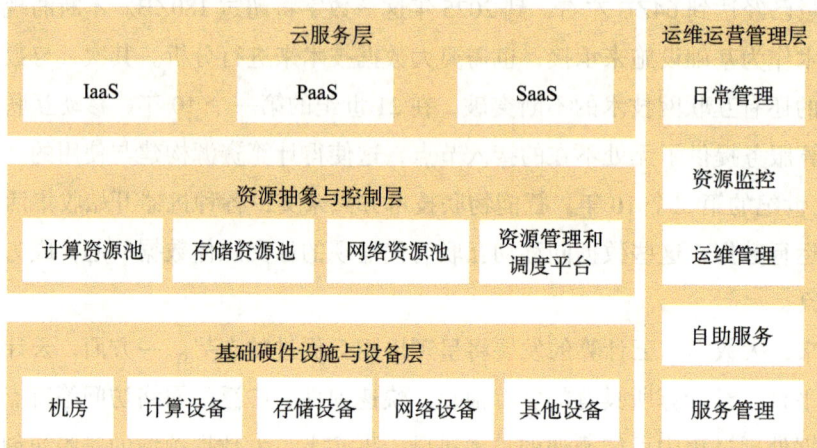

图 3-3　云计算的技术架构

1. 基础硬件设施与设备层

基础硬件设施与设备层处于整个云计算技术架构的最底层，包括机房、计算设备、存储设备、网络设备、其他设备等。这些硬件设施与设备是构建计算资源的物质基础，且具有规模经济的特点，因此，由云服务提供商统一构建可以有效地降低成本。

硬件设施中的机房用于安置计算设备、存储设备等硬件设备，提供电力、制冷等设施，并具有物理访问控制、防盗防破坏、监控巡查、防雷消防等功能。机房中安置的计算设备是指拥有计算能力的服务器。存储设备用于数据的存储和备份，分为集中式和分布式两种，均可以扩展容量。网络设备主要满足计算、存储设备各自内部及彼此之间的通信需求，拥有高并发接入和网络区域间的物理或逻辑隔离功能。计算、存储和网络设备一般通过虚拟化纳入资源池进行管理。

2. 资源抽象与控制层

资源抽象与控制层是硬件设施与设备向服务过渡的中间层，主要负责抽象计算资源以备在提供服务时调用，同时为云服务提供商日常运营和维护提供支持。该层包括计算资源池、存储资源池、网络资源池及资源管理和调度平台。

（1）计算资源池　计算资源池由计算资源和计算资源管理两个组件构成。计算资源既包括在机房中的实体计算设备，也包括虚拟化实体计算设备后得到的虚拟机。针对计算资源的虚拟化技术一般支持多虚拟机管理，能对 CPU 和内存等资源进行配置调整，并保证不同虚拟机之间资源的逻辑隔离。在管理计算资源时，云服务提供商往往会对实体计算设备、虚拟机及虚拟机镜像的全生命周期进行管理，并提供虚拟机的克隆、快照和备份等服务，以实现虚拟机的动态迁移和故障恢复。

（2）存储资源池　存储资源池同样由存储系统和存储资源管理两个部分组成。其中，存储系统负责完成数据的存储与读写，拥有自动发现故障、自动隔离和数据迁移等功能，可以在线扩容，提供良好的扩展性以及对存储数据较强的保护能力；存储资源管理经由访问接口对存储系统进行管理，可以依照资源类型对存储资源池进行灵活调配，并依靠精简配置等手段提升存储资源的利用率，然后通过资源管理和调度平台，向服务层提供多种输入 / 输出（I/O）性能的存储资源。

（3）网络资源池　网络资源池包括基础物理网络、虚拟网络及网络资源管理等部分。其中，基础物理网络包括交换机、路由器、负载均衡系统等，在提供主要网络设备的同时保证通信线路冗余，这样多条物理链路之间可以对流量进行负载分配并互为备份；虚拟网络由物理网络设备经过虚拟化产生，不同虚拟网络之间存在逻辑隔离，但是可以相互连通，并允许云服务消费者根据业务需求创建子网、虚拟交换机及定义网络拓扑结构；网络资源管理负责统一调度资源池中的物理和虚拟网络资源，并采取冗余设计以避免单点故障。

（4）资源管理和调度平台　资源管理和调度平台发挥统筹作用，可以接受计算资源请求并进行相应的调度分配。其功能包括对计算、存储、网络资源进行统一管理和建立访问隔离，同时自动监测各资源的负载情况，并依此灵活调配资源。

3. 云服务层

处于资源抽象与控制层之上的云服务层直接面向云服务消费者，其功能是按照服务场景的需要，将硬件设施、平台系统、应用软件中的一种或多种打包成服务进行交付。交付模型主要包括基础设施即服务（Infrastructure as a Service，IaaS）、平台即服务（Platform as a Service，PaaS）和软件即服务（Software as a Service，SaaS）三种；而部署模型则包括公有云、私有云、社区云和混合云 4 种。交付模型关注的是提供怎样的服务，而部署模型关注的是如何提供服务。有关两者的具体内容将在后文详细介绍。

4. 运维运营管理层

位于三个水平层级之外的纵向运维运营管理层，由日常管理、资源监控、运维管理、自助服务和服务管理五个部分构成。其中，日常管理对云平台配置、应用发布部署、资源动态扩缩等进行统一管理；资源监控提供信息采集、数据分析、资源池监控等功能，并为外部监控平台提供访问接口；运维管理负责变更管理和配置一致性检测，帮助平台在发生错误时进行回滚恢复，支持维护事件自动提醒，并定期对平台进行健康巡检、生成维护报告；自助服务可以帮助云服务消费者完成资源的申请、配置、删除等调度操作，查看资源使用情况和操作日志；服务管理则支持服务的计量和审计工作，并提供多样化的用户管理功能。

根据中国人民银行发布的标准，云计算架构应具有高弹性、开放性、互通性、高可用性、数据安全性等特性。其中，高弹性与数据安全性已在前文关于云计算的特点和优势部分介绍过，此处不再赘述；开放性是指云计算平台支持应用及数据的跨用户和跨平台迁移，云服务消费者和提供商之间不进行深度绑定；互通性是指云计算平台支持通用、规范的通信接口，使平台内外部的信息交互保持安全便捷；高可用性是指云计算平台可以从严重的故障或错误中快速恢复，保障系统持续正常运行。

参考中国人民银行提出的云计算技术架构，云服务提供商可以规范地搭建云系统，并向云服务消费者提供服务。然而，云服务的参与方不只有云服务消费者和云服务提供商。在NIST提出的云计算参考架构中，云服务参与者包括消费者、提供商、审计员、代理商和承运商五方（见图3-4）。其中，云服务提供商内部的技术架构与中国人民银行的版本大同小异（NIST将安全保障和隐私保护功能从云服务管理层级中独立了出来），而关于云服务审计员、承运商和代理商的简要介绍，可参阅专栏3-2。

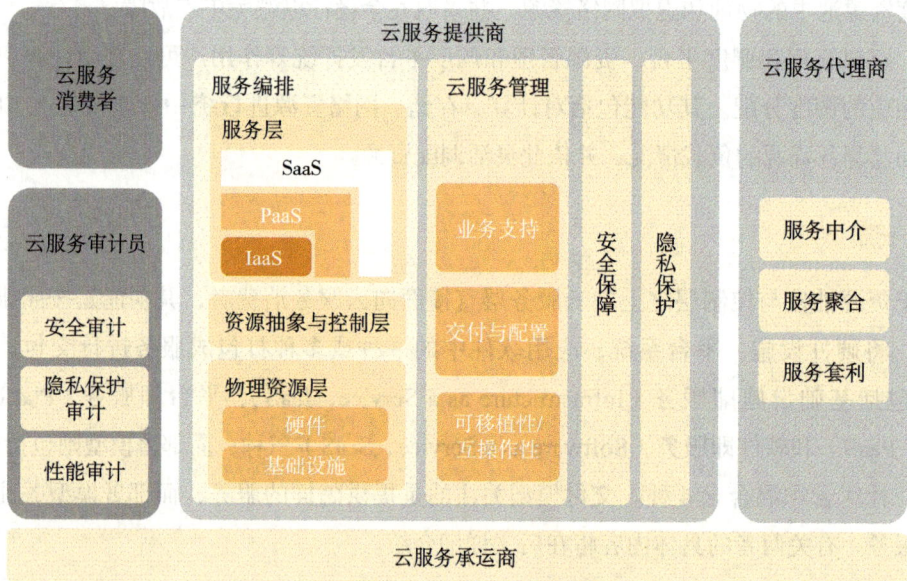

图 3-4　NIST 的云计算参考架构

专栏 3-2

NIST 定义的云计算参考架构

根据 NIST 的定义，云服务审计员是能对云系统的性能和安全性展开评估的独立组织。其进行的安全审计是指评估云服务提供商是否部署安全机制、遵守安全流程；

隐私保护审计是指检查云服务提供商是否保护消费者身份信息和业务数据；性能审计是指判断云服务提供商是否达到了与消费者事先约定的服务水平。

云服务代理商是云服务供给和需求之间的协调者，具有服务中介、服务聚合和服务套利三种功能。其中，服务中介是指帮助知识储备不足的云服务消费者向提供商采购云服务，并在过程中提供账户管理、本地化等增值服务；服务聚合是指将各云服务提供商提供的多种服务打包整合，以满足消费者复杂的需求；服务套利是指在服务聚合时在多个云服务提供商提供的服务中进行筛选，优中选优。

云服务承运商是连接云服务提供商和消费者之间的媒介，负责将云服务从提供商处转移到消费者处。它可以是电信运营商，也可以是传输代理机构——前者提供网络服务，后者负责磁盘等存储媒介的物流。

一般而言，云服务提供商会根据其对消费者的服务水平承诺与承运商签订协议，保证云服务分发过程的安全与效率。

3.2.2　云计算的交付与部署模型

1. 云计算的交付模型

前文已经提及，云计算按照所提供的服务类型有三种交付模型，分别为 IaaS、PaaS 和 SaaS。这三种模型彼此并非独立，而是递进关系。如图 3-5 所示，按照自下而上的顺序，一个企业自建的 IT 基础设施依次由硬件设施层（包括网络、存储、服务器和三者虚拟化后的产物）、平台软件层（包括操作系统、中间件、运行库等）、数据信息层和应用软件层组成。

与企业自建的 IT 基础设施对应，IaaS 相当于由云服务提供商负责硬件设施层的建设，消费者只需要在其上自行搭建平台软件层、数据信息层和应用软件层；PaaS 则进一步将平台软件层也交给云服务提供商建设；SaaS 再进一步，相当于 IT 基础设施全由云服务提供商包办，而消费者则直接订阅使用现成的软件。不难发现，上述三种云服务的交付模型取代自建的 IT 基础设施层级不同，因此提供的服务与目标消费者也各有差异。

（1）IaaS　IaaS 提供商帮助云服务消费者定制 IT 基础设施的最底层部分，出售的主要商品是虚拟化后产生的计算资源，包括虚拟服务器、虚拟存储、虚拟网络等。除出售虚拟资源外，IaaS 提供商会根据资源的抽象方式建立资源监控模型，管理各个服务节点，通过平衡机制保证负载均衡。由于上层程序在运行过程中可能会多次请求计算资源，个别硬件发生故障时也需要将运行其上的软件暂时移走，因此 IaaS 提供商还会提供计算资源的自动部署流程。由于与企业自行搭建的 IT 设施相比，云是一个更开放的环境，所以 IaaS 提供商还会采用必要的安全防护机制，来保证云中数据的安全。最后，IaaS 提供商会统计资源的使用情况，并据此向云服务消费者收费。

本地部署	IaaS	PaaS	SaaS
应用软件	应用软件	应用软件	应用软件
数据信息	数据信息	数据信息	数据信息
运行库	运行库	运行库	运行库
中间件	中间件	中间件	中间件
O/S	O/S	O/S	O/S
虚拟机	虚拟机	虚拟机	虚拟机
服务器	服务器	服务器	服务器
存储	存储	存储	存储
网络	网络	网络	网络

自己管理　　　　　　　　　　　　　　　　别人管理

图 3-5　传统架构、IaaS、PaaS 和 SaaS 的结构分层

较之自建 IT 基础设施，云服务消费者购买 IaaS 有助于降低硬件投入成本，避免在底层计算资源运维过程中耗费精力，并且可以根据需要对计算资源进行扩张或收缩，甚至可以在 IaaS 平台之间进行迁移。由于 IaaS 在三种交付模式中需要消费者自行完成的工作相对最多，因此比较适合那些拥有一定 IT 技术能力的企业使用。提供 IaaS 产品的企业包括亚马逊、IBM、思科等国外企业，以及阿里云、华为云、腾讯云等国内企业。由于硬件设施层对应的计算资源具有较高的同质性，因此上述企业提供的 IaaS 服务大同小异。

（2）PaaS　PaaS 提供商提供基于互联网的应用程序的开发测试、运行、运维环境，为开发者提供支持应用整个生命周期的软硬件资源和工具。在开发测试阶段，PaaS 提供商的主要服务包括确定用于应用开发的编程语言、元数据（专栏 3-3）标准以及应用的打包发布格式，并提供应用编程接口的代码库。开发完成后，PaaS 提供商会根据上传至云端的程序包配置运行环境，并保证环境中的应用之间相互隔离，以及分配给应用的计算资源能随负载变化而相应调整，由此支持应用顺利部署上线。为满足开发者的运维需求，PaaS 提供商还会构建自动升级流程以帮助开发者提交升级补丁，有时 PaaS 提供商还会提供监控解决方案，以方便开发者监控应用的运行状态。

元数据简介

所谓元数据（Metadata），即用来描述数据的数据。举例来说，对一张存储在计算机硬盘中的照片来说，它的元数据可以是照相机的型号、拍照时的光圈大小、快门时间，可以是这张照片作者姓名、拍摄的地理位置和日期，也可以是这张照片被下载到计算机中的时间、在硬盘中存储的位置、访问这张照片的用户和次数等。

元数据的分类方式很多，其中较易理解的一种分类方式是将元数据分为描述性元数据、管理性元数据和结构性元数据三类。其中，描述性元数据用于发现或理解数据本体，类似一篇文章的摘要或关键词；管理性元数据涵盖数据本体的创建日期、访问权限、解码方式等，方便数据本体的管理；而结构性元数据则记录数据本体内部和数据本体之间的组织方式。

元数据是结构化的数据，通过设定一套元数据标准，信息系统内部可以更加高效地存储、查询和访问各种各样的数据资源，同时信息系统之间也可以更加便捷地完成数据资源的交换。

较之在本地进行应用开发，云服务消费者采用 PaaS 模式可以减少在配置应用程序环境方面所耗费的精力，降低购买开发软件许可证的成本，并从 PaaS 提供商封装好的各种工具与服务中获得帮助。PaaS 的主要受众是开发者团队。国外的 PaaS 龙头公司有亚马逊云服务、微软等，国内在 PaaS 领域处于领先地位的除了阿里云、华为云等 IaaS 先行者外，还有用友网络和金蝶国际等公司。作为平台软件层，PaaS 上能支撑应用软件功能的拓展和集成，下能提高硬件设施的使用效率，因而许多主营 IaaS、SaaS 模式的云服务提供商都在 PaaS 领域有所布局。

（3）SaaS　SaaS 提供基于互联网的软件服务，云服务消费者通过网络页面或应用程序等云终端即可使用相关功能。SaaS 模式软件与传统的下载安装式软件在实际使用方面的体验十分相近，主要的不同之处在于，SaaS 模式下的软件服务需要依托网络获取、按功能模块划分并计费，并且支持多个租户同时使用，而租户之间可以做到数据隔离和互不影响。

与 IaaS 和 PaaS 相比，SaaS 对云服务消费者的 IT 能力要求最低，因此比较适合小型企业或初创公司。SaaS 的供应商包括 Salesforce、微软、SAP 等国外企业，以及用友网络、金蝶国际等国内企业。与 IaaS 和 PaaS 相比，SaaS 行业的集中度较低而细分领域多，因此市场竞争比较激烈。

2. 云计算的部署模型

除了 IaaS、PaaS 和 SaaS 三种不同的交付模型外，云服务还可以根据 IT 基础设施的所有权与访问方式，分为四种不同的部署模型：公有云、私有云、混合云和社区云。

（1）公有云　公有云是一种最常见的云部署模型，其模式为由第三方机构充当云服务提供商，负责计算资源的构建、运营和维护，并通过互联网面向大众开放。公有云的特点是硬件共享，即同一服务器可能为不同的消费者同时提供服务。其优势是成本和管理复杂度较低，并且消费者可以随时按需扩展容量。但是，由于 IT 基础设施与云服务消费者产生的业务数据均由第三方机构控制，因此存在较多的安全隐患。此外，由于公有云一般按使用量计费，因此云服务消费者在某些情况下可能无法准确地预估使用成本。

（2）私有云　与公有云相对，私有云是指由一个组织自建或委托第三方建立，随后独自拥有计算资源的云部署模型。组织内部拥有相关权限的成员可随时访问私有云的资源，而外部用户则无法访问。根据云端所在位置，私有云可以分为本地云和托管云两种。前者的云端部署在组织的自有机房内；而后者的云端则部署在第三方机构处，但独享硬件设施。私有云的安全性较高，并且能根据组织的需求进行定制，但由于其灵活性有限，在扩展计算资源时往往需要花费较多的精力进行整合。

（3）社区云　社区云介于公有云和私有云之间，一般由具有共同需求、进而形成社区的组织共同构建和发展，其计算资源在社区内部共同拥有和分享，一般不对外公开。与私有云一样，社区云也具有本地部署和第三方托管两种形式。但在本地部署时，其用于提供云服务的硬件设施可能分布在组织成员之间。社区云可以在组织成员之间实现高效的资源共享，但在共同治理的过程中可能会产生矛盾。

（4）混合云　混合云是由公有云、私有云和社区云中的两个或两个以上混合而形成的云部署模型。在混合云内部，不同云之间相互独立，但可以实现数据和应用的交互。混合云可以集成上述三种云部署模型的优点。例如，将敏感业务部署在私有云、其余业务部署在公有云的“公/私混合云模型”，既可以保证数据的安全，又可以实现资源的灵活扩缩。不过，混合云的构建和维护更加复杂，同时各参与方的管理责任有时也比较模糊。

由于较早上云的国有企业和政府部门重视数据安全和隐私，且自营自建 IT 基础设施的大型企业可以通过开源技术，将自己的服务器改造为私有云架构，因此，国内的云计算市场最初以私有云部署模式为主。但随着互联网和人工智能等产业中那些（因初始投资少和计算资源可以弹性扩张）偏好公有云的公司不断增加，以及政企面向个人服务转型的加速，我国公有云的市场规模在 2019 年首次超过了私有云市场，并持续维持较高增长（见图 3-6）。截至 2021 年，我国私有云的市场规模为 1048 亿元，而公有云的市场规模达到 2181 亿元，显然后者已经成为我国云计算市场增长的主要动力源。

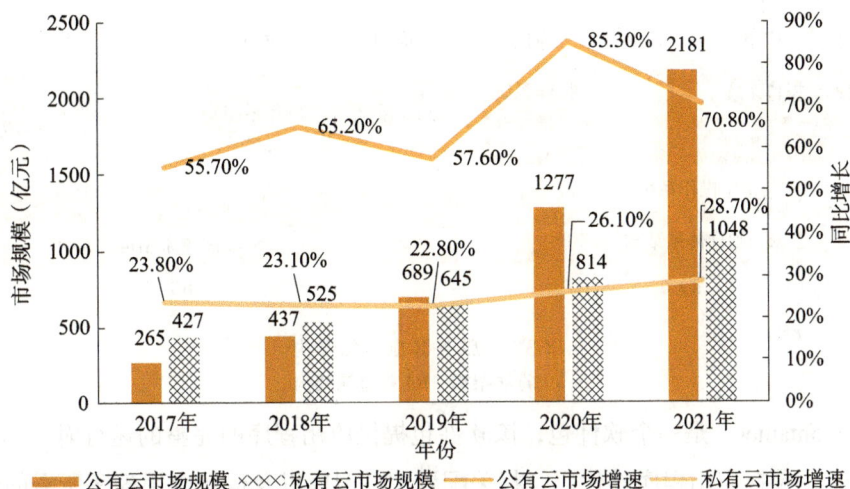

图 3-6　我国公有云和私有云的市场规模与增速

（资料来源：中国信息通信研究院。）

3.2.3　云计算的关键技术

云计算服务的交付需要通过集中构建、按需分配和统一管理计算资源来实现，其中每一个步骤都涉及多种技术。例如，计算资源的集中构建需要利用虚拟化、关系与非关系型数据库等技术，按需分配需要多租户管理、并行计算、分布式存储等技术，统一管理则需要账号管理、服务等级协议监控、负载均衡等技术。由于详述各种技术细节既烦琐又晦涩，因此本节只着重介绍虚拟化、并行计算和分布式存储这三种最有助于理解云计算原理的关键技术。

1. 虚拟化技术

虚拟化技术是一种资源管理技术。其目的是将组织形式固定的计算资源重新整合和分配，以提高调配这些资源时的灵活度。虚拟化的原理是通过在硬件系统之上插入虚拟化层，由虚拟化层通过空间上的分割和时间上的分时，来产生新的虚拟化计算资源。以服务器虚拟化为例，虚拟化层可以在服务器内划分出高效、独立的虚拟机，这些虚拟机拥有自己的虚拟硬件（如 CPU、内存、网卡等），并可以搭载不同的操作系统。对于运行于虚拟机之上的软件而言，这些虚拟机和真实的机器没有区别。如图 3-7 所示，服务器虚拟化有两种常见的架构：寄居架构和裸金属架构。前者的虚拟化层运行在服务器的操作系统之上，可以适配多种硬件系统；而后者则直接将虚拟化层运行在服务器的硬件系统上，因而调动计算资源的效率更高。

服务器经过虚拟化后，可以被分割为多个逻辑独立的虚拟计算机，以供云服务消费者使用。然而，当云服务只需要较少计算资源时，为完成服务而虚拟出整个计算机就显得比较浪费。为解决这个问题，能实现比虚拟机更小资源调配颗粒度的"容器技术"在近年来不断发展。

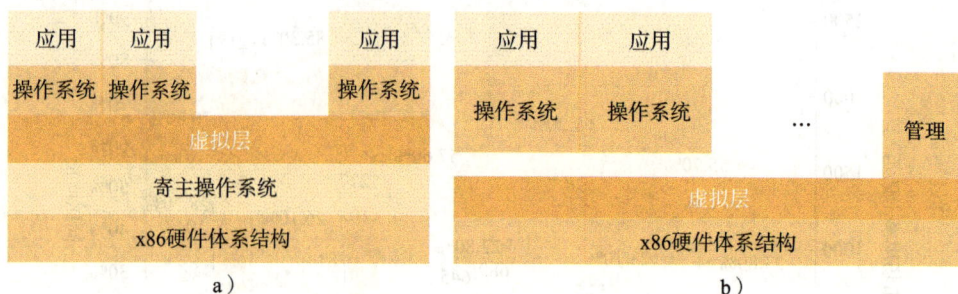

图 3-7 服务器虚拟化架构
a）寄居架构　b）裸金属架构

容器（Container）是一个软件包，该软件包提供应用程序的完整的运行时环境（Runtime Environment），包括应用程序的代码、相关配置文件、库以及运行应用程序所需的依赖项等。因此，在云计算中，容器技术旨在构建一个被隔离起来的运行时环境，从而为应用程序提供一个能够单独限制 CPU 和内存等配置的运行空间，这些运行空间之间互不影响。如图 3-8 所示，容器和虚拟机相比，其内部不再需要安装操作系统，因此占用的计算资源更少。一般而言，在同样配置的服务器上，能同时运行比虚拟机多 3 倍的容器。

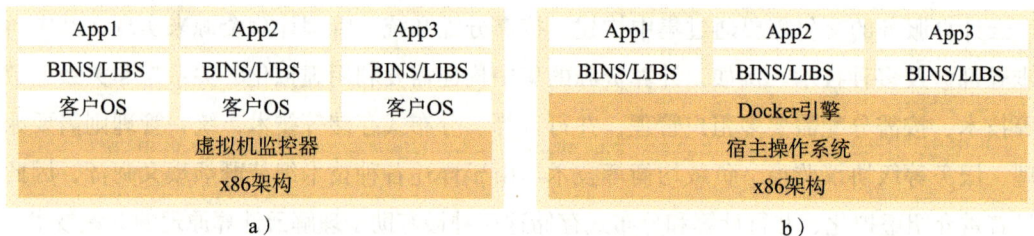

图 3-8　虚拟机架构和容器架构的区别
a）虚拟机架构　b）容器架构

利用虚拟化技术，硬件系统和软件系统得以脱钩，从而提高了硬件系统的灵活性。因为在虚拟化之后，运行在硬件系统之上的虚拟机可以兼容多种操作系统和应用软件，并且相互隔离，在这种情况下，即使部分虚拟机发生故障，其他虚拟机仍能照常运行。此外，虚拟化产生的虚拟机也比较容易封装——通过将虚拟硬件与运行其上的操作系统和应用软件捆绑在一起，虚拟机可以如同文件一般在实体硬件系统之间自由地复制和移动。

2. 并行计算技术

并行计算技术是一种任务处理技术。其原理是将一个工作量大的计算任务分解成许多个简单的小任务，然后将它们分配给多个共享内存、性能相同的计算资源进行处理。一个和并行计算常常混用的概念是"分布式计算"，它是指将计算任务进行拆分后送给不同的计算单元同时执行。并行计算和分布式计算的理念相同，但前者主要是相对于串行计算而言的，而后者则主要是相对于单机计算而言的。

按处理方式，并行计算可以分为任务并行、数据并行和流水线三种。任务并行是指将计算任务分解成多个子任务，然后将子任务分给不同的计算单元完成。数据并行是指将完成计算任务所需处理的数据分成多个子数据，然后将子数据分给不同的计算单元处理。以批改试卷作为类比，任务并行是指按题目类型分配不同的老师进行批改，而数据并行则是指按试卷数量分配不同的老师进行批改。流水线是指将任务并行和数据并行两种方式相结合，实现多条指令重叠操作。上述三种并行处理方式对应不同的并行编程模型，其中流水线方式所对应的编程模型能相对更好地处理数据量和计算量比较大的任务，因而最适用于云计算。

3. 分布式存储技术

分布式存储技术是一种数据存储技术。其原理是将数据拆分后存储在不同的存储设备内，这些存储设备之间通过网络相互连通和统一管理，以共同支撑海量数据存储的需求。

根据存储方式的不同，分布式存储可以分为文件存储、块存储和对象存储三种。文件存储是指数据以单条信息的形式存储在文件夹中，每一个文件都有自己相应的查找路径（如C:\Users\Downloads\text.doc），查找路径之间按照树状目录结构组织。文件存储支持多种数据格式，比较适合存储复杂文件，但查找路径的层级深度存在限制。块存储是指将数据打散成大小固定的块，并赋予各个数据块唯一的标识，然后将它们分别存储在最合适的环境中，等到需要访问数据时，再将这些数据块一一找到和重新组装。块存储可以实现快速读写，但数据统一管理和协同共享的难度较大。对象存储是指将数据拆分为被称为"对象"的单元，每个对象拥有唯一的标识，在同一层级存储，并通过独立出来的元数据服务器实现快速访问。对象存储易于扩展和共享，但只能整体访问，不支持数据的随机读写。

根据存储节点的组织方式，分布式存储又大致可以分为两类架构。第一类采取中心管理架构，即存储节点分为主控节点和数据节点两种。其中，主控节点负责维护存储地址目录，并对数据节点进行负载均衡管理和故障监控；而数据节点则负责数据的持久化存储，并听从主控节点的调度。在访问数据时，用户需先从主控节点获取数据位置，然后再从数据节点获得具体数据。第二类采取无中心管理架构，客户端可以通过设备映射关系获取数据位置，并直接和存储节点通信，以完成数据访问。从实践应用来看，中心管理架构主要支持文件存储，而无中心管理架构则支持全部三种存储方式，由于两种架构针对的应用场景不同，因此在云计算实务中均有所采用。

从技术上看，并行计算和分布式存储的核心理念都是将任务分而治之，因而具有类似的优势：一方面，这两项技术都是通过将低性能的计算单元整合成为高性能的计算资源集群，进行统一监控和管理，从而降低硬件设施的投入成本，并提高计算资源的利用效率；另一方面，这两项技术都是依靠集群而非单点设备完成计算和存储任务，因而不会由于单点故障而造成任务失败，在极端情况下，就算某个地区的集群全部失效，另一个地区的灾备集群也可以迅速接手工作。此外，与单点设备相比，集群架构更容易吸收新的计算资源，从而更快地实现系统扩容。

3.3　云计算在金融领域的应用

金融业是一个高度依赖信息和数据的行业，小至一条开户记录、一条转账信息，大至每日股票市场交易、银行间清算，几乎所有的业务活动都离不开 IT 基础设施的支持，而任何一次数据丢失或系统停摆都有可能造成难以承受的巨大损失。因此，对信息和数据管理具有重要帮助的云计算技术在金融行业有着广泛的应用空间。根据咨询机构艾瑞咨询推算，到 2025 年，中国金融云的市场规模有望达到千亿元人民币以上，年均同比增速超过 25%。在这一背景下，金融业向云端迈进将是大势所趋。

3.3.1　云计算在银行领域的应用

根据中国人民银行和银保监会的统计，截至 2021 年，中国现存银行业金融机构 4602 个，共管理着 95 万台 ATM 机、137 亿个银行账户、345 万亿元总资产。在实践中，业务体量巨大的银行业高度依赖 IT 系统维持日常运营，但随着客户规模的不断扩大和服务种类的不断增多，传统的 IT 架构已经越来越难满足银行业金融机构的计算能力需求。在这一背景下，云计算技术的出现为银行业构建高并发、高可用、高扩展的 IT 基础设施带来了新的解决方案，可以帮助银行在业务和服务等方面提质增效。

1. 应用范围和领域

从已有实践来看，云计算技术可以在资产、负债和中间业务等广泛的领域帮助银行升级业务、降低运营成本和提高运营效率。

在资产业务板块中，云计算技术可以帮助银行实现信贷业务升级。通过将行内数据库向云端迁移，总行、分行、支行之间可以加大数据共享深度，从而避免贷款流程中数据的重复录入和反复审批。同时，数据分析软件和信用风险评估模型也可以通过云平台统一部署，从而减小各个网点之间的服务差异。此外，云计算技术还可以帮助银行充分调用计算资源，提高资产配置能力。通过自然语言处理等新技术提取新闻平台和社交媒体上的各种非结构化数据中的有效信息，以此辅助量化交易算法，银行可以更好地配置大类资产和选择投资标的。

在负债业务板块中，云计算技术首先可以帮助银行提高客户关系管理能力。在银行的信息系统内，存放着海量的个人信息和交易记录，如果仅仅依靠业务人员的主观判断或简单的描述性统计对储户进行归类，很难充分挖掘这些数据背后的价值。但银行通过在云平台部署聚类和关联分析等算法，并批量予以运用，就可以对储户的业务贡献度和流失风险等特征进行更加全面的了解，进而提高分类运营的效率。此外，云计算技术还可以帮助银行提高反洗钱和反欺诈等方面的能力。例如，银行可以通过将冠字号码检索系统向云端迁移提升查询效率，同时结合工商、税务、海关、公安等部门提供的关联数据进行交叉分析，从而更加及时地发现各种异常和可疑的交易。

在中间业务板块中，云计算技术可以帮助银行提高代销和财富管理等业务的服务效率。较之传统的理财顾问，部署在云平台上的智能投顾软件可以依据客户过往的行为轨迹，自动评判客户的风险偏好和选择合适的理财产品，并且能 24 小时不间断地提供持续服务。此外，云计算技术还可以帮助银行降低汇票、信用证等结算业务中的信息不对称风险。例如，通过在云平台建立物联网数据接口，银行可以监控货物的入库、出库和物流运输等状态，从而避免因买卖双方的欺诈行为而造成的损失。

从实践情况来看，目前国内各商业银行使用云计算技术的原因和特点不尽相同。其中，大型国有商业银行和全国性股份制商业银行由于资金和技术储备充足、业务经验丰富，主要希望利用云计算技术加强信息控制、降低运营成本、提升用户体验和加快产品创新，因而一般通过内部自研和设立子公司的形式推行金融云应用。相较而言，城商行和农商行等小型商业银行由于"缺钱少人"，更多地希望利用云计算技术来补充基础设施和专业人才，因而一般选择与大型银行或金融 IT 服务商合作的形式来推行金融云应用。

2. 大型国有商业银行的应用举例

在大型国有商业银行中，中国工商银行较早开始金融云的研发。其自研"工银星云"系列产品的形成经历了两个阶段：第一阶段是 2012 年—2016 年，当时为降低 IT 基础设施建设的成本，提高 IT 基础设施的运维效率，中国工商银行基于虚拟化软件 VMware 自主研发了第一代 IaaS 云系统，该系统具有计算和存储资源池，并可以实现操作系统的镜像部署；第二阶段从 2017 年开始，其目标是针对互联网金融高并发、容量大、弹性强等业务特点，实现 IT 架构转型，为此，中国工商银行在已有云计算技术成果的基础上，通过开源软件与自主研发相结合，开发了包括 IaaS、PaaS、SaaS 三种交付模式的新一代"工银星云"产品系列。截至 2020 年，中国工商银行已有 60% 的 IT 基础设施采用 IaaS 模式，50% 的应用系统使用 PaaS 云平台，并在教育、物业、党建等领域提供 SaaS 服务。

"工银星云"具有自主可控、秒级弹性伸缩、万级集群支撑、灵活支持微服务、丰富的配套基础服务、智能化云运维、安全的隔离机制与高可用、全流程 DevOps（开发运维一体化）八个方面的能力。其中，IaaS 产品基于开源平台 OpenStack，并通过技术创新提高了故障探测、自动恢复、平滑升级等方面的能力；PaaS 产品利用 Kubernetes 容器技术，在调度、负载均衡、弹性扩缩等方面达到企业级平台能力，容器集群容量破万，并支持复杂架构上云；SaaS 产品采用独立的网络环境，与中国工商银行的核心生产网络相互连接、逻辑隔离，并通过新建公共服务区和中转服务器实现资源互访。目前，中国工商银行的个人 II、III 类账户在结算、个人电子银行、纪念币预约、第三方快捷支付等场景均已使用"工银星云"服务。通过云平台，中国工商银行 IT 基础设施的利用效率提升了 2～3 倍，资源供应时间由 2～3 周缩短至分钟级，并有超过 60% 的管理流程实现了全自动化。

3. 小型城商行的应用举例

在小型城商行中，一个比较典型利用金融云的案例来自哈密市商业银行。哈密市商业银行由 5 家城市信用合作社于 2010 年经过重组后挂牌成立。截至 2021 年，哈密市商业银行的资产规模约为 414 亿元。从 2014 年开始，随着哈密市商业银行业务种类和规模的不断扩张，其原有的计算资源面临容量与性能的不足。为此，哈密市通过与金融云 IT 服务商合作，通过 8 个月的改造，实现了 IT 基础设施上云。

云计算技术的运用极大地提高了哈密市商业银行的服务范围和业务效率。在 IaaS 层面，哈密市商业银行选择租用云服务器的方式，将微贷系统、农贷系统、绩效系统等自营业务系统部署上线；在 PaaS 层面，哈密市商业银行通过利用分布式数据库服务、分布式文件服务等云平台技术，提高了数据分析系统和报表展示系统的服务性能；在 SaaS 层面，哈密市商业银行的核心业务系统、事后监督系统、对公信贷管理系统、零售信贷管理系统等均已全部借助 SaaS 软件运营。

3.3.2 云计算在证券领域的应用

与银行一样，证券公司的日常经营活动同样深度依赖 IT 基础设施，并且两者对 IT 基础设施的需求也具有很多类似的特点。例如，它们都需要可扩容的计算资源，以满足日益增长的金融数据的存储和处理需求；它们都需要高可用的平台系统，以保证相关金融交易或服务不中断；它们都需要安全可靠的保护机制，以防止客户隐私泄露而造成损失。

1. 应用范围和领域

证券公司的部分业务环节与银行重叠，因而在这些环节中，两者对云计算技术的运用方式是类似的。例如，在客户关系管理环节，证券公司可以通过云平台调用各类算法，从而估计客户价值，生成客户画像，并据此开展运营活动；在理财产品销售环节，证券公司可以通过云平台上部署的智能投顾软件，确定客户的风险偏好，帮助客户规划投资组合，同时提供全天在线的人工智能咨询服务；在自营投资业务环节，证券公司可以通过云计算为复杂的量化算法提供算力支持，并结合自然语言处理、神经网络等领域的最新成果，对相关量化模型进行调整和完善。

除上述业务环节外，证券公司还有两个相对独特的业务环节可以通过云计算技术进行改造，分别是行情展示环节和证券交易环节。随着手机和平板计算机等智能终端普及程度的不断提高，以及线上交易活动的日益频繁，证券公司一方面需要在前端开发交易软件以满足投资者紧跟市场、即时交易的需求，另一方面也需要在后端扩建硬件设施以支撑交易软件的流畅运行。特别是在各证券公司争相将交易佣金降至最低水平后，由行情系统和交易系统共同支撑的交易体验已成为证券公司吸引客户的核心竞争力。

证券公司的行情系统架构自下而上可以分为后台数据层、服务数据层、接入层和展现层四层。其中，后台数据层主要负责从股票交易所和期货交易所等行情源获得行情数据，然后交由服务数据层将行情源提供的数据处理成客户需要的展示类型，进而通过接入层提供的接口实现安全对接，并最终将行情数据送达展示层的客户终端。在传统模式下，行情系统前三层所对应的硬件设施均部署在证券公司的自营机房内，这种相对固定的硬件设施在业务高峰期容易出现访问拥堵。借助云计算技术，证券公司可以将服务数据层和接入层部署在云端，然后通过云服务提供商的专线网络分发行情数据，并在高并发时实现迅速扩容，由此降低行情传输的时延。如果需要，证券公司还可以在云平台中部署提供行情分析和自动预警等增值服务的软件，从而进一步提高客户黏性。

证券公司的交易系统与行情系统的架构类似，同样可以通过将部分层级移入云端的方式实现计算资源的弹性扩张，但需要格外重视服务的稳定性与安全性。为此，云服务提供商通过支持各种灾难备份措施，可以保证在出现单点故障后，交易服务不会中断。同时，云服务商还提供数据加密解决方案和各种入侵防护机制，避免因为交易数据泄露而造成客户损失。除了日常交易外，云计算技术还可以帮助交易系统提升线上开户效率。线上开户的流程一般包括身份信息录入、照片采集、风险评估、账户激活、在线回访等步骤。证券公司通过在云平台部署人脸识别、文字识别等人工智能技术，可以在维持客户适当管理水平的同时，减少上述步骤所需要的时间。

2.　传统证券公司的应用举例

在传统的证券公司中，光大证券运用云计算技术的例子比较典型。由于旧有的 IT 基础设施无法满足不断增长的业务需求，光大证券于 2011 年便开始尝试使用虚拟化技术提高计算资源的弹性和利用效率。随着云计算概念的进一步普及，通过借鉴部分银行的经验，光大证券于 2015 年开始与云服务提供商浪潮合作，陆续建立了"三朵私有云"，即测试云、分支机构云和开发云，并由云管平台统一管理。在成功尝试 IaaS 模式后，光大证券在 2017 年—2018

年又依次搭建了 PaaS 和 SaaS 平台，提高了业务系统的交付效率，并为基于大数据和人工智能的各种业务创新提供了支撑。截至 2020 年，光大证券 70% 以上的系统已经在云端部署，同时，应用的开发和测试等环节也全部通过私有云完成。

光大证券搭建 IaaS 平台时正值业务扩张期，每年需要新开 30～40 个营业部，但在传统架构下，IT 技术人员的培训速度远远落后于硬件设备的部署速度。在这种情况下，光大证券利用 IaaS 模式将各分支机构的 IT 基础设施收归总部集中管理，这样各营业部就不再需要配备 IT 技术人员，网点建设的时间也从一周缩短至半天。除了降低对 IT 技术人员的需求外，光大证券云平台还可以提高 IT 部门的开发效率。在采用云计算模式之前，光大证券内部软件的开发、测试和运行环境各不相同，大量测试需求得不到满足，即使测试成功，也无法保证在生产系统中顺利运行。使用云平台统一各环境后，公司的自研软件可以顺利实现从开发、测试到运行的"无缝迁移"。

3. 互联网证券公司的应用举例

除传统证券公司外，新兴的互联网证券公司也积极利用云计算技术提高业务水平，一个比较典型的例子来自富途证券。这家 2012 年注册成立的公司通过帮助内地股民在港股和美股市场开户和交易起家，逐渐发展成为一个覆盖多个市场、面向全球用户的金融服务平台。目前，富途证券既开展个人投资者的港股、美股、A 股通、新加坡的股票交易及衍生业务，同时也面向企业提供 IPO 分销、员工持股规划等服务。从成立之初，富途证券就与腾讯云进行深度合作，前者负责从底层构建交易系统和行情系统，而后者则包揽 IT 基础设施的日常运维和管理，并提供云平台及相应的云应用支持。

在合作过程中，富途证券借助腾讯云私有网络，大幅降低了行情信息、交易指令的传输时延。通过腾讯云的 TDSQL 分布式数据库技术，富途证券在满足海量存储需求的同时实现了高效查询，使其"百万级读、千万级写"的在线业务场景得到了充分支持。同时，利用 GPU 云服务器提供的算力，富途证券使用自然语言处理技术，成功开发了情绪指数等创新产品。此外，为保证系统安全，两家公司还一起定制了攻击防护方案和协同防御机制。2015 年 4 月，在牛市的刺激下，多家证券公司的港股开户数和交易量暴涨。借助云计算技术快速弹性的特性，富途证券的 IT 系统顺利承接了 10 倍于日常情况的负载量，并在不少同行的服务器宕机或系统瘫痪时保持了业务的稳定可靠。

3.3.3　云计算在保险领域的应用

在过去的 20 多年里，随着人口规模的不断扩大和居民财富的稳步增长，我国的保险行业取得了快速发展。一方面，保险机构的产品创新层出不穷，万能险、投资连接险等资管产品纷纷进入市场；另一方面，客户的需求日益复杂，围绕保单提供多种增值服务成为保险机构的核心竞争力。在这一背景下，保险机构可以利用云计算技术有效拓宽业务边界和提高服务水平，从而实现从高速度发展向高质量发展的转变。

1. 应用范围和领域

对于保险公司而言，云计算技术在投保、核保、理赔等关键环节都有对应的运用场景。

（1）投保　在传统的投保环节，投保人本人需要与保险代理人见面，或亲自前往保险机构营业网点办理业务，其中涉及的流程包括身份认证、合同填写、条款告知、协议签署等，整个过程比较耗时。有了云计算技术之后，保险销售可以直接通过线上渠道完成。签单时，投保人只需要通过手机或平板计算机等智能终端联系销售人员，然后由云平台采集双方的音频和视频记录，同时保存业务流程中产生的电子单据。这样既能保证业务合规，又能减少时间占用，提高签单效率。对于保险机构而言，依托云计算技术构建线上销售渠道，既能扩大自身服务的触及范围，又能避免保险代理人为冲业绩故意误导投保人而产生的各种纠纷。对于投保人而言，通过线上渠道既能获得更多的产品信息，扩大可以选择的产品种类，又能通过动态图文、视频等媒介获得更丰富的保险知识。

（2）核保　在核保环节，保险机构需要通过精算模型确定保单价格和准备金。随着保险业竞争的加剧和保险产品创新水平的提高，精算模型中所涉及的各种随机变量越来越多，相应的计算资源需求也迅速增长。在这种情况下，保险机构利用云计算的支持，可以更好地实现保单的即时、动态定价，同时提高保单补录、保额变更、保险人信息修改等数据库操作的效率，从而避免因为签单周期过长而损失客户。此外，保险机构还可以在云平台中部署大数据分析应用，通过利用社会公共信息平台提供的多维数据来鉴别保单风险，从而避免因为投保人的逆向选择和道德风险而承受保险损失。签单后，部署在云平台上的 AI 机器人还可以对投保人进行回访，确保信息对称并获得服务反馈。

（3）理赔　在理赔环节，一旦保险事故发生，投保人就需要按保险合同的约定，尽快通知保险机构，随后由保险机构派出勘察员进行现场调查，并收集保险单、身份证明、保险事故证明、损害结果证明等一系列单证，然后进行审核和保险赔付。上述流程如果采用人工完成，往往费时耗力，并有可能因为人为疏忽而导致材料丢失，从而影响理赔进度。在采用云计算技术后，保险客户可以直接使用智能终端上传勘察视频和电子单证，然后由保险机构在云平台访问内部数据库进行身份认证和材料验真，从而大大缩短了理赔时间，提升了理赔效率。对于一些借助第三方数据的创新险种，如气象指数险、外卖延时险等，保险机构甚至不需要客户提供材料，仅凭云平台的数据共享和实时告警，便可以做到出险后主动赔偿，从而进一步提升客户体验。

2. 传统保险公司的应用举例

近年来，传统保险公司对云计算技术的接受程度不断提升。以泰康保险为例，泰康保险集团成立于 1996 年，最初主要从事人身保险业务，经过 20 多年的发展，逐渐发展为一家涵盖保险、资管、医养三大核心业务的大型保险金融服务集团。为实现从传统保险公司向互联网保险公司的转型，泰康保险于 2011 年开始考虑使用云计算技术改造 IT 基础设施，并于 2014 年正式完成云计算中心的建设。起初，泰康保险认为云计算就是虚拟化，但在将硬件设备移向虚拟化平台后才发现，虽然利用效率和扩展能力确实有所提高，但如果只是将传统架构虚拟化，仍不足以应对互联网业务并行处理和海量存储等需求。于是，泰康保险选择与 IT 技术服务商青云科技合作，并采用开源技术实现公有云和私有云的共同部署。目前，泰康保险财险业务所有的核心系统都在自研云平台上运行。同时，泰康保险还计划通过 SaaS 模式将积累的技术经验对外输出。

基于云计算技术，泰康保险在 IaaS 层构造了软件定义的虚拟网络、虚拟存储、虚拟路由器等设备，并在 PaaS 层搭建了关系型数据库、负载均衡、大数据分析等应用。通过将 IT 基础设施升级为云架构，泰康资产在客户运营的过程中，不再像传统保险公司那样，仅根据客户的性别、年龄、婚姻状况、收入等几个有限的维度，同时结合研究人员的主观判断对客户进行分类，而是通过在云平台汇集客户的所有已知信息，利用大数据技术对客户进行"精准画像"，然后实现自动化的产品推荐和退保告警。从操作角度来看，公司销售人员的业务流程也变得更加便捷，只需要在平板计算机等智能终端上完成相应操作，保单便可以在 15 分钟内生成并发送至客户邮箱。如果需要，公司还可以向客户发送微信图文消息，指导客户在 2 分钟内完成缴费步骤。

3. 新兴互联网保险公司的应用举例

与传统保险公司相比，新兴互联网保险公司对云计算技术更加依赖。以众安在线财产保险为例，该公司由阿里巴巴、中国平安、腾讯等股东于 2013 年联合创立，是我国第一家互联网保险公司，其特点是投保、核保、承保等业务流程全部线上完成，不设任何线下经营网点。该公司既面向个人销售健康险、医疗险、汽车险等传统保险产品，也面向企业提供基于电子商务、消费零售、餐饮管理等特定场景的定制化创新产品。为应对互联网保险小额、海量、高频、碎片化的特点，众安在线在创立之初便和阿里云合作搭建了"无界山"云平台，包括公司渠道接入系统、保单处理系统、电子保单系统、财务系统、结算系统等在内的各核心系统均已全部上云，核心应用的自动化测试比例达到 80%，承保和理赔的自动化率则分别达到 99% 和 95% 以上。

从保险业务的各环节来看，云计算技术的作用体现在以下方面。

1）在投保阶段，公司布局在云平台上的在线问答机器人"众安精灵"基于 113 万个保险问题、400 万条真实语料的处理研究成果，建立了数据量超过 10 万的保险知识图谱及业内首个保险意图识别模型，有效提高了导购转化率。

2）在核保阶段，众安在线通过连接 16 个省市的医疗平台，在客户授权的前提下实现数据共享，同时结合平台中已存储的医学知识，进一步提高了风控能力，扩大了承保范围。

3）在理赔阶段，利用光学字符识别和 AI 定损等技术，众安在线的健康险产品出险后的自动理赔比例达到 90%，而车险产品的平均结案时间最短可以降至 11 分钟。截至 2021 年底，"无界山"云平台已累计处理 427 亿张保单，并支持千亿级保单规模，在"双 11"等负载高峰期可以做到每秒出具 5.4 万张保单。

3.3.4　云计算在支付领域的应用

支付是金融体系的一项基本功能，几乎涉及所有现代意义上的经济和金融交易。前文关于云计算在银行、证券和保险领域应用的介绍，实际上已经提及云计算在支付领域的一些应用。为避免重复，本节介绍云计算在支付领域的应用时，不再将其视为金融机构完成自身主营业务（如发放贷款、证券买卖、保单出售）的一个步骤，而将其视为从交易到清算的一个完整过程。

1. 应用范围和领域

在现代经济和金融体系下，交易双方的支付行为大多通过电子化手段完成。电子支付的参与者一般包括消费者、商家、发卡行、收单行、清算机构和收单机构。其中，发卡行指消费者的开户银行；收单行指商家的开户银行；清算机构指帮助开户行和收单行提供清算服务的机构；而收单机构则指帮助商家收取交易款项的中介机构。一个完整的支付流程由交易者通过收单机构的终端设备（如 POS 机、收款码）发出支付请求开始，收单机构随即将请求送至清算机构（如银联、网联），然后由清算机构通知发卡行扣费，并在清分记账后报送央行支付系统，最终完成发卡行和收单行之间的资金划拨。利用云计算技术，银行、收单机构和清算机构均可以对已有的业务环节进行升级改造。

（1）银行　对于银行来说，利用云计算技术首先可以降低交易中的欺诈风险。通过在云平台存储历史交易、引入外部情报数据并部署分析软件，银行可以通过评估包括支付设备和交易金额等在内的交易总体环境，监测休眠商家活跃、特殊时段交易等异常行为模式，并对可疑的消费者和商家进行专项监控，对欺诈行为实施警告并拦截。此外，银行还可以借助云计算技术拓宽支付渠道。通过在云端存储银行卡账户信息，并与手机上的应用程序交互，消费者的手机可以在既不用发放实体卡片，也不用在手机端显示真实卡片信息的情况下，模拟出芯片卡用于 POS 机支付。此外，通过在云平台上增加人脸识别的相关算法，消费者可以在没有手机和银行卡等交易介质的情况下通过"刷脸"完成购买。

（2）收单机构　对收单机构而言，通过在云端部署安全系统和身份验证算法，可以落实风险监测，拓宽支付渠道。此外，利用云计算技术，收单机构还可以依靠 SaaS 服务模式向商家提供增值服务，进而增加商家黏性，提高商家收入。在交易发生前，收单机构可以通过云端小程序帮助商家自定义线上点单页面，并结合历史销售数据规划动销方案；在交易过程中，收单机构可以通过在云端接入物流平台数据来实时跟踪和反馈订单进度；在交易发生后，收单机构可以在云平台向消费者发出付款提醒，并自动生成电子发票，简化商家报税流程。此外，在日常运营过程中，收单机构也可以通过云端与 POS 机交互，帮助商家进行库存、员工和客户管理，进而提高管理效率。

（3）清算机构　从清算机构来看，利用云计算技术可以提高业务效率。在清算过程中，清算机构一方面要对接收单机构，另一方面要对接各发卡行。由于不同机构和银行的操作系统和应用编程接口等存在差别，为保证适配，清算机构的核心业务系统内可能存在多个独立运行的子系统，从而导致数据隔离和效率低下。随着云计算技术在支付产业链中的普及，清算机构可以建设开放的云平台，对外可以通过在平台上建设综合账户体系和一体化受理系统，吸引银行和收单机构按照统一的技术标准接入，从而减少操作流程和提高代码复用；对内可以通过将业务系统进一步拆分为功能组件，形成多个微服务，然后通过各微服务的独立开发、测试和部署，提高系统的迭代效率，降低维护成本。

2. 中国银联的应用举例

在支付领域，应用较为广泛的云平台是中国银联研发的"银联云"。中国银联最早于 2009 年开始启动云计算研究。三年后，中国银联采用 OpenStack 开源平台搭建的云计算平台上线，主要用于支持移动互联网支付和银联钱包等创新业务的运行。经过五年的发展，中国银联的云计算平台从 1.0 版本升级至 2.0 版本，物理机数量不断增加，同时新增了弹性金融云等功能。2020 年，中国银联向社会发布"银联云"服务，提供包括私有云、社区云和混合云在内的多种部署模型。截至 2020 年，中国银联已有超过 500 个系统依托云计算技术运行。

对于发卡行、收单机构和商家等支付环节的参与者，"银联云"通过 IaaS 和 SaaS 模式向其提供云服务。在银行侧，中国银联协助发卡行完成支付、验证以及 Ⅱ、Ⅲ 类账户开户等服务，并针对缴费、出行、营销等场景提供解决方案。同时，"银联云"与各商业银行合作开发的应用程序"云闪付"已成功在手机端聚合多种跨银行金融服务，并在信用卡客户导流方面成效显著。在收单机构侧，中国银联通过在云平台上集成公安和工商系统的信息核验功能以及部署机器学习算法，帮助收单机构识别商家信息的真实性，履行受理侧风险防控责任。在商家侧，通过在收单机构平台与商家入网平台之间建立对接机制，"银联云"可以提高商家入网的审批效率和准确性。此外，"银联云"还可以联合银行和收单机构，为商家提供会员管理和营销策划等数字化经营服务。

【本章小结】

"云计算"中的"云"主要指连接云服务提供商和云服务消费者的互联网，而"计算"则指计算资源，可以理解为包括中央处理器（CPU）、图形处理器（GPU）、内存、硬盘、网卡等在内的计算机硬件设备以及运行在其上的软件的总和。云计算可以通俗地理解为：个人或企业将一些原本需要在本地完成的计算和存储等任务，通过互联网交由云服务提供商的计算机集群完成。日常生活中人们常用的网络云盘、在线文档等应用服务，都属于云计算的范畴。

云计算的基本原理是通过互联网将本地的任务交给云服务提供商所构建的计算资源集群完成。其系统结构可以分为云终端和云端两个部分。其中，云终端是云服务消费者用于获取云计算服务的硬件设备与软件平台的总称；而云端则是云服务提供商所构建的计算资源集群。云端和云终端通过互联网连接，云服务消费者只需在云终端发布命令，具体的计算和存储等任务则由云端的计算资源直接完成。

云计算在本质上是一种新的社会分工模式。在该模式下，云服务提供商专门负责进行计算资源的集中构建，而企业和个人则在需要时向云服务提供商支付费用以使用相关计算资源。根据 NIST 的概括，云计算具有资源池化、广泛的网络访问、按需自助服务、快速弹性和可度量的服务五个方面的特点。与传统自建自营 IT 基础设施的模式相比，云计算具有经济实惠、效率增进、高度灵活、安全可靠和与时俱进等优势。

云计算的技术架构是指为提供云服务而将具体或抽象的功能组件组织起来的方式。根据中国人民银行发布的国家标准，云计算的技术架构由基础硬件设施与设备层、资源抽象与控制层、云服务层三个递进的水平层级和一个纵向的运维运营管理层组成。根据 NIST 提出的云计算参考架构，云服务参与者包括消费者、提供商、审计员、代理商和承运商五方。

云计算按照所提供的服务类型有三种交付模型，分别为基础设施即服务（IaaS）、平台即服务（PaaS）和软件即服务（SaaS）。这三种模型彼此并非独立，而是递进关系。IaaS 相当于由云服务提供商负责硬件设施层的建设，消费者只需要在其上自行搭建平台软件层、数据信息层和应用软件层；PaaS 则进一步将平台软件层也交给云服务提供商建设；SaaS 再进一步，相当于 IT 基础设施全由云服务提供商包办，而消费者则直接订阅使用现成的软件。

根据 IT 基础设施的所有权与访问方式，云服务可以分为四种不同的部署模型：公有云、私有云、社区云和混合云。公有云是一种最常见的云部署模型，由第三方机构充当云服务提供商，负责计算资源的构建、运营和维护，并通过互联网面向大众开放。私有云是指由一个组织自建或委托第三方建立，随后独自拥有计算资源的云部署模型。社区云介于公有云和私有云之间，一般由具有共同需求、进而形成社区的组织共同构建和发展，其计算资源在社区内部共同拥有和分享，一般不对外公开。混合云是由公有云、私有云和社区云中的两个或两个以上混合而形成的云部署模型。

云计算服务的交付需要通过集中构建、按需分配和统一管理计算资源来实现，其中每一个步骤都涉及多种技术。例如，计算资源的集中构建需要利用虚拟化、关系型与非关系型数据库等技术，按需分配需要多租户管理、并行计算、分布式存储等技术，而统一管理则需要账号管理、服务等级协议监控、负载均衡等技术。

金融业是一个高度依赖信息和数据的行业，几乎所有的业务活动都离不开 IT 基础设施的支持，而任何一次数据丢失或系统停摆都有可能造成难以承受的巨大损失。因此，对信息和数据管理具有重要帮助的云计算技术，在银行、证券、保险和支付等金融领域都有着非常广泛的应用，这些应用有助于降低成本、扩大服务范围、提高金融效率和降低金融风险。

【关键词】

云计算　云终端　云端　计算资源　资源池　池化　基础硬件设施与设备层　资源抽象与控制层　云服务层　运维运营管理层级　基础设施即服务（IaaS）　平台即服务（PaaS）软件即服务（SaaS）　公有云　私有云　社区云　混合云　元数据　虚拟化　并行计算　分布式存储　容器

【复习思考题】

1. 简要解释云计算的基本原理和优势。
2. 简要说明云计算的技术架构及其分工。
3. 简要说明 IaaS、PaaS、SaaS 各自对应的层级和服务内容。
4. 简述公有云、私有云、社区云、混合云的组织特点及应用范围。
5. 举例说明云计算技术在银行、证券、保险、支付领域的应用场景。

第 4 章 ▶

人工智能及其在
金融领域的应用

【本章要点】

1. 人工智能的发展特点、历程与趋势。
2. 人工智能的关键技术。
3. 人工智能在金融领域的应用。

【背景材料】

上线不到一周活跃用户破百万人，在短短两个月内增加到约 1 亿名用户……作为一款聊天机器人模型，ChatGPT 一经美国人工智能研究实验室 OpenAI 推出便火爆全球，吸引了无数关注的目光。

ChatGPT 是基于大型语言模型的对话机器人，能够通过学习和理解人类的语言来进行对话，还能根据聊天的上下文进行互动。它的出现让人们看到了人工智能在知识问答、文本生成等方面的"卓越能力"。在 ChatGPT 的带动下，生成式 AI 备受关注。

科技部部长王志刚在 2023 年 3 月举行的第十四届全国人大一次会议首场"部长通道"上表示，ChatGPT 从源头来看是自然语言理解和自然语言处理两项技术。之所以引起关注，在于它作为一个大模型，有效结合了大数据、大算力、强算法。人工智能是大方向、大领域，它的影响不仅仅在科技领域本身，还涉及在更多其他领域的赋能应用。

在金融领域，业内也在积极探索如何通过开展技术创新与场景孵化的实践将相关应用落地。2023 年 2 月 23 日，新华财经与百度智能云联合主办的"云智峰会·2023 数智金融峰会"上，百度公布数据称，目前已有各行业 400 余家头部企业宣布加入百度的生成式 AI 产品——"文心一言"，其中，银行、保险行业都有行业巨头入局。度小满 CTO 许冬亮认为，ChatGPT 所依托的大模型，语义生成空间非常大，如果将 ChatGPT 的能力放在金融行业中去处理原有的任务，性能和效果将会有显著提升。

毋庸置疑，ChatGPT 在金融业落地将使现有的智能客服得到一定优化，但如何做好应用场景设计与大规模商业落地，仍需细致规划。部分业内人士认为，金融风险管理可能是未来的应用方向，"随着对数据的解读能力的提升，新技术可以帮助我们发现原来发现不了的风险，提升金融风控效率；更长远来看，生成数据也将弥补金融数据稀缺问题"，许冬亮表示。清华大学人工智能研究院常务副院长孙茂松提出："如果把各类金融大数据注入大模型去做经济形势的预测，与现有的主流经典分析方法论将会有质的区别。"

（资料来源：摘引自余嘉欣，《ChatGPT"热出圈"，如何在金融领域应用落地？》，中国金融新闻网，2023 年 3 月 9 日。）

4.1　人工智能概述

人和机器观察世界的方式存在差异，计算机需要被输入命令之后才能习得观察世界的方式。过去，人们通过学习计算机语言，如 C 语言、Java，将编码写入计算机中，从而指挥机器做事。现在，随着计算机技术的发展日趋成熟，人类逐渐希望计算机可以主动代入人类视角并自动观察周围的事物，进而学习人类语言、揣测人类思维，以帮助人类进行决策分析。从时间线上看，人工智能自 1956 年诞生以来，已经在各个领域取得了重要进展。目前，人工智能与计算机科学、语言科学、神经生物科学等不断融合，逐渐发展成为多个交叉学科的基础性方法。

4.1.1　人工智能的定义

人工智能（Artificial Intelligence，AI）并不简单地等同于计算机或者编程技术，而是一门可以让机器模拟人类思维能力的学科。通过人工智能技术，机器可以像人一样感知世界、思考问题、做出决策。人工智能按照强弱程度，可以分为以下三种类型：弱人工智能、强人工智能和超人工智能（见图 4-1）。

图 4-1　人工智能的三种类型

弱人工智能（Artificial Narrow Intelligence，ANI）是指擅长单方面技能的人工智能，如战胜世界冠军的 AlphaGo。虽然 AlphaGo 在遵循既定规则的棋类项目博弈上可能有超过人类的能力，但该能力也仅局限于该领域。

强人工智能（Artificial General Intelligence，AGI）是指各方面能力都能与人类比肩的人工智能。换言之，在思考、计划、解决问题、抽象思维、理解复杂理念和快速学习等方面，强人工智可以做得和人一样好。

超人工智能（Super Artificial Intelligence，SAI）在尼克·博斯特罗姆（Nick Bostrom，2014）的定义下为"在几乎所有领域都比人类的大脑聪明很多，包括科学创新、通识和社交技能"。这类人工智能可以在各方面只比人类强一点，也可以在各个领域超过人类无数倍。

4.1.2 人工智能的发展特点

根据我国国务院发布的《新一代人工智能发展规划》，人工智能具有以下五个特点：①从人工知识表达到大数据驱动的知识学习技术；②从分类型处理的多媒体数据转向跨媒体的认知、学习、推理；③从追求智能机器到高水平的人机、脑机相互协同和融合；④从聚焦个体智能到基于互联网和大数据的群体智能；⑤从拟人化的机器人转向更加广阔的智能自主系统（如智能工厂、智能无人机系统等）。

从提供服务的方式来看，当前人工智能的发展呈现出以下三个方面的特点：①结合大数据和云计算，为人类提供高效服务；②感知外部环境信息，与人类实现人机互补；③不断学习更迭，融合多领域创造新业态。

1. 结合大数据和云计算，为人类提供高效服务

目前，随着人类进入智能智联时代，智能设备已经从最开始的个人计算机、手机、智能电视扩展到 VR 眼镜、人脸识别门锁等。大数据、云计算与人工智能的融合不仅有效地提升了人工智能的学习效率，而且提高了人工智能的数据计算效率及数据分析效率。此外，大数据为人工智能提供了充足的数据存储空间，方便人工智能对所需计算的数据信息进行临时存储；云计算使人工智能应用可以实现跨终端使用，即使用不同终端设备的用户及企业可以对同一人工智能产品进行操作。

人工智能、大数据和云计算三者的有效融合将向人类社会提供更多优质的服务，也将进一步扩大信息技术的应用范围。例如，随着无人驾驶技术应用的推广，驾驶员的能源消耗将降低，驾驶事故发生的概率也会明显下降。又如多项应用于企业库存管理、物流和运输、医院物流管理的技术：通过使用云计算、大数据和人工智能技术，企业库存管理可以在提高库存流畅率的同时减少库存占用，并利用记录在册的数据提高物流运输效率；医院物流管理不仅可以清楚地区分和管理各种药物和设备，还可以实现精准购买和消费，从而准确储存，减少医疗事故的发生。

2. 感知外部环境信息，与人类实现人机互补

2021 年 5 月 28 日，中国科学院第二十次院士大会、中国工程院第十五次院士大会和中国科学技术协会第十次全国代表大会召开，习近平总书记在大会上强调了一个以人为本的人机环境系统重点："科技创新速度显著加快，以信息技术、人工智能为代表的新兴科技快速发展，大大拓展了时间、空间和人们认知范围，人类正在进入一个'人机物'三元融合的万物智能

互联时代。"

在智能信息时代，各种各样的智能终端不断感知周围环境，在云端汇聚成几何级增长的海量数据，并通过算法演进在云上形成新的认知，从而摆脱了人工智能发展初期被动接收数据的情形。随着知识库数据的累积，人工智能可以利用数据挖掘技术分析不同数据的对应结果，总结出其中的规律，进而变得主动、智能，以更好地为人类决策提供帮助。

3. 不断学习更迭，融合多领域创造新业态

作为引领世界未来的一项技术创新，人工智能正在人类社会生活的多个领域创造出新的产业和新的业态，并由此改变着人类社会的物质生活和精神生活。

在新基建领域，人工智能"新基建"将推动人工智能与 5G、云计算、大数据、物联网等领域深度融合，加速人工智能与实体经济深度融合，形成新一代信息基础设施赋能产业的核心能力。目前，我国已经在信息基础设施、融合基础设施和创新基础设施三大方面重点进行部署。

在文化领域，人工智能技术不仅极大地降低了文化产业在内容生产方面的成本，而且极大地提升了内容生产的效率，使内容的呈现更加生动和更具沉浸式的体验感。例如，目前在很多影视和舞台作品中都运用了相应的人工智能技术。

随着人工智能等技术的突破，文化消费新场景也不断被解锁，新兴业态不断被催生。例如，AI 书法可以复刻出风骨相近的字体，这使更多有价值的字迹得以在大众群体中传播，也更加契合当下快节奏网络阅读的习惯。同时，在 AI 技术的支持下，我国首个文博虚拟宣推官"文夭夭"持证上岗，让既有贴合场景的形象，同时又具备丰富背景知识的"数字人"带给人们更多新的体验，给文化宣传带来了很多新的想象空间。

在金融领域，从支付结算、智能投顾、供应链金融、智能风控等经典领域，到区块链金融和云计算服务等创新领域，人工智能的引入不仅提供了高效便捷、信息透明的多样化金融服务，而且拓宽了金融服务的边界，弥补了传统金融的短板。关于人工智能在金融领域的应用，本章 4.3 节有详细介绍。

4.1.3　人工智能的发展历程与趋势

从发展历史来看，到目前为止，人工智能的发展总体上经历了三次热潮，下面分别予以简要说明。

1. 第一次浪潮

第一次浪潮开始于 1956 年，这一年被称为人工智能"元年"。1956 年夏季，美国达特茅

斯学院举行的研讨会上，约翰·麦卡锡（John Mccarthy）、马文·明斯基（Marvin Minsky）、纳撒尼尔·罗切斯特（Nathaniel Rochester）和克劳德·香农（Claude Shannon）等一批年轻科学家在研究和探讨与机器模拟智能的一系列有关问题时，首次提出了"人工智能"这一术语。这标志着人工智能这门新兴学科的诞生。

此后，大量研究人员开始聚焦于这个全新的领域，并逐渐取得了一系列成果。1960年，麦卡锡发明了人工智能程序设计语言 Lisp，用于对符号表达式进行加工和处理；1963年，艾伦·纽厄尔（Allen Newell）发布了问题求解程序，首次将问题的领域知识与求解方法分离开；1965年，约翰·鲁滨逊（John A. Robinson）提出了归结原理，实现了自动定理证明的重大突破；1968年，约翰·奎利恩（John R. Quillian）指出记忆是基于概念之间的相互联系来实现的。

20世纪70年代，人工智能的研究已在世界许多国家相继展开，研究成果大量涌现。1970年，国际性的人工智能杂志《人工智能》（*Artificial Intelligence*）创刊；1972年，法国阿兰·科尔默劳尔（Alain Clomerauer）提出并实现了逻辑程序设计语言 PROLOG；从1972年开始，爱德华·肖特利夫（Edward H. Shortliffe）等人研制了用于诊断和治疗感染性疾病的专家系统 MYCIN。

在这一时期，虽然人工智能这一新兴学科被大量研究者关注，但由于受到基础科技发展水平以及可获取的数据量等因素的限制，机器翻译、问题求解、机器学习等领域相继出现难以解决的问题，语音识别、图像识别等机器智能技术的发展也逐渐放缓。英国学者詹姆斯·莱特希尔（James Lighthill）在1973年发布的研究报告《人工智能：一般性的考察》中指出："人工智能项目就是浪费钱，迄今为止该领域没有哪个部分做出的发现产生了像之前承诺的那样的结果。"此后，英国政府大幅削减了人工智能项目的投入，美国和其他国家也在20世纪70年代中期大幅下调了该领域的投入，这使得人工智能的研究陷入停滞状态。

2. 第二次浪潮

第二次浪潮开始于20世纪70年代中期。研究人员在修正和反思后，重新开始了对人工智能的新一轮研究。1977年，爱德华·费根鲍姆（Edward A. Feigenbaum）提出"知识工程"概念，随之引发了以知识工程和认知科学为核心的研究高潮。20世纪80年代，人工神经元网络的相关研究取得了突破性进展，1982年，一种新的全互联的神经元网络模型被构建出来，并于1985年应用解决了"旅行商（TSP）"问题。1986年，反向传播学习算法出现并成为一种普遍应用的神经元网络学习算法。

在这一时期，人工智能在专家系统、人工神经元网络模型等方面取得了巨大的进展，并且这种进展不仅仅停留在理论上，而是可以将人工智能应用于完成特定的具有实用性的任务。不过，当数据累积到一定程度时，人工智能技术依旧难以实现突破，这极大地限制了人工智能在现实生活中的应用价值。因此，到20世纪90年代中期，人工智能的相关研究再度陷入困境。

3. 第三次浪潮

第三次浪潮开始于 20 世纪 90 年代。1997 年，计算机深蓝完胜国际象棋大师卡斯帕罗夫的新闻重新点燃了人们对人工智能的希望。2004 年，日本率先研制出了人形机器人 ASIMO。2006 年，深度学习取得重大突破之后，图形处理器（GPU）、张量处理器（TPU）、现场可编程门阵列（FPGA）异构计算芯片、云计算等计算机硬件设施不断取得突破性进展。

2005 年，大数据的持续积累给人工智能的发展提供了大规模训练数据。2016 年，AlphaGo 完胜世界围棋大师李世石，将人工智能发展的高潮推到了一个新的高度。2017 年，AlphaGo Zero 通过深度学习实现了自我更新升级，完胜 AlphaGo。同时，IBM 的人工智能 Watson，通过机器学习分析和解读海量医疗数据和文献，提出了与医生高度一致的治疗方案。微软公司的机器人小冰，通过自学 1920 年以来的 519 位诗人的现代诗，成功在网络上发表优秀诗集，且并未被识别出是机器所作。

2013 年以来，世界主要经济体都加大了对人工智能的研发力度，美国、英国、日本、德国和中国等国家都相继出台了人工智能的发展战略或支持性政策。2020 年 1 月，谷歌公司首席执行官桑达尔·皮查伊（Sundar Pichai）在瑞士达沃斯世界经济论坛上表示："人工智能是我们作为人类正在研究的最重要的技术之一，它对人类文明的影响将比火或电更深刻。"可以说，人工智能是 21 世纪以来最具革命性的技术之一。

4. 未来发展趋势

从未来发展趋势来看，人工智能将朝着产业规模逐渐扩大、网络环境日臻完善、人类与人工智能深度融合的方向发展。

（1）产业规模逐渐扩大　随着各国加大人工智能的研发力度，生产端的投入日益增长。可以认为，人工智能技术的进一步发展和成熟，将会为社会带来更多的新产品和更优质的服务体验。在未来，随着全球对 AI 芯片的需求增长，AI 芯片成本将大幅下降，这意味着大量电子设备企业可以负担得起 AI 成本。加之低成本微型传感器的爆炸式增长和高带宽网络的部署，大量设备嵌入 AI 芯片将进一步成为可能。Gartner 的研究报告预测，人工智能专用芯片的销售额将从 2019 年的 80 亿美元增长到 2023 年的 340 亿美元。在人工智能的驱动下，自动化生产将带动相关生产要素和生产率增长，从而促进多个产业的规模实现爆发式增长。

（2）网络环境日臻完善　2021 年 1 月，世界经济论坛发布的《2021 年全球风险报告》指出，网络安全风险是全世界今后将面临的一项重大风险。在移动互联时代，随着各种信息在网络平台扩散，网络犯罪的严重性日益凸显。人工智能可以通过分析网络流量和识别恶意应用等方式来改变网络安全的游戏规则。算法技术也可以帮助人工智能从数百万份研究报告、博客和新闻报道中分析整理出具有威胁的情报，从而及时洞察信息，显著提升响应速度。

（3）人类与人工智能深度融合　奇点大学创始人彼得·迪亚曼迪斯（Peter Diamandis）称，Alexa、Google Home 和 Apple HomePod 等互联网公司的服务将不限于家庭设备，而是可以扩展应用到其他场景。例如，与安全隐私相关的软件功能是否开启，取决于用户是否授予权限，在获得授权之后，AI 相关设备可以聆听你的对话、阅读你的电子邮件、监控你的血液成分变化等。不仅如此，未来的 AI 软件还能了解用户的偏好、预测用户的需求和行为，从而帮助用户解决问题。谷歌技术总监雷·库兹韦尔（Ray Kurzweil）表示，一些早期采用者甚至可能开始使用脑机接口连接新皮质，从而使人类能够与具有大脑活动的 AI 助手进行交互。2023 年，马斯克的脑机接口公司 Neuralink 获得美国食品药品监督管理局（FDA）的批准，将启动首个脑机接口人体临床实验。

4.1.4　人工智能与金融产业的关系

在人工智能投入金融产业的过程中，按其提供支持的层级可分为基础层、算法层、技术层和应用层四个层次，如图 4-2 所示。在上述四个层次中，金融领域处于产业的应用层。人工智能的计算硬件厂商（如人工智能芯片、人工智能服务器）、人工智能算法提供商（包括开发平台，如谷歌的 TensorFlow）和人工智能技术服务商（如提供人脸识别算法的供应商）等共同支撑金融机构和相关金融服务的智能化，如创新金融产品、改变经营方式、优化业务流程等。

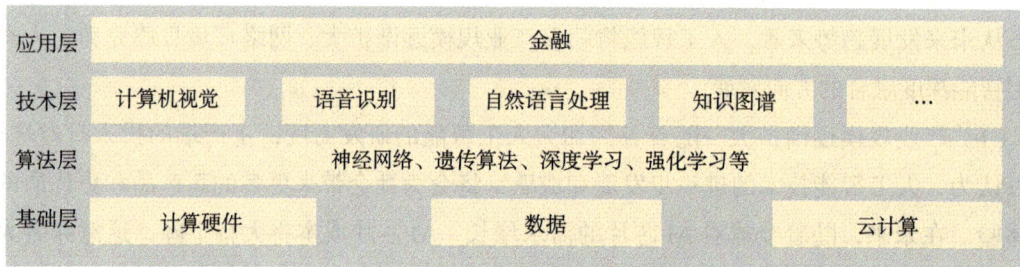

图 4-2　人工智能的四个层次

从金融机构的视角来看，人工智能产业与传统的金融技术供应体系有一定差别。传统的技术产品通常只由技术供应者开发，产品出厂后不会因为应用层的需求差异而有本质的变化。在这方面，金融 IT 系统所使用的服务器就是典型代表。相比之下，人工智能本身是一项更偏向应用的技术，其产品也有更大的可塑性。

以人工智能构建的决策模型为例，即使算法厂商所提供的原始模型是一致的，但由于应用方客群特性不同，人工智能算法的模型也会不断进行差异化演进，最终产生较为显著的差异。在实践中，由于金融机构的数据会参与到应用开发中，所以金融机构会同时出现在基础层和应用层，这使得人工智能在金融领域的产业链比传统产业更为复杂。

4.2　人工智能的关键技术

根据发展阶段的不同，人工智能总体上可以分为三大类，即运算智能、感知智能和认知智能，如图 4-3 所示。运算智能是指计算机拥有强大的运算和记忆存储功能。通常情况下，如果某一种计算机技术的实现只涉及数值数据和模式识别，且该技术具有计算适应性、计算容错性、高于人类计算能力及低于人类误差率的特点，那么就可以将该计算机技术归为运算智能。感知智能是指计算机拥有类似人的视觉、听觉、触觉等对外界刺激做出反应的能力。举例而言，自动驾驶汽车通过激光雷达等感知设备和人工智能算法来实现对周围障碍物的躲避。认知智能是指计算机拥有"能理解、会思考"的能力。在这一阶段，机器无须被动地接收数据，而是可以主动地对周围环境中的信息进行感知和采集，进而做出逻辑判断和决策等。如果计算机的能力达到了认知智能的层面，那么机器便能替代大量的传统体力劳动，并辅助人类做出理论上的最优决策。

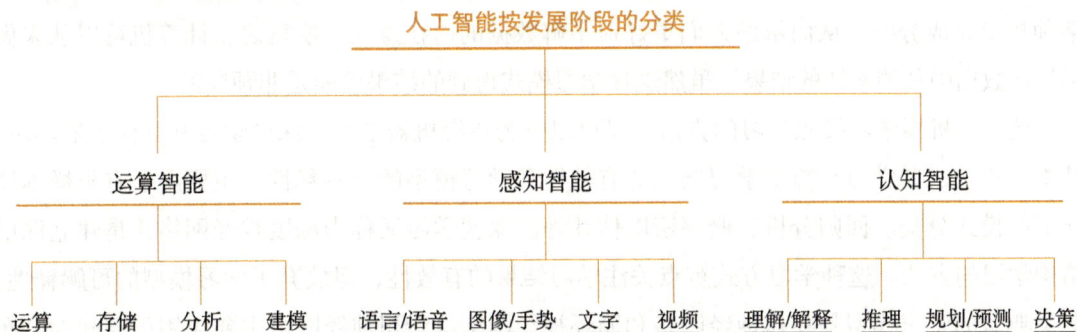

图 4-3　人工智能按发展阶段的分类

从目前的情况来看，运算智能已经取得重要突破；在视觉、听觉、触觉等感知能力方面，人工智能也已经逐渐逼近甚至超越人类；但在认知智能方面，人工智能距离人类智能的水平还有比较大的差距。

为了实现上述各类人工智能，人工智能在发展过程中逐渐产生了各种具体的应用技术。从目前的情况来看，人工智能的关键技术主要包括机器学习、知识图谱、自然语言处理、人机交互、计算机视觉、生物特征识别、虚拟现实 / 增强现实等。

4.2.1　机器学习

机器学习（Machine Learning）技术是现代人工智能技术中的一种重要技术，它研究计算机如何模拟或达到人类的学习行为。计算机首先通过数据来获取新的知识或技能，从而重新组织已有的知识构造，然后利用数据寻找规律，最后完成对前景数据或无法观测数据的预测。

机器学习主要涉及统计学、系统辨认、逼近理论、神经网络、优化理论、计算机科学和脑科学等领域的知识。

机器学习技术可以自动完成模型与数据之间的匹配，并通过训练模型对数据进行学习。计算机无须按照指定的程序运行，而是完全按照所给数据的信息自发形成运行模式。这种自动发现模式一旦形成，便可以实现对已有数据的预测。以可以实现邮件分类的分类算法为例：首先给计算机输入一组训练数据，使计算机通过这组数据形成分类逻辑，进而根据相关逻辑区分出垃圾邮件和非垃圾邮件。

机器学习按照学习的类型进行分类，可以分为有监督的机器学习和无监督的机器学习。其中，有监督的机器学习是指在已知问题答案的情况下，想要反向找出该答案的解题逻辑，类似于通过结果给一串没有运算符号的数学公式添加上运算符号，从而完成运算，并且在输入新的数据后可以计算出新的结果。可见，有监督的机器学习通常不会持续学习，如果想要形成新的模型，只需要输入新的数据即可。相比之下，无监督的机器学习是指给计算机输入的只有数据而没有确切的结果，计算机通过这些数据找到其内在逻辑、数据关系或者是基于某种规律完成分类，从而帮助人们更好地了解数据的内在意义。换言之，计算机可以从未做标记的数据中预测未知的结果，虽然这种学习模式得到的结果可能是非预期的。

此外，机器学习按照学习的方法，又可以分为传统机器学习、深度学习和其他机器学习。其中，传统机器学习平衡了学习结果的有效性和学习模型的可解释性，主要用于有限样本情况下的模式分类、回归分析、概率密度估计等。深度学习又称为深度神经网络，是建立深层结构学习的方法。这种学习方式重点关注学习结果的有效性，但放弃了学习模型的可解释性。两类典型的学习模型是卷积神经网络和循环神经网络。卷积神经网络主要应用于空间性分布数据；循环神经网络由于引入了反馈和记忆，主要应用于时间性分布数据。其他机器学习包括迁移学习、主动学习和演化学习。迁移学习是指当在某些领域无法取得足够多的数据进行模型训练时，可以利用另一领域的数据所获得的关系进行学习，然后把已训练好的模型参数迁移到新的模型之中；主动学习是指能够主动地选择数据，通过一定的算法查询最有用的未标记样本，并交由专家进行标记，然后用这些样本训练分类模型来提高模型的精度；演化学习是指通过启发式算子来从现有的解产生新的解，并通过挑选更好的解进入下一次循环，从而完成复杂问题的优化。

4.2.2 知识图谱

知识图谱（Knowledge Map）本质上是构造化的语义知识库。在知识图谱的系统中，物理世界的概念及其关系都由"节点"和"边"所构成的图数据构造模式来描述。其中，节点对应现实世界的"实体"，而边则表示实体和实体之间的"关系"。在知识图谱中，基本组成单位是"实体－关系－实体"的三元组，以及实体及其相关的"属性－值"对。通俗来说，知识图谱就是把所有不同品种的信息连接在一起，进而得到一个关系网络，从而方便人们从关系的角度来分析复杂的问题。

　　知识图谱的构建一般包括知识提取、知识表示和知识存储等内容（见图 4-4）。其中，常用的知识提取方式包括实体映射、概念抽象、属性定义及实体关联；主要的知识表示方式包括资源描述框架（Resource Description Framework，RDF）、网络本体语言（Web Ontology Language，OWL）、可扩展标记语言（Extensible Markup Language，XML）和属性图（Property Graph）；知识存储可以通过一些开放创作平台，如 Freebase、Satori、OrientDB、PostgreSQL 等进行。

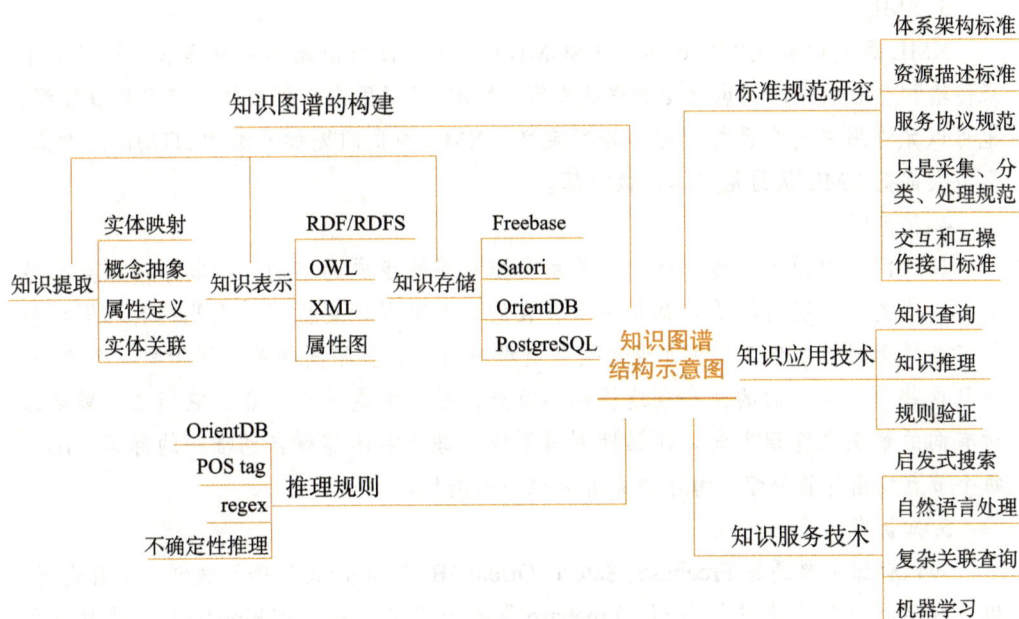

图 4-4　知识图谱的构建及相关技术

　　构建知识图谱的 RDF、OWL、XML 和属性图等技术详见专栏 4-1。除上述技术外，与知识图谱相关的技术还有知识查询、知识推理、规则验证、启发式搜索、自然语言处理、复杂关联查询、机器学习等。从目前的发展情况来看，知识图谱的开展还面临很大的挑战，如数据的噪声问题。随着知识图谱应用的不断深化，还有一系列重要关键技术需要突破。

专栏 4-1

构建知识图谱的相关技术

1. RDF

RDF 是一种资源描述语言，它受到元数据标准、框架系统、面向对象语言等多方面的影响，被用来描述各种网络资源。RDF 的出现为人们在 Web 上发布结构化数据提供了一个标准的数据描述框架。使用 RDF 语言，有利于在网络上形成人机可读，并可由机器自动处理的文件。

2. OWL

OWL 是 W3C 开发的一种在 DAML（一种高性能的编程语言）+OIL（以 RDF 模式为起点扩展的本体建模语言，也称为本体推理层）的基础上进行改进的语义描述语言。OWL 具备能扩展下一代互联网的标记工具的能力，提供诸如更精确的网页搜索代理和知识管理等先进的服务。OWL 的主要目的是帮助计算机来处理信息和理解信息，它提供了更多具有形式语义的词汇，因此，使用 OWL 语言的计算机的可理解性要远强于 XML、RDF 和 RDFS 等。

3. XML

XML 是从标准通用标记语言（SGML）中简化修改出来的一种语言，被设计用来传输和存储数据，其焦点是数据的内容。XML 可以用来标记数据、定义数据类型，也可以允许用户对自己标记语言进行定义。XML 和我们更加熟悉的 HTML 很类似，很多人都把 XML 认为是文本的数据库。

4. 属性图

属性图是由顶点、边、标签、关系类型和属性组成的有向图。其中，顶点为节点，边为关系。所有的节点都是独立存在的，为节点设置标签，因此拥有相同标签的节点属于同一个集合。关系通过关系类型分组，类型相同的关系属于同一个集合；而且这些关系是有向的，一端连接起始节点，另一端是结束节点，它们之间需要通过有向的箭头来标识方向。在属性图模型中，每个实体都有自己唯一的标识（ID），每个节点均由标签分组，每个关系都有唯一的类型。

5. 知识存储

知识存储主要通过 Freebase、Satori、OrientDB、PostgreSQL 等开放创作平台进行。以 Freebase 为例简单进行介绍：Freebase 是类似维基百科（Wikipedia）的共享创作类网站，所有内容都可以由用户个性化添加，并且可以自由引用。为了更好地理解，简单对 Freebase 和维基百科进行对比：两者之间最大的不同在于，Freebase 中的条目都采用结构化数据的形式，而维基百科不是。

4.2.3 自然语言处理

自然语言处理（Nature Language Processing，NLP）技术被誉为"人工智能技术皇冠上的明珠"，其重点是如何让计算机能够理解人类语言，并进行相应的分析。例如，苹果的 Siri 和微软的小冰，其所应用的自然语言处理技术，已经能在一定程度上"理解"人的语言并做出针对性的反馈。自然语言处理涉及的领域较多，主要包含机器翻译、语义了解和问答系统等。

1. 机器翻译

机器翻译是指利用计算机技术，实现从一种自然语言到另外一种自然语言的翻译过程。从目前的情况来看，基于统计的机器翻译方法已经突破了之前基于规则和实例翻译方法的局限，翻译质量得到显著提升。同时，基于深度神经网络的机器翻译在日常口语等一些场景也已有不少成功的应用。

2. 语义了解

语义了解是指利用计算机技术理解文本篇章并且答复与篇章有关问题的过程。近年来，随着 MCTest 数据集的发布，语义了解受到广泛关注并取得快速发展，有关数据集和对应的神经网络模型也层出不穷。在智能客服和产品自动问答等领域，语义了解技术的运用将进一步提高问答与对话系统的精度。

3. 问答系统

问答系统是指让计算机像人类一样，用自然语言与人交流的技术。人们能够向问答系统提交用自然语言表达的问题，系统会返回关联性较高的答案。在现实中，问答系统目前已被广泛运用于各种客服咨询及智能手机助手等领域，但在系统鲁棒性（专栏 4-2）方面依然存在着问题和挑战。

专栏 4-2

鲁棒性

鲁棒是 "Robust" 的音译，有结实耐用、稳定坚固、不易损坏等含义。在计算机领域，鲁棒性是指系统在不确定性的扰动下，具有保持某种性能不变的能力。例如，计算机软件在输入错误、磁盘故障、网络过载或有意攻击情况下，能否不死机、不崩溃，就体现了该软件的鲁棒性。鲁棒性也指控制系统在一定（结构、大小）的参数摄动下，维持其他某些性能的特性。

在实际中，鲁棒性的应用非常广泛。由于测量的不精确和运行中受环境因素的影响，不可避免地会引起系统特性或参数缓慢而不规则的漂移，所以在应用复杂性范式对各种类型控制系统进行设计时，都要考虑鲁棒性问题。例如，组织行为管理、制定战略规划、提供决策方案，生态系统的恢复性，动态平衡、遗传网络、遗传变异的阻尼，生物复杂性的发展、定向进化、进化的自动选择，免疫系统里的分布式反馈。神经系统，计算机网络系统，经济社会系统的经济博弈、社会制度、政治协议、体制机制等。

（资料来源：根据网上相关公开资料综合编撰。）

　　自然语言处理技术所要达到的两个主要目标是：①自然语言理解（NLU），即让计算机能够听得懂人类的语言；②自然语言生成（NLG），即让计算机能够表达出人类的语言，包括文章、报告、图表等。

　　从自然语言处理技术的整体架构来看，主要分为基础技术和核心技术，这两项技术之下又包括较多细分领域的技术（见图4-5）。例如，NLP基础技术包括词汇标识和分析、语法与句法分析、语义分析、篇章分析、语言表示等；NLP核心技术包括知识图谱、信息检索、社会媒体处理、机器翻译、自动问答、自动摘要、信息抽取、文本分类、文本聚类、情感分析、自动推荐、文字识别、语音识别等。此外，NLP技术还可以与更多的应用进行连接，从而产生相应的扩展应用，如搜索引擎、智能客服、商业智能、语音助手、舆情监控等。

图4-5　NLP技术的整体架构

　　目前，机器已经能够逐步理解人类的语言和文本，并帮助人们处理实际问题。人类的文本拆解之后，可以理解为词、句、关系的组合。因此，要让机器理解人类的语言和文本，首先，需要让机器对文本进行拆解分析，常用的算法包括词法分析、句法依存分析、关系/知识抽取；其次，在机器抽取出人类语言中的关系或知识之后，就需要对语言和文本进行进一步的处理，包括文本相似度分析、语义聚类分析以及文本摘要提炼等。具体如图4-6所示。

包括分词处理、词性标注、命名实体识别等

分词处理——将多种语言的文字序列切分成有意义的词或词组

词性标注——对分词后的每个独立单词进行词性判断并标注

命名实体识别——从输入信息中自动识别出命名实体，如姓名、时间、地点、机构等

词法分析

句法依存分析　通过词汇之间的依存关系（主谓、动宾、定中等结构关系）来拆解整个句子结构

关系/知识抽取　抽取信息中的特定实体之间的关系（从属关系、亲属关系、同义关系等）

文本拆解

NLP的主要算法

文本相似度分析　通过对输入的两个文本进行理解和对比，输出文本之间的相似程度

语义聚类分析　自动对大量未分类的信息进行聚类，把内容相近的信息归为一类，并自动为该类生成主题词

文本处理

文本摘要提炼　根据输入信息，对其进行理解，精简提炼出核心信息

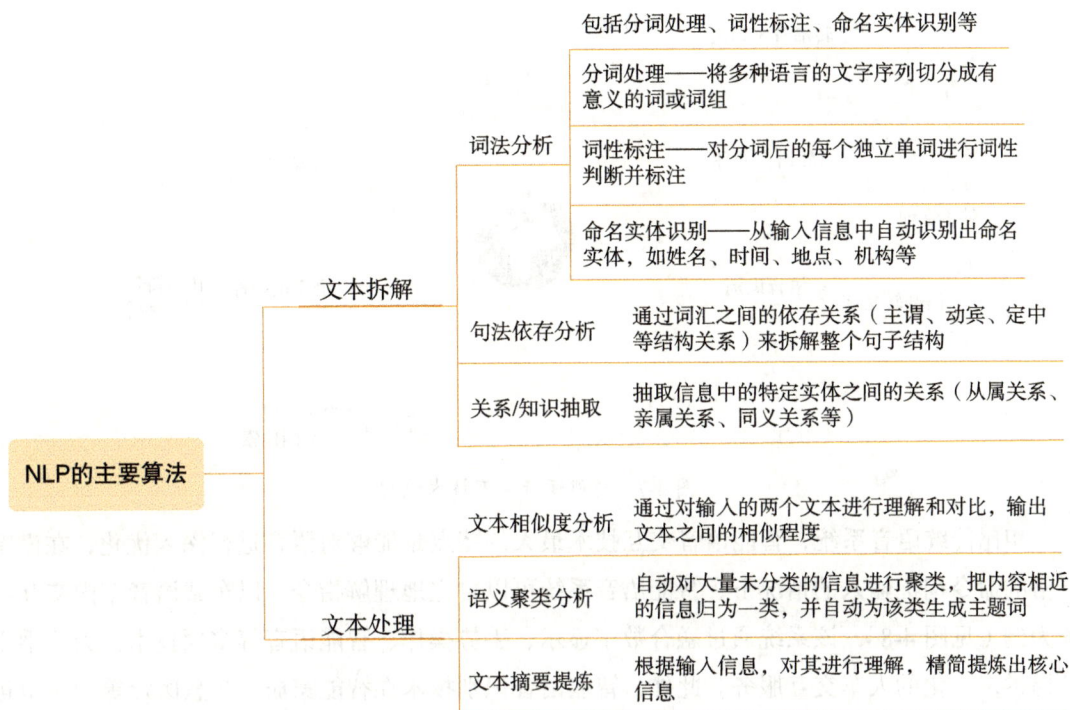

图 4-6　NLP 的主要算法

4.2.4　人机交互

人机交互（Man-machine Interactive）主要研究人和计算机之间的信息交换，主要包括"人到计算机"和"计算机到人"两部分信息交换。人机交互是与认知心理学、人机工程学、多媒体技术、虚拟现实技术等密切相关的一门综合学科。

传统的人与计算机之间的信息交换主要依靠交互设备进行，包括键盘、鼠标、操纵杆、数据服装、眼动跟踪器、位置跟踪器、数据手套、压力笔等输入设备，以及打印机、绘图仪、显示器、头盔式显示器、音箱等输出设备。人机交互技术除了传统的基本交互和图形交互外，还包括语音交互、情感交互、体感交互及脑机交互等技术。

这里以比较简单的语音交互为例进行说明。近年来兴起的智能语音识别技术是语音识别领域的一项人机交互技术，主要研究人机之间语音信息的处理和反馈。如图 4-7 所示，如果输入端为语音，则需要从信号采集和回放开始对输入语音进行前端处理，然后通过语音降噪和回声消除的方式对语音进行预处理，最后在数据库内对关键词进行检索完成语音激活；如果输入端为文字，则可直接进入语音激活。语音交互技术可以完成语音识别功能（如语音转文字）、自然语言处理功能（如自然语言生成、自然语言理解、对话管理）和语音合成（如文字转语音）。

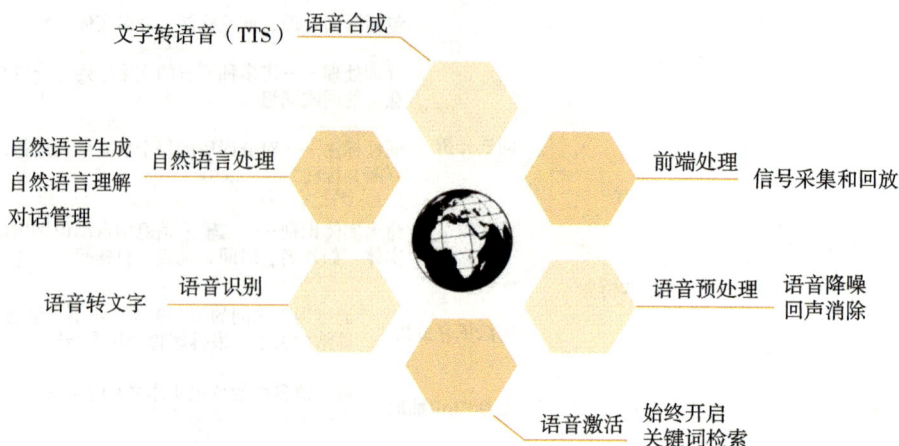

图 4-7　智能语音交互技术流程

相比传统语音系统，智能语音交互技术最大的特点是能够对语言进行深入优化，在没有严格的命令词汇输入的情况下，智能语音系统可以自主地理解指令。以车载语音车内交互系统为例（见图 4-8），该系统通过融合数字显示、手势操作、智能语音等多项技术，为驾乘人员提供多元化的人车交互服务。此外，智能语音识别技术在智能家居、智慧医疗等领域也被广泛用于 AI 助手等设备终端。

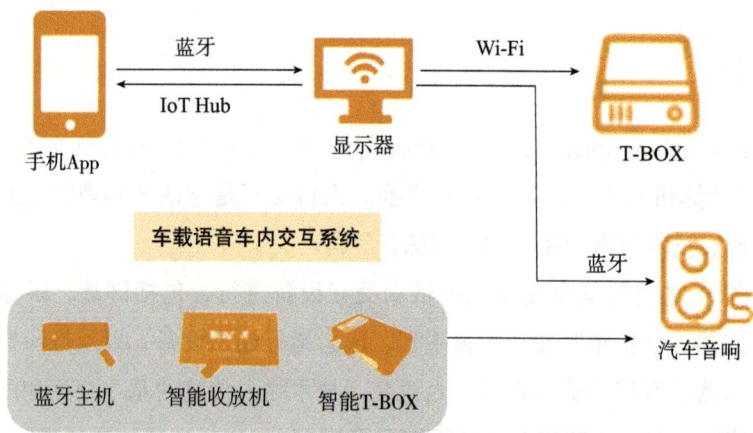

图 4-8　车载语音车内交互系统

除语音交互外，情感交互、体感交互和脑机交互也是近年来讨论得比较多的三种人机交互技术，下面简单予以介绍。

（1）情感交互　该技术可以使人机交互像人与人交互一样自然、亲切、生动和富有情感。在移动互联时代，大多数人的工作和生活主要依靠电子设备进行，人和人之间的互动逐渐减少，但是"人-人"交流和交互依然是人们情感表达所需要的出口。所以，现在人们对计算机技术提出了更高的要求，希望计算机可以满足人类的情感需求，拥有类似人的观察、理解和生成情感特征的能力。关于情感交互技术的更多介绍见专栏 4-3。

（2）体感交互 该技术使人们可以直接利用肢体动作与周边的装置或环境进行互动，而无须使用任何复杂的控制设备。这里用一个简单的例子予以说明，你可以站在电视机前方通过远处的体感设备来控制电视机内部的变化：当你向左挥动手臂时，频道向前转换，当你向上挥动手臂时，声音变大。在现实中，体感技术的相关应用包括 3D 虚拟现实、空间鼠标、游戏手柄、运动监测、健康医疗照护等。

（3）脑机交互 该技术是指用户可以借助外部设备使大脑直接控制外部机器。其实现过程是：首先采集用户大脑内的脑电波，然后提取脑电波特征，再通过特征识别出用户发出的指令，最后对外部设备进行控制。一个脑机交互技术的应用案例是假肢控制。国际高级通信研究协会（ATR）和日本本田研究所开发的新脑机交互手段完成了对脑电波的解码，并利用解码结果实现了对机械手的控制。基于核磁共振成像（MRI）的神经解码可以让机器手模仿人的手指动作，虽然目前还有几秒钟的延迟，但可以达到 85% 左右的正确率。

专栏 4-3

情感交互技术

在真实的世界中，人们通过人脸表情、语音情感、带有感情的肢体动作来感知对方的感情。所以，计算机情感交互也应该从人脸表情交互、语音情感交互、肢体行为情感交互、生理信号情感识别、文本信息情感交互等方面进行探索。真实的情况中，人们可以通过表情、语音、眼神、手势等方式进行情感表达，但是机器没有人脸和躯体，在这种情况下，仿生代理（Lifelike Agent）将成为实现情感交互的重要媒介。

人脸表情交互的过程是：先识别人脸表情，然后进一步感知人的情感和意图，再生成与之对应的表情与人进行交互。人脸表情的自然生成在向着智能化的方向发展，将通过社交环境、上下文语境来智能生成。现阶段人脸表情交互技术的应用产品之一为 Avatar。Avatar 是英特尔集团研发的最新人脸表情模拟应用。当面对摄像头的时候，用户可以看到自己的真实头像，然后通过 Vedio 算法——Avatar 人脸表情抽象化算法，系统就可以自动生成用户的虚拟头像。当用户紧皱眉头时，生成的虚拟头像也在紧皱眉头，当用户微笑时，虚拟头像也在微笑，总之系统的虚拟头像是与用户的表情完全匹配的，任何喜怒表情都会完美地呈现在界面上。联想 K800 手机已经应用了 Avatar 技术 。

语音情感交互的支撑技术是语音情感识别和情感语音合成。语音情感识别必须在一个高质量的情感语音数据库中获取情感语料，从而完成对情感特征参数的提取。目前语音情感交互技术已经应用在信息类查询产品、辅助教学类产品、电子商务产品、虚拟人物对话当中。如 Emotion 电话本可以通过分析电话中的情感信息，来将电话簿中的好友进行分类：哪些是亲密好友，哪些是较为疏远的关系。同时还可以结合通话频率分析是否应该联系亲密好友并对用户发出联络提醒，提醒用户注重对好友的联络。

肢体行为情感交互也逐渐获得关注。但是，目前在提取人类肢体行为特征和情感分类上还有较大的技术难题：系统不仅需要结合上下文才能获得较为准确的识别结果，而且需要较高的硬件设施才能完成操作，因此目前应用较少。

生理信号情感识别相对来说客观性较强，通过肌电反应、呼吸信号、心电信号等系统可以对当前用户的情感状态进行较为准确的判断。但是，若想进行情感分类，则需要将生理信号同表情、语音等其他信息进行融合，实现多模情感识别。目前的应用有 Heart Fitness，该软件利用苹果手机背面的补光灯来感应用户皮下毛细血管的跳动从而完成心率的测量，通过分析数据感知用户此时的情绪。

（资料来源：本专栏内容摘引自《MUX，情感交互——移动应用产品交互趋势》，2013-02-19。）

4.2.5　计算机视觉

计算机视觉（Computer Vision，CV）技术使计算机拥有类似人类提取、处理、了解和分析图像和图像序列的能力。该技术通过将各种成像系统输入到计算机中，用以代替视觉器官和大脑来完成相关图像的处理和解释，其最终目标就是使计算机具备像人那样的视觉观察和理解世界的能力，从而可以自主地适应环境。

通俗来讲，计算机视觉就是"赋予机器自然视觉能力"。该能力主要包括以下三个方面：①对图像中的客观对象构建明确而有意义的描述；②从一个或多个数字图像中计算出三维世界的特性；③基于感知图像做出对客观对象和场景有用的决策。在现实中，自动驾驶、机器人、智能医疗等领域均需要通过计算机视觉技术从视觉信号中提取并处理信息。近年来，随着深度学习技术的发展，预处理、特征提取与算法处理慢慢融合，出现了端到端的人工智能算法技术。依据攻克的问题，计算机视觉可分为计算成像学、图像了解、三维视觉、动态视觉和视频编解码五大类。

从目前的发展来看，计算机视觉的主要相关技术包括图像分类、对象检测、目标跟踪、语义分割和实例分割，如图 4-9 所示。其中，目前较为流行的图像分类架构是卷积神经网络（Convolutional Neural Networks，CNN），即对神经网络的积累和叠加，通常由数据输入层、卷积计算层、池化层、全连接层、输出层组成。对象检测技术是对多对象进行分类和定位的技术。目标跟踪技术主要通过生成算法和判别算法实现。其中，生成算法使用生成模型来描述表现特征，并利用重建误差最小化的方式来搜索目标，较为流行的算法是主成分分析算法（PCA）；而判别算法则用于区分物体和背景，相对生成算法更为稳健，因此在实际中的应用更为广泛。语义分割技术是计算机视觉的核心，它将整个图像分成一个个像素组后，对每个像素组进行标记和分类。实例分割技术比语义分割技术更为复杂，由于其面对的对象不只是语义而是多类型实例，因此需要先确定不同对象的边界、差异和彼此之间的联系，才能进一步完成对象分类。

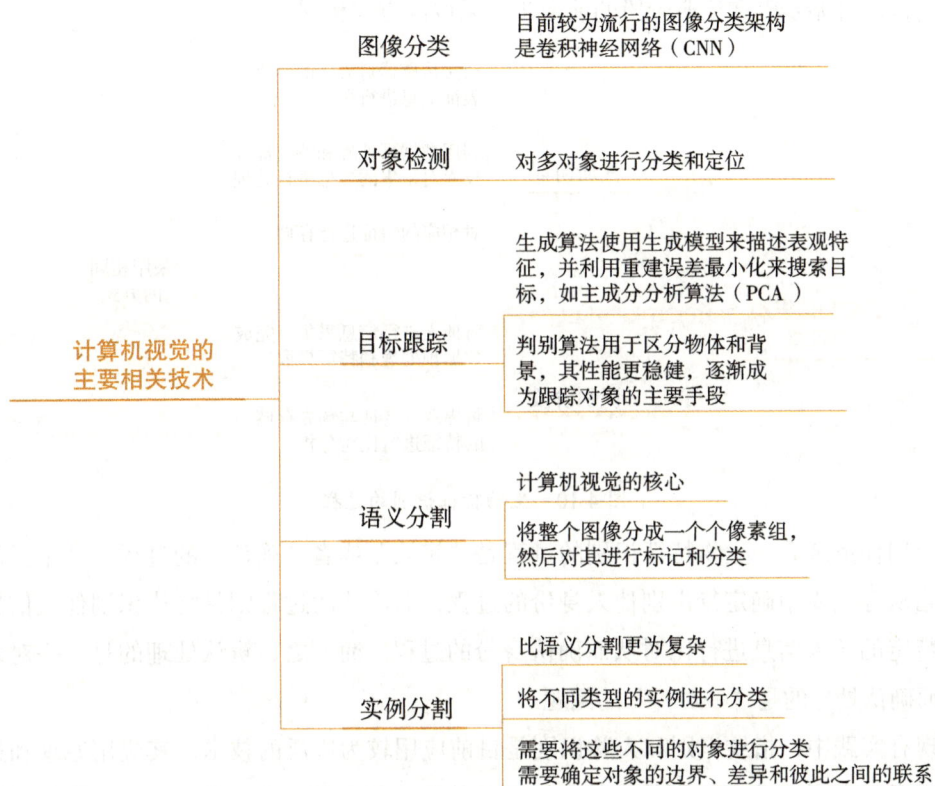

图 4-9 计算机视觉的主要相关技术

在实践中，计算机视觉的一个重要应用领域是车辆的自主视觉导航，但目前这种技术尚未达到与人类视觉同等的能力。因此，当前该技术的主要应用目标是实现视觉辅助驾驶系统，如在高速公路上避免与前方车辆碰撞的跟踪能力。

现阶段计算机视觉的发展面临以下三个方面的主要难题：①如何提高计算机视觉与其他技术领域技术结合后分析问题的精准度；②如何降低计算机视觉算法的开发时长和人力成本；③如何快速更迭针对不同芯片和数据采集的新型算法的设计和研发。

4.2.6 生物特征识别

生物特征识别（Biometrics）技术是基于个体的生理特征或行为特征，对个体的身份进行识别和认证的一种技术。从应用过程来看，生物特征识别的过程可以分为注册阶段和识别阶段，如图 4-10 所示。其中，注册阶段先通过传感器对人体的生物表征信息进行采集，再利用数据预处理技术和数据特征提取技术对采集的数据进行处理，最后完成对相应特征的存储工作。识别阶段先对他人信息进行采集，并完成数据预处理和特征提取，之后将提取好的特征与预先存储的特征信息进行对比分析。值得一提的是，注册阶段和识别阶段虽然是两个阶段，但识别阶段的开始步骤和注册阶段的前两步所采取的方式相同。

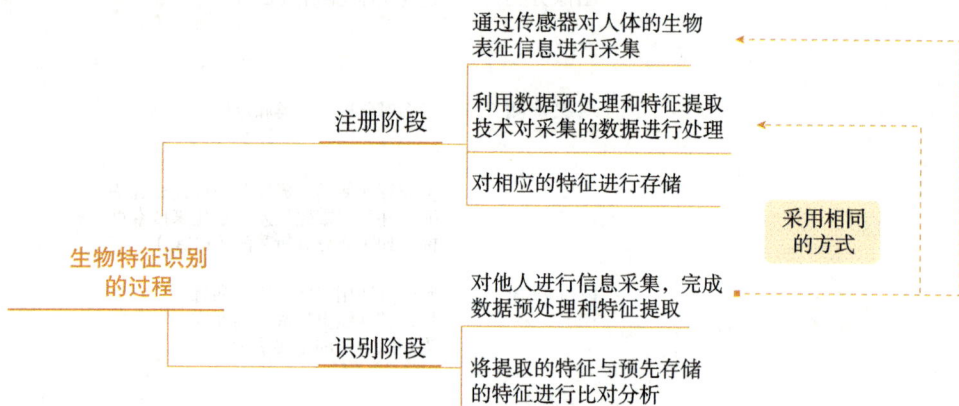

图 4-10　生物特征识别的过程

从应用任务来看，生物特征识别的过程是"辨认"或者"确认"的过程。其中，辨认的过程是指从存储库中确定待识别他人身份的过程；而确认的过程则是将待识别他人信息与存储库中特定的单人信息进行比对从而确认身份的过程。简言之，辨认处理的是"一对多"的问题，而确认处理的是"一对一"的问题。

在现有实践中，指纹识别和人脸识别是目前应用较为广泛的技术，其应用原理和过程如图 4-11 所示。目前，生物识别技术的应用已经从第一代发展至第二代，其中，指纹识别、人脸识别、虹膜识别、掌纹识别和 DNA 识别等均属于第一代生物识别技术；而第二代生物识别技术则包括静脉识别和视网膜识别。相比之下，第二代生物识别技术比第一代在安全性和技术迭代上均更有优势。

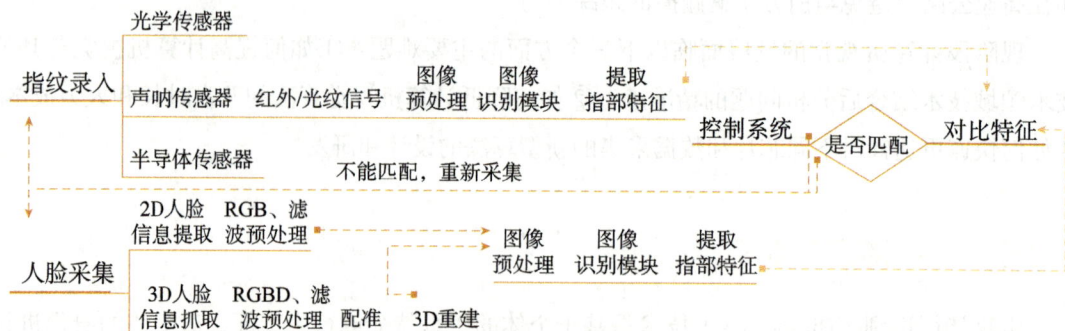

图 4-11　指纹识别和人脸识别技术

指纹识别和人脸识别等技术都是单生物特征识别技术。在现实中，由于实际识别系统构建和应用环境的复杂性，并没有任何一种单独的生物识别技术能够完美地适应市场需求。例如，静脉识别所用的近红外传感器和用于人脸识别的 ToF 传感器，在采集数据的过程中会产生"噪声"，从而影响数据的精准度。因此，生物识别领域未来的发展趋势是多模态、多种类的生物识别融合技术，如智能手机（融合人脸识别、指纹识别、视网膜识别和声纹识别等技术）、智能门锁等。

4.2.7 虚拟现实 / 增强现实

虚拟现实（VR）和增强现实（AR）是以计算机为核心的新型视听技术，该技术通过联合其他相关科学技术，可以在一定范围内生成与真实环境在视觉、听觉、触感等方面高度近似的虚拟环境。用户借助必要的装备（显示设备、跟踪定位设备、力触觉交互设备、数据获取设备等）与虚拟环境中的对象进行互动，从而获得近似真实环境的感受和体验。

VR 即虚拟现实（Virtual Reality），该技术使用户可以通过适当的装置与虚拟世界连接并进行交互式体验。VR 技术主要有三个特性：沉浸性、交互性和构想性。其中，沉浸性是指在计算机创造的虚拟世界中，用户可以感受到真实的存在；交互性是指用户对虚拟世界中的实物可以进行操控，如可以用手触碰物体、感受物体的重量等；构想性是指由于虚拟世界是多维的信息空间，所以在这个世界中，用户可以全方位地获取知识并解决问题。

AR 即增强现实（Augmented Reality），它源于 VR 技术的发展，但两者在技术特点上存在差异。VR 技术是为用户创造一个另外的世界，而 AR 技术则是把计算机带入用户的真实世界中，通过听、看、触摸等感知系统来触碰用户的真实世界。目前主流的 AR 技术主要是通过设备识别和判断，将虚拟信息叠加到以真实物体为基准的某个位置上，然后显示在屏幕上，从而实现与虚拟信息的交互。

除了 VR 和 AR 外，人工智能领域还有 MR、XR 等技术。MR（Mixed Reality）即混合现实，是指由合并现实和虚拟世界而产生的新的可视化环境，在该环境里，物理和数字对象共存，并实时互动；XR（Extended Reality）即扩展现实，它是 VR、AR、MR 等各种形式的虚拟现实技术的总称。

4.3 人工智能在金融领域的应用

人工智能最早应用于数据分析和处理领域，而后逐渐开始应用于金融领域。2017 年 7 月，中国国务院发布《新一代人工智能发展规划》，其中明确提出 2020 年、2025 年和 2030 年的人工智能产业规模将分别超过 1500 亿元、4000 亿元和 10000 亿元，同时提出了人工智能应用于金融业的发展方向。本节对人工智能在金融领域的各种现实应用进行简要介绍。

4.3.1　人工智能在银行领域的应用

银行业的变化比以往任何时候都要快，而人工智能的引入为银行业的发展带来了新的机遇和挑战。目前，各种人工智能技术已普遍应用于银行的渠道（如 ATM、网上银行、移动银行）、服务（如支票成像、语音识别、聊天机器人）和解决方案（如 AI 投资顾问和 AI 信贷选择者）等方面。大量人工智能技术的引入可以提升银行系统的渗透率，改善成本效益，提升服务质量，增加客户黏性，从而有助于银行业务的拓展和优化。当然，人工智能在银行领域的应用本身也存在一些需要防范的风险。

总体来看，人工智能在银行领域的应用是全方位的，涵盖前台（语音助手和生物识别）、中台（反欺诈风险监测和复杂的法律和合规工作流程）和后台（用智能合约基础设施进行信贷承销）的相关业务活动。其中比较具有代表性的包括信用评估与风险管理、个性化的金融服务、防范和打击犯罪等。

1. 信用评估与风险管理

在银行传统业务的改造方面，人工智能技术已被广泛用于优化标准化的信用评分系统。过去，大多数银行是根据借款人的偿还历史记录来评估其信用水平。在人工智能出现后，银行可以通过多种数据源（如手机或社交媒体活动）来获取大量的数据，然后更为全面地分析借款人的信用水平，从而实现更准确的客户信用评级（专栏 4-4）。

与此同时，客户的相关数据和信用记录也会通过一个系统进行分析，该系统应用机器学习算法进行快速信贷决策，通过提供更高质量的风险评估，降低银行的违约风险。许多复杂的分类算法被应用于现代信用评分系统，如逻辑回归、判别分析回归、判别分析、贝叶斯分类器、最近邻、分类树、拉索逻辑回归、深度学习（人工神经网络）等。

此外，人工智能技术还可以用于改善银行的风险管理。例如，通过使用机器学习和巨大的数据库进行欺诈检测，银行可以对其所面临的各种风险进行更早和更为准确的估计，以便及时采取预防措施。不仅如此，通过建立风险预测和反欺诈模型，银行甚至可以从控制和预测欺诈风险中获益。

人工智能技术还可以通过对数据的学习自发建立自动化流程，从而降低操作成本，提高判断的准确性，从而部分取代商业活动中的普通分析人员。例如，人工智能技术可以从大量的数据中找到一些比较客观的结论，从而帮助银行减少由情感和心理因素所造成的决策错误。

这不仅有助于控制投资风险和提升资金使用效率，也有利于实现更好的销售业绩。

专栏 4-4

人工智能在信用评级中的应用

由于人工智能具有计算速度快、迭代发展迅速、结构化学习能力强的特点，可以在操作过程中采用 LEAD 学习模型来更好地实现人工智能算法。LEAD 学习模型是一种管理结果导向型任务的工具，包含四个部分：Listen、Experience、Analysis、Do。在人工智能的运算过程中，动态循环这四步有助于优化升级其运算方式。

1．听取任务（Listen）

听取任务是指执行者要听懂用户需求是什么。对计算机而言，如果希望它清楚信用评级人员下发的任务，如提取数据、筛选数据、建模、分析等，发布人就需要清楚地传递每一个任务的具体信息。信用评级人员可以通过任务拆解的方式，把每一部分都变成人工智能可以读取的小任务，从而完成最终评级的目的。

2．提取经验（Experience）

提取经验是指执行者从过往的经历或者类似事情中提取方案。应用在人工智能中，它是指利用当前任务的特点进行历史任务数据库遍历，完成相似任务的匹配，并提取当前数据可支撑的最优解决办法。例如，在听取任务后，人工智能首先完成特点归纳工作，判断这个任务属于什么类型（是企业评级、股票评级、债券评级，还是个人评级等），然后根据具体的类型选择合适的信用风险度量模型（Z-Sore 模型、打分卡模型、KMV 模型、CreditMetrics 等）。

3．分析拆解（Analysis）

分析拆解是指执行者通过分析历史事件成功的原因来拆解解决逻辑，并思考是否有可能迁移到当前的任务中。经过听取任务和提取经验，人工智能已经了解了当前的评级任务，并且适当地选取了相关经验，但是，过往的方案可能并不适用于当前的状况。因此，人工智能应该结合评级人员的意见对评级任务进一步分析和拆解，构建符合任务情景的信用评级模型。

4．演算修订（Do）

演算修订是指执行者将新方案投入实践并在操作中反思改进。在完成上面的分析后，人工智能需要真正地构建出一个新的信用评级模型，并且将应用该模型进行多次计算。这一步骤的重要性在于它可以充分利用计算机的性能完成对信用评级人员模拟演算的补充。为了更好地实现模型，运算前，评级人员需要对模型进行压力测试，并预估可能发生的特殊情况；运算过程中，需要不断调整和修订计算的逻辑；运算结束后，需要多次核算校对计算出的数值，以确保数据的真实性。如果遇到紧急的情况，要积极地检查模型代码、运算方式等来校正当前的模型。

（资料来源：本专栏内容摘引自杨涛和邹凯林，2020。）

2. 个性化的金融服务

人工智能是银行提高活动效率的有力杠杆。除了在传统业务方面，机器的高互动学习能力使得它能够快速处理过去出现过的类似业务，从而有效节省时间、人力和财务资源。在个性化的业务定制方面，人工智能技术也显现出巨大的潜力。

例如，企业人工智能领域的世界领跑者 IPsoft 已经推出人形机器人助手 Amelia 来协助银行的业务。Amelia 有着浅色的头发，身着西服套装和白色衬衫，看起来与银行内部的服务人员别无二致。在训练中，Amelia 可以理解 100 多种方言的单词和短语，从而在业务上提供帮助，包括降低运营成本、提高客户满意度和运营效率。当一家公司雇用 Amelia 时，也可以为 Amelia 设计更多的功能（不同角色和垂直领域的公司提供特定的商业战略和程序）来满足公司的多样化需求。

在改善客户服务和提升客户体验方面，聊天机器人是目前使用最频繁的人机交互（HCI）应用产品之一，其原理是通过简单请求的自动化处理来提供客户服务（见图 4-12）。可以将聊天机器人理解为虚拟的客户助理，通过文字信息和网络聊天的在线渠道问询和回答客户。聊天机器人并不是一个真实存在的机器人实体，而是一个应用程序。通过这个应用程序，客户可以无限制地自由提问，而聊天机器人则会针对客户的提问予以回答（提供语音和文本信息）。有了聊天机器人，客户不仅可以 24 小时不间断地访问网上银行，而且可以在任何时候与聊天机器人互动，不受时区的限制。

7天、24小时
随时为客户提供服务，且快速提供任何信息

简单的界面
提供的界面均以简单易懂的文字、图像或统一的图标呈现

渠道无关
无论是移动端、PC端还是实地，都可以有同样的服务体验

提升效率
快速提供信息并快速处理大众业务

语言真实
可以自如地解释/转换常用的语言

促进销售
可以准确地记住客户偏好并且利用历史信息为客户建议产品；记录客户对不同产品的回应从而有效促进销售

完善的聊天机器人

图 4-12　聊天机器人的应用优势

大部分银行将聊天机器人投放于客户关系管理、销售、营销、投资分析和建议等部门，并利用聊天机器人提供快速的服务和解决方案、个性化数字服务以及具有成本效益的客户服务项目。聊天机器人的运营效率在 Juniper 网络公司的一项研究中得到了印证：通过使用聊天机器人，从 2022 年开始，银行每年可以节省超过 80 亿美元的成本。

此外，现代银行客户对个性化存款、贷款和其他优惠条件均有较高的需求，而这同时意味着人工操作员的工作难度会上升，他们不仅需要准确地记录下每一个客户的需求，而且还要想办法准确地实现。这些都显著增加了相关工作的难度。但是，如果引入人工智能技术，银行在很多方面就能容易地处理客户的个性化需求。

在这方面，人工智能技术的一个重要应用是减少银行人工操作的失误。例如，2021 年 2 月，花旗银行由于人工操作失误，将不到 800 万美元的利息付款错误地发送为 9 亿美元（全部本金和所有未付利息）。经过法官裁定，债权人（化妆品公司 Revlon）有权保留资金不予退还。这给花旗银行的收入带来了巨大损失。可以设想，如果将此操作改为由严格执行程序的人工智能来执行，那么失误发生的概率将会大大降低。

3. 防范和打击犯罪

人工智能技术也可以协助银行防范和打击犯罪，具体可分为三个层次：保护、检测和回应，如图 4-13 所示。在保护方面，在获取报告信息、执行后台的日常工作和评估借款人的信用度方面，银行通过引入人工智能技术，可以有效避免问题业务、欺诈和洗钱行为的发生；在检测和回应方面，诸如人工神经网络（ANNs）、人工免疫系统、模糊逻辑和遗传算法等方法已被银行成功地用于预防和检测网络犯罪。

保护

在获取报告信息、执行后台的日常工作和评估借款人的信用度方面，银行引入人工智能技术以防止有问题的业务、欺诈和洗钱行为的发生

检测和回应

诸如人工神经网络（ANNs）、人工免疫系统、模糊逻辑和遗传算法等方法已被银行成功地用于预防和检测网络犯罪。在这些技术中，由于 ANNs 技术可以准确排除噪声并灵活地处理复杂的动态现象，它被广泛地用于处理分布式信息、检测违规行为并提出对策

图 4-13　人工智能防范和打击犯罪的层次

不过，任何事物都有两面性。银行可以利用人工智能来防范犯罪，而黑客也可以利用人工智能来实施犯罪。一个典型的例子是对抗性机器学习（Adversarial Machine Learning，AML）。AML 属于机器学习的一种，旨在通过向其提供特定的输入来影响受训系统的输出。考虑到银行业所使用的人工智能系统的数量，AML 可能会成为未来主要的安全威胁之一。此外，生成式对抗网络（GAN）是机器学习的一种配置，主要是通过训练一个机器学习系统，来寻找另一个机器学习系统所产生的输出中的缺陷。GAN 技术的成熟使得其生成的内容越发令人信服，从而产生"深度造假"的能力，因此，熟练运用 AML 技术的黑客会给银行的安全

系统造成重大隐患。

4.3.2 人工智能在证券领域的应用

在证券领域，人工智能的使用场景和数量正在激增，一些大型券商甚至已经建立了专门的应用中心，以在整个组织和业务系统中打造与人工智能相关的协同。概括而言，人工智能在证券领域的应用主要包括以下五大方面：客户沟通、投行业务、经纪账户管理、研究业务、投资组合管理和交易，如图 4-14 所示。

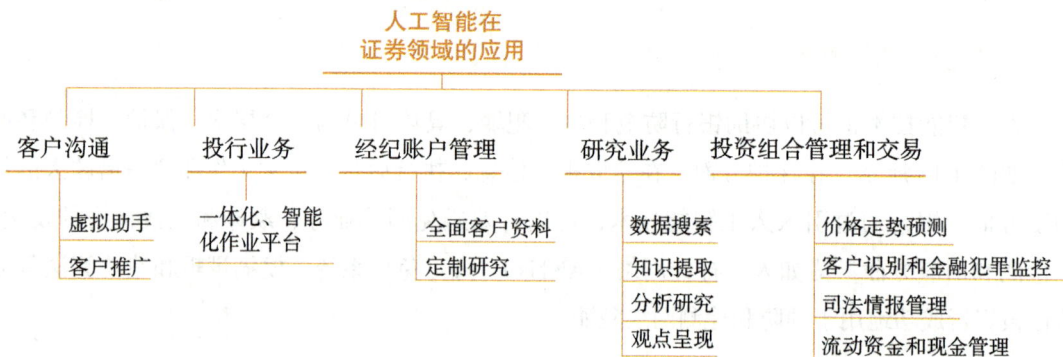

图 4-14　人工智能在证券领域的应用

1. 客户沟通

在与客户沟通方面，目前很多券商已经采用虚拟助手为客户提供服务。虚拟助手使用语音识别和合成语音与客户进行交互，并可以通过编程执行某些任务。虚拟助手可以回应客户需要查询的内容，如账户余额、市场数据、投资组合资产、地址更改和密码重置等。在一些券商，虚拟助手还可以对订单进行交易和个性化处理。

目前大部分券商都在通过不同的平台部署虚拟助手。除了在自家网站和移动应用程序部署聊天机器人外，一些公司还在尝试与第三方平台进行合作，例如通过亚马逊的 Alexa、谷歌的 Google Assistant 以及苹果的 Siri 来提供虚拟助手服务。此外，一些券商在其呼叫中心集成了基于人工智能的交互式语音响应（IVR）系统。该系统可以在虚拟助手无法回应呼叫时，快速将其分流到适当的人工服务窗口，从而改善客户体验。

在市场营销和客户推广方面，券商可以通过人工智能技术精准地对目标客户进行定位和营销。这些技术和应用程序通过分析潜在客户的行为，判断客户是否对某领域有较大的兴趣，进而主动为其提供定制的内容，如针对特定投资产品或资产类别的精选信息、新闻和研究报告等。这些内容可以通过电子邮件或直接通过公司的网站或移动应用程序交付给客户。

2. 投行业务

券商应用人工智能的目的通常有以下三个：①在前端触达客户、服务客户并获取反馈；②在中台支持业务开展和进行管理决策分析；③在后台监督异常行为并提示潜在风险。总体来看，人工智能技术的引入可以使券商的服务模式更加主动和全面，也更加个性化和智能化。同时，券商还可以借助"大中台"能力沉淀数据，实现数据化运营，从而将所有的运营一体化。

在投行业务方面，券商可以借助人工智能搭建涵盖股票、债券和资产证券化等业务在内的一体化、智能化作业平台，并将承揽、承做、审核等业务流程予以综合化和集成化处理。在管理过程中，券商通过引入一些智能化的辅助系统，可以实现相关业务的全面线上化和可视化，从而获得有效和快速的客户响应能力。这不仅能大大提升员工的工作效率，还能显著改善客户体验。

3. 经纪账户管理

在经纪账户管理方面，一些大公司的经纪人账户管理功能已经开始整合基于人工智能的各种工具。这些工具可以为每个经纪人实时提供客户的相关信息，从而更好地了解客户的偏好和交易行为。同时，经纪人也可以利用这些信息来为客户提供更好的服务和建议，从而强化客户关系，最大限度地避免客户流失。

全面客户资料程序可以创建实时的整体客户资料，使用人工智能技术对多来源信息（如客户资产、支出方式、债务余额、网站浏览历史记录和通信记录等）进行分析，从而针对客户可能感兴趣的投资产品提供量身定制的建议。定制研究程序可以直接向客户提供经过策划的市场研究，分享给客户有关投资机会的相关信息。

4. 研究业务

在研究业务方面，人工智能可以为传统研究的各个环节赋能，如将数据搜索、知识提取、分析研究、观点呈现等步骤进行智能化处理，从而提升研究的效率和专业性。

在数据搜索方面，人工智能技术可以帮助寻找行业、公司、产品的基本信息。券商的传统数据收集模式是利用搜索引擎在书籍、报纸等文献资料中进行查阅，或在论坛等场所进行交流；而智能投研则利用系统的智能信息推送功能来进行数据收集，并利用智能词条搜索功能对重点数据进行搜集。数据搜索方面的核心技术包括自然语言处理、自然语言查询、词义联想、语义查询等。

在知识提取方面，人工智能技术可以帮助券商从搜索的信息中提取各种有价值的信息。传统的投研券商主要利用 Wind 等金融数据平台来进行信息提取；而智能投研则利用官方平台公告或新闻自动化摘要、产业链知识图谱、智能投研框架和智能模型进行知识提取。知识提取方面的核心技术包括实体提取、段落提取、表格提取、关系提取、知识图谱等。

在分析研究方面，人工智能技术可以通过一些新的自动化程序、工具和模型等来完成相关分析研究工作，不仅大大节约了人力成本，而且扩展了分析的内容和深度。传统的投研券商主要运用一些常规统计工具做研究分析；而智能投研可以利用系统技术，自动对事件进行因果分析和大数据统计分析等。分析研究方面的核心技术主要是知识推理。

在观点呈现方面，人工智能技术可以将分析的结果进行可视化呈现，且兼具直观、清晰、美观等特点。传统的投研券商主要用 PPT 或者 Word 完成相关结果的呈现；而智能投研则主要使用报告的自动生成功能。观点呈现方面的核心技术包括自然语言合成、可视化、自动排版等。

5. 投资组合管理和交易

在投资组合管理和交易方面，AI 应用程序可以用于识别新模式，并预测特定产品或资产类别的潜在价格走势。这些应用程序综合利用内部数据、外部信息，以及一些非传统的信息和数据来源（如社交媒体和卫星图像），汇集成多维大数据进行分析，进而提供价格走势预测和投资建议。

在客户识别和金融犯罪的监控方面，相关人工智能程序可以对客户进行识别并监控相关金融犯罪活动，如检测潜在的洗钱分子，识别贿赂、逃税、内幕交易等非法活动。虽然目前此类程序所存在的技术限制导致其报错率较高，但目前很多公司已经开始采用 NLP 和生物识别等技术来使这类程序更加有效。

在司法情报管理方面，相关人工智能程序可以用于解释各个司法管辖区新制定的各种规则。在经过人工智能数字化后，这项原本是手动操作的过程可以通过应用程序对监管情报（包括规则、法规、执行措施和无异议信函等）进行审查并做出解释，从而方便券商更改合规计划。

在流动资金和现金管理方面，相关人工智能程序可以基于机器学习等技术，更好地帮助券商优化其现金和财务流动性的管理方式。此类人工智能应用程序通常基于大量的历史和当前市场数据进行分析，力图更好地识别发展趋势、记录异常情况和做出预测。

专栏 4-5 给出了券商应用人工智能的其他一些案例。

专栏 4-5

券商应用人工智能的案例

1. 东方证券引入艺赛旗 iS-RPA

RPA 机器人流程自动化是一种模拟人类行为，完成重复性任务的软件。它的目的在于统筹安排、执行并提升业务工作流。用户只需通过图形方式显示的计算机操作界面对 RPA 软件进行编程和动态设定即可。由于东方证券在经营中面临运营成本过高、业务效率低、跨系统、网段的数据传输困难和数字化转型需求递增的难题，因此决定引入 RPA 流程自动化机器人。目前东方证券已用 RPA 优化了至少 140 个业务流程，涉及 90 套内外系统，涵盖运营、清算、估值、开户、财务、税务、开闭市、数据处理、日常管理等证券业常见业务场景，每年可节省人力工作时间至 20000 小时以上，可节省人力成本约 300 万元。

2. 东兴证券应用弘玑 Cyclone 数字员工

东兴证券财务部工作人员的日常工作涉及大量的数据查询、下载、人工核对、系统登记、数据补录、导出上报等。但是，由于业务量巨大，公司经常出现财务数据报送字段不一致、多数业务系统和财务系统难对接、业务人员多系统录入、查询操作工作复杂且效率低下的问题。因此，东兴证券逐渐开始应用弘玑 Cyclone 数字员工。方案实施后，东兴证券降本增效明显：资金划拨、工资记账两项业务处理效率分别提升 85% 与 93%，业务处理时长平均减少 90%，整体上业务处理效率提高80%。

不过，从目前的发展来看，人工智能在证券领域的应用还比较有限。面对复杂、多变和信息瞬息万变的金融市场，加之机器决策的对手实际上是人，前者在实际的博弈（尤其是长期重复博弈）中未必优于人的决策，特别是在人可以很好地管理自身情绪和非理性行为的情况下。因此，过度地依赖机器进行被动决策和行动，未必能取得理想的效果。

此外，近期的一些研究也表明，人们只需要通过一些简单的手段，就可以成功欺骗某些深度学习训练所得到的人工智能模型。因此，在纯机器决策存在其固有缺陷的情况下，人机结合和人机融合智能仍然是未来一段时间内发展的主要方向。

4.3.3　人工智能在保险领域的应用

由于商业互动、私人生活和公共生活的日益数据化，现在每天大约有 250 万 MB 的数据被创造出来。随着有价值的客户数据越来越多，保险巨头也开始大力发展人工智能技术。从目前的情况来看，人工智能技术在保险领域的应用主要包括产品创新、产品组合优化和客户体验三个方面。

1. 人工智能对保险行业的影响

人工智能对保险行业的影响主要表现在以下两个方面：①保险公司与客户的互动方式（如销售、客户服务）正在发生转变；②业务流程（如合同处理、索赔报告）与决策（如承保、理赔、产品的销售）进一步自动化。

从保险公司与客户的互动方式来看，原本当客户想要对一个新的产品进行了解和问询时，客户服务需要与代理人、经纪人或银行进行沟通，而人工智能技术被应用后，被保险人可以随时以更快的速度获得产品信息和服务，一些产品甚至可以通过聊天机器人直接在线购买，而无须任何线下行动。这使得保险公司能够更加有效地部署人工销售和售后服务。同时，保险公司如果使用人工智能来减少和预防风险（如在有风险的情况下主动与客户联系），那么保险业将从"检测和修复"模式逐渐发展为新的"预测和预防"模式。

在业务流程与决策方面，人工智能技术的应用可以在多个方面加速保险业务的自动化，从而提高工作效率。自动化给保险公司带来的最大好处是节约潜在成本和减少人为失误，从而提高重复性任务的准确性。在这种情况下，保险公司可以将熟练员工更多地集中到增值任务上。索赔的报告和结算的自动化将加速业务流程和提升客户满意度。例如，在核保过程中，传统的人工处理可能需要被保险人回答一些问题；而人工智能应用程序可以处理和分析由远程设备、社交网络或其他设备所产生的大量数据（如客户反馈、图片、视频等），因此在没有客户回应的情况下也能处理相关问题。

2. 人工智能在保险行业的应用举例

人工智能在保险行业的高级应用（如自动理赔管理）通常会结合多种不同的人工智能技术，比较典型的包括文本分析（Text Analytics）、自然语言处理（Natural Language Processing）、图像和视频分析（Image and Video Analysis）、数据模式和异常检测（Pattern and Anomaly Detection in Data Sets）等。

在语言和文本转换的应用方面，Lemonade、安联保险（Allianz）、PNB MetLife、安盛集团（AXA）、Aetna 等保险公司均已采用声音识别和自然语言生成技术，利用聊天机器人来回应客户的语言要求或者书面要求。德国保险公司 Versicherungskammer 基于文本分析和自然语言处理技术，通过 IBM 的 Watson 机器人来分类处理客户邮件，以此提高售后服务的工作效率。还有一些保险公司采用了情绪检测（Sentiment Detection）技术，通过检测和分析客户语言或书面反馈来提高客户满意率和客户黏性。

在数据模式和异常检测技术的应用方面，Oscar、Fabric、Aegon、平安保险、AXA 等保险公司已将其应用于识别欺诈性索赔。另外还有一些健康和汽车保险公司，如 MetroMile、Progressive、State Farm、Allianz、John Hancok 等，将预测性分析（Predictive Analytics）技术应用于创新性或个性化定制的保险产品。同时，通过使用推荐引擎（Recommendation Engine）技术，保险公司还能基于历史索赔事件数据，向客户提供关于风险分类方面的建议，同时更好地识别出交叉销售和追加销售的机会。此外，还有一些保险公司通过将卫星图片应用于图像和视频分析技术来为自然灾害提供早期预警，或者使用机器人顾问来完成资产的管理和分配工作，或者利用人脸识别技术来识别使用者是否为公司客户。

专栏 4-6 给出了保险公司应用人工智能的其他一些案例。

专栏 4-6

保险公司应用人工智能的案例

1．安盛集团和谷歌 TensorFlow

安盛集团（AXA）每年有 7%～10% 的客户发生车祸，其中大多数是保险赔偿额较低的小事故，但约有 1% 是大额赔付案件（保险赔偿额超过 10000 美元）。由于这种潜在的大额赔付，安盛集团希望谷歌 TensorFlow 建立深度神经网络来分析大量的客户数据，以预测潜在的损失，从而优化其汽车保险政策的价格。

TensorFlow 建立的人工智能应用对安盛集团大额赔付案件的预测准确率达到 78%，这为安盛集团提供了更高的效率和利润，有助于生成新的保险产品。

2．福国人寿保险与 IBM Watson

福国人寿保险（Fukoku Mutual）是一家日本人寿保险公司，与其他保险公司一样，它也在努力解决索赔处理效率低下和运营成本上升的问题。2017 年 2 月，该保险公司开始利用 IBM Watson Explorer 推出人工智能应用，实现理赔流程的自动化，并准确计算出理赔款。该应用根据程序数据（包括住院时间、医疗记录等一系列要素）实现所需功能。

从效果上看，福国人寿保险在医疗索赔处理方面的运营效率显著提高（生产力提高了 30%），有效地减少了支付纰漏，且降低了劳动力成本。

3．全美人寿与 H2O.ai 人工智能平台

全美人寿（Transamerica）是一家位于美国的保险公司，为 2700 万名客户提供服务，其产品包括保险、年金和退休产品等。由于该保险公司积累了大量的客户数据，它意识到自己可以通过应用人工智能来充分利用这些数据，增加销售机会，同时改善服务和提升客户满意度。全美人寿在 Hadoop 上建立了一个大型数据栈，并从不同的系统中收集数据（如 CRM 数据、客户数据和第三方数据），同时使用 H2O.ai 人工智能平台的开源代码进行机器学习。

通过使用 H2O.ai 平台的机器学习，全美人寿团队能够获得有用的客户信息，从而改善营销活动方案、改善产品推荐，并进行更加有效的交叉销售和追加销售。这反映在改善客户服务、增加收入以及整个公司的未来创新上。

3．人工智能应用的潜在风险

人工智能在保险行业的应用在促进保险市场发展的同时，也会产生一些新的风险，甚至会导致某些现有市场的消失。例如，自动化理赔一方面可以提高客户的满意度，让客户始终对保险公司保持高效便捷的印象；另一方面，由于自动化理赔通常涉及对客户数据的大量搜集和处理，因而也会产生相应的道德和法律问题。保险公司将在多大程度上安全、合理地运用数据而不侵犯客户隐私？显而易见，问题的严重性取决于保险公司允许人工智能使用多少数据，数据停留在系统中的时间有多长，以及保险公司所采用的数据保护模式。

此外，人工智能的发展也可能创造出新的行业风险，导致某些市场消失。例如，在自动驾驶领域，人工智能的运用可能会导致事故责任承担人的变化：谁应该对事故的发生负责？乘客、汽车制造商还是人工智能算法的软件开发商？在当前的保险市场上，人工智能的应用主要还是为了利用其计算、速度和准确性等方面的优势。但由于技术限制，使用人工智能来得到结论或预测未来仍存在相当大的困难。在技术得到进一步理解和发展后，人工智能对保险业的影响将会更加明晰。

4.3.4　人工智能在普惠金融中的应用

世界银行全球 Findex 数据库显示，截至 2021 年，全球有 24% 的成年人在金融机构或移动货币服务商那里没有账户，大约为 18.2 亿人口，其中的大多数人位于发展中国家。例如，在南苏丹，只有 9% 的成年人拥有银行账户；拉丁美洲 70% 左右的人口没有银行账户或银行账户不足。同时，根据国际金融公司提供的数据，发展中国家有超过 2 亿家中小企业无法获得金融服务。

在人工智能出现之前，由于交易成本高、流程烦琐、效率低下等原因，传统银行往往不愿意为低收入人群和中小企业提供服务。但随着人工智能的发展，数字化的金融服务和应用使金融服务的边际成本显著降低，这将增加低收入人群和中小企业等"边缘群体"获得金融服务和产品的渠道和机会，从而提升金融服务的包容性。简言之，人工智能可以通过推动金融机构和服务的数字化转型来促进普惠金融的发展。

1. 风险测量和管理

社会弱势群体之所以经常被排除在传统金融的服务对象之外，一个核心的原因是风险无法得到有效的评估和管理。由于检测和衡量这类群体信用风险的手段有限，加之这些群体的信用记录有限、数据缺乏，银行等金融机构很难通过传统的金融手段来对其风险进行识别和判断。在这种情况下，金融机构出于风险控制的需要，只能对这类群体避而远之。但随着人工智能的运用，一些之前无法利用的数据可以被集中利用起来，同时通过新的信息处理方式和算法支持，人工智能有望开发出专门针对弱势群体的风险测量和管理技术，并通过成本低廉的移动终端（如手机或支付卡等）提供相应的金融服务。

在肯尼亚，M-Pesa 是电信运营商 Safaricom 运营的基于移动电话的汇款服务之一，能够提供支付服务，并在 2007 年推出了小额融资服务。此后，这项服务逐渐扩展到其他许多国家，如坦桑尼亚、莫桑比克、刚果、莱索托、加纳、埃及、阿富汗、南非、印度、罗马尼亚、阿尔巴尼亚等。通过人工智能移动设备，人们可以方便地进行存款、取款、转账、支付和贷款，这使低收入群体可以获得此前在传统银行体系无法获得的金融服务。此外，人工智能还促进了账户注册的数字化。2012 年肯尼亚新增注册用户约 1700 万个，2016 年坦桑尼亚新增注册用户约 700 万个。

2. 缓解信息不对称

人工智能可以缓解信息不对称，从而有效提升弱势群体获得信贷的机会。例如，利用人工智能的数字普惠金融系统，可以接触到各种在线购物平台和在线社交网络的信息。这些信息可以被银行的人工智能系统捕获并用于客户的信用和风险等方面的分析，从而减少金融机构和个人之间的信息不对称问题。

随着人工智能的应用，目前许多数字化平台都可以基于一定的信用评分机制，提供无抵押的贷款产品。至少在一定程度上，人工智能解决方案使金融机构可以在信贷决策的过程中更加多元化地搜集和处理借款人的信息，从而更加准确和全面地评估弱势群体的信用水平和风险承受能力，进而做出更加明智的信贷决策。

3. 提高运营和管理的效率

通过使用人工智能，银行的电子虚拟助理（EVA）对提高客户支持的效率和降低其成本有积极的影响。此外，利用人工智能，金融机构可以提供个性化的银行服务，其中聊天机器人和人工智能助手可以提出个性化的金融建议，且通过自然语言处理技术提供即时的自助式客户服务。这些改变使农村地区的弱势家庭能够获得金融建议和帮助，从而大幅提高了这些群体可以获得金融服务的质量和数量。

在印度，由于一些银行工作人员具有城市偏好，这意味着他们可能没有什么耐心与农村客户交谈，为此，HDFC 银行推出了聊天机器人。通过利用人工智能技术，银行可以用自然区域语言处理机制来训练机器人，从而实现与农村客户用区域语言进行交谈并为其提供相应帮助。经过人工智能训练的机器人可以扮演农村家庭财务顾问的角色，因为这些机器人不仅可以解释银行提供的各种产品，还可以解释农村客户的债务数额，甚至提供关于储蓄的建议。

在我国，阿里巴巴一直在其淘宝网站上使用人工智能聊天机器人。2017 年，阿里巴巴的客服聊天机器人 Alime Shop Assistant 累计处理了超过 93% 的客户查询。根据阿里巴巴的估计，如果没有人工智能技术的协助，处理这些查询需要约 83000 名人工客户服务代表。

专栏 4-7 提供了人工智能用于服务弱势群体、提高银行运营和管理效率的其他一些案例。

人工智能在一些国家的应用案例

1. 尼日利亚的非洲联合银行

2018 年，非洲联合银行（UBA）在几内亚推出了电子银行平台 Leo，并在非洲 19 个国家上线。借助该电子银行平台，没有 UBA 账户的客户也可以享受 UBA 的服务，包括开户、确认账户、话费充值、转账及其他业务。

Leo 的银行聊天机器人可以帮助客户进行许多交易，如转账、支付账单、购买通话时间和检查账户余额等。客户可以在 WhatsApp、Facebook Messenger 和 Apple Business Chat 上与 Leo 聊天并迅速得到响应。

2. 墨西哥的 Konfio 银行

墨西哥的 Konfio 银行为中小企业提供在线金融服务。传统银行需要几个月的时间才可以完成向中小型公司发放所需贷款，而 Konfio 在其贷款决策中利用替代数据源、人工智能和数据科学，仅需大约 24 小时就可以完成此类业务。

根据彭博社 2019 年 9 月 6 日发表的文章，Konfio 银行的贷款利率是传统银行的一半，2018 年的拖欠率为 4.8%，而银行业的整体拖欠率为 5.4%。2019 年 12 月 3 日，知名支付媒体 PYMNTS 发表文章称，Konfio 银行使用具有强大处理能力的系统，使其能够在短时间内处理大量数据，从而缩短贷款流程，贷款者在约 8 分钟内就可以完成申请流程。

3. 南非的数字银行 TymeBank

南非的数字银行 TymeBank 利用人工智能技术，与客户进行在线交流互动，从而实现以低成本为客户提供服务。为了验证客户的身份，TymeBank 的系统与内政部的数据库相连，以获取客户的生物特征数据。该服务已于 2018 年 11 月启动。

截至 2019 年 8 月，该银行已拥有 670000 名客户。与南非银行的平均员工人数 50000 相比，TymeBank 仅需 250 名员工。TymeBank 的金融教育应用 TymeCoach 已经开始帮助用户进行金融产品的决策。该应用程序通过聊天机器人回答客户提出的财务管理问题，并为客户提供信用报告和其他相关信息。

4. 防止欺诈和促进网络安全

在信息时代，加强网络安全和欺诈检测工作是所有金融机构都需要解决的一个重要问题。由于每天都有大量的交易通过在线账户进行，因此，人工智能在提高在线金融的安全性方面拥有巨大的潜力。人工智能为在线金融提供安全交易的能力，使普惠金融的发展更加具有可持续性。此外，金融科技公司正在使用人工智能应用程序来推进消费者保护，提升客户体验，并管控风险。

在信贷业务中，尽职调查成本高在许多发展中国家一直是一个严重的问题。例如，在印度，欺诈贷款及不良贷款占到银行总贷款的 20%，其中欺诈贷款金额每年高达 20 亿美元，这使得贷款的信用环境遭到破坏。在我国，蚂蚁集团通过使用深度学习技术来检测欺诈行为。深度学习技术可以识别人类无法识别的许多可疑活动，从而帮助欺诈检测系统分析客户的行为和其他信息，并在发生异常活动时触发网络安全机制，进而大大降低涉及洗钱等不法交易的调查成本。据蚂蚁集团称，在使用人工智能技术后，公司支付体系的风险系数大幅降低到了百万分之一。

【本章小结】

人工智能并不简单地等同于计算机或者编程技术，而是一门可以让机器模拟人类思维能力的学科。通过人工智能技术，机器可以像人一样感知世界、思考问题、做出决策。人工智能按照强弱程度，可以分为以下三种类型：弱人工智能、强人工智能和超人工智能。

从提供服务的方式来看，当前人工智能的发展呈现出以下三个方面的特点：①结合大数据和云计算，为人类提供高效服务；②感知外部环境信息，与人类实现人机互补；③不断学习更迭，融合多领域创造新业态。

人工智能的发展总体上经历了三次热潮：第一次浪潮开始于 1956 年，这一年被称为人工智能"元年"；第二次浪潮开始于 20 世纪 70 年代中期，以知识工程和认知科学为核心；第三次浪潮开始于 20 世纪 90 年代，深度学习和各种计算机硬件设施不断取得突破性进展。从发展趋势来看，人工智能未来将朝着产业规模逐渐扩大、网络环境日臻完善、人类与人工智能深度融合的方向发展。

人工智能的产业层级可分为基础层、算法层、技术层和应用层。在上述四个层次中，金融领域处于产业的应用层。人工智能的计算硬件厂商（如人工智能芯片、人工智能服务器）、人工智能算法提供商（包括开发平台，如谷歌 TensorFlow）和人工智能技术服务商（如提供人脸识别算法的供应商）等共同支撑金融机构和相关金融服务的智能化。

根据发展阶段的不同，人工智能可分为运算智能、感知智能和认知智能。其中，运算智能是指计算机拥有强大的运算和记忆存储功能；感知智能是指计算机拥有类似人的视觉、听觉、触觉等对外界刺激做出反应的能力；认知智能是指计算机拥有"能理解、会思考"的能力。目前，运算智能已经取得重要突破，感知智能也已逐渐逼近甚至超越人类，但认知智能距离人类智能的水平还有比较大的差距。

人工智能在发展过程中逐渐产生了各种具体的应用技术。从目前的情况来看，人工智能的关键技术主要包括机器学习、知识图谱、自然语言处理、人机交互、计算机视觉、生物特征识别、虚拟现实 / 增强现实等。

人工智能在银行领域的应用是全方位的，涵盖前台（语音助手和生物识别）、中台（反欺诈风险监测以及复杂的法律和合规工作流程）和后台（用智能合约基础设施进行信贷承销）

的相关业务活动。其中比较具有代表性的包括信用评估与风险管理、个性化的金融服务、防范和打击犯罪等。

在证券领域，人工智能的使用场景和数量正在激增，一些大型券商甚至已经建立了专门的应用中心，以在整个组织和业务系统中打造与人工智能相关的协同。概括而言，人工智能在证券行业的应用主要包括以下五大方面：客户沟通、投行服务、经纪账户管理、研究业务、投资组合管理和交易。

人工智能对保险行业的影响主要表现在以下两个方面：①保险公司与客户的互动方式（如销售、客户服务）正在发生转变；②业务流程（如合同处理、索赔报告）与决策（如承保、理赔、产品的销售）进一步自动化。从目前的情况来看，人工智能技术在保险领域的应用主要包括产品创新、产品组合优化和客户体验三个方面。

在人工智能出现之前，由于交易成本高、流程烦琐、效率低下等原因，传统银行往往不愿意为低收入人群和中小企业提供服务。但随着人工智能的发展，数字化的金融服务和应用使得金融服务的边际成本显著降低，这将增加低收入人群和中小企业等"边缘群体"获得金融服务和产品的渠道和机会，从而提升金融服务的包容性。

【关键词】

人工智能　弱人工智能　强人工智能　超人工智能　运算智能　感知智能　认知智能　机器学习　知识图谱　自然语言处理　人机交互　计算机视觉　生物特征识别　增强现实　虚拟现实　鲁棒性　机器翻译　语义了解　问答系统　情感交互　体感交互　脑机交互

【复习思考题】

1. 简述人工智能的主要形态和特点。
2. 简述人工智能的关键技术及其原理。
3. 举例说明人工智能在银行业的应用。
4. 举例说明人工智能在证券业的应用。
5. 举例说明人工智能在保险业的应用。
6. 举例说明人工智能在普惠金融中的应用。

第 5 章 ▶

区块链及其在金融领域的应用

【本章要点】

1. 区块链及其平台架构。
2. 区块链的发展与主要类型。
3. 区块链的关键技术与原理。
4. 区块链在金融领域的应用。

【背景材料】

广州日报（2022年9月5日报道）：你听说过"区块链应用操作员"吗？8月15日，广东省首批"区块链应用操作员"正式出炉。这个职业诞生的时间只有2年，位列2020年人力资源和社会保障部（简称人社部）发布的9个新职业之一。该职业从业人员主要运用区块链技术及工具从事政务、金融、医疗、教育、养老等场景系统应用操作，如金融领域的快速资金结算等。而"区块链应用操作员"的职业技能等级证书，从"首考"到"首证"，仅仅间隔不到1个月的时间。

2022年1月30日，中央网信办等16部门印发通知，公布了15个综合性和164个特色领域国家区块链创新应用试点名单。广州正式获批综合性国家区块链创新应用试点，成为全国首个获批创建区块链发展先行示范区的城市之一。这标志着广州在发展区块链产业的道路上又迈出了重要的一步。

本次区块链综合试点工作为期2年，到2023年年底，广州市国家区块链创新应用（综合性）试点全面完成，共包括"区块链基础设施集约化发展、区块链政务服务协同化发展、城市级区块链重大场景创新应用生态形成、粤港澳大湾区区块链协同生态形成、全面推动区块链产业高质量发展"五大总体目标。通过建设三大技术平台、九大应用服务和两个产业生态工程，广州市积极促进区块链在政务、民生、商业等领域的应用，保障数据安全，释放数据价值，全力推动数字经济高质量发展。

区块链技术是金融科技的底层架构技术之一，具有去中心化、去信任、不可篡改及可溯源等基本特征，有助于解决金融发展过程中的交易信任、跨境支付和产权登记等难题。2020年7月，中国人民银行印发《区块链技术金融应用评估规则》，明确了区块链金融的发展和应用的标准。2021年3月，区块链作为数字经济重点产业写入国家"十四五"规划。

5.1 区块链概述

2008年，据称一个化名为"中本聪"（Satoshi Nakamoto）的学者在其论文《比特币：一种点对点的电子现金系统》（*Bitcoin: A peer-to-peer Electronic Cash System*）中首次提出了"区块链"（Blockchain）的概念。区块链技术作为比特币的核心技术支撑，最初是为了在不依赖第三方可信机构的背景下，为比特币的"点对点"交易搭建可信的交易环境。目前，区块链技术的应用已经从数字货币拓展至金融、教育、医疗、司法等领域。作为解决社会信任危机的一种技术创新，区块链有望推动"信息互联网"向"价值互联网"转变，并引导一系列金融产品和服务的创新。

5.1.1　区块链简介

区块链（Blockchain）是一个典型的舶来词，包含"区块"（Block）和"链"（Chain）两层含义。其中，"区块"负责记录和确认交易数据；而"链"则负责为交易印上"时间戳"，并按照时间顺序将"区块"依次链接。因此，区块链在形式上可以简单地理解为"由区块串联而成的数据链条"。

从技术上看，区块链实际上是一种分布式记账技术，其特点是运用分布式网络实现数据记录的"去中心化"。换言之，区块链在本质上是一种新型账本，所有人都可以参与账本的记账工作，同时所记载信息的真实性可以直接通过技术手段（而无须第三方机构）得到保证。显而易见，这种新型记账方式天然具有能够有效控制信用风险的特点，因为在任何人都可以查阅历史交易记录、任何交易都需要通过所有人验证的情况下，交易的违约动机从一开始就得到了抑制。总体来看，区块链为没有信任保障的点对点交易提供了"去中心化"的可信交易环境，从而极大地便利了交易双方的价值转移，这也是区块链广受关注的一个主要原因。

从实际应用的角度来看，比特币是区块链技术的首个应用项目，其发行和交易不再依赖任何中心化机构，而是基于分布式网络实现对交易的验证和记录。其工作流程如图 5-1 所示。其中，节点 A 和节点 B 之间发生交易并向全网所有节点进行"广播"，计算节点（即"矿工"）会验证交易签名，并将一段时间内所发生的所有交易打包为新区块。新区块产生后，矿工会进行工作量证明（Proof of Work，PoW），最先完成证明的矿工会立即将新区块向全网广播，而其余节点在接收到新区块后也会立刻停止自身运算，并验证新区块的有效性。如果新区块验证有效，那么该区块就会被所有节点接受并链接到已有区块链的末端，同时完成相关交易。最先完成有效证明的矿工会获得新区块所含交易的记账权，并得到一定数量的比特币作为奖励。

在比特币系统中，计算节点通过分布式"并联"的方式组成网络，并持续开展对交易数据的广播、识别、证明、存储和更新工作。区块链的这种"对等组网"方式，不存在中心节点或者任何层级结构，因此，即使部分节点出现故障，整个区块链网络仍然可以正常运行。

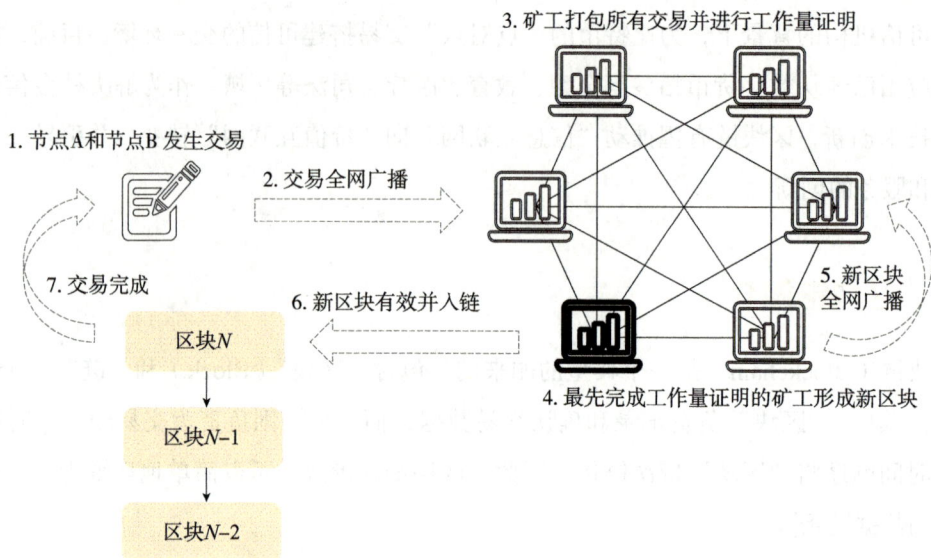

3. 矿工打包所有交易并进行工作量证明

1. 节点A和节点B 发生交易

2. 交易全网广播

7. 交易完成

6. 新区块有效并入链

5. 新区块全网广播

区块N

区块N-1

区块N-2

4. 最先完成工作量证明的矿工形成新区块

图 5-1　比特币的工作流程

除比特币系统外，以区块链作为底层技术架构的平台还包括以太坊（Ethereum）、ADEPT（Autonomous Decentralized Peer To Peer Telemetry）物联网系统和超级账本（Hyperledger）等。这些平台虽然基于不同的目的搭建，且具有不同的功能和特点，但其核心技术均为区块链，因此在工作流程方面也存在较多共性特征。从目前的情况来看，区块链平台架构一般分为五层，即数据层、网络层、共识层、合约层和应用层，如图 5-2 所示。

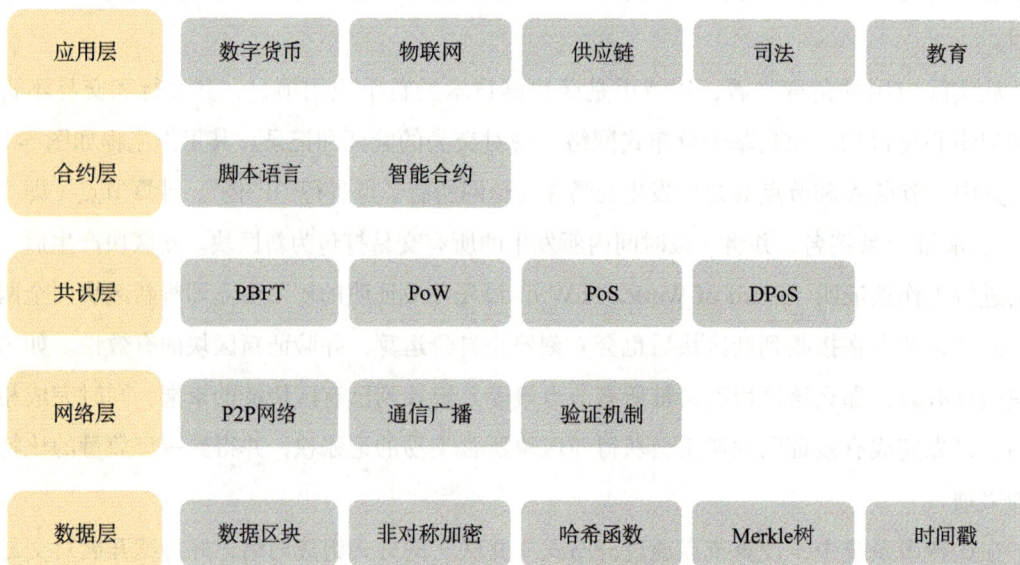

应用层	数字货币	物联网	供应链	司法	教育
合约层	脚本语言	智能合约			
共识层	PBFT	PoW	PoS	DPoS	
网络层	P2P网络	通信广播	验证机制		
数据层	数据区块	非对称加密	哈希函数	Merkle树	时间戳

图 5-2　区块链平台架构

1. 数据层

数据层位于区块链平台架构的最底层，主要包括存储数据的区块、数据存储结构 Merkle 树，以及确保数据真实完整所涉及的非对称加密和哈希函数等技术。如图 5-3 所示，数据区块可以进一步分为区块头和区块体。其中，区块头包含前一区块的哈希（Hash）值、当前区块的目标哈希值（难度值）、Merkle 根、满足难度值要求的随机值，以及当前区块的版本号和时间戳；而区块体则包含以 Merkle 树结构存储的所有交易信息。

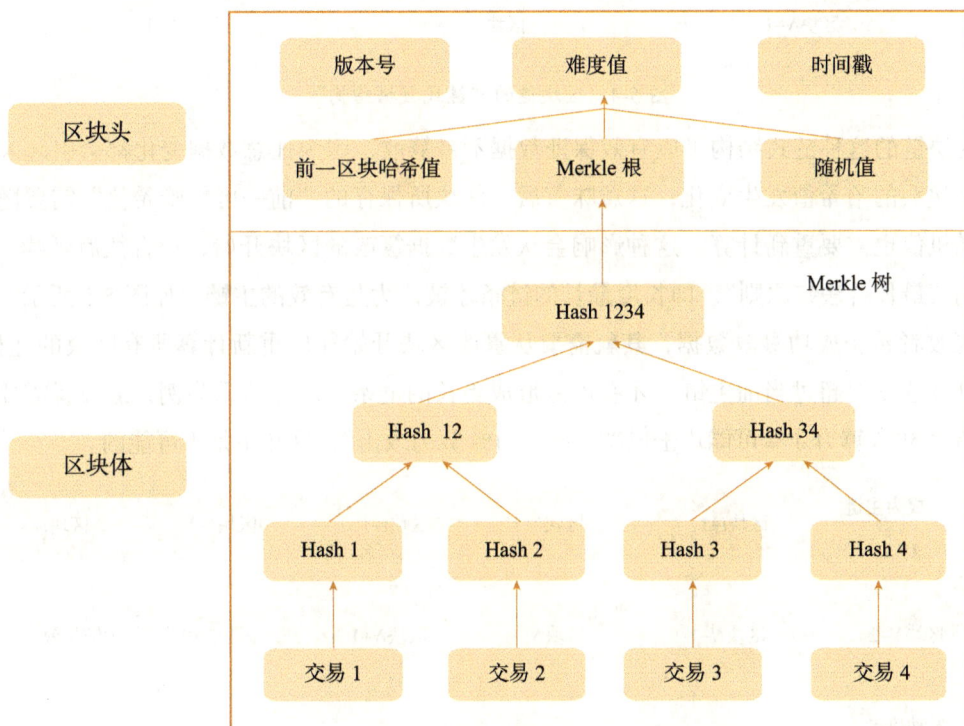

图 5-3　数据区块结构

首先，计算节点会运用哈希函数将原始交易记录转换为哈希值，之后再将哈希值两两组合，并通过哈希运算形成新的哈希值，直至产生最终的 Merkle 根。以 Merkle 树结构存储数据的好处在于可以快速验证交易数据是否被恶意篡改，因为任意交易数据发生变化都会引起对应的哈希值变化，从而引起 Merkle 根变化。随后，所有交易信息会简化为 Merkle 根的形式保存在区块头中。最后，计算节点会求解随机值，使得随机值、Merkle 根和前一区块哈希值的哈希运算结果小于或等于难度值，从而形成新的有效数据区块。此外，时间戳主要为区块信息提供可信的时间证明，而非对称加密技术则主要用于信息加密和认证。

全网节点判断区块是否有效主要包括三个方面：①检验随机值是否有效，随机值、Merkle 根和前一区块哈希值的哈希运算结果需要满足难度值要求；②检验前一区块是否有效，目前区块链的最后一个区块头信息的哈希运算结果需要与当前区块保存的"前一区块哈希值"一致；③验证交易是否有效，节点需要确认交易账户余额是否足够完成交易。如果新区块通过上述检验，就会被链接到已有区块链的末端，区块与区块之间同样运用哈希函数进行链接，即"前一区块哈希值"，如图 5-4 所示。

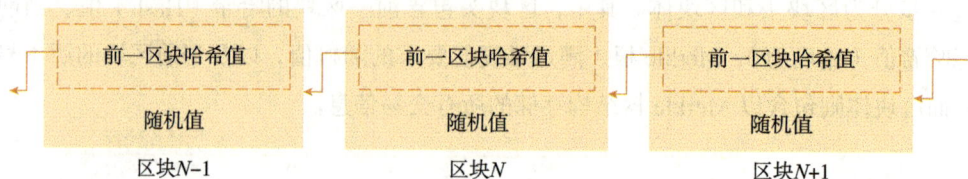

图 5-4　区块链的"链式数据结构"

区块链的这种链式结构可以有效保证数据不被篡改，因为任意数据变化都会引起 Merkle 根及区块头的哈希值发生变化，这意味着后一区块所保存的"前一区块哈希值"需要随之变化，随机值也需要重新计算。这种影响会从发生数据篡改的区块开始，一直往后延续。区块链采用"最长合法链原则"，即长度最长的链条才被认为是有效的主链。如图 5-5 所示，如果恶意篡改者希望成功篡改数据，其就需要从篡改区块开始往后重新计算所有区块的随机值，并且计算速度要超过当前主链，才有可能形成更长的链条。以比特币为例，篡改者需要同时控制超过 50% 算力才有可能攻击成功，即"51% 算力攻击"，这几乎是不可能的。

图 5-5　最长合法链原则

2. 网络层

区块链采用对等网络组网方式，即通过点对点（Peer-to-Peer）的形式完成网络搭建，每个节点的地位平等、功能相同，不存在中心化节点；任意节点都可以随时加入或者退出区块链网络，数据在节点之间直接传输。因此，网络层的传输协议采用 P2P 协议，每个节点都需要承担数据的验证、广播、证明和记录工作。交易记录或者新区块会以广播的形式在网络中传输，所有节点都在随时监听广播和验证接收到的信息，只有验证通过的信息，才会被监听节点继续广播（见图 5-6）。基于这些特征，信息在网络层的传播速度是指数级别的，有效信息会在数秒内传播至所有节点。

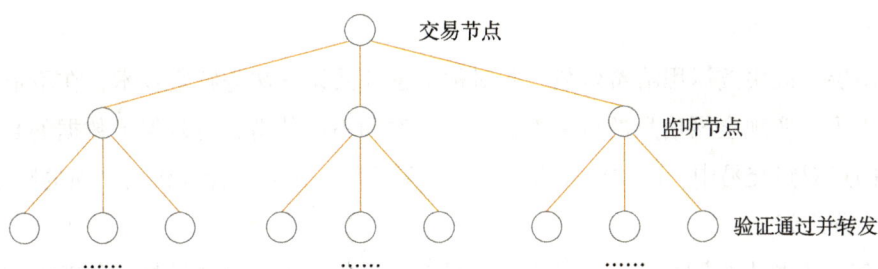

图 5-6　网络层通信广播

3. 共识层

在现实中，民主决策制度的主要优势是可以充分反映个体的意愿，但因为决策权比较分散，导致决策效率相对较低。与民主决策制度类似，区块链网络具有高度自治的特征，所有节点的地位相同且互不信任。在这种情况下，如何高效地达成共识是共识层需要解决的问题。

共识层主要通过共识算法推动全网节点在规定时间内对数据认知达成一致，并有效排除恶意节点的不良干扰。根据以太链创始人维塔利克·布特林（Vitalik Buterlin）提出的"区块链不可能三角"（Blockchain Trilemma），无论区块链共识层选择何种共识算法，都无法同时满足去中心化、可扩展性和安全性三项要求。不同类型的区块链平台基于不同的需要，在去中心化程度、可扩展性和安全性方面各不相同，因此各自选择的共识算法也有所不同。从实践来看，去中心化程度较高的区块链平台一般选择 PoW、PoS 和 DPoS 等共识算法；部分去中心化的区块链平台一般选择传统的 PBFT 共识算法；而去中心化程度较低的区块链平台则通常选择 Paxos 共识算法。本章 5.2 节将会对共识算法进行更为详细的介绍。

4. 合约层

智能合约从形式上可以简单理解为传统合约的数字化，其目的是在不依赖第三方可信机构的情况下，降低合约签订成本，提高合约的安全性。通过语言编程等技术手段，智能合约被转化为区块链系统可以识别的程序，在此基础上，合同约定的生效条件一旦触发，程序就会自动执行。

智能合约具有可编程的特点，通过将智能合约运用于区块链系统，可以提升区块链的扩展性，从而在一定程度上解决"区块链不可能三角"的难题。在比特币系统中，区块链编程语言是脚本语言，应用范围主要局限在交易的验证和执行方面。相比之下，在以太坊平台中，智能合约使区块链的编程语言更加完备，具备更好的可编程性，从而扩展了区块链技术的应用场景。

5. 应用层

在应用层，区块链运用哈希函数、非对称加密和共识算法等特定技术，在不依赖可信第三方的前提下，实现全网信息的可追溯、不可篡改和不可伪造，有效保证数据的真实性。在互不信任的点对点交易中，区块链技术可以有效降低信用风险，保障价值交换的顺畅和安全，应用场景十分广阔。

2019年，中共中央网络安全和信息化委员会办公室发布《区块链技术的五大应用场景》，分别为数字货币、金融资产交易结算、数字政务、存证防伪和数据服务。依据相关场景的实际需求，目前诸多应用平台已经被成功开发，如 Ethereum、Quorum、Corda 等。除了开发具体应用终端外，区块链应用层还包含为区块链应用开发提供服务的通用服务平台，如微软 Azure BaaS（Blockchain as a Service，区块链即服务）和 Linux 基金会发起的超级账本项目 Hyperledger。

上述对区块链平台架构的介绍有助于加深对区块链概念的直观理解。总体来看，区块链技术不是指某种单一的技术，而是涉及多种技术的协同运用，因此，学术界目前尚未对区块链的概念达成共识。不过，一般认为以下六个方面构成了区块链技术的核心特征：

1）去中心化，也称为分布式，即区块链网络采用分布式记账、传播和存储，不存在任何中心化节点，所有节点负有同等的权利与义务。

2）开放性，也称为公开透明，即任何人都可以通过节点查询在区块链中传播和存储的数据。

3）自治性，也称为自信任，即区块链通过共识算法等协议来规范系统运行，为数据交换营造可信环境，不需要任何第三方可信机构或其他的人为干预。

4）不可篡改性，即所有节点都拥有区块链存储的完整数据库，修改数据必须同时控制超过50%的节点，否则难以对存储数据进行篡改。

5）匿名性，即节点之间无须通过公开身份的方式建立信任基础，交易双方在匿名的前提下就可完成交易。

6）集体维护，即区块链系统的维护工作并不特别依赖某些节点，而是由全部具有维护功能的节点共同维护，并且任何节点都具有参与其中的权利。

5.1.2 区块链发展简史

区块链科学研究所（Institute for Blockchain Studies）创始人梅兰妮·斯万（Melanie Swan）在其2015年的著作《区块链：新经济蓝图及导读》（*Blockchain: Blueprint for a New Economy*）中提出了"区块链三阶段理论"，即按照区块链技术的发展和应用程度，可以将区块链的发展历程划分为三个阶段，即加密货币阶段（区块链1.0）、智能合约阶段（区块链2.0）和大规模应用阶段（区块链 3.0）。

1. 区块链 1.0：加密货币阶段

区块链 1.0 阶段是区块链技术发展的初级阶段，因为区块链应用主要集中在数字货币的开发与流通方面，也称为可编程货币阶段。比特币是这一阶段的典型代表。2008 年 11 月，化名为中本聪的学者在参与密码学小组讨论时发表了论文《比特币：一种点对点的电子现金系统》，首次提出区块链概念。2009 年 11 月，比特币系统正式运行，标志着区块链中的首个区块正式生成，这一区块也被称为"创世区块"。2010 年 5 月 22 日，世界首笔以比特币作为支付手段的现实交易诞生。当天，美国程序员拉斯勒·豪涅茨（Laszlo Hanyecz）在论坛中以 10000 比特币购买了价值 25 美元的比萨优惠券。随着比特币价值得到社会认可，加密数字货币的种类也日渐丰富。除比特币外，莱特币（Litecoin）、狗狗币（Dogecoin）和瑞波币（Ripple）等相继出现。其中，莱特币和狗狗币是比特币的代币，它们与比特币的技术原理相似，但资产价值更为轻量，例如狗狗币是较为流行的小费货币。同时，莱特币和狗狗币的交易确认速度要快于比特币，硬件要求也低于比特币。

在区块链 1.0 阶段，区块链技术通过应用于数字货币，实现了货币发行和流通的去中心化，这对传统中心化发行的主权货币造成了冲击。在区块链系统中，货币发行和流通记录被完整地保存在所有节点之中，货币的使用"有迹可循"，从而有效避免了货币伪造和双重支付（即"双花"）的问题。区块链通过技术背书代替中心机构背书，在实现去中心化的同时，提供了可信的交易环境，使交易主体可以在网络中安全有效地完成价值转移。在传统的货币运行机制中，电子货币仅仅只是货币的电子形式，这意味着以电子支付完成交易仍然需要银行等第三方机构参与结算；而在基于区块链技术的加密数字货币体系中，加密货币可以理解为现金，以加密货币完成交易意味着交易双方可以直接完成价值转移，而无须第三方的参与。

加密数字货币在货币发行和支付领域所激发的"破坏式创新"力量，引起了世界各国政府的高度关注，一些主要经济体的中央银行纷纷开始研究"央行数字货币"（Central Bank Digital Currency，CBDC）。2015 年 2 月，英格兰银行发布《银行研究议程》（*One Bank Research Agenda*），数字货币是其中一项重要的议程。该报告指出，数字货币所依赖的底层技术，其应用前景可能十分广阔，英国央行正考虑将此类技术应用于发行数字货币。2016 年 6 月，加拿大银行推出 Jasper 项目，该项目是全球首例由中央银行和私营部门合作发起的数字货币研究项目。2016 年 11 月，新加坡金融管理局推出 Project Ubin 计划，积极探索分布式账本技术在清算和结算领域的应用，并积极协助央行发行新加坡元的数字化代币。2020 年 8 月，美联储宣布已开展数字货币底层技术的相关测试。我国对央行数字货币的研究起步较早且进展较快。2014 年，中国人民银行成立法定数字货币研究小组。2020 年 4 月，央行宣布首批数字人民币试点地为深圳、苏州、北京、成都，此后试点地和应用场景不断扩大。在经过多轮测试之后，2022 年 1 月 4 日，数字人民币 App 的试点版也开始上线运行。

2. 区块链 2.0：智能合约阶段

区块链 2.0 阶段是区块链技术发展的中级阶段。随着区块链技术发展，区块链应用不再局限于数字货币，而是拓展至股票、债券以及期货等其他金融领域，因此这一阶段也被称为可编程金融阶段。智能合约应用是区块链 2.0 阶段最为显著的特征，以太坊则是这一阶段区块链平台的主要代表。2013 年 11 月，程序员维塔利克·布特林（Vitalik Buterin）在《以太坊：下一代加密货币和去中心化应用平台》（*Ethereum: A Next-Generation Cryptocurrency and Decentralized Application Platform*）中首次提出以太坊概念，并于 2015 年正式上线以太坊平台。

以太坊是对比特币系统的进一步完善与发展，它通过引入智能合约，在很大程度上改善了区块链技术应用的可扩展性。比特币系统使用脚本语言，但由于脚本语言缺乏循环语句和复杂条件控制语句，导致其难以开发其他应用场景，即比特币编程语言不具备"图灵完备性"（Turing Completeness）。所谓图灵完备性，可以简单地理解为在给定数据操作规则的前提下，使用者可以通过任意组合规则来实现计算机能够完成的所有功能。智能合约可以为区块链所有节点提供一致运转的规则，而以太坊正是通过支持智能合约运行，实现了区块链编程语言的图灵完备。开发者在以太坊平台内编写智能合约，可以将区块链技术应用于特定领域，而不仅仅是数字货币领域，从而使区块链技术的应用生态圈得到明显扩展。

与区块链 1.0 阶段相比，除了支持智能合约运行外，区块链 2.0 阶段还具有以下优势：①交易速度显著提升。比特币每秒能够处理的交易数量仅为 7 笔；而以太坊每秒可以处理数千笔交易。②能源消耗显著降低。比特币采用工作量证明的方法达成网络共识，每年消耗电力高达 184TW·h（1TW·h=10 亿 kW·h），超过中国三峡大坝一年的发电量；而以太坊采用权益证明的方法达成全网共识，可以摆脱对算力的依赖，使得电力消耗降低了 90% 以上。③参与门槛降低。比特币对计算节点的硬件设备要求较高，否则节点难以完成高频的工作量证明；而以太坊由于采用权益证明共识机制，参与节点只需要验证交易，不需要进行高强度计算，因此普通设备即可加入区块链网络。

区块链 2.0 阶段的应用生态圈从数字货币逐渐扩展至其他金融领域。2015 年 9 月，R3 区块链联盟正式成立，其成员包括花旗银行、汇丰银行、德意志银行等众多国际金融机构。中国平安于 2016 年 5 月宣布加入 R3 联盟，成为联盟首个中国成员。R3 的主要成员为银行，致力于构建满足银行业务需求的区块链平台，并为成员应用区块链技术提供平台支持。2015 年 10 月，纳斯达克正式推出基于区块链技术的私募股权金融服务平台 Nasdaq Linq。利用区块链技术，Linq 能够提高初创公司数据的透明性和真实性，同时减少手工处理流程，降低人工失误的发生概率。同月，瑞波公司（Ripple）提出 Interledger 协议，其本质上是一种跨链协议，旨在连接所有账本，为国际支付提供高效、安全和免费的转账渠道。2018 年，苹果公司（Apple）引入 Interledger 协议，期望帮助 Apple Pay 实现更好发展。2016 年 5 月，金融区块链合作联盟（简称金链盟）在深圳成立，其成员包括南方基金、安信证券和京东金融等多家金融机构，以及中国科学院计算技术研究所等科研院所。金链盟旨在提高联盟成员的区块链技术研发能力，开发区块链金融的应用场景。

3. 区块链 3.0：大规模应用阶段

区块链 3.0 阶段是区块链技术发展的高级阶段。在这一阶段，区块链的应用从金融领域逐渐扩展至几乎所有有使用需求的领域，并最终涵盖社会生活的方方面面，所以这一阶段又被称为"可编程社会阶段"。如果说区块链 1.0 阶段是以数字货币为代表的"过去式"，区块链 2.0 阶段是以智能合约为代表的"现在式"，那么区块链 3.0 阶段就是面向未来的"将来式"，因此无法用具象描述来概括这一阶段的特征。

不过可以预期的是，随着区块链技术的进一步发展和成熟，所有权、使用权、医疗过程、投票、仲裁等任何有记录价值的事物，在理论上均有望进入区块链，从而形成涵盖所有领域、所有地域的分布式记账网络。价值交换在分布式记账网络中无时不在、无处不在，互联网不再只是信息的高效流通，而是价值的高效流通，"价值互联网"正式取代"信息互联网"。区块链 3.0 阶段通过构建"去中心化"的价值互联网，可以解决社会生活领域存在的多种信任问题，直接实现"点对点"的资源配置，并进一步降低社会运行的成本。届时，区块链技术不仅能在物联网、法律、教育、艺术、医疗等领域内大放异彩，还能促进资源在法律、教育、医疗等领域进行大规模协作流转。

总体来看，展望未来，区块链技术有望成为"万物互联"的底层技术架构之一。特别是通过推动信息流转的公开、透明、可信，区块链技术可以以极低的成本重建社会信任的基础，在削弱第三方机构存在价值的同时，推动人类社会走向技术支持的高度自治，进而重构人类社会的组织和运行模式。

5.1.3　区块链的主要类型

随着区块链技术的发展，区块链的适用场景也不断丰富。由于不同适用场景的需求不尽相同，所以区块链网络的去中心化程度也有所差异。按照区块链网络节点的准入机制，区块链可以被划分为公有链、联盟链和私有链三种类型。

1. 公有链

公有链（Public Blockchain）是指没有任何准入限制，所有节点无须任何授权便可自主加入或退出的区块链网络。在公有链中不存在任何层级关系，所有节点地位相等，均可读取、转发、下载区块链内的全部数据，并通过共识机制共同维护网络的稳定性。从某种意义上讲，公有链是最符合区块链精神内涵的区块链类型，因为在公有链中没有任何特殊节点可以控制全网数据的传播与存储，真正实现了"完全去中心化"。

概括而言，公有链具有以下三个方面的特点：

1）访问门槛低，即节点加入公有链不需要得到任何授权，只需要拥有满足公有链共识机制所要求的硬件设施即可。特别是随着区块链共识算法的不断改进，其对硬件设施性能的要求进一步降低，目前一台普通的联网设备便能满足公有链的访问要求。

2）交易数据公开透明，所有节点的历史交易记录、账户资金来源与去向等信息均可以在区块链中查阅和追溯。交易数据的公开透明与区块链天然的匿名性并不冲突，因为匿名性是指非实名，而数据的公开透明并不会暴露交易主体的真实信息。交易数据的公开透明可以有效解决陌生节点之间的信任难题，从而为点对点的交易提供可信的交易环境。

3）不受开发者控制，在公有链被开发出来之后，开发者并不会因为其开发者的地位就可以对区块链网络进行控制，也不享有任何优于其他节点的特权。在公有链中，没有任何节点可以单方面篡改数据，要想修改数据，必须控制超过50%的算力才有可能。

公有链的主要不足是交易确认速度慢，这在一定程度上限制了其应用范围。因为公有链没有准入限制，所以参与网络维护的计算节点会越来越多，这会导致计算满足目标哈希值的随机值的难度越来越大。根据区块链的工作机制，含有合意随机值的区块才有可能被全网接受，这样区块内的交易才能被全网确认。比特币和以太坊就是典型的公有链。比特币为了维护系统稳定性，会动态调整随机值的计算难度，以保证将有效区块的形成时间控制在10分钟左右，但这也意味着比特币的交易确认时间需要10分钟左右。根据以太坊创始人维塔利克·布特林的透露，以太坊在建设2.0版本之前，确认一笔交易需要几分钟，但随着区块链技术和共识算法的改进，公有链交易确认速度慢的瓶颈有望取得突破。例如，升级后的以太坊2.0平台，交易确认时间将仅需3~6秒。

公有链因为没有准入限制，也被称为非许可链。除了上述以比特币和以太坊为代表的数字货币领域之外，公有链还适用于任何对可信环境和数据安全有较高要求的应用场景，如知识产权、学历认证、资产注册、医疗服务、选举投票和云计算等。

2. 联盟链

联盟链（Consortium Blockchain）是指存在准入限制，只有得到授权的节点才能加入或退出的区块链网络。在联盟链内，节点的地位并非完全平等，因为依据联盟规则，不同的节点将拥有不同的数据读取权限。具体而言，联盟链内的部分节点会被指定为"计算节点"，负责维护共识机制，享有记载存储数据的"记账权"；而计算节点以外的普通节点则只能查询或产生交易数据。在联盟链体系内，普通节点的信用其实来自计算节点的信用背书（即计算节点存储数据的真实性）。不过，由于存储数据的真实性是由一定数量的计算节点通过共识机制共同保证的，而非由某一节点单方面保证，因而联盟链也实现了"部分去中心化"。

联盟链具有可控性较高、交易速度较快和数据隐私性较强等特点。在可控性方面，联盟链更容易实现数据修改。在公有链中，修改数据是难度很高的事情，因为修改者需要同时控制超过 50% 的算力才有可能成功修改数据。数据不可篡改的特点虽然可以保证存储数据的真实性，但也存在着一些不足。例如，公有链如果遭受恶意攻击并且攻击成功，那么全网恢复真实数据需要控制超过 50% 的算力；类似地，如果节点因操作问题错误地发生了一笔交易，那么想要撤销这笔交易，同样是非常困难甚至是不可能的。相比之下，联盟链内的计算节点有限，只需要大部分的计算节点之间达成共识，数据便可以被成功修改。在交易速度方面，联盟链处理和确认交易的速度远远高于公有链，主要是因为联盟链内计算节点数量有限，更容易达成共识。在数据隐私性方面，联盟链内存储的数据只向得到授权的节点公开，因而具有较强的隐私性。

不过，计算节点有限在成就联盟链上述特点的同时，也存在权力相对集中和硬件设施要求比较高等方面的不足。权力集中容易引发系统信任危机，因为一旦计算节点选择失当，联盟链就有可能被计算节点联合控制并恶意利用，导致数据的真实性难以保证。此外，由于共识机制依赖少数节点的维护，这会导致计算节点的工作量较大，从而对联网设备的性能提出更高的要求。

联盟链设有准入限制，节点得到授权才能加入网络，因此它也被称为许可链。顾名思义，联盟链就是开发者之间的"联盟"，因此，联盟协议需要开发者共同制定，联盟成员的加入或退出也需要得到开发者的共同许可。联盟链的这些性质使其比较适用于跨组织协同或数据资源共享等场景。在实践中，超级账本和 R3 是比较典型的联盟链应用案例，联盟成员将数据库链接至共同的分布式账本，以实现资源共享和价值交换。2022 年 5 月，中国最高人民法院发布《最高人民法院关于加强区块链司法应用的意见》，明确指出联盟链是最适合我国司法活动应用场景的区块链类型。除此之外，联盟链的适用场景还包括数据交易中心、电子函证、多方对账及供应链金融等。

3. 私有链

私有链（Private Blockchain）是指某个组织或机构内部使用的区块链网络。相较公有链和联盟链，私有链设有最为严格的准入限制，一般主要满足组织或机构内部的使用需求，因此，数据的读取权限可能不会对外开放，或者只在一定程度上对外开放。同时，数据书写权限（即记账权）会受到更为严格的限制，只有机构的内部节点才有可能获得书写权限。例如，在一些应用场景下，组织或者机构自身掌握着数据的书写权限，而其他所有节点只拥有数据的读取权限。私有链因为完全受到单一组织或机构的控制（即存在中心化管理节点），所以不具备去中心化特征。

相较公有链和联盟链，私有链的主要优点包括：①交易速度更快。只需要中心化节点或少数拥有记账权的节点形成共识，便可以确认交易。②运行成本更低。私有链中的计算节点数量稀少，不需要投入大量硬件设备，也不需要消耗大量的电力进行运算。③隐私保护更好。因为私有链存储的数据并不公开透明，只有获得读取权限的节点才能查阅相关数据。④数据安全性更高。由于记账权高度集中，任何数据变动都能及时发现，在这种情况下，即使遭遇恶意攻击，计算节点也能迅速弥补漏洞。不过，私有链的上述优点同时也是其潜在的缺陷所在：中心化节点的存在，与作为区块链"初衷"之一的"去中心化"思想相悖；同时，在私有链中，由于节点权力高度集中，缺乏有效的制衡机制，一旦权力使用失当，就会给私有链的正常运行带来致命打击。

私有链设有最为严格的准入限制，因此也被称为"许可链"。私有链一般被认为是中心化机构完善内部管理机制的工具，主要适用于对数据保密性要求较高的组织或机构，如金融机构可以使用私有链存储和更新其数据库。此外，私有链可以安全准确地记录企业活动，因而在审计领域也大有可为。在内部审计方面，企业可以将下属部门及分公司作为节点纳入私有链，从而真实掌握其活动数据，提升内部审计的质量；在外部审计方面，企业可以授权第三方审计机构数据读取权限，从而提高第三方机构的审计效率，减少手工作业时间。此外，政府部门统计或投票选举也可以使用私有链，即由政府部门作为唯一指定的记账节点，而其他节点则只有产生数据的权限。除了上述应用场景之外，私有链还可以作为公有链或者联盟链的"测试链"，用于在公有链或者联盟链上线新功能之前，对新功能的安全性和稳定性进行测试。

表5-1对公有链、联盟链和私有链的主要特点和差异进行了概要性的比较。

表5-1　公有链、联盟链和私有链的对比

类型	公有链	联盟链	私有链
准入限制	所有节点无须任何授权即可自由加入或退出	节点加入或退出需要得到授权	完全封闭
去中心化程度	完全去中心化	部分去中心化	中心化
数据书写权限	所有节点	指定的计算节点	一般为组织或机构自身
数据读取权限	所有节点	加入联盟的节点	取决于授权
优点	访问门槛低 交易数据公开透明 不受开发者控制	可控性较高 交易速度较快 数据隐私性较强	交易速度更快 运行成本更低 隐私保护更好 数据安全性更高

（续）

类型	公有链	联盟链	私有链
不足	交易确认速度慢	节点权力集中 硬件设施要求高	不符合区块链"去中心化"思想
适用场景	缺乏信任的应用场景	需要跨组织协同或者数据资源共享的应用场景	对数据保密性要求较高的应用场景
典型案例	比特币	超级账本	财务审计

最后需要指出的是，依据准入机制将区块链划分为公有链、联盟链和私有链是最为常见的分类方式，但不是唯一的方式。事实上，区块链还有多种不同的划分标准。例如：①依据应用范围，区块链可以划分为基础链和行业链，前者可以理解为提供通用开发工具的区块链平台，而后者则是为适应行业特殊需求而开发的区块链平台；②依据原创程度，区块链可以划分为原链和分叉链，前者是指具有原创研发特征的区块链，而后者则是由原链分叉而成的区块链；③依据独立程度，区块链可以划分为主链和侧链，前者是完全独立运行的区块链，可以理解为城市内并行的主干道，而后者则通过锚定主链某一节点而与主链相互联系，可以理解为将主干道相连的分支干道；④依据层级关系，区块链可以划分为母链和子链，后者是在前者基础上开发出来的区块链。

5.2　区块链的关键技术

分布式账本、密码学、共识机制和智能合约通常被认为是区块链的四大核心技术。其中，分布式账本为区块链初步搭建了数据存储框架；而密码学则负责决定数据以何种方式进入上述框架；共识机制负责统筹协调全网节点，促进节点对数据形成共识，确保数据存储的一致性，被形象地称为区块链的"灵魂"；智能合约主要负责维护区块链秩序，执行数据协议，提高区块链的可编程性，进而拓展区块链的应用生态圈。

5.2.1　分布式账本

分布式账本技术（Distributed Ledger Technology，DLT）是实现数据在成员间共享、复制以及同步更新的记账技术，也被称为分布式账本或共享账本（Shared Ledger）。分布式账本不存在任何中心化的管理机构，每位成员都拥有一份账本副本，并且存储数据的成员广泛分布于不同的地理位置，如图 5-7 所示。

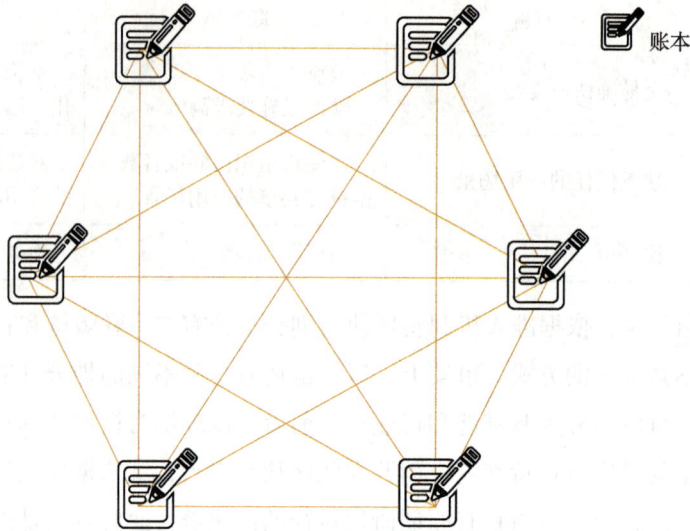

账本

图 5-7 分布式账本

　　分布式账本依赖点对点网络实现数据共享，依赖共识机制实现数据更新，本质是去中心化的数据库。在传统的数据存储模式中，不同成员存储不同的数据，并且向中心化机构上传数据，而中心化机构则负责汇总数据形成完整数据库，并向有数据使用需求的成员分配数据。在这种模式下，中心化机构存在篡改和丢失数据的重大风险，可能会对成员造成不利影响。相比之下，分布式账本将完整账本保存于每位成员的手中，即使某个成员保存的数据丢失或者被篡改，其他成员也能及时恢复数据，从而有效维护账本的完整性。

　　分布式账本技术具有高效、透明、开放和智能的特点。在效率方面，分布式账本可以缩短数据流通时间，有助于简化交易流程、提升交易效率。在传统记账模式中，如果一笔交易涉及不同机构或者不同国家，交易数据的更新就需要经过多个主体和多个环节确认，而不同主体和不同环节的工作效率存在差异，这意味着交易确认时间的延长。相比之下，分布式账本技术可以有效消除数据更新的中间环节，从而使交易数据在短时间内分享至所有记账成员，这样一经达成共识，便可以对账本进行更新。在透明度方面，分布式账本向所有成员公开，任何成员都可以查阅账本，这种高度的透明性有助于确保数据安全，因为所有成员都可以监管数据以防止数据被篡改。在开放性方面，任何主体都可以参与到分布式记账过程中，并获得既往账本，这意味着分布式账本技术具有高开放性的特点。在智能化方面，分布式账本技术以代码取代人工，在提升记账效率的同时，有效降低了人工操作风险。

　　作为分布式账本的一种典型应用，区块链在本质上就是一种分布式账本技术。不过，分布式账本技术的应用远不止区块链，还包括哈希图（Hashgraph）、有向无环图（Directed Acyclic Graph，DAG）、全链（Holochain）等。这些技术或应用旨在突破区块链的低扩展性和高运行成本约束，从而为数据的存储提供新的"分布式"解决方案。专栏 5-1 提供了一个对哈希图的简要介绍。

专栏 5-1

哈希图简介

哈希图是一种新的分布式账本技术，可以提供类似于区块链的解决方案，但使用不同的共识机制来传输信息并确认网络内的交易。哈希图的共识算法由利蒙·贝尔德（Leemon Baird）博士发明。它的共识达成机制与区块链完全不同。区块链就像一颗有主干的树，要不断地剪掉枝杈，保持主干的健壮成长。这与区块链本身的共识机制内在相关，因为只有剪掉枝杈，才能防止分叉失控。区块链通过区块的链接形成单一合法主链，如果有分叉，例如两个矿工同时创建两个区块，区块链最终选择其中的一个区块，另一个则会被抛弃，即剪掉枝杈。而哈希图则完全不同，它不仅不剪枝，而且还会让枝杈编织交错。哈希图的每个事件（类似于"区块"）都不会被抛弃，所有枝杈都持续存在，最终重新组合成为一个整体。从哈希图的角度来看，这是一种更有效率的数据结构。

哈希图的这种数据结构还可以避免区块链数据结构的一个问题：出块时间间隔设计。在区块链中，为了保证安全，如果新区块产生的时间间隔过短，会产生很多枝杈，如果来不及修剪就会出问题。所以，比特币通过 PoW 机制，将区块产生的时间控制在 10 分钟左右，由此降低区块的产出速度，但这也不可避免地造成了交易吞吐量的瓶颈。哈希图的解决方法是不抛弃事件，结构的增长不受限制。任何人都可以创建交易，这样，交易吞吐量就会大增。从这个角度来看，哈希图提出了新思路：它无须修剪，而是试图用新的数据结构和共识算法实现更高的交易速度。哈希图的共识机制包括两个主要部分："八卦"网络（Gossip about Gossip）和虚拟投票（Virtual Voting）。

（1）"八卦"网络　"八卦"网络协议类似于办公室的"八卦"传播，只要两个人之间"八卦"某条信息，很快所有人都会知道该信息。在哈希图中，每个节点都传播新交易，同时也从临近节点接收交易。某个节点收到新交易之后，可能会组合其他交易，生成一个新事件并传播出去。事件有两个哈希：一个指向该节点上次的最新事件，另一个指向该节点收到的另一个节点的最新事件，之后对整个事件加上"时间戳"并签名。通过不断地循环广播，直到所有节点都获得相同的信息。八卦算法无法保证某个时刻所有节点的状态一致，但能保证在最终的某个时刻，所有节点都能对某个时间点前的历史达成一致。

（2）虚拟投票　哈希图节点"八卦"的内容不仅包括新交易，也包括节点间的"八卦"历史记录，每个节点可以通过"八卦"来维护一个哈希图。节点会计算其他节点在特定的哈希图中如何投票，而无须进行真实投票，因而可以免去大量的通信。大体来说，在前述的"八卦"网络中，事件会指向自己的最后一个事件以及信息来源节点的最后一个事件；接下来对所有已知事件计算其创建的轮次，确定其是否为该轮次内的见证人事件，然后对所有见证人事件进行选举投票，计算出知名见证人。通过知名见证人，便可以确定所有事件的接受轮次，然后通过接受轮次和共识的"时间戳"进行虚拟投票。虚拟投票最终决定共识顺序。哈希图的投票算法之所以称为"虚拟投票"，是因为该投票不要求发送额外信息便可虚拟计算出投票。

从理论来看，哈希图的吞吐量较大，它的主要限制来自带宽。如果带宽良好，哈希图系统理论上可以处理非常大的吞吐量。在哈希图看来，如果有快速的家庭互联网连接，它将有机会达到 VISA 网络级别的全球交易性能。不过，最终的吞吐量不仅取决于分布式共识算法和带宽，还取决于节点数量以及节点的地理分布等。同时，这里的讨论尚未包括处理交易的事件。如果每个交易都需要数字签名，这就需要相应的算力来验证每秒数十万的数字签名。此外，如果交易要存储"千兆字节"的文件，那么带宽的限制就会极大地降低系统速度。总之，考虑到实际的运行环境，真实的每秒事务处理量可能会有所下降。但相对于区块链每秒不到 100 的事务处理量而言，哈希图有机会达到几万甚至数十万的处理量，这已经是一种质的突破了。

（资料来源：以上内容摘编自互联网公开资料。）

5.2.2　密码学

密码学是研究密码编制和破译的学科，主要致力于保证信息在传输过程的机密性、完整性和不可否认性。其中，机密性是指信息以隐匿形式传输，即使第三方截取信息，也无法得知信息的真实内容；完整性是指信息在传输过程中不会发生变动和不会被篡改；不可否认性是指参与者无法否认自己的真实身份，也无法否认自己发送或者接收信息的行为。密码学技术可以保证区块链所存储数据的隐私性和真实性，是区块链解决信任问题的关键技术，因此被称为"区块链基石"。区块链使用的密码学核心技术主要包括哈希算法和非对称加密算法，前者可以有效保证交易信息的不可篡改性，而后者则用于加密和认证，以确保交易信息的不可否认性。

1. 哈希算法

哈希（Hash）算法又称散列算法，它可以将任意长度的二进制值映射为长度较短且固定的二进制值，映射后形成的二进制值，即哈希值（或散列值）。经过哈希运算，任意长度的原始信息都会被转换为固定长度的哈希值（由字母和数字组成）。哈希算法主要用于生成交易摘要和前块哈希，并以新区块包含前块哈希的形式将区块链接起来，形成链式数据结构。基于上述哈希算法的特有性质，任何交易信息的修改都会引起交易摘要和前块哈希发生改变，这意味着任何数据篡改行为都会即刻被全网节点发现且无法通过验证。

（1）哈希算法的性质　哈希算法具有抗哈希碰撞、原哈希值隐藏以及相关性不可预测等特性。

1）抗哈希碰撞。抗哈希碰撞是指不存在两个不相同的输入值，经过哈希算法运算之后会输出相同的哈希值，即不存在 $X \neq Y$，使得 $H（X）=H（Y）$。抗哈希碰撞是哈希算法期望达到的理想性质，但实际设计出来的哈希算法很难达到这一要求。以哈希算法 SHA-256 为例，该算法的输入值具有无限种可能，但输出值却只有 2^{256} 种可能，由于输入值数量远远大于输出值数量，依据"第一抽屉原理"，必然存在 $X \neq Y$，使得 $H（X）=H（Y）$。

所谓"第一抽屉原理"，是指如果把数量为 N 的物品放入到数量为 n 的抽屉中（其中 $N>n$），那么至少有一个抽屉被放入物品的数量不小于 2。不过在现实世界中，刻意寻找哈希值相同的两个输入值是极其困难甚至是不可能的，这是因为完成如此目标需要高效的算法和强大的计算能力，目前尚不存在此类算法和计算机设备。

抗哈希碰撞可以两种，分别是弱抗哈希碰撞和强抗哈希碰撞。弱抗哈希碰撞是指给定输入值 X，寻找不同的输入值 Y，使得 $H（X）=H（Y）$ 在计算上是不可能的（或极其困难的）；强抗哈希碰撞是指寻找输入值 $X \neq Y$，使得 $H（X）=H（Y）$ 在计算上是不可能的（或极其困难的）。

哈希算法的抗哈希碰撞性质，主要被应用于验证区块链中的数据是否被篡改。交易信息均以哈希值的形式存储在区块链中，如果需要验证其是否被篡改，只需要将交易信息再次哈希，并将新哈希值与存储的哈希值进行对比即可：如果前后哈希值一致，说明交易信息未被篡改；反之，如果前后哈希值不一致，则说明交易信息已经被篡改。

2）原哈希值隐藏。原哈希值隐藏也被称为哈希算法的单向性，即给定输入值 X，计算输出值 $H（X）$ 是非常容易的，但给定输出值 $H（X）$，计算输入值 X 却是极其困难的。以概率形式表示哈希算法的原哈希值隐藏性质，即 $P（X \rightarrow H（X）） \rightarrow 1$，$P（H（X） \rightarrow X） \rightarrow 0$。

以哈希算法 SHA-256 为例，在理论上，该算法的输入值种类要远远大于输出值种类，这会进一步增加从 $H（X）$ 逆推 X 的难度。哈希算法的单向性意味着任何人都无法通过哈希值来破解原始数据，从而有利于数据隐私的保护。

3）相关性不可预测。哈希算法的相关性不可预测是指给定输入值 X，在哈希运算结果尚未出来之前，任何人都无法预知 $H（X）$ 的具体值或者可能阈值。哈希算法不会显示输入值和输出值之间的任何相关性，输入值的任何细微变动都会引起输出值的显著变化，如图 5-8 所示。

相关性不可预测主要被用于区块链的工作量证明共识机制。正如前文所述，节点需要通过计算满足难度值的随机值，才能生成有效区块并获得记账权。难度值即目标哈希值，记为 H。节点需要计算随机值 X，使得前块哈希、Merkle 根和随机值的哈希运算结果 H（前块哈希，Merkle 根，随机值）$\leq H$。

输入值

输出值

| 1234 | 哈希运算 | 81DC9BDB52DO4DC2OO36DBD8313ED |

| 1235 | | 9996535EO7258A7BBFD8B132435C5962 |

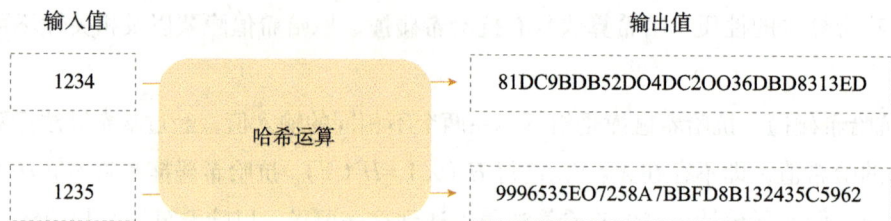

图 5-8　哈希算法示例

如果哈希算法的输入值和输出值之间存在相关性，节点就可以根据难度值锁定随机值阈值，从而降低证明工作量，这相当于间接降低了篡改数据的难度。因为哈希算法的相关性不可预测，所有节点都需要以遍历方式寻找随机数，这就在很大程度上维护了节点之间的公平性。

（2）哈希算法的分类　哈希算法并非特指某一具体算法，而是对符合上述性质的算法的总称。依据哈希碰撞发生概率，哈希算法可以分为普通哈希算法和加密哈希算法。二者都满足哈希算法的性质，但普通哈希算法对发生哈希碰撞情况的容忍度更高，因而适用于输入值数量较少或者对数据安全要求不高的应用场景。相比之下，加密哈希算法发生哈希碰撞情况的概率几乎为零，但运算速度低于普通哈希算法。区块链对数据安全的要求较高，因此采用了加密哈希算法。MD5 算法和 SHA 算法是目前最为流行的两种加密算法。

1）MD5 算法。MD5 算法的全称为 MD5 信息摘要算法（Message-Digest Algorithm MD5），它可以将输入值映射为 128 位的哈希值。该算法由美国密码学家罗纳德·李维斯特（Ronald L. Rivest）开发，并于 1992 年公开。1996 年，该算法经证实可以被破解。2004 年，该算法经证实存在哈希碰撞。

2）SHA 算法。SHA（Secure Hash Algorithm）是由美国国家标准与技术研究院（NIST）和美国国家安全局（NSA）开发的加密哈希算法族，主要包括 SHA-1、SHA-2 和 SHA-3 三代成员。SHA-1 已经被证实不具备"强抗哈希碰撞"。SHA-2 是对 SHA-1 的改进，极大提升了算法安全性，目前尚未发现存在明显弱点。SHA-2 主要包括 SHA-224、SHA-256、SHA-384 和 SHA-512 四种算法，其中 SHA-256 是比特币使用的哈希算法，该算法将输入值映射为 256 位的哈希值。SHA-3 采用不同于 SHA-1 和 SHA-2 的算法原理，其内部结构与之前的 SHA 系列存在较大差异。SHA-3 基于可扩展输出函数，可以实现输出任意长度的哈希值，这有助于提升哈希算法的安全性和灵活性，是以太坊的基础加密算法。值得注意的是，SHA-3 是对加密哈希算法工具箱的丰富，并为开发加密哈希算法提供了新的技术视角，但不是为了替代 SHA-2，两者的安全性级别都能满足现有的应用需求。

2.　非对称加密算法

对称加密算法和非对称加密算法都是典型的加密方法，两者的主要区别在于密钥数量不同。所谓密钥，即加密或者解密的钥匙。通过密钥，信息可以被加密或者解密。对称加密算法是传统加密方法，它对信息进行加密或解密时，使用相同的密钥，即只存在一把密钥；而非对称加密算法是现代加密方法，它对信息进行加密和解密时，使用不同的密钥，即存在一对密钥。

非对称加密算法使用的一对密钥分别为公开密钥（Public Key，简称公钥）和私有密钥（Private Key，简称私钥）。私钥可以解密由公钥加密的信息，公钥也可以解开由私钥加密的信息。对称加密算法采用单一密钥，意味着同一密钥体系中的所有加密者和解密者都需要保存密钥。参与保存密钥的主体越多，密钥泄露的风险就相应越大。同时，密钥在传送至解密者的过程中，也面临拦截和丢失的风险。密钥在保存和传递过程中存在的泄露风险降低了对称加密算法的安全性，而非对称加密算法则较好地解决了这一问题。

（1）非对称加密算法的原理　假定存在主体 A 和主体 B，且 A 和 B 之间存在加密通信需求。A 基于非对称加密算法生成一对密钥：私钥 A 和公钥 A。同样，B 的专属密钥为私钥 B 和公钥 B。顾名思义，私钥为个人保存的密钥，而公钥则是可以公开的密钥。为了完成加密通信，A 将“公钥 A”分享至 B，而 B 将“公钥 B”分享至 A。非对称加密算法保证了以私钥推导公钥或者以公钥推导私钥的行为在计算上是困难的，因此公钥在传递过程中无须担心泄露问题。

如果 A 需要传递信息给 B，那么 A 就可以使用“公钥 B”对信息进行加密，而 B 在接收到加密信息后，则以“私钥 B”进行解密；如果 B 需要回信给 A，那么 B 就可以使用“公钥 A”对回信进行加密，而 A 则在收到回信后以“私钥 A”进行解密。当主体 C 参与到通信网络之中，C 可以生成“私钥 C”和“公钥 C”，并将“公钥 C”传递至 A 和 B。A 以“公钥 C”对信息进行加密，而 C 则在接收到加密信息后以“私钥 C”进行解密。以此类推，任何新增的通信主体均采用同种方式进行通信加密，如图 5-9 所示。

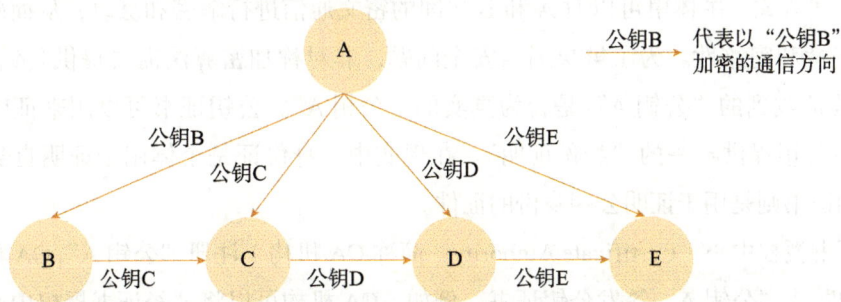

图 5-9　非对称加密通信网络

非对称加密算法虽然解决了密钥在传递过程中可能被泄露的问题，但同时也引入了公钥可能被替换的问题。在上述模型中引入主体甲，甲通过技术手段横亘于 A 和 B 的通信网络之间。"公钥 A"在从 A 传递至 B 的过程中被甲故意截取，甲将"公钥 A"替换为"公钥甲"，并以 A 的名义将"公钥甲"送达 B；同样地，"公钥 B"在从 B 传递至 A 的过程中被甲替换为"公钥甲"，并继续以 B 的名义送达 A。从 A 的角度，他并不知道公钥已被替换，因此认为"公钥 A"已经安全送达 B，并且自己接收到了正确的"公钥 B"；B 也是如此认为。事实上，A 和 B 接收到的公钥都是"公钥甲"，而甲则保留了真正的"公钥 A"和"公钥 B"。

当 A 和 B 之间进行加密通信时，A 使用名义上的"公钥 B"（事实上是"公钥甲"）对信息进行加密。密文在送达 B 之前被甲截获，甲以"私钥甲"解密信息，就可以获知信息真实内容。随后，甲利用真正的"公钥 B"将信息加密并送达至 B，B 则以"私钥 B"解密信息。同样地，B 发送至 A 的信息也会被甲解密并重新加密。这一过程如图 5-10 所示。

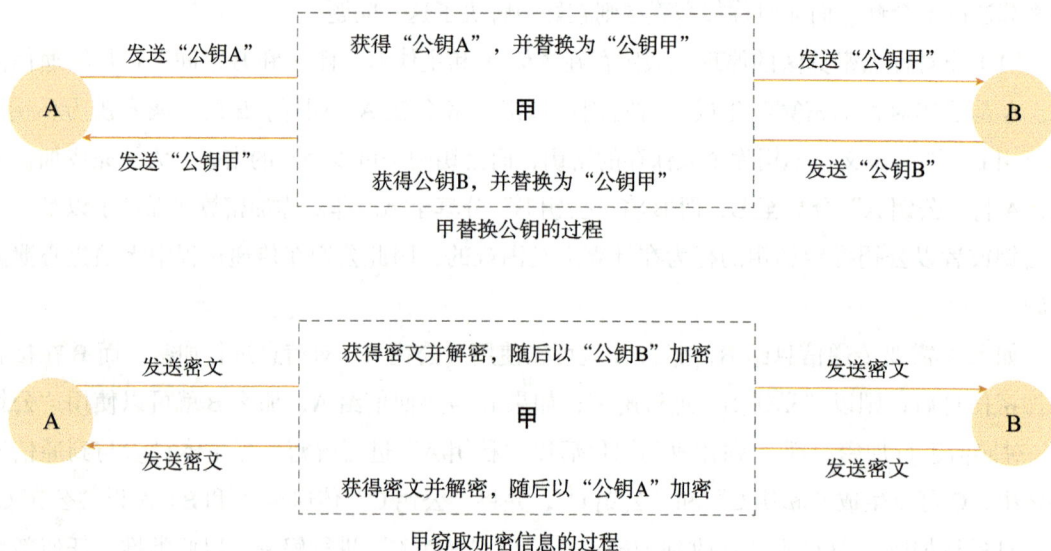

图 5-10　非对称加密算法的安全隐患

通过上述方式，主体甲可以对 A 和 B 之间的密文通信进行解密和篡改，从而破坏了密文通信的机密性和完整性。为了解决通信安全问题，非对称加密算法需要提供公钥验证机制，即 B 可以验证收到的"公钥 A"是否为真实的"公钥 A"。公钥证书可以用来证明公钥所属权，从而为公钥提供唯一的"身份证明"。在现实中，身份证是个体用于证明自身身份的证件，而公钥证书则是用于证明公钥身份的证件。

A 在证书授权中心（Certificate Authority，简称 CA 机构）注册"公钥 A"，CA 机构以"私钥 CA 机构"为"公钥 A"签发公钥证书。例如，CA 机构可以将"经证书授权中心认证，该公钥确为 A 的公钥"通过"私钥 CA 机构"加密并签署在证书中。B 在使用"公钥 A"之前，可以先在 CA 机构查询公钥证书，并以"公钥 CA 机构"解密 CA 机构签名，即可确认"公钥 A"是否确为 A 的公钥，如图 5-11 所示。

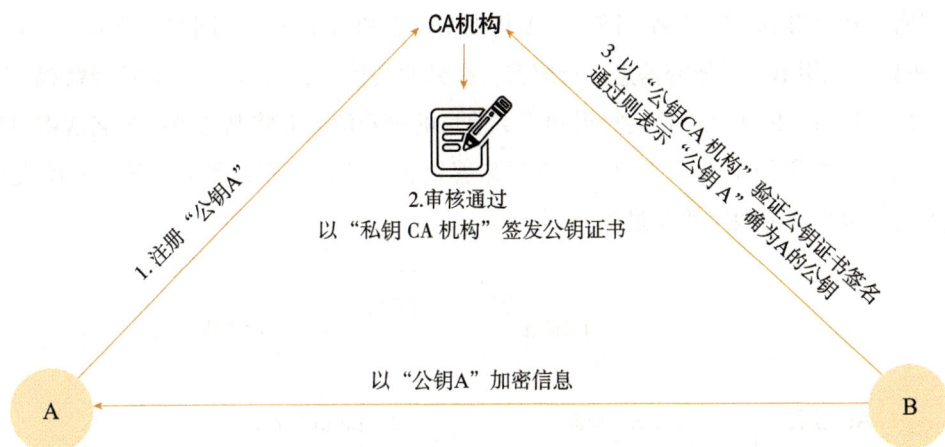

图 5-11　公钥证书机制

公钥证书在一定程度上解决了公钥在传输过程中被替换的问题，但没有完全解决。因为 CA 机构的公钥在传递过程中也面临被替换的可能，甲可以使用同样的方式替换"公钥 CA 机构"，进而将自身伪装为 CA 机构。这意味着，CA 机构也需要证明自身的合法性，也意味着 B 在验证公钥证书之前需要先验证 CA 机构是否为真的证书授权中心。

以购买图书为例，图书封面通常贴有防伪标签，消费者可以通过防伪码查询网站来验证该图书是否为正版。但防伪码查询网站本身也有可能被伪造，因此，消费者需要在网站真伪查询平台上进一步对防伪码查询网站的真伪进行验证。类似地，由于网站真伪查询平台也有可能被伪造，故而整个验证过程会出现层层嵌套、循环往复、没有尽头的情况。

为了解决证书授权中心的信任问题，需要一家几乎不可能被伪造的最高级别机构来提供认证，从而为验证链条画上比较完美的句号。这家机构被称为"根 CA 机构"。而"公钥根 CA 机构"几乎不可能被替换，因为其在加密通信网络组建之初就被内置于该体系之中。例如，区块链网络在创建时就将"根 CA 机构"内置，从而解决了证书授权中心的可信问题。区块链内的"根 CA 机构"主要负责为公钥签发公钥证书，它不受开发者控制，也不参与任何节点活动，因此也并不违反"去中心化"的初衷。

（2）非对称加密算法的签名和验证　通过公钥证书，加密信息的机密性和完整性得到了保证，主体 A 和主体 B 便可以开始使用公钥进行通信。为了实现加密信息的不可否认性，非对称加密算法被进一步应用于数字签名。数字签名又称为公钥数字签名，是信息发送者的身份证明。数字签名的作用主要体现在以下两个方面：①证明信息确由本人所发，而不是由第三者冒名发送；②避免信息发送者事后反悔，不承认其发送过信息。

数字签名包括签名和验证环节（见图 5-12），主要利用非对称加密算法和哈希算法。下面以主体 A 发送信息并签名、主体 B 接收信息并验证签名为例进行说明。首先，A 以"公钥 B"对明文信息进行加密；其次，A 通过哈希运算求出明文信息的哈希值，并以"私钥 A"对哈希值进行加密，从而形成数字签名；随后，A 将加密信息和数字签名一同发送给 B。在接收到信息后，B 先以"私钥 B"对加密信息进行解密，得到明文信息；再以"公钥 A"解密数字签名，得到哈希值。最后，B 通过哈希运算得到明文信息的哈希值，并将其与数字签名解密得到的哈希值进行对比。如果两个哈希值相等，则意味着签名有效；否则，签名无效。对明文信息求哈希值的过程也被称为数字摘要过程。

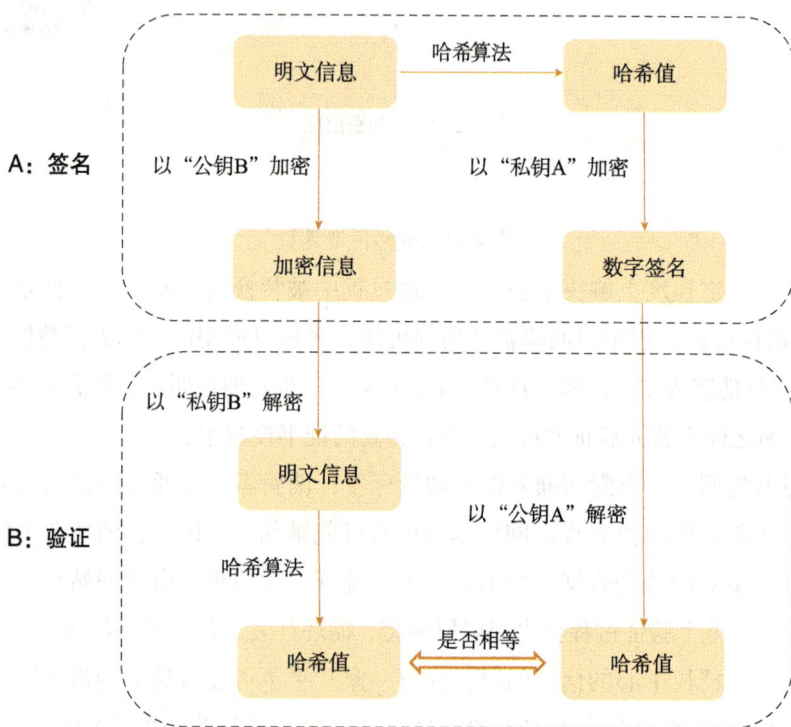

图 5-12 数字签名和验证

（3）非对称加密的经典算法　非对称加密的经典算法主要包括 RSA 加密算法、DSA 加密算法和 ECC 加密算法。

1）RSA 加密算法。RSA（Rivest-Shamir-Adleman）加密算法是 1997 年由麻省理工学院的罗纳德·李维斯特、阿迪·萨莫尔（Adi Shamir）和伦纳德·阿德曼（Leonard Adleman）共同提出的，并以三人姓氏的首字母命名。RSA 加密算法的主要创新是允许使用者依据需要选择公钥长度，如 512 位、1024 位和 2048 位等，公钥长度越长意味着加密越安全。RSA 加密算法因其安全性得到广泛运用，如支付宝的签名验证机制就采用了该算法。

2）DSA 加密算法。DSA（Digital Signature Algorithm）加密算法是一种典型的数字签名算法，一般只能应用于数字签名，而不能用于信息的加密和解密。

3）ECC 加密算法。ECC（Elliptic Curve Cryptography）加密算法是基于椭圆曲线数学的非对称加密算法，与大部分非对称加密算法所使用的数学方法有所不同。ECC 加密算法允许以更小的密钥来实现较高级别的安全，因此具有运算速度快和资源消耗小的特点。但是，由于不同"椭圆曲线"所能达到的加密和解密效果相去甚远，且算法的任何微小变动都会导致"椭圆曲线"的形态发生显著变化，因此，"椭圆曲线"的选择难度较大是 ECC 加密算法的一个主要缺点。不过，随着进一步完善，ECC 加密算法有望发展成为最为流行的非对称加密算法。目前，区块链技术主要使用的非对称加密算法就是 ECC 加密算法。

表 5-2 对上述三种非对称加密经典算法进行了简要的比较。

表 5-2　三种非对称加密经典算法的比较

名称	成熟度	安全性	运算速度	资源消耗
RSA 加密算法	高	高	慢	高
DSA 加密算法	高	高	一般	一般
ECC 加密算法	低	高	快	低

5.2.3　共识机制

共识机制是指在去中心化的体系中，能够促成所有节点在短时间内形成统一认识的算法。区块链采取分布式账本技术，所有节点都拥有平等的记账权，如果允许所有节点同时记录某一事件，那么必然会出现记录不一致的情况。因此，每次出现新的事件，区块链就必须指定某一节点进行记录，而其他节点则从该节点复制记录，从而保证全网节点账本的一致性。共识机制的作用就是在保证所有节点对事件记录达成共识的前提下，选出记账节点，并对事件进行真实记录。

共识机制可以解决拜占庭将军问题（Byzantine Generals Problem）和双花攻击（Double Spend Attack）问题。拜占庭将军问题在 1982 年由莱斯利·兰伯特（Leslie Lamport）提出，其本质是在"点对点"通信体系中如何达成一致协议的问题。拜占庭帝国的将军们分布在不同的地理位置，需要共同讨论决定是否对敌国军队发动攻击，而在这些将军之中存在叛徒，且叛徒数量不明。这些叛徒可以使用欺骗或者迷惑的方式干扰其他将军的决定，从而引导拜占庭帝国的将军们最终做出错误的决定。双花攻击是指攻击者通过对账本系统发动攻击，实现一笔数字货币被使用两次。如图 5-5 所示，攻击者可以在包含一笔数字货币交易的区块前发动攻击，并形成新的主链，从而将包括该笔数字货币交易区块在内的后续区块废除。在双花攻击成功之后，攻击者就可以重新拥有数字货币，从而实现一笔数字货币使用两次。

从目前的情况来看，较为流行的区块链共识机制主要包括工作量证明机制、权益证明机制、股份授权证明机制和实用拜占庭容错机制。

1. 工作量证明机制

工作量证明（Proof of Work，PoW）机制是指通过选择最先完成指定工作量的节点作为记账节点，节点通过达到网络设定的工作目标作为完成指定工作量的证明。该机制也是比特币所采用的共识机制。在每轮记账权的竞争中，比特币系统都会预先设定工作目标，即难度值。节点需要计算随机值，并将随机值、前块哈希和 Merkle 根一起作为输入值进行哈希运算，目的是使求出的哈希值小于等于难度值。节点首先会将随机值默认为 0，若符合难度值要求则停止计算；若不符合难度值要求，节点则将随机值递增为 1，直至计算出符合难度值要求的随机值，或者已有其他节点计算出随机值。节点计算出难度值后会将区块全网广播，其他节点会对区块进行验证，验证通过的区块被称为"有效区块"并链接至区块链末端。最先计算出有效区块的节点将获得记账权，并会得到一定数量的比特币作为奖励，因此节点进行工作量证明的过程也被形象地称为"挖矿"。哈希算法的性质保证了每个节点每次计算出随机值的概率相同，从而保证了共识机制的公平性。为了维护系统稳定性，比特币系统通过调整难度值，将形成有效区块的时间维持在 10 分钟左右。调整周期为区块链每新增 2016 个区块（约 14 天），调整公式为

$$target = \frac{target_{pre} * time_{real}}{time_{expect}}$$

式中，target 为调整后的目标难度值；$target_{pre}$ 为当前的目标难度值；$time_{real}$ 为产生前 2016 个有效区块实际花费的时间；$time_{expect}$ 表示产生 2016 个有效区块期望花费的时间，期望花费时间为固定值 20160 分钟，即 2016*10 分钟。

$time_{real}$ 变小，说明系统算力得到提升，根据公式，target 就会动态变小。目标难度值越小，表示计算难度越大，计算时间就越长。在实际应用中，为了防止有效区块的"出块"时间异常波动，每次目标难度值的调整幅度会被限制在 4 倍以内。

PoW 机制以"算力"作为选择记账节点的标准，有助于维护区块链安全。任何恶意节点只有通过提高算力才有可能获得记账权，进而篡改数据。区块链通过哈希算法链接区块，并采用最长合法链原则，因此，恶意节点必须从篡改区块开始，修改后续所有区块的数据。同时，恶意节点的修改速度还必须远远快于其他节点有效区块的生成速度，这样恶意节点才有可能生成更长的区块链，从而取代原有的主链。若想成功篡改数据，恶意节点必须控制超过50% 的算力以发动"51% 算力攻击"。事实上，"51% 算力攻击"很难实现，一是因为控制50% 以上算力的难度很大，二是因为攻击的收益很难超过其成本。

PoW 机制的主要缺点有两方面：①高能源消耗。PoW 机制要求所有节点都参与计算，但只有最先完成计算的节点才有记账权，其余节点的工作量均为沉没成本，并且 PoW 机制对算力的要求也高，这些都意味着节点需要投入大量的电力资源和硬件资源。②交易确认速度慢。

以比特币为例，有效区块的"出块"时间被系统控制在 10 分钟左右，即一笔交易需要等 10 分钟左右才能被写入区块链。交易确认速度慢导致 PoW 机制难以应用于低时延领域，这也在一定程度上限制了 PoW 机制的应用范围。

2. 权益证明机制

权益证明（Proof of Stake，PoS）机制将记账权与节点权益相关联，是在 PoW 机制基础上设计的改进型共识机制。所谓节点权益，是指节点拥有的数字货币数量。2012 年，化名为 Sunny King 的网友发布了名为"点点币"（Peercoin）的新型数字货币，并首先使用了 PoS 机制作为共识机制。与 PoW 机制主要依赖算力投入不同，PoS 机制主要依赖"币龄"的投入。币龄是节点持有数字货币数量与持有时间的乘积。基于 PoS 机制的区块链在创建之初，会为节点分配一定数量的数字货币作为"起始币龄"。节点在参与竞争记账权的过程中需要投入自身币龄，而投入币龄的数量与获得记账权的可能性正相关。

PoS 机制在本质上还是依赖哈希算法。它与 PoW 机制的区别在于，节点投入币龄数量越多，计算出随机值的难度就越低，从而更有可能获得记账权。为了保障节点之间的公平性，记账节点投入的数字货币会被锁定，锁定期间的数字货币不能作为币龄投入使用。锁定期一般为区块链系统后续再形成规定数量的有效区块。同时，为了防止某些节点长时间"囤币"以获得绝对币龄优势，PoS 机制会规定数字货币持有时间的可用上限，超过上限的持有时间将不纳入币龄计算公式。PoS 机制为区块链系统提供了安全闭环，即恶意节点如果计划发动攻击，就需要从其他节点买入数字货币，而大量买入数字货币的行为会推高货币价格，从而导致节点发动攻击的成本高于其收益。

PoS 机制通过投入币龄降低随机值计算难度，可以缩短区块链有效区块的"出块"时间，从而提高交易确认速度。同时，PoS 机制降低了节点需要投入的算力，从而降低了共识机制的能源消耗。但 PoS 机制并未完全摆脱对算力的依赖，共识过程的本质依旧是"挖矿"。同时，币龄投入会限制部分数字货币的流通性，从而对货币体系产生不利影响。从实践来看，以太坊一直致力于实现共识机制从"工作量证明"向"权益证明"的转变。

3. 股份授权证明机制

股份授权证明（Delegated Proof of Stake，DPoS）机制由 BM（本名 Dan Larimer，网名 Byte Master）在 2014 年提出，是对 PoW 和 PoS 机制的进一步改进与完善。DPoS 机制类似于上市公司的董事会制度，通过节点投票选举"委员会"来负责区块链的验证和记账工作。节点享有的投票权与其拥有的数字货币数量成正比，因此，拥有数字货币数量越多的节点将拥有更大的话语权。通过选举，区块链可以选举出一定数量的节点组成"委员会"，其中的一名委员会成员负责记账，而其余成员则负责验证区块的有效性。每位委员会成员都享有平等的记账权，其记账出场顺序随机决定。当一位成员的记账权期限到期后，其余成员按序依次接替。"委员会"会定期重新选举，任期内的委员会成员如果失职，会被投票踢出委员会并受到惩罚。

在实践中，比特股（Bitshares）是一个为实物资产交易搭建的区块链平台，主要致力于提供去中心化的金融服务，并使用了 DPoS 机制。在比特股系统中，所有节点通常会投票选举出 101 位节点组成"委员会"，其任职周期一般为 1 天，1 天后节点会再次投票选举出新的"委员会"。委员会成员按照随机顺序依次享有记账权，每位成员单次记账时间为 2 秒，2 秒后由下一位成员接替。如果记账节点不出意外，比特股有效区块的"出块"时间可以达到 2 秒，相较比特币的 10 分钟"出块"时间，具有明显优势。

DPoS 机制不需要通过哈希计算竞争记账权，也不需要全部节点参与区块验证，使节点摆脱了对算力和硬件设施的依赖，从而有效解决了 PoW 和 PoS 机制的能耗问题。同时，DPoS 机制可以缩短"出块"时间，从而提升交易确认速度，这为区块链技术应用于交易所等领域提供了可能。不过，DPoS 机制的缺点也很明显："委员会"损害了区块链的去中心化程度；同时，"富裕"的节点由于更具投票优势，因而成为影响投票结果的重要势力。此外，DPoS 机制的投票选举依赖数字货币，但很多应用场景只需要交易平台，不需要新的数字货币，这也在很大程度上限制了其应用范围。

4. 实用拜占庭容错机制

实用拜占庭容错（Practical Byzantine Fault Tolerance，PBFT）机制在 1999 年由麻省理工学院的米盖尔·卡斯特罗（Miguel Castro）和芭芭拉·利斯科夫（Barbara Liskov）提出。PBFT 机制的核心思想是，在拥有 $3f+1$ 数量节点的网络中，只要恶意节点数量不超过 f，节点之间就可以达成符合事实的一致认识。PBFT 机制将所有节点分为主节点和备份节点，其中主节点由所有节点轮流当选。

如图 5-13 所示，PBFT 共识算法运行机制分为请求（Request）、预准备（Pre-Prepare）、准备（Prepare）、承诺（Commit）和回复（Reply）五个阶段。其主要内容如下：

1）请求：客户端向主节点发送交易需求，同时向备份节点广播。如果主节点不发送客户端请求消息、发送错误消息、篡改消息或者宕机，机制会重新选择新的主节点。

2）预准备：主节点验证交易请求，验证通过则向全网备份节点进行广播，否则丢弃。

3）准备：备份节点验证交易请求，验证通过则将该交易请求作为"准备消息"继续全网广播，否则丢弃。

4）承诺：主节点和备份节点接收"准备消息"并验证，如果节点接收并验证通过的"准备消息"数量超过 $2f$，则将"准备消息"作为"承诺消息"继续全网广播，否则将"准备消息"丢弃。

5）回复：主节点和备份节点接收"承诺消息"并验证，如果节点接收并验证通过的"承诺消息"数量超过 2f，则说明全网节点达成共识，从而可以更新本地账本。同时，节点向客户端反馈"承诺消息"，客户端收到"承诺消息"数量超过 f，则说明交易请求已经完成。

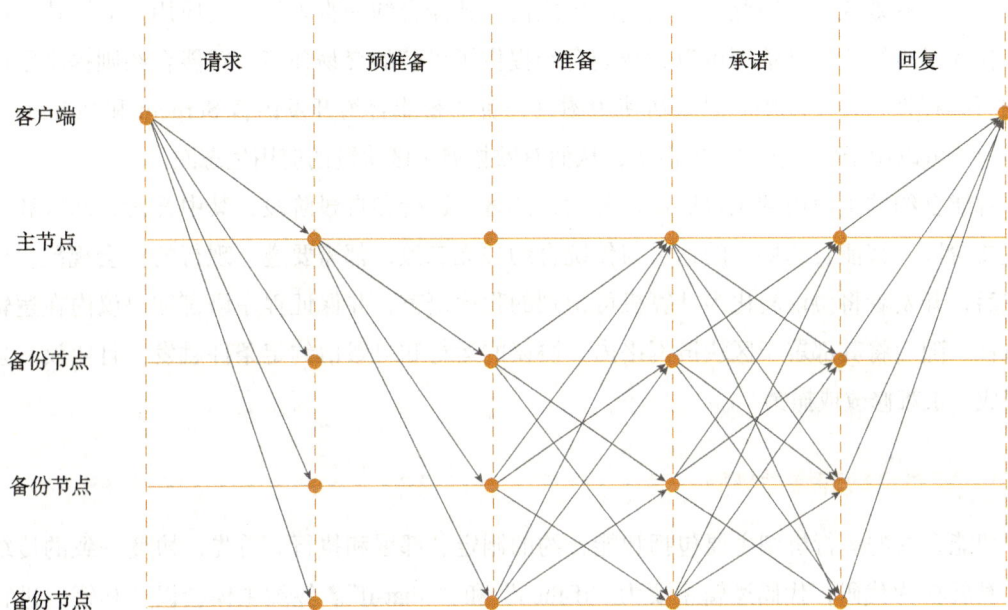

图 5-13　PBFT 共识算法运行机制

PBFT 机制的优势主要有两个方面：①高效。因为在承诺阶段，节点收到并验证通过的"承诺消息"数量超过 2f 即可更新账本，而且更新账本的行为不需要全网节点再次验证。而基于哈希算法的共识机制，节点在计算出有效区块后还需要在全网节点进行验证，并在验证通过后才能链入区块链末端。②节能。PBFT 机制不需要通过哈希运算计算随机值，也就不需要投入大量的算力。不过，由于 PBFT 机制依赖全网节点反复相互通信，因此不适用于节点数量过多的区块链，如公有链。在实践中，PBFT 机制的适用平台主要为联盟链和私有链，如 Hyperledger Fabric。

5.2.4　智能合约

智能合约（Smart Contract）是指代码形式的合约或者协议，通常以数字化的方式实现传播、验证和执行。1994 年，法律学者、密码学家和计算机科学家尼克·萨博（Nick Szabo）首次提出智能合约的概念。其含义是以计算机代码形式记录合同当事人承诺履行的义务，并在约定条件下由代码实现强制履行。但萨博只是提出了概念，没有说明如何具体实施。1996 年，伊恩·格里格（Ian Grigg）提出"李嘉图合约"。这种既能够被人读取，也可以被程序解析，同时赋予了智能合约法律属性的合约，成为后续智能合约探索的主要路线。

智能合约在本质上是可以自动执行协议的计算机程序，因而可以提升协议执行的效率。根据预先达成的协议，一旦发生某种情况，智能合约可以在不需要中介干预的前提下实现自我执行，同时自我验证合约执行的有效性。不过，智能合约需要可信的执行环境以保证合约不被篡改和有效执行，因此在区块链诞生之前，智能合约一直未被广泛应用。而区块链的去中心化和不可篡改特性恰巧可以为智能合约提供了可信的交易环境，智能合约则提高了区块链的可编程性。在实践中，以太坊使用图灵完备的智能合约开发语言 Serpent 和 Solidity，使智能合约可以用于用户多样化的需求，从而有效拓展了区块链的应用生态圈。

智能合约的生命周期包含协商、开发、部署、运行和自毁阶段，其中开发、部署和运行是主要阶段。智能合约协议的达成与传统合约并无二致，都需要遵守现行的社会规范。协议达成后，开发者将协议转化为计算机可识别的程序语言，并保证程序语言和协议内在逻辑的一致性，随后将其部署于区块链网络内。协议的运行和自毁由约定条件触发，且协议一旦部署完成，很难修改或撤销。

1. 智能合约的运行机制

智能合约的运行机制主要包括智能合约的制定、部署和执行。首先，协商一致的传统协议会被转换为代码，代码逻辑主要为"if-then"和"what-if"。签约主体会以"私钥"进行数字签名，以保证智能合约的有效性和不可否认性。其次，智能合约会通过点对点网络广播至所有节点，节点会将一段时间内验证通过的智能合约打包形成区块。通过区块链共识机制，有效区块会被链接至区块链末端，这标志着智能合约被正式写入区块链。哈希算法可以将区块内的智能合约集合映射为哈希值，哈希值可以用来验证智能合约后续是否被篡改。最后，区块链会遍历检查所有智能合约的当前状态和触发条件，满足执行条件的智能合约会被全网广播并等待验证，节点确认智能合约有效且可以执行之后，会激活智能合约。智能合约的运行结果经过全网共识就可以链入区块链，状态为完成的智能合约会从区块中移除，而状态为进行中的智能合约则会继续等待下一轮处理。

智能合约作为可以自动执行的代码程序，会占用区块链的网络、内存等资源，从而影响其余程序的运行。含有恶意代码的智能合约一旦在区块链执行，更是会直接影响到区块链系统的安全性和稳定性。因此，智能合约必须在与区块链隔离的沙箱中运行。例如，以太坊虚拟机（Ethereum Virtual Machine，EVM），它是一个与以太坊区块链相隔离的虚拟环境，在EVM中运行的程序不会对以太坊产生影响。从运行过程来看，以太坊的智能合约存储在区块链之后，会被节点写入本地的以太坊虚拟机，从而完成合约的部署。触发条件发生后，节点会在本地的以太坊虚拟机激活合约并执行。节点之间会相互验证执行结果，并通过共识机制将一致结果写入区块链。

此外，在智能合约运行机制中，还需要引入"预言机"的概念。预言机类似第三方数据代理商，可以帮助区块链收集和验证传统互联网或其他区块链内的数据，是区块链与传统互联网、区块链与区块链之间的信息沟通桥梁。当智能合约的触发或执行需要外部数据的支持时，预言机就会在区块链以外收集和验证数据，并将数据以加密的形式反馈给智能合约（见图 5-14）。

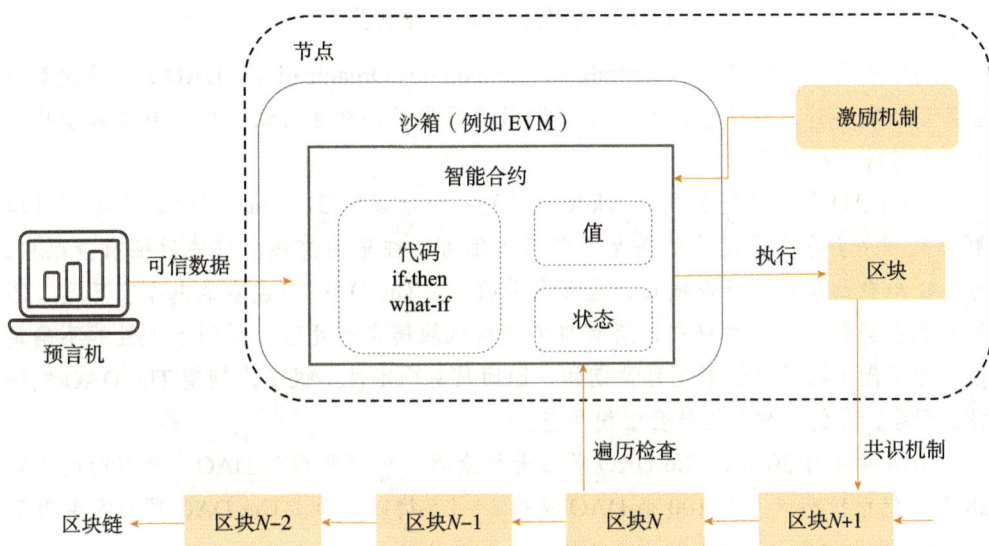

图 5-14　智能合约运行机制

2. 智能合约的特点

（1）效率高　智能合约依赖计算机程序实现自动执行，既不需要等待交易对方确认，也不需要任何第三方机构提供协助，因而可以实现高效的实时更新。较之传统合约的执行需要多方参与，智能合约直接省略了中间环节，这些都保障了执行过程中的效率。

（2）可信度高　智能合约的可信度来自技术背书，而非第三方机构背书。技术背书可以保证智能合约依据约定严格执行，并且执行结果可以高度预见。传统合约的执行结果可能出现与约定不一致的情况，但智能合约不会，签约主体可以高度信任智能合约的执行结果。但如果技术背书不完善，也有可能出现安全漏洞，从而损害签约主体的利益。例如，2016 年以太坊的 The DAO 智能合约因为存在递归漏洞而被黑客攻击，导致大量以太币被盗（专栏 5-2）。

（3）不可更改　智能合约完成部署之后，签约主体无法对合约内容进行更改。不可更改性可以保证智能合约按照最初的约定有效执行，排除任何主体出于私利更改合约的可能性。但与此同时，不可更改性也是智能合约的一种不足，因为它限制了合约的灵活性。在实践中，签约主体协商一致更改或解除合约的事件经常发生，但智能合约无法适用于此类场景。

（4）执行成本低　因为智能合约的部署和执行都是通过代码自动完成的，不需要人为干预或者提供协作，因此可以节约大量成本。即使出现争议，智能合约也能按照预先设置的条款强制执行，从而节省了第三方机构介入可能出现的仲裁或强制执行成本。

The DAO 与以太坊"硬分叉"

去中心化自治组织（Decentralized Autonomous Organization，DAO）是通过智能合约运作的实体，它将管理和运行规则以编码形式存储在区块链内，有效地消除了对中央管理机构的需求。

The DAO 是区块链公司 Slock.it 发起的一个众筹项目。The DAO 其实也可以理解为是一个去中心化运作的基金，任何人都可以往里面打钱，打钱后拥有投票权，可以投给自己喜欢的投资项目，进而享受收益。The DAO 与通常的基金会不同，不需要配备会长、经理和秘书，所有事务都由区块链自动处理。不同于人性的不确定性，开源代码的运行结果是可预期的，因而具有确定性。很多人期望 The DAO 能够投石问路，开创一种新的社会组织形态。

2016 年 4 月 30 日，The DAO 项目开始众筹。项目代币为 DAO，众筹时间为期 28 天，代币价格大约是 100 个 DAO 兑换 1~1.5 枚以太币。The DAO 项目总共筹到了超过 1200 万枚以太币，当时价值超过 1.5 亿美元，参与众筹的人数超过 11000 人。之后，The DAO 项目迅速被黑客盯上。2016 年 6 月 17 日，黑客利用 The DAO 代码里的一个递归漏洞，不停地从 The DAO 资金池里分离资产；随后，黑客利用 The DAO 的第二个漏洞，避免分离后的资产被销毁。如果是正常情况，The DAO 的资产被分离之后，就会被销毁。但是，黑客在调用结束前，把盗来的 The DAO 资产转移到了其他账户，从而避免了被销毁。如此熟悉 The DAO 代码与机制的人，全世界或许不超过 100 个。

黑客利用这两个漏洞，进行了 200 多次攻击，总共盗走了 360 万枚以太币，接近该项目筹集的以太坊总量的 1/3。随后，The DAO 监护人提议，社区发送垃圾交易阻塞以太坊网络，以减缓 The DAO 的资产被转移的速度。The DAO 项目筹集的以太币数量差不多占到当时以太坊总量的 14%，这个数量实在是太大了。如果 The DAO 出了什么事，整个以太坊网络都会遭殃，更不要说以太坊基金会也参与了 The DAO 项目。万幸的是，代码也规定资金要过 28 天之后才能提现，因此黑客无法携款潜逃，从而给了社区足够的时间研究对策。

2016 年 6 月 17 日，以太坊创始人维塔利克·布特林（在互联网被称为 V 神）心急如焚，急匆匆地在 Reddit 上发了一篇帖子："DAO 遭到攻击，请交易平台暂停 ETH/DAO 的交易、充值和提现，等待进一步通知，有新消息会尽快更新。"V 神在公告中解释了这次攻击的一些细节问题，同时提到已经提交了"软分叉"的建议，不过不会回滚，也不会撤销交易和区块。分叉对于以太坊来说是一个艰难的抉择。

经过激烈的讨论（V 神支持"硬分叉"），最后多数人还是同意了进行"硬分叉"。2016 年 7 月 20 日晚，以太坊"硬分叉"成功。分叉之后，形成了两条链，一条为原链（以太坊经典，ETC），另一条为新的分叉链（ETH），各自代表不同的社区共识以及价值观：ETC 一方认为，发生的事就已经发生了，区块链的精神就是不可篡改，账本形成了就不应该篡改，这是原则问题；而 ETH 一方则认为，这是盗窃，是违法行为，必须予以打击。

"硬分叉"是指区块链发生永久性分歧，新分叉所产生的区块将被旧软件视为无效。因此所有参与者，包括交易服务器以及矿工（节点），都必须更新软件，才能继续运行新分叉。"软分叉"是指在新的共识规则发布后，由于软分叉的新规则仍符合旧规则，所以使用旧版本的节点可以验证使用新版本节点所生产出的区块，使用新版本的节点也可以验证使用旧版本节点所生产出的区块，两种版本可以兼容。

（资料来源：以上内容摘编自互联网公开资料。）

5.3　区块链在金融领域的应用

比特币是区块链技术的首个落地应用项目，也是区块链技术在金融领域的首个应用项目。近年来，区块链技术已经逐渐在数字资产、数字货币、法定数字货币、跨境支付结算、供应链金融、证券发行与交易、保险和征信等金融细分行业得到了更为广泛的应用。

5.3.1　区块链在数字资产中的应用

1. 数字资产的定义与特点

数字资产是数字化形式的资产或者财富，具有可确权、可计量以及可流通的特点。依据数字资产的内容，数字资产可以大致分为数字货币类资产、数据类资产、数字权益类资产和数字知识产权类资产。其中，数字货币类资产是基于区块链技术发行的加密货币，如比特币；数据类资产是通过区块链技术完成确权，并具有应用价值的各类数据；数字权益类资产是利用区块链技术发行的权益类资产和债券类资产，如股票、基金和债券；数字知识产权类资产是指以数字化形式创作并有明确归属的作品。不难看出，各类数字资产均具有显著的区块链技术属性，因为区块链技术可以有效解决数字资产的确权和流通问题，从而推动数字资产的交易和运用。

事实上，数字资产的发展要早于区块链技术。传统的数字资产，其定义是企业或个人拥有或控制的，以电子数据形式存在的，在日常活动中持有以备出售或处于生产过程中的非货币性资产。数字资产最早依赖互联网技术得以产生，然而由于确权难、安全性低、隐私易泄露等问题，其发展阻碍较大。首先，在信息互联网时代，数据可以任意复制和传播，导致数字资产的确权难度较大，而归属权明确是资产的内在属性，因此确权问题被称为数字资产必须解决的首要难题。其次，信息互联网无法为数字资产提供可信的交易环境，导致数字资产必须依赖中介机构才能实现安全流转，从而增加了交易成本。此外，当数字资产存储于中心化机构时，机构就存在过度使用资产持有者信息的可能性，并有可能意外泄露数据。这些都使数字资产持有者的隐私无法得到充分保障。价值属性是数字资产的本质属性，价值互联网是区块链技术发展的必然结果，因此，数字资产与区块链技术天然耦合。区块链技术在解决数字资产发展难题的同时，也丰富了数字资产的内涵，特别是基于区块链技术研发的数字货币类资产和数字权益类资产，逐渐成为数字资产的主要品类。

2. 数字资产的比较优势

数字资产的生命周期一般可分为四个阶段，即登记、确权、交易和支付。在上述环节中，区块链技术的使用有助于解决数字资产确权、隐私保护、交易安全等问题。

首先，加密算法有助于解决数字资产确权，从而明确数字资产的归属。数字资产所有者在数字资产认证中心进行登记，登记的内容主要包括资产所有者信息、资产内容、资产取得时间以及其他资产特点。认证中心使用哈希函数将资产信息封装在确权证书内，同时利用"私钥"对确权证书进行签名，以保证确权证书真实有效。由于任何节点都可以利用认证中心的"公钥"验证确权证书，因此，数字资产的所有者通过确权证书可以实现对数字资产的绝对支配权。此外，非对称加密算法还可以保证资产所有者的隐私安全。

其次，共识机制和智能合约可以解决数字资产交易过程中的信任难题。由于交易信息会全网广播至所有节点，这意味着资产交易是由全网见证完成。同时，智能合约可以强制执行交易合同，从而降低交易对手的违约风险。最后，分布式账本会实时更新数字资产的流转信息，从而建立起数字资产的全生命周期溯源体系。

3. 数字资产的现实实践

区块链技术应用于数字资产确权的代表性实践是近年来兴起的数字藏品（Non-Fungible Token，NFT），这是一种基于区块链技术签发的确权凭证。NFT 本意是指非同质化代币，即数字藏品不是数字作品本身，只代表所有者对数字作品的所有权。

数字藏品在一定程度上拓展了数字资产的边界，此后，任何具有收藏价值的对象，无论是实体还是虚拟物，都能以数字藏品的形式转换为数字资产进行流通。同时，数字藏品不存在随中心化机构消失而失去效力的问题，可以在区块链平台内永久存在。此外，数字藏品有助于激发创作者活力，因为创作版权可以通过智能合约编程而内置于作品买卖合同，这样作品的每一次流转都可以为创作者增加版权收入。

从海外 NFT 市场的发展来看，自 2021 年起，NFT 市场以一种前所未有的速度建立起来。据 DappRader 数据，2020 年时全球 NFT 市场资产总值仅为 3.17 亿美元，至 2021 年仅上半年就达到 127.25 亿美元，2022 年这一数据再次飙升，仅一季度全球 NFT 交易总资产就高达 164.57 亿美元。2022 年，全球交易量排名前三的 NFT 交易平台分别是 OpenSea、X2Y2 和 Mgic Eden，其各自的特点和发展情况见专栏 5-3。

在我国，搜云科技是一家尝试以"区块链 + 文创"的模式解决数字资产确权难题的数字文化科技公司。利用区块链技术，搜云科技推出了一体化数字艺术品（Integrated Digital Art, IDA）和数字艺术证书（Digital Art Certificate），分别用于确定数字文化产品的物权和产权，从而有效解决了数字文化产品的保管与流通问题。一体化数字艺术品和数字艺术证书在一定程度上提高了文化艺术品的流动性和影响力。例如，荣宝斋推出的齐白石、张大千等近现代艺术家优秀作品的限量复制版，通过 IDA 形式在全球范围内成功完成了销售。

专栏 5-3

NFT 的三大交易平台简介

2022 年，NFT 市场逐渐由 OpenSea 一家独大朝着 OpenSea、X2Y2 和 Magic Eden "三足鼎立"的格局演变。下面简要介绍这三家交易平台的特点和发展情况。

1．OpenSea

OpenSea 是全球第一个 NFT 交易平台，也是截至目前全球最大的 NFT 市场。OpenSea 交易额已突破 300 亿美元，涉及的加密产品包括游戏道具、数字艺术和其他由区块链支持的虚拟商品。目前，OpenSea 支持以太坊、Polygon、Klatyn 和 Solana 四家公链跨区块兼容。其中在 Polygon 主网上，用户无须支付交易费用即可创建、购买和销售 NFT。

虽然在 2022 年 1 月时，OpenSea 市场份额占比高达 98%，但现在情况已经发生了改变。最近一周，OpenSea 平台成交量为 2.35 亿美元，市场份额占比已跌至 50.5%。当然，"瘦死的骆驼比马大"，OpenSea 目前依旧是活跃用户最多的 NFT 平台，日均活跃用户数高达 5 万名，是第二名 X2Y2 的 10 倍，活跃用户数在整个市场中占比近九成。

相比于后起之秀，OpenSea 的优点是成立时间久、成功 NFT 项目多，且获得了大量资本支持。截至目前，OpenSea 已融资超过 4 亿美元，估值达到了惊人的 133 亿美元。不过，OpenSea 也面临诸多问题。首先，其不够稳定安全的交易系统让不少黑客乘虚而入，内部人员甚至在从事内幕交易。其次，与其他 NFT 交易平台相比，OpenSea 平台交易手续费并不便宜，每笔交易抽取佣金高达 2.5%。

2．X2Y2

X2Y2 是一个新出现的去中心化 NFT 交易所，于 2022 年 2 月首次上线。X2Y2 依靠批量列表、稀有程度跟踪和实时通知等特色功能吸引了不少用户，并借此与 OpenSea 进行竞争。目前 X2Y2 只能兼容以太坊（ETH）主网 NFT，近一周成交量为 1.65 亿美元，市场份额占比 35.4%，已对 OpenSea 形成追赶之势。

根据 24 小时数据，参与去中心化应用（DApp）智能合约的不同钱包地址数量为 1485 个，而 DApp 的智能合约已经完成了 2930 笔交易。但活跃用户数仅有 5100 名左右，市场份额占比 9%，与 OpenSea 还有较大差距。

根据 X2Y2 发布的白皮书，其针对 OpenSea 的不足，在通证奖励和技术两方面对自身进行了创新和完善。在通证奖励方面，相比于准备 IPO 的 OpenSea，X2Y2 走的是去中心化路线，100% 的市场交易费用将分配给质押 X2Y2 通证的用户。在技术方面，X2Y2 支持批量上架和购买 NFT，即一次性列出多个 NFT 以及一次性购买多个 NFT，一定程度上提升了交易便捷性，也节省了用户的 Gas 费。

3．Magic Eden

Magic Eden 是一款基于 Solana 区块链的去中心化应用，只兼容 Solana（SOL）主网的 NFT。在 Solana 主网上，它允许用户生成和管理可以用于各种事物的 NFT，如收藏品、游戏资产等。在 2022 年 5 月 17 日至 5 月 18 日间，根据 DappRadar 数据，Solana 链的 NFT 市场 Magic Eden 交易量达 3651 万美元，超过了 OpenSea 3087 万美元的交易量。

由于 OpenSea 依赖以太坊的生态，高额手续费和可扩展性一直是其亟待解决的问题，这对用户体验影响巨大。根植于 Solana 公链的 Magic Eden 则很好地解决了这一问题，能够以更低的成本促成更多的交易，极大地改善用户在以太坊上的交易体验。

2022 年 4 月时，Magic Eden 就已拥有 26.48 万名用户，交易量约 9 亿美元，仅次于 OpenSea，在所有 NFT 交易市场中排名第二。此外，作为目前交易量快速增长的新 NFT 交易平台，Magic Eden 也被众多投资机构寄予厚望，红杉资本（Sequoia Capital）、Paradigm、Greylock 等明星风投机构参投其最近一笔 2700 万美元的融资。

（资料来源：本专栏内容转引自《简析海外 NFT 市场格局：前赴后继，三足鼎立》，新浪 VR，2022 年 6 月 9 日。）

5.3.2　区块链在数字货币中的应用

1．数字货币的定义与类型

广义的数字货币（Digital Currency，DC）是指电子化形式的货币。它可以分为电子货币、虚拟货币和加密货币三种类型。狭义的数字货币主要是指完全数字化的、基于区块链等技术的电子加密货币，按照发行主体可进一步细分为法定数字货币（如我国央行发行的 DC/EP）和私人数字货币（代币）。

（1）电子货币　电子货币是传统信用货币的电子化表现形式。以借记卡、信用卡、移动支付等类似渠道支付的货币均为电子货币。电子货币在本质上仍是由中央银行发行的传统信用货币，其交易和结算仍需通过金融机构完成。

（2）虚拟货币　虚拟货币是在特定虚拟空间内流通和使用的电子化符号，如腾讯 Q 币、点券、新浪 U 币等。虚拟货币一般由特定虚拟空间的经营主体发行，其与传统信用货币的兑换比例主要由经营主体规定，但不具备一般等价物的属性，其应用范围主要限制在特定的虚拟空间之内。

（3）加密货币　加密货币是以区块链技术作为底层技术架构发行的数字化货币符号。加密货币一般没有发行主体，即实现了货币发行的"去中心化"。在实践中，电子货币本来就是传统信用货币的电子化形式，而虚拟货币则不具有一般等价物属性，它们都不会对传统的货币体系产生威胁。但加密货币一旦被普遍接受，就有可能对传统的中心化货币体系造成巨大冲击。

2. 数字货币的优势与缺点

数字货币按照发行主体，可以分为私人数字货币和法定数字货币两种类型。私人数字货币由私人机构或者个人发行，而法定数字货币则由国家发行。私人数字货币因为缺乏价值储备或信用背书，通常币值波动幅度较大。

以比特币为例，自 2009 年诞生以来，比特币经历了多次大涨大跌（见图 5-15）。2010 年5 月 22 日，Laszlo Hanyecz 使用 10000 枚比特币，仅用于支付 2 个比萨。此后，随着比特币网络、挖矿软件、专用矿机和比特币 ATM 的相继问世，比特币的价格逐渐上涨。2013 年 11 月，比特币价格突破 1000 美元，并于 2017 年 12 月飙升至 20000 美元。2021 年 4 月 14 日，比特币价格突破 64000 美元，但旋即开始下跌，至 2021 年 6 月 22 日跌破 30000 美元，较最高点跌幅超过 50%。此后，比特币经历了第二波大涨，于 2021 年 11 月 10 日创出历史新高，达到68790 美元。但好景不长，比特币随后开启漫长的波动下跌过程，至 2022 年已跌至 20000 美元以下。

如前文所述，从理论上看，建立在区块链技术基础之上的数字货币具有安全、高效、透明度高和去中心化等潜在优点。但在现实运行过程中，私人数字货币也存在一些明显的缺点，主要包括以下几个方面：

1）价值波动大，目前其投资（投机）属性要远高于货币属性。以比特币为例，比特币的价格在 2021 年 11 月价格曾达到 6.78 万美元，但 2022 年 8 月又一度跌破 2 万美元。

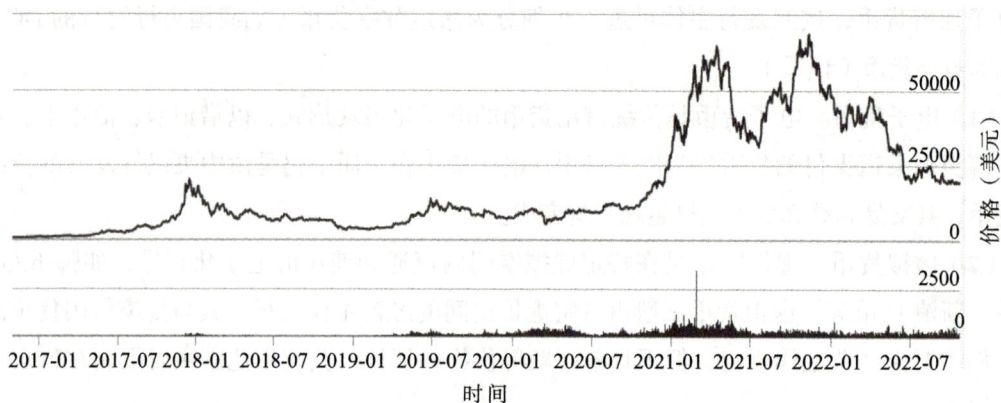

图 5-15 比特币的价格走势（2017 年— 2022 年）

注：图中价格为 1 枚比特币的价格（单位：美元）。

（资料来源：https：//history.btc126.com。）

2）不可寻回，这主要是由区块链的不可篡改性质引起的。数字货币的使用者如果因为受骗或者失误而支付了货币，想要追回数字货币的可能性非常小，往往不得不承受损失。

3）监管难度大，数字货币交易由于难以被实名追踪，所以既是保护交易者隐私的利器，同时也是犯罪活动的天然保护伞。在实践中，数字货币交易的匿名性经常使其成为洗钱和毒品交易等犯罪活动的工具。

此外，发行总量固定的数字货币虽然可以避免通货膨胀，但也可能由此引发严重而持久的通货紧缩，从而抑制经济的发展。以比特币为代表的数字货币还具有高耗能、高投机和影响金融稳定等诸多弊端。鉴于这些原因，包括我国在内的一些国家已经禁止比特币的挖矿、交易、炒作等行为（专栏 5-4）。

专栏 5-4

我国的比特币政策

比特币等虚拟货币的交易炒作及其生产所带来的"挖矿"活动，会在破坏金融稳定和浪费电力能源等方面造成一系列危害。首先，虚拟货币无真实价值支撑，其价格极易被操纵，往往暴涨暴跌，从而扰乱经济金融的正常秩序，并滋生赌博、非法集资、诈骗、传销和洗钱等违法犯罪活动，严重危害人民群众的财产安全；其次，虚拟货币"挖矿"活动是通过专用"矿机"计算生产虚拟货币的过程，能源消耗和碳排放量巨大，对国民经济贡献度低，对产业发展、科技进步等的带动作用有限；此外，虚拟货币的生产和交易环节衍生的风险异常突出，其盲目无序发展会对推动经济社会高质量发展和节能减排带来不利影响。

2021 年 5 月 18 日，中国互联网金融协会、中国银行业协会和中国支付清算协会关于防范虚拟货币交易炒作风险发布公告。该公告强调，要正确认识虚拟货币及相关业务活动的本质属性，即虚拟货币是一种特定的虚拟商品，不由货币当局发行，不具有法偿性与强制性等货币属性，不是真正的货币，不应且不能作为货币在市场上流通使用。从我国现有的司法实践来看，虚拟货币交易合同不受法律保护，投资交易造成的后果和引发的损失由相关方自行承担；开展法定货币与虚拟货币兑换及虚拟货币之间的兑换业务、作为中央对手方买卖虚拟货币、为虚拟货币交易提供信息中介和定价服务、代币发行融资以及虚拟货币衍生品交易等相关交易活动，违反有关法律法规，并涉嫌非法集资、非法发行证券、非法发售代币票券等犯罪活动。

2021 年 5 月 21 日，国务院金融稳定发展委员会召开第五十一次会议，会议强调要坚决防控金融风险，坚持底线思维，加强金融风险全方位扫描预警，并首次提出要打击比特币"挖矿"和交易行为。2021 年 9 月 3 日，《国家发展改革委等部门关于整治虚拟货币"挖矿"活动的通知》提出，要按照"严密监测、严防风险、严禁增量、妥处存量"的总体思路，充分发挥各地区、各部门合力，加强虚拟货币"挖矿"活动上下游全产业链监管，严禁新增虚拟货币"挖矿"项目，加快存量项目有序退出，促进产业结构优化和助力碳达峰、碳中和目标如期实现。

2021 年 9 月 15 日，中国人民银行等十部门发布《关于进一步防范和处置虚拟货币交易炒作风险的通知》，再次强调虚拟货币不具有与法定货币等同的法律地位，虚拟货币相关业务活动属于非法金融活动，境外虚拟货币交易所通过互联网向我国境内居民提供服务同样属于非法金融活动，参与虚拟货币投资交易活动存在法律风险。通知要求，各部门应建立健全应对虚拟货币交易炒作风险的工作机制，加强虚拟货币交易炒作风险监测预警，并构建多维度、多层次的风险防范和处置体系。

3. 私人数字货币的实践

从私人数字货币的实践来看，目前较为流行的私人数字货币主要有比特币、以太币和天秤币（Libra）等。

（1）比特币　比特币本质是维护区块链系统运行的激励工具，即节点在计算出有效区块后可以得到一定数量的比特币作为奖励。比特币的发行规则被内置于系统内，在比特币系统创建完成后就不受开发者或者任何机构控制。比特币的发行总量被设定为 2100 万枚，计算出有效区块的节点会得到同等数量比特币作为奖励，并且奖励数量每 4 年就会减半一次。这意味着 2100 万枚比特币会在 2140 年发行完毕。

（2）以太币　以太币是在以太坊流通的数字货币，用于支持平台内应用的运行，因此也被称为"燃料"（Gas）。不同于比特币，以太坊没有规定以太币的发行总量，只对每年以太币的发行量进行了规定。以太坊在 2014 年众筹期间共发行了 7200 万枚以太币，众筹完成后，每年以太币的发行数量不能超过 7200 万枚的 25%，即 1800 万枚。以太币发行机制更加关注代际公平，即未来加入以太坊平台的节点也有获得以太币奖励的机会。同时，永久发行以太币也可以避免财富过度集中于少数节点。但从长期来看，由于以太币的增长率会渐趋于零，因此不用担心货币膨胀问题。

（3）天秤币　天秤币是 Facebook 在 2019 年发起的数字货币项目，参与成员包括 eBay、Uber 和 PayPal 等机构。天秤币并不是纯粹的区块链技术应用项目，因为它只是在顶层结算层面使用区块链技术，在底层交易层面仍然是传统的中心化技术处理方式。因此，相较于比特币和以太币而言，天秤币的交易系统实际上只是"半去中心化"。从目标来看，天秤币致力于成为全球通用的"无国界数字货币"，且无发行总量和发行速度的限制。

在价值设计方面，天秤币采用 100% 挂钩一揽子货币的被动发行方式，即用户以主权货币或政府债券换取等值的天秤币。由于拥有 100% 的价值储备支持，天秤币在理论上具有币值稳定和易于接受的优势。但随后，全球多国央行、财政部长、立法人员，以及全球多家隐私保护机构都对天秤币提出了质疑，并列出了与天秤币有关的多个问题，包括洗钱、恐怖主义融资和金融稳定等。在监管重压之下，天秤币合作伙伴纷纷退出，天秤币计划也多次进行调整，并于 2020 年改名为 Diem，但最终还是被关闭。2022 年 2 月，Diem 协会发布声明，确认将其知识产权及其他与支付网络相关的资产以 1.82 亿美元的价格出售给了加密货币友好银行 Silvergate Bank。

5.3.3　区块链在法定数字货币中的应用

如前所述，大部分私人数字货币的一个核心缺陷在于，由于缺乏价值储备或信用背书，币值波动通常比较大。天秤币虽然有 100% 的价值储备支持，但其在跨国结算领域的广泛使用会对各国的货币体系产生较大冲击，因而发展受到严格的监管。为了前瞻性地应对私人数字货币的冲击，同时考虑到区块链技术的引入有助于实时监管货币流向，从而在需要的时候提高货币政策的精准度和有效性，世界各国纷纷展开了法定数字货币的研发工作。

1. 法定数字货币的定义与特点

法定数字货币也称央行数字货币（Central Bank Digital Currency，CBDC），一般是指中央银行发行的数字式主权货币。从理论上看，法定数字货币既能充分利用区块链的技术优势，同时能借助国家信用背书来实现币值稳定。国际清算银行（BIS）在 2018 年发布的报告《中央银行数字货币》中提出了"货币之花"的概念（见图 5-16），从货币的可及性（是否普遍通用）、发行主体（是否是央行）、货币的形态（是否是数字形态）、货币的价值形式（是否点对点）四个维度进行区分。根据该报告，央行数字货币在本质上是数字化的央行货币，与现有的央行货币都属于央行负债，同样承担流通、支付、储藏等一般货币职能。

此外，国际清算银行还根据法定数字货币的使用范围，将法定数字货币分为封闭批发型数字货币和一般型数字货币。其中，封闭批发型数字货币主要面向金融机构，使用范围主要限于跨境和大额交易结算；而一般型数字货币则主要面向社会公众，可以广泛应用于各类支付场景。这两类央行数字货币均由国家信用背书，受到国家法律的强制保护。

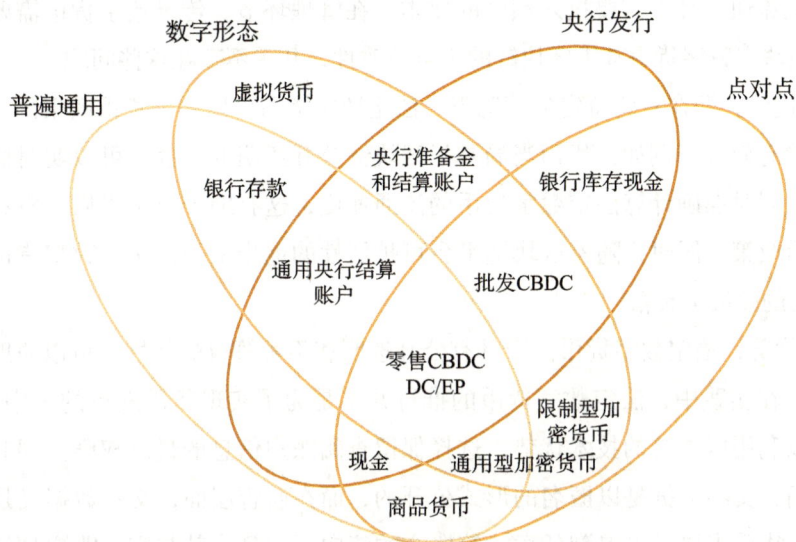

图 5-16　BIS 的"货币之花"

表 5-3 对不同类型货币的主要特征进行了简要比较。

表 5-3　不同类型货币的主要特征比较

项目	传统货币		数字货币		央行数字货币
名称	纸币	金属铸币	比特币	天秤币	数字人民币
发行	中央银行		私人	企业机构	中央银行
发行机制	中心化		去中心化	去中心化	去中心化
信用	主权国家信用		个人信用	企业机构资产信用	主权国家信用
核心技术	防伪		区块链	区块链	区块链，技术中性*
币值稳定	稳定		不稳定	相对稳定	稳定
匿定性	匿名		匿名	匿名	可控匿名
法偿性	具有		不具有	不具有	具有

*技术中性是指一般不对商业银行央行数字货币钱包研发的技术路线进行干预。

2. 法定数字货币的主要优势

较之传统的法定货币，法定数字货币具有以下四个方面的优势：

1）成本优势，包括生产成本、流通成本和管理成本等方面的优势。在生产环节，数字货币不需要实物载体，不需要长期投入物质资料制造纸币或者硬币。当法定数字货币体系搭建完成，法定数字货币发行的成本基本可以忽略不计。在流通环节，传统法定货币在地区与地区之间的转移需要投入较多的人力和物力以保障货币安全，而区块链则可以保证法定数字货币高效安全地流通，且不需要投入额外的成本。在管理环节，传统数字货币需要防止货币伪造和盗窃，但法定数字货币基于区块链的不可篡改性，几乎不存在这些问题。

2）调控优势，即在一些特定的情况下，法定数字货币可以增加货币政策的运用方式和提升货币政策的有效性。例如，货币当局基于区块链公开透明的特性，可以实时监测法定数字货币的流向，同时准确计算法定数字货币的流通速度，这有助于政策当局分析和制定更加精准有效的货币政策。同时，随着区块链平台可扩展性的逐步增强，法定数字货币可以进一步丰富货币当局的政策工具箱。

3）监管优势，法定数字货币由于具有公开透明和不可篡改的特性，可以协助官方打击各类金融犯罪。在实践中，法定数字货币的推行并不是为了实现货币发行的去中心化，因此，货币当局可以利用区块链的技术优势，选择保留查阅账户信息的最高权限。同时，由于在货币使用者层面，交易数据是以匿名的形式公开的，而在监管层面，交易数据又是经过实名认证的，因此，货币当局可以追溯任意一笔资金的流向，并且将其与实名账户挂钩，从而有效打击洗钱、偷税、漏税、行贿等非法行为。

4）效率优势。传统法定货币的电子化形式由于无法摆脱对商业银行、第三方支付平台等中介机构的依赖，货币的支付需要经过多方参与验证和结算；而法定数字货币则可以安全地实现"点对点"支付，从而有效缩短支付结算的时间，提高交易效率。

3. 法定数字货币的国家实践

根据国际清算银行 2021 年针对央行数字货币的调查显示，在参加调查的 65 家中央银行中，已经有 56 家启动了央行数字货币的研发工作。同时，越来越多的国家和地区正在快速开展针对央行数字货币的研发工作。从目前的情况来看，世界各国对发行央行数字货币尚无统一的发展方向。在美国和英国，中央银行和相关部门正在持续开展相关研究和技术储备工作；瑞典和韩国已经开始试点央行数字货币；欧元区和日本也已决定推出央行数字货币，目前处于验证或研发阶段。

从具体实践来看，委内瑞拉发行的石油币（Petro）是全球首个法定数字货币。该法定数字货币之所以被称为石油币，是因为其以原油作为价值储备，即 1 枚石油币挂钩委内瑞拉境内的 1 桶原油储量。委内瑞拉国内经济长期动荡、通货膨胀严重，石油币的发行是为了打破美国的经济制裁，在国际上进行融资。2018 年 2 月，石油币借助"区块链"和"法定数字货币"光环，在发行首日便为委内瑞拉融入了 7.35 亿美元资金。但是，由于石油币挂钩原油储量，但却以原油现货价格发行流通，导致发行溢价严重。同时，由于缺乏等值的价值储备和强有力的国家信用担保，石油币最终不得不从法定数字货币的舞台黯然退场。2016 年，加拿大发起了 Jasper 法定数字货币研发项目，主要是利用区块链联盟 R3 的 Corda 开源分布式账本技术；同年，新加坡发起 Ubin 法定数字货币项目，主要是利用摩根大通（J.P.Morgan）推出的企业级区块链平台 Quorum。加拿大和新加坡着力研发的法定数字货币，属于封闭批发型数字货币，主要应用于金融机构之间的大额支付结算。

我国的法定数字货币是数字人民币，属于一般型数字货币。在实践中，法定数字货币的发行机制可以分为两类：①"中央银行—社会公众"的一元发行机制；②"中央银行—商业银行—社会公众"的二元发行机制。数字人民币的发行采用的是二元发行机制：首先，社会公众使用现金或者存款向商业银行申请兑换数字人民币，商业银行锁定对应存款并向中国人民银行申请数字人民币；随后，中国人民银行在商业银行准备金账户 100% 扣减超额准备金，并向商业银行发行数字人民币；最后，商业银行将数字人民币发放至社会公众手中。

数字人民币属于基础货币，企业和民众使用数字人民币支付是"点对点"的即时支付，类似于使用纸质人民币完成交易。同时，数字人民币钱包不依赖网络，可以满足网络状况较差的山区、高原等地生产生活的使用需求。在隐私保护方面，数字人民币账户采用可控匿名的松耦合形式，即"前台自愿，后端实名"。商业银行需要得到企业或者个人授权，才能获得其数字人民币的交易记录，但中国人民银行依规定可在权限范围内查阅数字货币的全部交易信息。从整体上看，我国的数字人民币发行既结合了区块链的技术优势，同时保留了中央银行的中心化管理优势。

5.3.4　区块链在跨境支付结算中的应用

1. 区块链在跨境支付中的应用及优点

传统跨境支付主要通过国际卡组织、第三方平台、专业汇款公司或者银行电汇实现。其中，银行电汇是在国际贸易中应用最为广泛的传统跨境支付方式。环球银行金融电信协会（SWIFT）通过建立银行联盟，实现协会成员之间安全可信的支付与结算，是银行电汇的主要信息传输渠道。银行电汇一般需要 3 个工作日才能完成，主要用于大额汇款。国际卡组织诸如 VISA 和万事达卡（MasterCard），第三方平台诸如万里汇（WorldFirst）和支付宝，专业汇款公司诸如速汇金（MoneyGram）和西联汇款（Western Union）等，这些渠道的汇款到账时间一般稍快于银行电汇，但费率也高于银行电汇，例如万里汇的官方费率可达 1.2%。

相较国内支付结算，跨境支付结算的缺点显而易见，主要是时效性慢和费率较高。传统跨境支付需要经过付款方、付款银行、清算组织、收款银行和收款方的依次确认，无法同时进行，时间成本较高。同时，时差原因会进一步延长支付结算的时间。将区块链应用于跨境支付结算，可以节约跨境支付结算的时间成本和资金成本。依赖区块链分布式账本技术，银行之间可以搭建联盟链，通过联盟链实现信息共享。当用户发起一笔跨境支付指令，收款银行和付款银行可以同时对交易进行验证，从而缩短用户的等待时间，提高转账效率（见图 5-17）。同时，区块链的不可篡改性可以保证信息的真实有效，从而使跨境支付不再需要依赖专业的清算组织，进而减少跨境支付的中间环节。

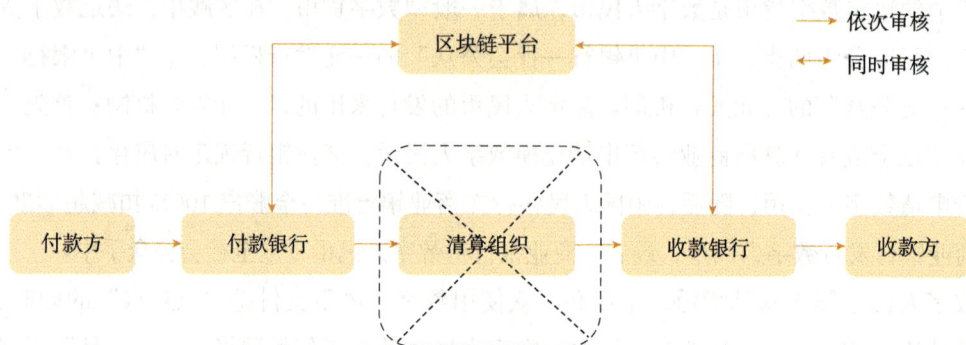

图 5-17　区块链技术在跨境支付领域的应用

依托区块链技术的跨境支付具有以下特点：①效率较高。付款方在发起转账交易之后，所有参与主体都可以基于区块链平台同时参与交易审核，从而通过机构间的协作提高交易审核速度。②费用较低。区块链技术可以缩减跨境转账的中间环节，摆脱对 SWIFT 等清算组织的依赖，从而较低交易费用；同时，区块链技术可以保证信息真实安全，这有助于降低银行的审核成本和经营风险，从而进一步降低转账费率；③安全性高。传统的跨境支付依赖中心化的清算组织等第三方机构，但如果第三方机构出现故障，交易安全就无法得到保证；而区块链平台内的所有节点均可参与系统维护，某个节点的故障不会引起跨境支付体系的系统性风险；④公开透明。监管主体可以在区块链平台加入监管节点，从而利用公开透明的交易链条实现对跨境支付的全过程监管。

2. 区块链在跨境支付结算中的现实运用

从区块链在跨境支付结算中的现实运用来看，瑞波（Ripple）公司开发的 Ripple 系统提供了一个典型的跨境支付解决方案。Ripple 致力于促进不同货币之间的零成本兑换和流通，与法国农业信贷银行、三菱日联金融集团、汇丰银行、美国银行等数十家国际金融机构达成了合作协议。由于不同金融机构使用不同的记账系统，为了实现价值在不同记账系统之间的顺畅流通，Ripple 提出跨链价值传输协议"Interledger Protocal（ILP）"。

ILP 在不同的记账系统之间搭建桥梁，通过 ILP 协议，不同记账系统可以不需要第三方验证就能实现货币的自由传输。ILP 协议本质上可以理解为做市商制度，即 ILP 通过创建"连接器"协助交易双方完成交易。"连接器"以收款方货币单位向收款方转账，同时以付款方货币单位向付款方收款。不同于传统清算组织，基于区块链技术的"连接器"可以快速地验证交易信息，并且实时连接付款方和收款方。只要 Ripple 系统内的"做市商"数量足够多，就可以为跨境交易提供足够的流动性和更低成本的货币转换。ILP 的优势还在于，银行不需要同时开设本币账户和外币账户，只需要通过"连接器"完成本币付款或者收款即可。此外，Ripple 系统还提供了另一种解决方案，其工具为瑞波币。在 Ripple 系统内，付款方可以将本币兑换为瑞波币，收款方再以瑞波币兑换任意所需货币，如美元、英镑、人民币等。

Circle（Circle International Financial）是一家数字货币创业公司，和瑞波公司一样，致力于为国家间的资金转移提供免费服务。付款方通过 Circle Pay 将本币转换为比特币，并汇款至收款方的区块链账户。收款方既可以选择接受比特币，也可以选择将比特币转换为本币提现。OKlink 也提供类似服务，只是平台内的中介货币为 OKD，付款方以 1 美元可兑换 1 枚 OKD。

招商银行是我国将区块链应用于跨境支付的先行者。2017 年 3 月，招商银行利用区块链直联跨境支付技术，为南海控股公司完成了从内地向香港同名账户的转账。这笔业务是我国首单区块链跨境支付业务，具有里程碑意义。2017 年 12 月，招商银行利用区块链技术实现香港永隆银行向永隆银行深圳分行的人民币头寸调拨。这笔业务是全球首笔基于区块链的银行间跨境人民币清算业务。

5.3.5　区块链在供应链金融中的应用

1. 传统供应链金融的主要模式及面临的问题

供应链是指商品或服务在其生产和流通的过程中，相关上下游企业所形成的网链结构。因为覆盖了商品或服务从生产到消费的所有环节，见证了价值增值的所有阶段，所以它也可以理解为增值链。在供应链中，拥有绝对优势地位的企业被称为核心企业，而供应链上下游企业的经营活动则主要围绕核心企业开展。

（1）供应链金融的主要模式　供应链金融是供应链与金融的结合，主要是围绕核心企业，将供应链上下游的企业作为一个整体，为其提供融资等一系列金融服务。供应链金融是针对供应链内所有企业提供的一种系统性融资安排，融资模式主要分为应收账款融资、预付账款融资和存货融资三种类型。

1）应收账款融资。应收账款融资是指企业以真实交易背景下的应收账款作为担保，向金融机构申请贷款的融资模式。在供应链内，上游企业对下游企业赊销会形成应收账款，如果回款较慢或应收账款规模较大，企业就会面临短期流动性压力。一般而言，赊销企业多为供应链内的中小企业，而赊购企业则多为核心企业。因此，在应收账款融资模式中，核心企业通过以应付账款的形式为中小企业提供信用担保，可以降低中小企业的融资难度，同时降低金融机构的信贷风险。

2）预付账款融资。预付账款融资是指以预付账款为基础，金融机构向采购企业提供短期融资的业务模式。在供应链内，核心企业掌握绝对话语权，占据着优势地位，因此，下游企业在向其采购货物时，需要提前缴纳款项（即预付款）。下游企业因为尚未销售货物，资金难以回笼，从而也会出现短期的流动性需求。此时，下游企业可以将提货权作为申请贷款的抵押物，而核心企业则与金融机构签订回购协议，通过向金融机构回购未被提取的货物，为下游企业提供连带责任担保。这样一来，下游企业可以融入资金缴纳预付款，核心企业可以取得预付款项作为生产资金，而金融机构则借助核心企业提供的担保有效降低了信贷风险。

3）存货融资。存货融资是企业以存货作为担保的贷款模式，其贷款企业以大宗商品贸易类企业为主。在该模式中，企业将存货以质押形式转入第三方监管仓库，并以存货销售资金作为还款来源，以此向金融机构申请贷款。第三方监管仓库负责存货管理，并为企业提供担保，而存货销售货款则直接进入金融机构的指定账户。在存货和第三方监管仓库的担保下，金融机构的信贷风险得到有效降低。

（2）供应链金融面临的问题　在实际融资过程中，传统的供应链融资存在以下问题：

1）融资企业范围有限，难以覆盖供应链内的所有企业。应收账款融资模式和预付账款融资模式都直接依赖核心企业提供连带责任担保，但核心企业难以为所有企业提供担保。一般而言，核心企业只会为那些与自己有直接交易关系的上下游企业提供担保。但在供应链内，提供赊销的企业还会有上游企业，缴纳预付款的企业也会有下游企业，这些中小企业自身缺乏足够的信用资质，在没有核心企业担保的前提下难以获得融资，但它们的融资需求实际上最为迫切。

2）"信息孤岛"问题。供应链金融的优势是整合了供应链内企业的资金流信息，从供应链的角度对企业进行信用风险管理，可以有效预防和化解企业信用风险。但是，如果供应链内缺乏统一有效的信息登记平台，供应链金融的优势就难以发挥。核心企业出于信息保护和维护优势地位的考虑，一般不愿意共享掌握的数据；而中小企业则由于信息管理能力较差，难以高效率地反馈信息。信息的碎片化和分离化是供应链金融长期面临的一个问题。

3）监管难度大。区块链金融融资主要是基于真实交易合同，因为只有真实交易合同才能在未来提供稳定的现金流。然而，在信息不对称的情况下，判断一份合同是否为真实交易合同存在一定困难。

传统供应链金融模式的上述难点和痛点可以通过引入区块链技术得到多方面的缓解。例如，分布式账本可以促进供应链内上下游企业之间的协作，密码学可以保证信息互联互通过程中企业的核心技术不被泄露，共识机制可以确保供应链内交易记录的真实性和不可篡改性，而智能合约则可以自动运行抵押融资合同以保障还款。如图5-18所示，建立在区块链技术基础上的供应链金融平台，可以实现上游企业、核心企业、下游企业、物流企业和金融机构之间的扁平化信息交互，进而降低信息不对称的程度。

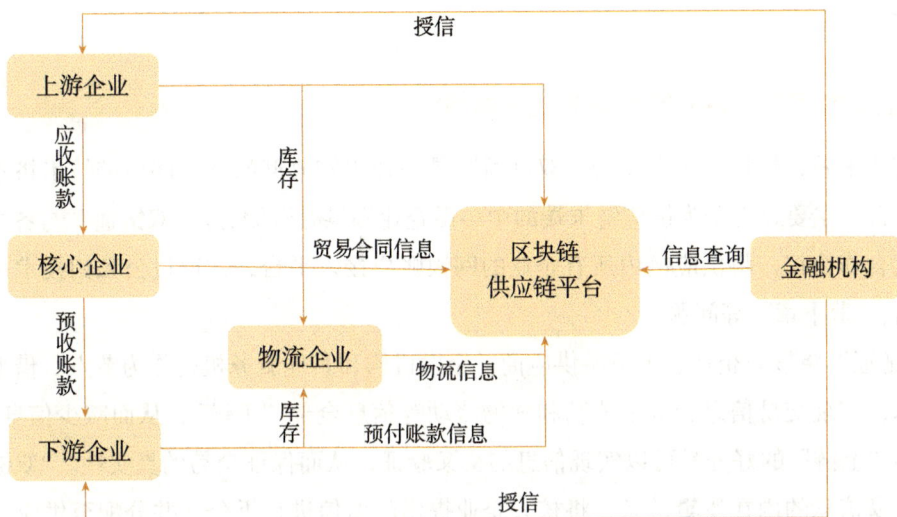

图 5-18 区块链供应链金融模式

2. 区块链应用于供应链金融的比较优势

区块链技术应用于传统供应链金融，主要有以下三方面优势：

1）打破"信息孤岛"，共同维护全链条信息的真实性。供应链内上下游企业接入区块链平台后，可以基于分布式账本技术，共同参与交易信息的记录与维护。同时，区块链技术可以实现对交易数据的穿透式追溯，除了合同主体直接对数据的真实性提供保证，合同主体的上游企业和下游企业也可以间接为数据的真实性提供保证。区块链平台的搭建可以采用联盟链形式（即节点数据读取权限需要经过授权），以保护平台内部企业的信息安全。

2）提升融资效率，降低违约风险。区块链平台为融资搭建了一个可信的环境，可以降低企业与金融机构之间的信任风险，从而缩短信用资质的审查时间，提高融资效率。同时，智能合约可以监控供应链内的相关信息变动，一旦约定条件发生，就可以自动且强制执行合约，从而避免企业隐瞒信息而故意违约。

3）延长核心企业增信链条，促进中小企业融资。与核心企业发生账目往来的企业，可以称为一级供应商和一级分销商。以一级供应商为例，这些供应商可以使用应收账款作为抵押进行融资，而核心企业则为一级供应商提供担保。但一级供应商的供应商，即二级供应商，与核心企业并无直接的业务往来，因而难以通过核心企业进行增信。不过，一级供应商为核心企业提供的原材料可能来自二级供应商，从而对二级供应商形成应付账款，这样二级供应商就间接形成了对核心企业的应收账款权利。以此类推，一级供应商的应收账款可以进一步分解为二级、三级甚至四级供应商对核心企业的应收账款权利。区块链技术可以通过穿透式的交易溯源，分析中小企业与核心企业之间的间接债权债务关系，并以此为基础向中小企业提供授信。

3. 区块链应用于供应链金融的现实案例

从实践来看，蚂蚁集团开发的"双链通"是一种比较典型的基于区块链技术搭建的供应链金融平台，主要致力于为供应链末端的中小微企业提供融资服务。"双链通"与各主流银行签订深度合作协议，将供应链内所有企业的网银账户接入平台，并通过公私钥技术从根源解决假合同、"萝卜章"等问题。

"双链通"将核心企业、上下游供应商、金融机构和其他服务机构作为节点，借助分布式账本技术，实现交易信息、资金流动和货物流动等信息全部"上链"，从而减少信息不对称。信息全部"上链"的好处是可以实现信息的交叉验证，从而保证交易的真实性。"双链通"通过整理交易信息的内在逻辑链条，将核心企业提供的增信进行拆分，并分配至供应链各级企业，直至最末端的企业也能通过核心企业增信来实现融资。

以应收账款融资为例（见图 5-19），"双链通"将核心企业的应付账款进行拆分，从而实现核心企业增信的拆分转让，以纾解中小微企业的融资难题。

此外，布比公司研发的"布比壹诺金融"和腾讯集团研发的"微企链"也是典型的区块链供应链金融平台。

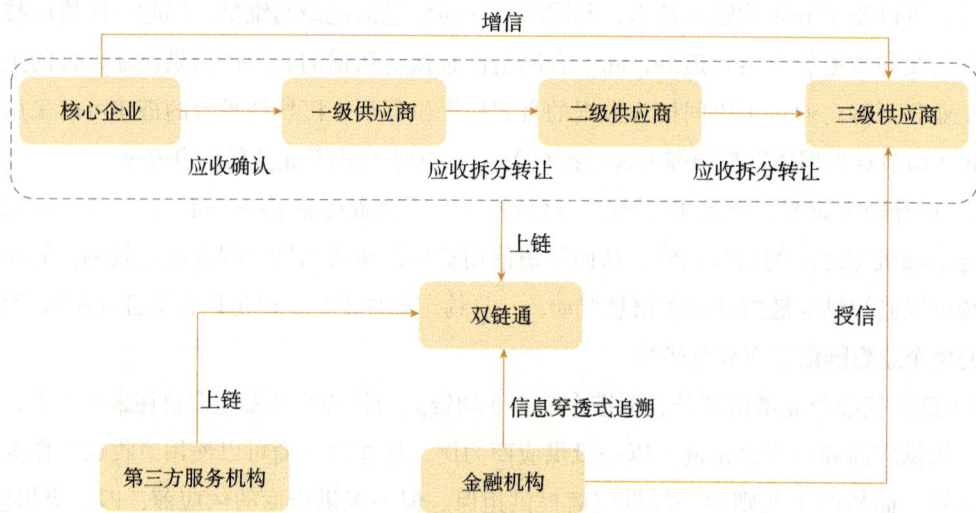

图 5-19 "双链通"应收账款融资模式

5.3.6　区块链在证券发行与交易中的应用

区块链是推动"信息互联网"向"价值互联网"转型的关键技术，而证券行业作为价值传输密度最高的行业之一，可以从多个方面引入区块链技术。2016 年，时任美国证监会主席的玛丽·乔·怀特（Mary Jo White）指出："区块链在提升证券市场交易、清算、交收环节的现代化水平，简化业务流程，甚至替代某些业务环节等方面具有巨大的潜力。"2021 年，中国证券监督管理委员会（简称证监会）发布《证券期货业科技发展"十四五"规划》，提出要建设以"监管链－业务链"作为双层架构的证券期货行业区块链基础设施。区块链技术可以促进证券市场优化业务流程、完善数据登记以及加强部门之间的协同，从而有助于建设更为开放、透明、规范和高效的资本市场。从目前的情况来看，区块链技术在证券行业的应用主要集中在证券发行和证券交易两方面。

1. 区块链在证券发行中的应用

证券发行是一项复杂且烦琐的业务，具有跨部门和周期长的特点。证券的成功发行不仅需要企业自身完成改制，还需要证券公司、会计师事务所、律师事务所等机构进行保荐和评估，同时还需要监管部门完成审核。在证券发行过程中，多部门参与既有可能造成职能重叠，也有可能出现职能空白，而发行公司则可能利用部门间的信息不对称实施数据造假等欺诈行为。发行主体相对于投资者同样处于信息优势地位，投资者可能会因为发行主体的风险披露不完整而蒙受损失。此外，证券发行的保荐机构往往也是其承销机构，但这两项职能之间存在一定的利益冲突：保荐机构需要监督证券发行主体是否满足发行要求；而承销机构则希望尽快完成证券的发行和销售以赚取承销费用。这意味着保荐机构可能不会完全落实保荐义务，甚至可能为发行主体欺骗监管机构和投资者提供协助。

引入区块链技术，可以在一定程度上解决上述传统证券发行过程中所存在的信息不对称和数据欺诈等问题。首先，发行主体将发行信息全部"上链"，基于分布式账本技术，所有节点均可在权限范围内读取数据，并共同监督发行主体是否按照要求进行了完整的信息披露；其次，区块链技术可以保证发行主体数据自始至终的一致性，因为任何数据篡改行为都会被所有节点及时发现；再次，区块链可以弱化证券公司的承销作用，通过全网广播证券发行计划，甚至可以实现"对点对"的证券发行，这意味着保荐和承销两项工作之间的利益冲突可以得到缓解，从而有助于提高保荐机构的尽职程度；最后，区块链技术使保荐机构和会计师事务所等部门可以直接通过区块链平台收集和审计数据，从而缩短了数据查找和核实的时间，这有助于提高证券发行的效率。

2015 年，美国纳斯达克正式推出基于区块链技术的私募股权金融服务平台 Nasdaq Linq。Chain 是第一家在 Nasdaq Linq 完成私募股权融资的公司，它的出现标志着区块链技术在证券发行领域迈出了重要一步。同年，美国零售巨头 Overstock 发布区块链证券交易平台"tØ"，并成功通过"tØ"发行了 500 万美元的"加密债券"。2015 年，Overstock 向美国证监会提交了基于区块链平台发行股票的申请，并于当年 12 月获得美国证监会批准。这也是美国证监会首次公开批准发行"区块链股票"。2018 年，澳大利亚联邦银行（CBA）为世界银行发行了全球首只区块链债券"Bond-I"。

2. 区块链在证券交易中的应用

传统证券交易中的问题主要存在于交易流程、证券存管和清算结算三个方面。首先是交易流程冗长。一笔证券交易往往需要经过开户、委托、撮合、成交、清算结算和交割等多个环节，其中涉及证券公司、证券交易所和证券登记机构多个部门。通过区块链平台，证券交易可以大幅缩短交易流程，实现交易者之间的直接交易（见图5-20）。其次是证券存管分散。在传统证券交易制度下，交易者需要将证券托管于证券公司，证券公司再将证券集中存管于中央证券存管机构。证券托管和存管涉及不同机构，会增加证券所有者的信息泄露风险，同时也会增加其中介费用。基于区块链技术，证券相关信息全部存储于分布式账本内，任何所有权变动都会得到及时反映并直接更新，从而降低了证券交易需要支付的中介费用。最后是证券清算结算的时间较长，增加了证券交易的时间成本。在传统证券交易体制内，证券交易完成后无法即时实现资金结算和证券交割，而是需要等当天交易时间结束后，由证券公司统一进行清算与结算。通过引入区块链技术，资金结算和证券交割可以同步更新，这意味着"交易即结算"，即真正实现了证券交易的"T+0"。

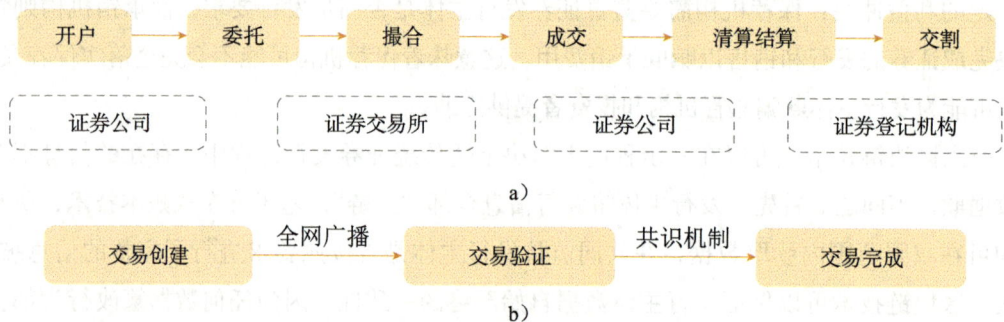

图 5-20　证券交易流程

a）传统证券交易流程　b）区块链证券交易

2016年1月，澳大利亚证券交易所（ASX）与美国数字资产控股公司（Digital Asset Holdings）合作，希望将区块链技术用于交易所的清算和结算，以缩短证券交易的时间并降低交易对手的违约风险。2017年12月，澳大利亚证券交易所宣布，正式以区块链技术更新现有清算和结算体系，成为全球第一家将区块链技术大规模应用于证券交易业务的交易所。2019年2月，美国Paxos信托公司推出基于私有链网络的Paxos结算服务。通过该项服务，瑞士信贷与Instinet证券公司完成了证券交易测试，首次将区块链技术应用于美国上市证券的交易。2022年1月，亚洲开发银行（ADB）宣布将与国际领先的区块链创业公司合作，开发适用于东南亚国家联盟以及包括中国、日本和韩国在内的跨境证券交易结算场景的区块链技术。

5.3.7　区块链在保险行业中的应用

1. 保险行业发展所面临的问题

从风险角度而言，保险的本质是通过风险管理实现风险转移，从而将未来可能面临的不确定性风险转化为确定性的成本。但从现实发展角度来看，目前保险行业的发展主要面临以下三个方面的问题：

1）业务成本居高不下。该问题主要是人工服务占比较高引起的。保险推广模式可以分为直销模式、银保模式和代理人模式。其中，直销模式和银保模式的占比虽然正在逐步提升，但代理人模式仍然占据主导地位。基于传统数据的收集模式，保险公司在获客、核保及理赔等环节均高度依赖人工服务，从而导致代理人的队伍规模庞大。

2）理赔效率较低。理赔程序通常包括报案、立案、调查和核准环节，业务办理时间较长。同时，投保人对理赔程序的了解程度、理赔人员的专业程度以及两者之间的沟通时效，也都是影响保险理赔效率的重要因素。

3）保险欺诈事件频发，道德风险和逆向选择问题长期难以得到有效解决。保险欺诈的主要形式包括隐瞒真实信息、事后投保、重复投保及篡改出险数据等。信息不对称是保险欺诈长期存在的根本原因，同时也是解决保险欺诈问题的关键痛点。

2. 区块链应用于保险行业的主要优势

由于保险是基于"大数法则"计算风险管理的"确定性成本"，而区块链则是基于"全网共识"实现数据存储的"真实有效"，因此，这二者在底层逻辑方面天然存在一定程度的"基因相似性"。特别是对于上述保险行业发展中所面临的问题，区块链技术提供了一些新的解决思路和途径。

首先，区块链技术可以提高投保效率，降低业务成本。保单具有高度标准化和格式化的特征，可以通过区块链网络快速广播，并在全网节点的见证下完成"点对点"签约。而应用智能合约的可编程性可以自动实现对投保人信息的收集和验证，从而提升保单的签约效率。此外，运用区块链技术的保险公司还可以压缩代理人规模，从而降低人工成本。

其次，区块链技术可以提高保险理赔效率，改善服务质量。风险事件发生后，通过将相关信息输入区块链，全网节点都可以及时对信息的真实性进行验证。智能合约在确定合同约定的赔付条件确已发生后，就可自动执行赔付程序。同时，保险公司对理赔事件的调查和核准环节在区块链网络内公开透明，客户可以了解理赔依据和理赔进度，从而有助于监督保险公司改进服务质量。

最后，区块链技术可以解决信息不对称问题，从而减少保险欺诈。通过联盟链或者私有链的形式，保险公司与保险公司、保险行业与其他行业之间可以共享数据库，并通过多方数据共享和交叉验证来全方位了解投保人的真实信息，并在此基础上形成保险合同的合理定价。

3. 区块链在保险行业各环节中的应用实践

在实践中，道德风险和逆向选择是保险所面临的两个主要问题，而区块链数据的真实性和不可篡改性正好有助于解决保险行业中长期存在的各种欺诈难题。2019 年 12 月，中国银保监会发布《中国银保监会关于推动银行业和保险业高质量发展的指导意见》，其中明确指出，银行和保险机构要充分运用区块链等新兴技术提升服务质量，降低服务成本。

在保险设计环节，区块链技术可以帮助保险公司深入分析保险标的，优化保险产品的设计和相关风险控制措施。以农业险为例，因为保险标的多分布于山区、草原、丘陵等偏远地区，信息采集和追踪的难度较大。同时，保险公司与农户之间的信息不对称较为严重，导致道德风险频发。2017 年，中国人民保险集团股份有限公司（简称中国人保）将区块链技术应用于农业险，推出了区块链养殖保险服务平台，其中"养牛保险"是比较典型的一个应用案例。中国人保利用耳标、生物特征和 DNA 等生物识别技术，生成肉牛"独一无二"的身份信息；随后，借助区块链技术，将肉牛的身份信息与其出生、饲养、繁衍、防疫、屠宰等过程相结合，勾勒出肉牛可溯源的成长经历。基于这些连续记录的信息，保险公司可以准确判断肉牛的健康状况并预测可能出现的风险，从而帮助农户提前加强防范。通过溯源体系，保险公司可以掌握投保标的的真实信息，进而优化保险合同的条款设计，同时改善投保标的风险定价。

在保险理赔环节，区块链技术可以缩短理赔环节，降低保险公司的理赔核实成本，进而提高理赔效率。2018 年 12 月，基于蚂蚁金服区块链平台的全国首单区块链理赔案例落地，投保人从申请理赔至收到理赔款项仅用了 5 秒。2020 年 11 月，上海保险交易所开展健康保险的"零感知理赔"试点工作。所谓"零感知理赔"，是指在获得投保人授权的前提下，理赔事件发生即赔付，整个理赔过程的耗时几乎为零。上海保险交易所通过授权医疗机构和保险机构加入其区块链服务平台，实现了投保人医疗信息和保险信息的及时交互，当投保人产生医疗费用后，区块链的共识机制会完成信息验证，然后通过智能合约实现自动理赔。

在保险反欺诈环节，区块链存储数据具有公开透明和不可篡改的特性，可以确保投保人信息的真实有效和可追溯，进而有效缓解逆向选择和道德风险问题。英国的区块链创业公司Everledger 通过数字化映射，为 160 万颗钻石印上了"专属身份证明"，并利用区块链技术记录这些钻石的流通记录。通常情况下，钻石经销商会为钻石购买保险，同时有动机制造钻石丢失的假象以骗取保险赔偿。当保险公司收到理赔申请后，可以先行向钻石经销商支付理赔款，而一旦丢失的钻石再次出现于流通市场，保险公司就可以根据区块链记录的信息追溯其来源。如果确认该钻石是从钻石经销商的账户流出的，那么就可以确定其之前的理赔行为是保险欺诈，保险公司就可以相应追究其相关责任。

5.3.8　区块链在征信行业中的应用

1. 传统征信模式存在的主要问题

征信活动主要包括两个方面：①依法采集、整理、加工和存储主体信用信息；②依法为主体提供信用查询服务。征信是风险管理的重要工具，可以降低信用查询者的信息收集和分析成本，提升交易达成速度。完善的征信体系有助于解决社会诚信缺失问题，提高经济运行效率。

目前，我国的征信模式主要分为中国人民银行征信和第三方征信。其中，中国人民银行的征信服务主要是基于业务机构上报的标准化数据；而第三方机构的征信服务则主要是基于其客户的多维度数据，可以视为对中国人民银行征信的一种补充。芝麻信用、中诚信征信、百行征信等均为第三方征信机构，数据采集主要依赖自身平台业务的积累，以及与主要互联网公司之间的数据库合作。在现实中，征信机构主要致力于实现自身征信评估服务的完善与客观，但由于不同征信机构之间的信息隔离较为严重，阻碍了社会征信体系整体效率的提高。同时，无论是人工采集数据，还是利用互联网进行大数据采集，征信机构都面临数据质量的问题。

传统征信模式主要存在数据维度不足和信用信息泄露两类问题。在数据采集维度方面，中国人民银行征信系统虽然持续扩展征信范围，但数据来源仍以司法机构、税务部门、社保部门等政府部门及商业银行、政策性银行等金融机构为主；在第三方征信机构中，芝麻信用主要依赖淘宝、天猫和支付宝用户的行为数据，腾讯征信则主要依赖微信、QQ 等社交平台用户的行为数据。百行征信凭借中国互联网金融协会、芝麻信用和腾讯征信等主要股东建设的数据库，数据采集维度要高于其他第三方信用评级机构。但整体而言，各类征信机构的数据采集主要依赖各自系统内的数据平台，官方数据库和企业数据库相互封闭，企业数据库之间也相互封闭，从而导致用户信息主要集中于某一方面，难以全面评估用户的信用水平。在隐私保护方面，征信信息的采集必须在得到用户授权的前提下展开，但第三方征信机构常常在未经授权（或者以较为隐蔽的方式获得用户授权）的情况下，对用户数据进行过度采集甚至强制采集，这些都严重侵犯了用户隐私。此外，第三方征信机构为了获得特定的利益而出售数据库，或者因为维护不当而造成数据库信息泄露，也都会对用户的隐私造成损害。

2. 区块链在征信行业中的应用实践

区块链技术利用其公开透明、可追溯和不可篡改等特点，可应用于征信数据采集的全过程，从而有效解决传统征信模式中存在的上述难点问题。首先，分布式账本技术可以实现征信数据共享，从而打破不同征信数据库之间的"数据孤岛"问题；其次，加密技术既能降低信用主体隐私泄露的风险，同时也能严格落实隐私信息的"授权－采集"程序；再次，共识机制可以确保征信信息的真实性，从而提升数据的采集质量；最后，智能合约可以通过编程建立自动执行的激励机制，从而促进数据共享。目前，基于区块链技术的征信平台主要分为两类：一类是数据交易平台；另一类是共建共享数据平台。

数据交易平台旨在通过构建普惠式的征信数据共享平台，帮助征信机构以较低成本获得真实可靠的外部数据。数据交易平台可以采用联盟链形式，节点在平台内公布部分数据，为其余节点提供检索指引，有数据查询或者采集需求的节点可以通过指引联系相关节点，并向其购买所需数据。基于数据交易平台，各节点之间可以实现一定程度的数据共享，从而打破"数据孤岛"，同时可以通过购买获得所需数据。从已有实践来看，公信宝是一个实现了"点对点"数据交易的去中心化数据交易所，可以应用于征信行业的数据采集。公信宝在得到用户授权的前提下，可以将用户在金融、消费、社交等方面的多维数据链接到区块链平台内，进而为征信机构提供数据支持。2016 年，征信机构甜橙信用和区块链技术公司布比展开合作，致力于打造基于区块链技术的征信数据交易平台，为征信数据供求双方提供新的交易渠道。

共建共享数据平台旨在通过全网节点的共同参与来搭建征信数据库，并明晰数据产权，为数据共享提供激励机制。为了形成更加完善的信用评估，征信机构或多或少都需要与外部数据库合作，以丰富数据的采集维度。为鼓励节点之间分享数据库，共建共享数据平台为节点提供一定的回报。例如，平台激励机制可以设计为积分制：当 A 节点贡献的数据被 B 节点查询和使用时，A 节点的积分就会增加，B 节点的积分就会相应减少；如果 B 节点查询的数据量远远超过其贡献的数据量，就会导致积分不足，需要付费才能查询。从实践来看，"珠三角征信链"是由中国人民银行广州分行牵头设计开发的一个征信平台，于 2021 年 7 月上线运行。该平台采用联盟链形式，主要面向征信机构和金融机构。"珠三角征信链"对政府部门、金融机构和企业部门的数据库资源进行了大规模整合，并接入省外征信平台，从而初步实现了跨部门、跨地域和多维度的征信数据共享互通。

【本章小结】

区块链包含"区块"和"链"两层含义。其中，"区块"负责记录和确认交易数据；而"链"则负责为交易印上"时间戳"，并按照时间顺序将"区块"依次链接。作为解决社会信任危机的一种技术创新，区块链有望推动"信息互联网"向"价值互联网"转变，并引导一系列金融产品和服务的创新。目前区块链技术的应用已经从数字货币拓展至金融、教育、医疗、司法等领域。

从技术上看，区块链实际上是一种分布式记账技术，其特点是运用分布式网络实现数据记录的"去中心化"。换言之，区块链在本质上是一种新型账本，所有人都可以参与账本的记账工作，同时所记载信息的真实性可以直接通过技术手段（而无须第三方机构）得到保证。从目前的情况来看，区块链平台架构一般分为数据层、网络层、共识层、合约层和应用层。

一般认为，区块链技术的核心特征包括以下六个方面：①去中心化，也称为分布式，即区块链网络采用分布式记账、传播和存储，不存在任何中心化节点，所有节点负有同等的权利与义务；②开放性，也称为公开透明，即任何人都可以通过节点查询在区块链中传播和存储的数据；③自治性，也称为自信任，即区块链通过共识算法等协议来规范系统运行，为数据交换营造可信环境，不需要任何第三方可信机构或其他的人为干预；④不可篡改性，即所有节点都拥有区块链存储的完整数据库，修改数据必须同时控制超过 50% 的节点，否则难以对存储数据进行篡改；⑤匿名性，即节点之间无须通过公开身份的方式建立信任基础，交易双方在匿名的前提下就可完成交易；⑥集体维护，即区块链系统的维护工作并不特别依赖某些节点，而是由全部具有维护功能的节点共同维护，并且任何节点都具有参与其中的权利。

按照区块链技术的发展和应用程度，区块链的发展历程可以划分为三个阶段，即加密货币阶段（区块链 1.0）、智能合约阶段（区块链 2.0）和大规模应用阶段（区块链 3.0）。在未来，随着区块链技术的不断发展和成熟，所有权、使用权、医疗过程、投票、仲裁等任何有记录价值的事物，在理论上均有望进入区块链，从而形成涵盖所有领域、所有地域的分布式记账网络。

随着区块链技术的发展，区块链的适用场景也不断丰富。由于不同适用场景的需求不尽相同，所以区块链网络的去中心化程度也有所差异。按照区块链网络节点的准入机制，区块链可以被划分为公有链、联盟链和私有链三种类型。公有链是指没有任何准入限制，所有节点无须任何授权便可自主加入或退出的区块链网络。联盟链是指存在准入限制，只有得到授权的节点才能加入或退出的区块链网络。私有链是指某个组织或机构内部使用的区块链网络。

分布式账本、密码学、共识机制和智能合约通常被认为是区块链的四大核心技术。其中，分布式账本为区块链初步搭建了数据存储框架；而密码学则负责决定数据以何种方式进入上述框架；共识机制负责统筹协调全网节点，促进节点对数据形成共识，确保数据存储的一致性，被形象地称为区块链的"灵魂"；智能合约主要负责维护区块链秩序，执行数据协议，提高区块链的可编程性，进而拓展区块链的应用生态圈。

从实践应用来看，比特币是区块链技术的首个落地应用项目，也是区块链技术在金融领域的首个应用项目。近年来，区块链技术已经逐渐在数字资产、数字货币、法定数字货币、跨境支付结算、供应链金融、证券发行与交易、保险和征信等金融细分行业得到更为广泛的应用。

【关键词】

区块链　去中心化　矿工　数据层　网络层　共识层　合约层　应用层　非对称加密
哈希函数　哈希值　51%算力攻击　区块链不可能三角　图灵完备性　公有链　联盟链
私有链　分布式账本　密码学　共识机制　智能合约　哈希算法　非对称加密算法　工作量
证明机制　权益证明机制　股份授权证明机制　实用拜占庭容错机制　数字资产　数字货币
供应链金融

【复习思考题】

1. 简要说明区块链的主要特点和平台架构层级。
2. 简要概括区块链的发展阶段及其内在的演变规律。
3. 简要阐述区块链的主要类型及其对应的适用场景。
4. 简要解释区块链的核心技术及其解决的主要问题。
5. 举例说明区块链在金融行业各领域中的运用场景。

第6章 ▶

金融科技公司

金融科技概论

【本章要点】

1. 金融科技公司的定义与分类。
2. 银行金融科技公司。
3. 互联网金融科技公司。

【背景材料】

1月16日，毕马威中国"2022金融科技双50榜单"颁奖典礼在北京、上海、深圳三地同步举办，现场还发布了《2022金融科技发展趋势》报告。此次活动汇聚了国内外金融科技领域专家学者、行业领军人物、企业高管等，围绕金融科技前沿热点问题及发展趋势展开讨论。

毕马威中国金融业主管合伙人张楚东说道，在金融业数字化转型的进程中，2022年是继往开来、再上台阶的一年。从此次榜单评选可以看出，中国金融科技企业坚持强化技术自主研发能力、不断丰富场景化技术应用，不仅推动着大数据、区块链和云计算等技术深入渗透到金融机构的业务营销、风险管理、后台管理等多个环节，助力提升管理效率、降低运营成本、创新业务模式，更在量子计算、数字孪生、VR/AR、虚拟人、星网关联、生物探针等前沿技术领域进行了大量有益实践，中国金融科技硬实力正在持续进化，有望在新阶段持续赋能银行、资管、保险机构等金融主体，取得更具成效、更高质量的数字化转型成果。

根据毕马威中国发布的《2022金融科技发展趋势》，区块链已成为中国金融科技公司第五大首选技术，占比达到33%，仅次于大数据（76%）、人工智能（68%）、云计算（41%）和知识图谱（34%）。毕马威还指出，人工智能和区块链仍然是金融科技底层技术中的主流应用核心技术，以人工智能、区块链、云计算、大数据等为代表的新一代信息技术是金融"新基建"的重要组成部分。

（资料来源：以上内容摘编自读创，《毕马威发布金融科技双50榜单 数字化转型加速金融与科技融合》，2023年1月16日。）

6.1 金融科技公司概述

6.1.1 金融科技公司的定义

目前，学界对金融科技公司尚未形成明确统一的定义。在不同的报告中，被界定为"金融科技公司"的既有像蚂蚁集团和京东科技这样的互联网巨头，也有以建信金科和工银科技等为代表的由传统金融机构发起成立的金融科技子公司。此外，还有一些移动通信和电子商务企业也开始涉足金融科技领域。

关于应该如何定义"金融科技公司"这一问题，目前理论上大体可以分为两类流派：一类流派认为，金融科技公司本身并不从事金融业务，但却能够为其他金融机构和实体企业输出技术服务，盈利的主要来源是科技变现；另一类流派的标准则相对更为宽泛，认为只要是金融科技驱动发展的企业都可以被列入这一概念。下面分别对这两大流派的主要观点进行阐述。

1. 流派一：服务金融机构，具备科技输出能力

在实践中，蚂蚁集团和京东科技等企业是被广泛认可的金融科技公司。纵观这类企业的发展历程不难发现，它们都起步于互联网金融，然后开始研发和应用金融科技，并逐步具备了向其他金融机构和各类企业输出金融科技的能力，并能通过技术变现获利。

2016 年，蚂蚁集团在"FinTech"的基础上提出了"TechFin"的理念，推动自身向"技术输出者"这一角色转变，其目标是计划降低金融服务收入和提高技术服务收入占比。京东科技的前身"京东金融"也在同一时期将自己定位为服务金融机构的科技公司，其目标是为金融机构提供科技支持和提高运营效率。不难看出，具备对外输出金融科技和进行技术变现的能力是这类公司的重要特征，也是该流派判定金融科技公司的首要标准。

根据上述界定，金融科技公司的本质十分接近于科技公司。科技公司一般是指所提供的产品或服务具有较高的技术含量，能够借助核心技术不断创新出适销对路的产品，构建竞争壁垒，领先开拓市场的企业。这类企业既包括从事信息、电子、新能源等通常意义上的科技公司，也包括以客户信息和偏好作为出发点，提供供应链管理服务或进行特许经营的知识密集型公司。金融科技公司属于后者，它们通常利用先进的科技手段，为合作伙伴提供客户获取、业务运维、资金管理、风险管理等多个方面的数字化解决方案。

除了具备科技输出能力外，这一流派还强调，金融科技公司所研发和应用的科技应当与金融有直接联系，并且能够产生颠覆性的创新效应，而不是传统意义上的普通科技。埃森哲发布的《2017 年 FinTech100 金融科技创新者报告》指出，金融科技公司专注于研发和应用大数据、云计算、人工智能、机器学习、区块链、量子计算等最前沿的新兴科技，公司输出的创新科技能够帮助各类金融业务实现重塑或转型升级。

2. 流派二：追求科技赋能，提升金融服务效率

第二种流派对金融科技公司的概念界定更为宽泛：只要企业致力于研发和应用金融科技，追求科技赋能金融业务以实现降本增效，就可以被划入金融科技公司的范畴。也就是说，金融科技公司不一定需要具备"输出"技术的能力，只要能够将其研发的金融科技应用于自身运营的金融产品和服务即可，公司收入也不必然以科技服务费为最主要的来源。

例如，毕马威中国就将金融科技公司定义为"非传统企业以科技为尖刀切入金融领域，

用更高的技术手段抢占市场，提升金融服务效率和更好地管理风险"。在 2020 年毕马威发布的"中国领先金融科技公司榜单"中，既包括以京东数科（现已更名为"京东科技"）为代表的提供技术及解决方案的企业，也包括工银科技等银行和保险集团成立的子公司，还有通信、消费、证券、汽车交易等各个领域的公司，它们也追求科技赋能，但更擅长金融科技的"应用"而非"输出"。

3. 其他一些定性和定量的参考标准

上述两种流派的观点各有拥趸，但也各自存在缺漏。一方面，流派一的界定过于严苛，在实际中，即使是京东科技和蚂蚁集团，当前营收也不能完全依靠科技变现，公司的主要利润来源依旧是旗下的金融产品和服务；另一方面，流派二的界定又稍显宽泛，在一定程度上模糊了金融机构、科技公司与金融科技公司的界限。针对这些问题，可以从定性和定量两个方面对金融科技公司进行多维度的界定。

首先，从定性的角度来看，金融科技公司可以大致分为四种类型：①银行、保险、证券公司等传统金融机构为了提升服务效率、创新产品、增强竞争力而成立的金融科技子公司，或其他具有技术优势的机构为了拓展收入来源，也开始进行科技输出；②互联网集团利用自身在科技技术、客户资源、流量数据等方面的优势，布局金融业务并输出相关技术；③纯粹提供技术服务，自身并不从事金融业务的公司；④利用金融科技，从事类金融业务的公司。

其次，从定量的角度来看，可以使用一些指标来帮助判定金融科技公司。例如：①公司具有基础技术的研发能力与新型技术优势，特别是在金融科技领域拥有专利或竞争壁垒；②技术人员在公司总雇员中有较高的占比，如达到 50% 以上；③在实际业务中拓展或创新了金融科技的应用场景；④公司大部分业务在线上进行，且金融科技在全业务链条中具有较高程度的应用；⑤公司以技术或平台服务费用作为主要或重要的收入来源，具有高自动化、科技化的组织架构和内部管理模式。

从毕马威中国发布的"领先金融科技公司榜单"评选标准中，也可以提炼出一些金融科技公司所具备的属性：①在新技术的研发或应用方面有所突破；②在数据的归集、挖掘与应用方面具有核心技术优势；③具备创新能力，能够为传统金融产品、服务或业务模式带来革命性的改变；④能够运用新技术解决金融发展瓶颈，提高金融行业效率；⑤重视科技驱动，拥有较强的发展潜能和广阔的发展前景。

此外，京东金融结合其自身定位和实践强调，金融科技公司应该遵从金融本质，以数据为基础、以技术为手段，为金融行业服务，从而帮助金融行业提升效率、降低成本。该定义具有以下三个方面的内涵：①以数据和技术为驱动；②提升行业效率，降低行业成本；③金融科技公司与传统金融是互补关系，前者主要做传统金融不能做或做起来成本很高的业务，或者与传统金融机构合作实现共赢。

综合上述分析，可以大体得出关于金融科技公司的一个简单定义：金融科技公司是指将大数据、云计算、区块链、人工智能等新兴科技运用于金融活动，通过金融产品和服务的创新或组织管理流程的再造，降低金融成本，提高金融效率，改善金融服务，在信息或技术方面具有先导优势的企业。

6.1.2　金融科技公司的分类

1. 按照公司主要业务所处行业分类

随着金融科技的发展，越来越多的企业发现了金融科技行业广阔的市场空间和发展前景，希望通过科技革新重塑自身的业务或运营模式。所以，按照公司或其背靠的母公司（集团）主要业务所处的行业，金融科技公司可以大致分为三类，即由 IT 企业、传统金融机构或大型实体企业发展而来的金融科技公司。

（1）IT 企业发展而来的金融科技公司　由于先天的技术基因与崇尚创新的思维文化，很多金融科技公司都脱胎于 IT 企业。很多 IT 行业巨头都拥有庞大的客户资源和数据流量，且具有技术引领的天然优势，这些企业往往以原有的核心业务为起点，通过金融科技不断向金融领域扩张或渗透。例如，蚂蚁集团起步于阿里巴巴的电商业务，所以在发展支付业务的初期，凭借其电商场景"无缝连接"至支付场景，由此迅速获得了大量的个人客户和中小微企业客户。同时，蚂蚁集团利用其对客户需求和偏好的大数据分析，持续挖掘客户价值，拓展其在信贷、保险、资管等领域的应用。又如，腾讯 FiT 业务脱胎于其庞大的社交网络。由于微信支付和红包等一经面世就获得了巨大的流量支持，腾讯 FiT 顺势推出了更多的金融产品和服务，通过线上线下的无缝连接，积极布局理财、证券、企业金融等领域。

对于中小 IT 企业而言，在竞争激烈、瞬息万变的互联网行业中，立足的核心就是迅速扩张，以获得更多的客户、数据、流量及市场份额，这甚至比盈利更为重要。为了降低获客成本和增加数据流量，IT 企业自然会在科技上加大投入，以推出更多安全、便捷、多样化的金融产品和服务来吸引客户、提高客户黏性和优化客户体验。

总体来看，由于 IT 企业的行业特性，它们通常能够通过长期积累的大数据更快、更好地形成客户画像，并通过持续研发的云计算、区块链等技术获得金融科技领域的竞争优势。不过需要指出的是，也有一些想要布局金融科技的 IT 企业，由于缺乏金融产品设计、风险管理、合规运营等方面的金融能力而无法发展为真正的金融科技公司。

（2）传统金融机构发起设立的金融科技公司　在数字经济时代，一方面，IT 企业积极布局金融科技和开展金融业务，这对传统的金融机构造成了巨大冲击；另一方面，金融机构的传统运营模式遭遇了发展瓶颈，如银行存贷利差盈利受限、保险获客扩张缓慢等。所以，传统金融机构也纷纷加大了在金融科技领域的投入。例如，中国平安通过成立平安陆金所、平安好车、平安普惠等一系列子公司布局金融科技，覆盖各类客户的需求场景；工银科技、建信金科等由大型商业银行成立的金融科技子公司迅速发展起来；许多中小银行也紧随金融科技的浪潮，开始将大数据、云计算、区块链、人工智能等技术融入其相关金融业务之中。

传统金融机构布局金融科技，与IT企业相比既存在一些劣势，但也有一些比较优势。在劣势方面，传统金融机构具备严格的风控流程，企业文化相对保守，且受到比较严格的金融监管，所以它们在技术研发、创新投入和业务重塑等方面会遭遇相对更多的阻力，发展比较缓慢。在优势方面，传统金融机构拥有金融牌照，运维合规，且经过长时间的经营积淀，旗下的产品种类通常比较丰富；同时，它们在风险控制方面积累了比较丰富的经验，管理团队比较稳定、成熟，且拥有线下实体网点，因而可以更好地贴近客户服务，维护品牌形象，提高客户信任度。

（3）大型实体企业发展而来的金融科技公司　由大型实体企业发展而来的金融科技公司，虽然没有先天的科技基因，也没有金融领域的资源和经验优势，但它们往往拥有产业优势地位、广泛的线下客户和成熟的供应链、物流、仓储网络等。例如，2015年，中国中车联合多家央企、地方国企、民企和金融机构组建成立了中企云链。其在行业内率先打造了"N+N+N"的第三方供应链金融服务平台，可以为大、中、小企业提供多维服务。又如，2016年，上汽集团、华软投资等机构投资成立了车晓科技，车晓科技自主研发了保险风控平台、汽车金融风控平台、政府智能监管风控平台等核心生态产品，为不同客户提供基于金融科技的综合解决方案。

具体而言，实力强劲的实体企业往往拥有黏性较高的供应商与客户，可以借助原先的业务场景布局金融科技，例如先推动货品支付结算、账户管理线下与线上的融合，再进一步拓展其他金融业务等。同时，实体企业对其所处的产业链有较深的理解，多年的经营也能够积累较多的消费者和商家的相关数据，能够以此为基础，借助大数据、云计算等技术进行大数据风控、客户画像建模等，通过金融科技解决上下游融资问题。此外，实体企业的物流和仓储等基础设施也可以为供应链金融等的发展提供便利，从而优化客户体验。

因此，资金雄厚和运维成熟的大型实体企业在金融科技领域的布局具有自身的一些优势。例如，通过将线下资源、线上平台与金融服务充分融合，使用金融科技为核心业务赋能。此外，实体企业也可以通过打造产业链金融生态，满足上下游企业和个人客户的金融需求，从而进一步打开自身发展的想象空间。

2. 按照发起资本的性质分类

金融科技公司也可以按照发起资本的性质划分为两种不同的类型：一类来自产业资本，一般是由信息技术公司转型或设立的金融科技子公司；另一类来自金融资本，一般是由传统金融机构发起设立的金融科技公司。

（1）来自产业资本的金融科技公司　来自产业资本的金融科技公司将技术驱动作为发展核心，充当金融服务相关技术的输出者或数字化解决方案的提供商。这类公司的股本结构一般是由发起公司控股，同时社会民间资本在不同程度上有所介入。在我国，来自产业资本的金融科技公司大部分是由互联网企业转型而来或发起设立的，如脱胎于互联网电商巨头的蚂蚁集团和京东科技等。

（2）来自金融资本的金融科技公司　来自金融资本的金融科技公司主要由银行、保险、证券等传统金融机构设立，其股本结构既可以是独资的，也有可能由发起的金融机构绝对控股。例如，银行系设立的金融科技子公司，一般脱胎于原机构内部的 IT 部门。其主要职能是为银行内部提供科技服务，覆盖基础设施、应用系统、技术孵化、平台生态、风险管理等各个方面。其目标是帮助集团运营降本增效，同时推动集团各业务环节实现金融科技转型、创新金融产品和服务等。

3. 麦肯锡的金融科技公司分类

麦肯锡公司 2018 年 12 月发布的报告《协同和颠覆：十大趋势塑造金融科技》中指出，金融科技公司由于起源、规模等要素的不同，产生了不同的运作方式，从而可以据此将其划分为四种不同的类型（见图 6-1）。

起源	科技	担任基础设施供应商的金融科技公司 ·帮助金融机构实现技术栈的数字化、现代化转型 ·例如，FNZ、Marqeta、Onfido	大型科技公司生态下的金融科技公司 ·利用金融服务提高客户黏性 ·例如，苹果公司、蚂蚁集团、京东科技、腾讯
	金融服务	金融科技初创公司 ·依托新科技进入金融产品与服务市场 ·例如，SoFi、TransferWise、LendingClub	传统金融机构设立的金融科技公司 ·在金融科技领域加大投入以提高自身竞争力 ·例如，平安陆金所、建信金科、工银科技
		小	大
		规模	

图 6-1　麦肯锡的金融科技公司分类

（资料来源：麦肯锡分析。）

（1）金融科技初创公司　这类公司致力于利用新科技、新方法在金融领域进行布局，它们在初创阶段的最大挑战是客户资源、数据流量的匮乏，因而需要顶住获客成本带来的压力，才能实现发展与扩张。

（2）传统金融机构设立的金融科技公司　如前所述，传统金融机构为了应对竞争压力和发展瓶颈，成立专门的子公司来发展金融科技，以降低业务成本和提高业绩收入，同时打开更大的投资和合作空间。

（3）大型科技公司生态下的金融科技公司　这类公司一方面可以通过提供金融服务帮助集团原有的平台业务实现增长，如蚂蚁集团的支付和消费信贷等业务可以促进其电商业务的扩张；另一方面也可以进一步挖掘集团生态中的客户价值，以充分利用各类资源和数据。

（4）担任基础设施供应商的金融科技公司　这类公司自身并不提供或很少提供金融产品和服务，而主要向其他的金融机构输出科技，以帮助这些金融机构实现数字化转型、改善风控系统、提升用户体验等，而公司的收入则主要来源于科技变现。

4. 我国的金融科技公司生态

从现实情况来看，我国的金融科技公司至少在应用层面比西方国家发展更快，但金融科技生态系统在结构上与美国和欧洲明显不同。如表 6-1 所示，在美国和欧洲，比较成功的金融科技公司通常专注于某个垂直方向，如支付、财富管理或融资借款等，先深化它们的核心产品，然后再逐渐扩展版图。这方面的例子很多，如美国的 PayPal 和 Stripe 主要关注在线支付，Betterment 和 Wealthfront 主要提供数字化财富管理，而 LendingClub 和 Affirm 则专注于融资借贷。

表 6-1　中国与美国和欧洲的金融科技公司

国家和地区	美国和欧洲	中国				
公司类型	专注于某个垂直方向的、成功的金融科技公司	大型金融科技公司通常是更庞大的生态系统的一部分				相对提供更少服务的、独立的金融科技公司
大型金融科技公司	—	蚂蚁集团	腾讯集团	平安集团	京东集团	—
支付	PayPal Stripe	支付宝	财付通	电子钱包	京东支付	快钱公司 拉卡拉 简米
财富管理	Betterment Wealthfront	余额宝	理财通	平安陆金所	京东金融 JT^2 智管有方	宜信 挖财 随手记
融资借贷	LendingClub SoFi	花呗	微粒贷	平安银行橙 e 网	京东金融	趣店 拍拍贷 点融
保险	Oscar Metromile	众安保险	腾讯微保 众安保险	平安保险 众安保险		—
银行	Atom	网商银行	微众银行	平安银行橙 e 网		—
征信	Credit Karma	芝麻信用	腾讯信用	平安陆金所	京东信用	—

（资料来源：麦肯锡分析。）

相比之下，我国比较成功的金融科技公司几乎都是互联网平台公司发展而来的，其路径一般是以拥有高用户参与度的消费者平台为基础，通过不断扩展金融科技的应用场景和技术，逐渐建立其庞大生态的金融科技系统。例如，蚂蚁集团是建立在阿里巴巴的电子商务平台上，提供一站式的企业对消费者金融科技解决方案，腾讯也是在已有的社交平台上提供广泛的数字金融服务。

根据麦肯锡公司的预测，以下三大趋势将塑造我国未来的金融科技格局：①大型的生态系统玩家将会继续使用技术和数字渠道推出其金融服务产品，以直接面向消费者或对中小型金融机构提供服务；②传统的银行、证券和保险公司等会通过大力投资金融科技和数字产品，然后利用其品牌和客户关系去与互联网金融科技公司竞争；③在金融监管不断规范的趋势下，不合规或没有竞争力的金融科技公司将逐渐被淘汰。

6.1.3　金融科技公司与金融公司的联系与区别

金融科技公司与金融机构之间有着紧密的技术供应链关系，但两者的性质截然不同，在诸多方面存在差异。厘清两者的联系与区别，有助于更为准确地理解金融科技公司的概念内涵。

在区别方面，金融机构的定义一般是"充当债权债务媒介，经营货币信贷、证券发行与承销、保险承销与买卖的中介机构"，其经营需要获得相关监管部门授予的业务许可证。依据界定金融科技公司的定量参考指标，传统金融机构在大数据、云计算、人工智能等科技研发方面往往并不具备专利或竞争壁垒；它们更不是技术输出者，没有试图放弃传统的产品销售模式，而将技术服务费作为主要的收入来源；技术人员占总雇员的比例较小，技术部门在机构中一般也只处于辅助地位，其职能是保障信贷、基金等业务的正常运营，而不是金融业务的核心驱动力。

相比之下，金融科技公司也并不是简单从事金融业务的企业，而是致力于利用科技赋能全业务链条。有些金融科技公司甚至并不涉足金融业务，而只是为其他机构提供相关的技术解决方案或业务创新方法。所以，金融科技公司绝对不能简单等同于金融机构。不过，在现实中，很多金融科技公司确实在与传统的金融机构展开合作。例如，摩根大通的数字化战略就涵盖了与金融科技公司的合作，包括 OnDeck（中小企业贷款）、Roostify（数字化抵押贷款）和 Symphony（安全通信应用）等公司。我国的金融机构则倾向于与大型技术生态系统公司合作，如中国银行和腾讯的合作，中国建设银行和阿里巴巴、蚂蚁金服的合作等。此外，还有不少商业银行在"助贷模式"下与金融科技公司协作发放贷款（专栏 6-1）。

银行与金融科技公司的合作：助贷模式

总体而言，助贷模式是金融机构提供资金，而助贷机构提供贷款管理等相关服务的一种贷款模式。通常情况下，助贷机构向金融机构提供获客、授信审查、风控、贷后管理等环节的服务，而金融机构则通过助贷机构的撮合，向资金需求方发放贷款（见图 6-2）。在这一过程中，助贷机构本身并不发放贷款。不过，按监管方面的要求，银行仍需进行独立的风险审核后才能发放贷款。

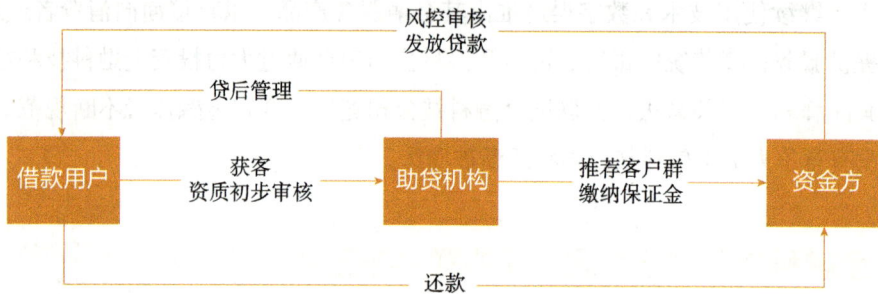

图 6-2　助贷模式

在助贷模式下，银行是真正的放贷主体。从资金来源的角度来看，银行、保险、信托、资管、财务公司、网贷、小贷、消费金融公司和自然人等都可以作为助贷的资金提供方。一般而言，现实中的主要资金来源一般是银行和信托，而信托背后的资金往往也是以银行为主，因而银行是最主要的放贷主体。

当前，科技公司与银行合作主要有两种互联网业务模式：一种是传统的银行零售业务线上化；另一种是直销银行模式。这两种模式都在很大程度上需要与科技公司合作。不少银行一边与助贷机构合作做零售贷款，一边自己做直销银行。中小银行零售业务线上化的主线条则是与互联网公司合作放款，属于银行零售业务条线，业务规模一般高于直销银行。考虑到银行零售转型发展态势迅猛，助贷在其中的贡献不可忽视。

所谓直销银行，是指不设线下网点，由银行搭建"纯互联网平台"，在此平台上整合自身存贷汇业务、投资理财产品。与个人网银相比，直销银行突破了本行账户局限，可向他行用户开放。这一经营模式下，银行没有营业网点，不发放实体银行卡，客户主要通过计算机、电子邮件、手机、电话等远程渠道获取银行产品和服务，因为没有网点经营费用和管理费用，直销银行可以为客户提供更有竞争力的存贷款价格及更低的手续费率。降低运营成本和回馈客户是直销银行的核心价值。自 2013年北京银行与荷兰 ING 集团携手推出中国第一家直销银行以来，直销银行这种较传统银行门槛更低、费用更低的零售银行新模式在信息技术和金融科技的推动下得到了蓬勃发展。

（资料来源：本专栏内容根据互联网相关公开信息综合编撰。）

这些合作根源于金融科技公司和金融机构密不可分的内在联系。根据前文定义，金融科技公司并不是一般的科技服务公司，它们不是简单地向金融机构售卖技术，而是与金融机构形成了产业链生态圈。金融机构往往更擅长合规经营和资产负债表管理等，同时对金融产品和服务有着深刻的认知与运营经验；而金融科技公司的核心竞争力则在于数据和客户的获取及科技研发等。两者之间可以实现优势互补，共同开发和创新产品，以共同创造和分享价值。例如，京东科技背靠京东集团，在电商零售、消费金融、供应链金融等多种场景下积累了庞大的客户群体。这些客户中很大一部分是年轻人、中小微商家和农户等，这些客户对于传统金融机构而言是难以进行风险评估、授信贷款和推销理财产品的"长尾客户"，但京东科技可以通过金融科技对这些客户进行征信、画像和风险管理，并将客户资源提供或分享给金融机构，从而为金融机构创造增量业务和扩大收入来源。

此外，从监管角度来看，无论是金融机构还是金融科技公司，只要从事或经营金融监管当局所定义的金融业务，就必须申请相应的金融牌照和接受相应的金融监管。近年来，我国正在逐步补全金融科技和互联网金融领域的监管空白，很多大型金融科技公司都受到了监管部门的约谈。根据最新的监管导向，在穿透式的监管模式下，无论公司属性、战略定位或宣传口径，只要运营金融业务，就会受到明确的监管，从而保障整个金融体系的安全和稳定运行。

6.2　银行金融科技公司

在我国的金融科技实践中，大型国有银行纷纷设立了专门的金融科技公司，包括中国建设银行设立建信金融科技有限公司（简称建信金科）、中国工商银行成立工银科技有限公司（简称工银科技）、中国银行设立中银金融科技有限公司（简称中银金科）、中国农业银行设立农银金融科技有限公司（简称农银金科）。此外，一些较大的股份制银行，如中国光大银行、中国民生银行、华夏银行、招商银行、平安银行、兴业银行、北京银行等也先后设立了金融科技公司。

6.2.1　建信金科及其金融科技业务

1. 公司简介

建信金融科技有限责任公司成立于 2018 年 4 月，是中国建设银行旗下专门从事金融科技业务的全资子公司，脱胎于原先建行内部直属的 7 家开发中心与 1 家研发中心，是我国第一家由国有大型商业银行成立的金融科技公司。2021 年 6 月，建信金科完成了第一轮增资，金额达 7.5 亿元，投资方包括国开行、中债登、中国银联。建信金科因此成为首家引入外部融资的银行系金融科技公司，估值达到 100 亿元人民币。

建信金科将自身定位为金融科技生态体系的引领者，公司继承了建行开发、研发中心积淀 30 年的科研技术力量，秉承新金融发展战略，将人工智能、区块链、云计算、大数据、量子计算等前沿科技全面、深入地运用在数字化运营、咨询顾问、金融服务、基础技术等多个领域。同时，公司还积极拓展金融科技在政务、出行、监管、乡村振兴等众多新场景中的应用。建信金科的愿景是能够借助金融科技，赋能传统金融业务和政务建设，充分整合各类资源，推动整个建行集团完成数字化转型。

2. 业务范围和特点

建信金科的业务范围包括整合技术资源、服务社会大众、服务金融同业和服务建行集团四大部分。整合技术资源是指公司通过市场化的手段，全面提升金融科技的吸收、转化和实践能力，让前沿科技切实促成创新应用；服务社会大众是指借助前沿科技开发，提供更加普惠和便捷的产品和业务模式，以满足更多人群的金融需求；服务金融同业包括打造共享开放的平台，输出金融科技技术，提供管理咨询服务，帮助搭建底层系统和运营体系等；服务建行集团则是指公司将传统金融业务与大数据、云计算、人工智能、区块链等金融科技深度融合，帮助整个集团转型升级，创造更优质的产品服务和提升客户体验。

具体来看，建信金科的业务可以分为核心产品、解决方案和咨询服务三大部分，如图 6-3 所示。

建信金科的核心产品由智慧城市政务平台建设、金融机构核心系统建设、大数据及智能风控服务、互联网金融服务和客户全生命周期管理五大部分构成。特别地，金融机构核心系统建设作为其核心产品之一，充分展现了银行系金融科技公司的发展特点与优势：一方面，建信金科依托建行这一国有大型商业银行 60 多年来在业务运营、系统设计上积淀的丰富经验，可以充分洞察同业需求；另一方面，公司借助云计算等前沿科技，打造了基于金融云服务的轻量级、可裁剪、参数化的核心银行系统，提供各类业务组件的咨询、设计与开发服务等，可以针对不同类型客户进行快速配置，从而助力客户实现全面的数字化转型，提升运营能力。

例如，建信金科在该板块的核心产品之一的财务会计，就充分体现出上述两方面的优势：首先，财务会计采用了业内领先的事件驱动模式，构建了"交易核算分离的财会体系"。交易核算分离，即在 IT 系统的架构层面，会计核算由专门的系统或模块完成，而交易服务和对接客户等则由交易系统进行处理，这就将前台的业务办理与后台的会计核算分离开来，两个系统各司其职，大大提高了工作效率；其次，财务会计利用大数据和云计算等技术，具有强大的参数化配置能力，可以支持"多法人、多会计准则、多时区"业务处理；最后，财务会计还可以帮助客户构建企业级的 COA 会计科目表，从而实现多账套核算，支持跨国机构进行便捷、高效、安全的全球集约化账目核算与财务管理。

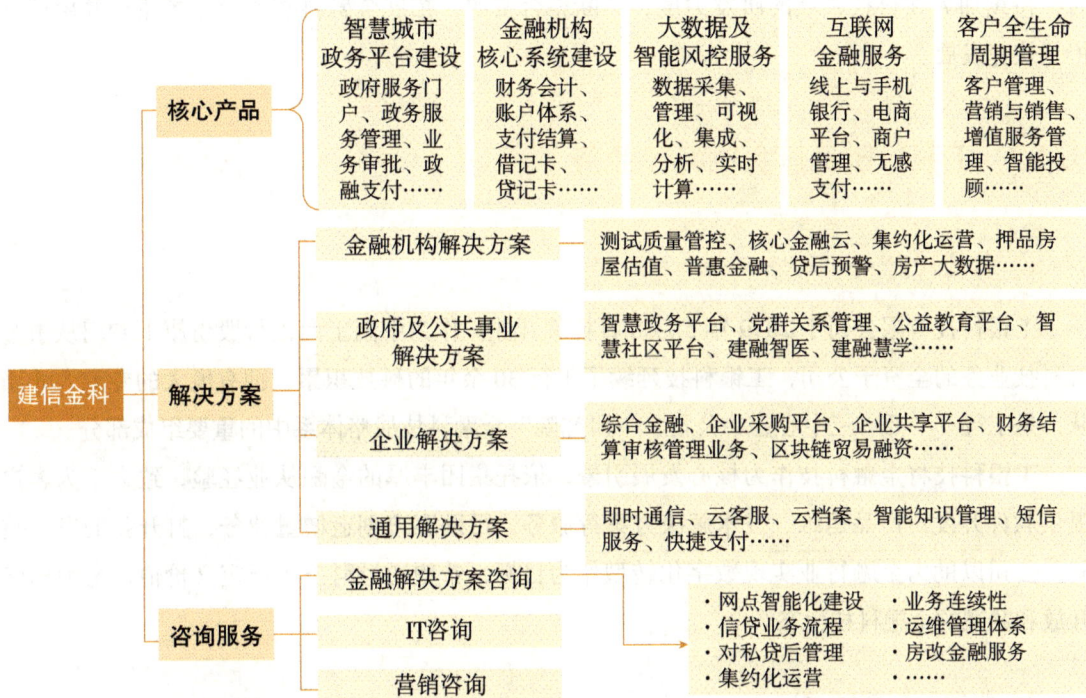

建信金科	核心产品		智慧城市政务平台建设 政府服务门户、政务服务管理、业务审批、政融支付……	金融机构核心系统建设 财务会计、账户体系、支付结算、借记卡、贷记卡……	大数据及智能风控服务 数据采集、管理、可视化、集成、分析、实时计算……	互联网金融服务 线上与手机银行、电商平台、商户管理、无感支付……	客户全生命周期管理 客户管理、营销与销售、增值服务管理、智能投顾……
	解决方案	金融机构解决方案	测试质量管控、核心金融云、集约化运营、押品房屋估值、普惠金融、贷后预警、房产大数据……				
		政府及公共事业解决方案	智慧政务平台、党群关系管理、公益教育平台、智慧社区平台、建融智医、建融慧学……				
		企业解决方案	综合金融、企业采购平台、企业共享平台、财务结算审核管理业务、区块链贸易融资……				
		通用解决方案	即时通信、云客服、云档案、智能知识管理、短信服务、快捷支付……				
	咨询服务	金融解决方案咨询 IT咨询 营销咨询	·网点智能化建设　·业务连续性 ·信贷业务流程　·运维管理体系 ·对私贷后管理　·房改金融服务 ·集约化运营　·……				

图 6-3　建信金科的业务范围

（资料来源：建信金科官网。）

在解决方案方面，建信金科为金融机构、政府、企业等各类客户提供安全、合规、丰富的定制化方案。公司将金融级的安全标准应用在系统建设等环节中，保障业务流程符合严格的监管要求。同时，针对不同的行业特性和客户需求，公司也能够灵活组合各种成熟的技术功能和业务组件，从而为客户提供多种选择方案，助力其智能化转型。例如，在金融机构解决方案中，贷后预警就是基于大数据手段，充分挖掘贷款情况、征信信息、贷款者行为、反欺诈、反洗钱等数据，帮助客户搭建预警模型、设计线上核查流程与智能核查系统等。该方案既减少了人工工作量，又能够在更全面的维度上考量潜在风险，可以为金融同业提供灵活高效的贷后管理策略。

在咨询服务方面，建信金科将丰富的实践经验、高素质的人才团队和科技研发成果等资源充分整合起来，为客户提供各类咨询服务，覆盖网点智能化建设、信贷业务流程、对私贷后管理等多个领域。例如，建信金科的专家团队依托丰富的项目经验与强大的金融科技实力，为政企客户提供一站式的房改金融产品咨询服务，包括住房公积金、维修资金系统、资金结算与数据集中平台等。目前，公司在全国各地上线了住房公积金管理系统，致力于将区块链、生物识别、大数据等前沿科技与房改金融产品充分结合，助力住房金融制度的革新。

总体来看，建信金科脱胎于建行全牌照、全链条的集团生态，大至整个金融行业，小至某项业务流程或产品设计，建信金科都有比较丰富的经验。公司在充分利用银行系优势的同时，持续加大在科技领域的研发力度，不断整合资源，拓展金融科技的应用场景，并由此获得了快速发展。

6.2.2　工银科技及其金融科技业务

1. 公司简介

工银科技有限公司于 2019 年 5 月 8 日挂牌开业。作为中国工商银行股份旗下专门从事金融科技业务的全资子公司，工银科技延续了工行 30 余年的科技积累，拥有庞大的专家人才团队，是工行"一部、三中心、一公司、一研究院"金融科技战略体系中的重要组成部分。

工银科技将金融科技作为核心发展引擎，依托集团丰厚的金融从业经验，致力于为客户提供软件开发、产品运维、技术解决方案等服务，帮助客户创造增量业务，打开新的发展空间。公司以助力金融行业实现数字化转型作为目标，希望通过科技重新定义价值，努力构建开放和共赢的金融科技生态。

2. 业务范围和特点

工银科技的业务可以分为核心产品与服务、"数字+"服务（即提供各类解决方案）和咨询服务三大部分，其服务对象包括金融机构、政府、企业等众多主体，覆盖金融、互联网、消费、农业、医保、社保等多个领域。公司的业务范围如图 6-4 所示。

工银科技的核心产品与服务可以分为三大部分，即业务应用平台、金融级技术平台和数据服务。金融科技在这些平台的搭建和技术服务中都得到了充分的应用。例如，在业务应用平台方面，为解决传统监管模式下资金流向与使用情况难以查明、审批流程漫长低效等问题，工银科技推出了资金监管区块链平台。该平台依托区块链等前沿技术，支持电子合同的签署备案和纸质文件的上传归档，同时可以为项目单位提供预算编制的线上管理、配套建工流程的定制设计、农民工的线上考勤与工资代发等服务。此外，该平台还能够实现穿透支付、可编程支付、智能合约支付等多种安全快捷的支付方式。资金监管区块链平台的特色在于，区块链存证可以保障交易数据的安全性和真实性，并且能够同时连接监管方、项目单位和农民工，为三者提供数智化服务。因此，通过平台可以实现参建单位的资金规划、使用的信息化管理与智能化监管，既降低了时间和人力成本，提高了资金监管效率，又能够清晰地把控资金情况，满足监管要求。

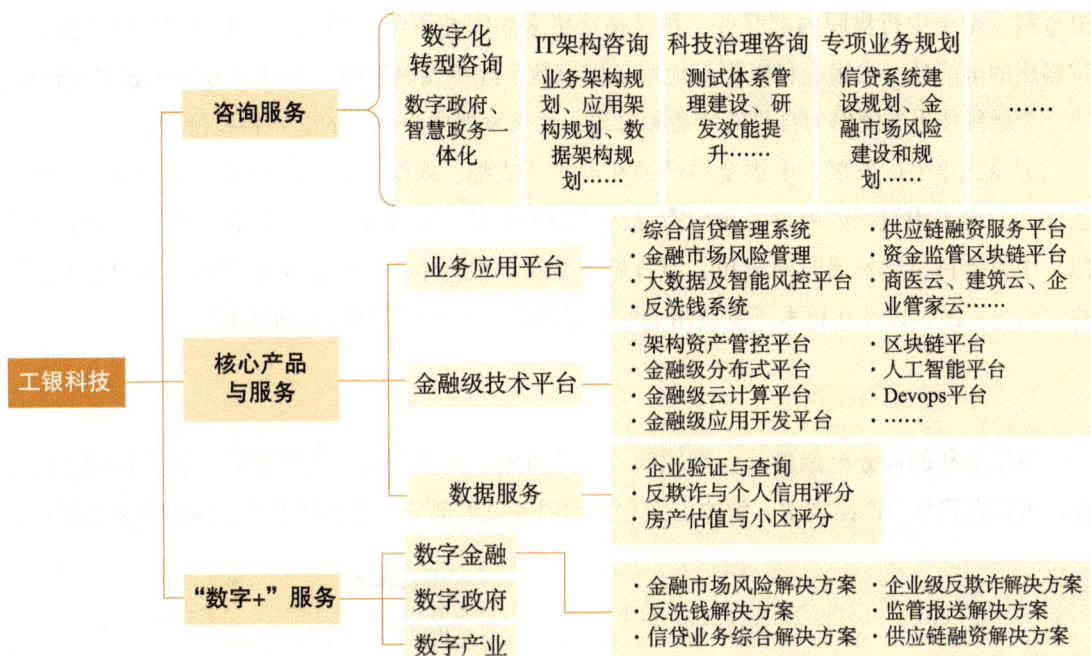

图 6-4　工银科技的业务范围

（资料来源：工银科技官网。）

在金融级技术平台方面，具有代表性的产品之一是金融级云计算平台，即"工银星云"。该平台构建的目的是满足高效处理、管理业务的需求，打造全新的技术体系框架。工银科技依托云计算、分布式等技术，为客户提供企业级 PaaS 云平台的搭建、开源同期集群管理系统的定制或扩展、互联网金融生态门户的设计开放等各方面的服务。在金融科技的支持下，"工银星云"具有自主可控、秒级弹性伸缩、高效解决高并发业务、自动化和智能化云运维等多重优势，提高公司在纪念币秒杀、"双 11"快捷支付等场景的金融业务处理能力。

在数据服务方面，工银科技研发推出了企业验证与查询、反欺诈与个人信用评分、房产估值与小区评分三项产品。以反欺诈与个人信用评分为例，该服务通过数据化、模型化和系统化的功能集成，在多个维度进行关联网络分析，然后基于客户特征和行为数据等各项可定制化的参数构建模型和给出评分（包括客户信用评分、高危风险评分、账户风险评分等），覆盖从贷前到贷后的所有业务环节，可以满足消费贷款和经营贷款等多种场景需求。同时，该服务重视数据的来源合规与隐私保护，力求在安全规范的前提下提高服务的时效性。

6.2.3　中银金科及其金融科技业务

1. 公司简介

中银金融科技有限公司于 2019 年 6 月正式成立，是中国银行发起成立的全资子公司。中银金科立足于中行集团内部服务，积极拓展更多集团外的业务场景，探索更多跨界合作、科技输出的可能性。中银金科以更好地服务国家数字经济发展战略、推动多方完成数字化转型、建立金融科技生态圈作为自身的使命和愿景，力求发展成为一流的金融科技公司。

历经三年多的发展，中银金科已经在苏州、成都、武汉、海南等地成立了子公司或研发基地，并逐步构筑起能够覆盖全国重点区域的金融科技服务能力。与建信金科、工银科技类似，中银金科虽然发展时间较短，但背靠大型国有银行生态，受益于集团在金融业务上雄厚的实力与资源，以及在技术研发应用上的丰厚积淀，成立后获得了快速发展。

2. 业务范围和特点

中银金科的业务范围覆盖咨询顾问、产品研发、技术创新、数字运营、教育培训和云服务，可以大致分为产品技术、解决方案和咨询服务三大部分。公司的业务范围如图 6-5 所示。

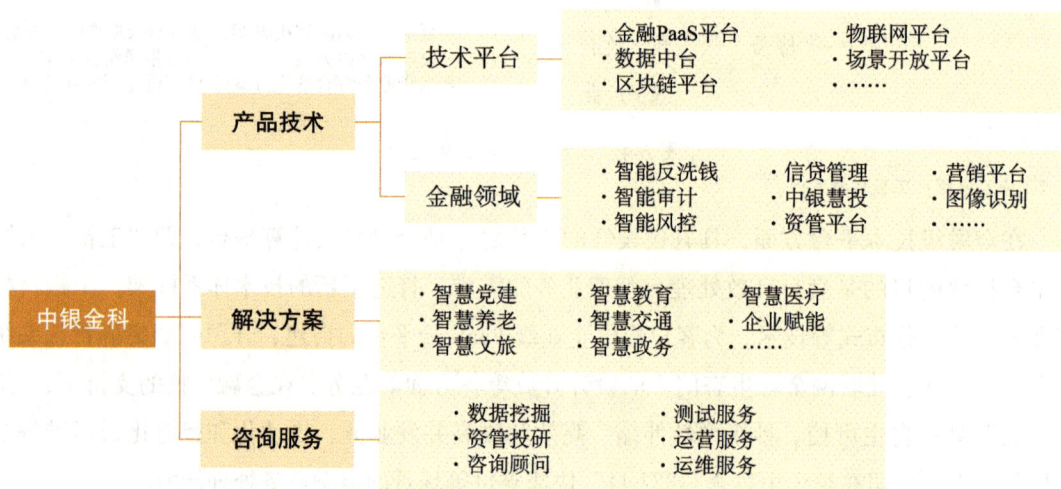

图 6-5　中银金科的业务范围

（资料来源：中银金科官网。）

特别地，在技术平台方面，中银金科的金融 PaaS 平台基于当前主流的前沿技术架构，帮助客户构建敏捷上线、灵活拓展、简单运维的金融科技平台体系，满足客户在信贷风控、合规运营、营销决策等各方面的数字化升级需求。中银科技依托集团对国内金融行业的深刻理解，开发出了与国内金融机构高度适配的应用系统。同时，公司还拥有多个自主知识产权的技术组件、完善的金融 PaaS 平台应用实施标准与技术规范体系。此外，中银金科还在持续研发升级各类技术，如自主可控技术等，以提升平台性能、优化客户体验。

在金融领域方面，中银金科的主要产品服务包括智能反洗钱、智能审计、智能风控、中银慧投等。例如，中银金科的智能反洗钱系统，依托"AI+ 大数据"，全面满足国内外监管机构在反洗钱、金融业制裁、合规经营、外汇管控、风险监测等各方面的要求。该系统可以实现多维客户身份识别，并设置了多层制裁、筛查和拦截点位，因而可以精准定位可疑交易，并及时向监管部门报送相关数据，从而大大提高了反洗钱监管的效率。智能反洗钱系统可以提供的服务具体见表 6-2。

表 6-2　中银金科的智能反洗钱系统

制裁筛查产品	支持多国语言名单比对，通过穿透式识别关键要素项中的涉制裁因素进行拦截，有效进行操作风险控制，防止故意规避的制裁风险
客户全生命周期风险管理	对新客户准入、存量客户持续监控及客户退出的全生命周期进行统一管理，对客户身份识别、客户尽职调查、客户洗钱风险等级划分，以及采取的控制措施等实施系统化管理，保证数据质量，有效提高跟踪执行效率
交易真实性核查	融合体系内大数据、应用 OCR（Optical Character Recognition，光学文字识别）、NLP 等新技术，自动提取和分析单据中的关键信息，实现客户交易的智能尽职调查功能，极大提升分析效率，有效缓解合规人员的业务压力
可疑产品侦测	允许金融机构对客户交易行为进行实时监控，多维度融通内外部数据，客观还原交易结构，展现客户关系全景，提高内部控制效率，强化外部监管合规程度
监管数据报送	支持数据自动采集、映射校验、中文转英文、加工报送以及与监管机构交互等功能；根据监管机构要求，及时识别关联交易，同时建立涉案账户查控布防对接系统，多维度提升数据报送质量
机构合规风险评估	主要用于支持对金融机构各业务条线、分支机构及各类金融产品所面临的洗钱风险及控制能力进行评估

（资料来源：中银金科官网。）

此外，中银金科面向个人客户推出了"中银慧投"智能投资顾问服务。该服务同样借助人工智能等领先金融科技，研发出一系列智能算法和投资组合优化模型，可以充分考虑客户的现金流状况、风险承受能力和预期投资期限，为客户提供智能化和自动化的投资建议。"中银慧投"可以根据全球实时行情和国家政策导向，建立深度学习模型进行分析，选择更有潜力的市场和板块，并根据来源公司、经理、产品和舆情四个维度的超过 100 个指标对各类基金产品进行评分和精选，综合考虑产品的收益和风险以及客户的需求和偏好，最终打造出个性化的投资组合。2018 年 4 月至 2020 年年底，"中银慧投"提供的 15 个组合的平均收益率达到 34.9%，超过业界基准 22.82 个百分点；在《互联网周刊》与 eNet 研究院 2019 年和 2020 年的排行中，"中银慧投"蝉联银行机构类产品榜首。

6.2.4　农银金科及其金融科技业务

1. 公司简介

2020 年 7 月 28 日，中国农业银行发起的全资子公司农银金融科技有限责任公司正式成立。农银金科依托农行集团在客户资源、基础平台、技术力量、研发团队、金融经验等各方面积累的优势，致力于前沿科技的应用。公司一方面致力于优化集团内部的信息化建设；另一方面积极打造集团对外合作窗口与科技输出平台，着力建成与农行集团相适应的金融科技公司与数字生态圈。农银科技期望成为集团的合成服务者、场景生态的建设者、数字科技的赋能者与自主创新的孵化者。

具体来看，农银科技通过核心银行、大数据、人工智能、区块链等金融科技，助力农行集团提升金融服务能力，尤其在数字化精准营销、数字化风控等领域有许多积极尝试。2020年，农行加速拓展智慧医疗、智慧政务、智慧教育等场景，全年净增互联网场景数超 8 万个，带动客户数超 6000 万名。公司零售营销中台建设取得较大进展，逐步完善了客户精准画像、需求分析、产品营销等关键功能，并全面推广应用数字化客户管理系统与客户细分模型，全年累计销售产品达上一年度的 4.5 倍。同年，农行成功上线智能反欺诈平台，持续健全数字化风控体系，特别对重点交易与"农银 e 贷"等产品实行统一监管，保障业务运营的安全性。

2. 业务范围和特点

农银金科的业务范围包括电商业务、信息服务、IT 硬件研发及产品输出、集团服务、自主创新五大部分；同时，公司还为客户提供智慧城市、智慧政务、智慧三农、集团服务等解决方案，其中，集团服务解决方案又包含四大服务与三大平台。农银金科将金融科技能力与业务服务能力充分融合、运用，帮助各类公司优化业务经营。公司的业务范围如图 6-6 所示。

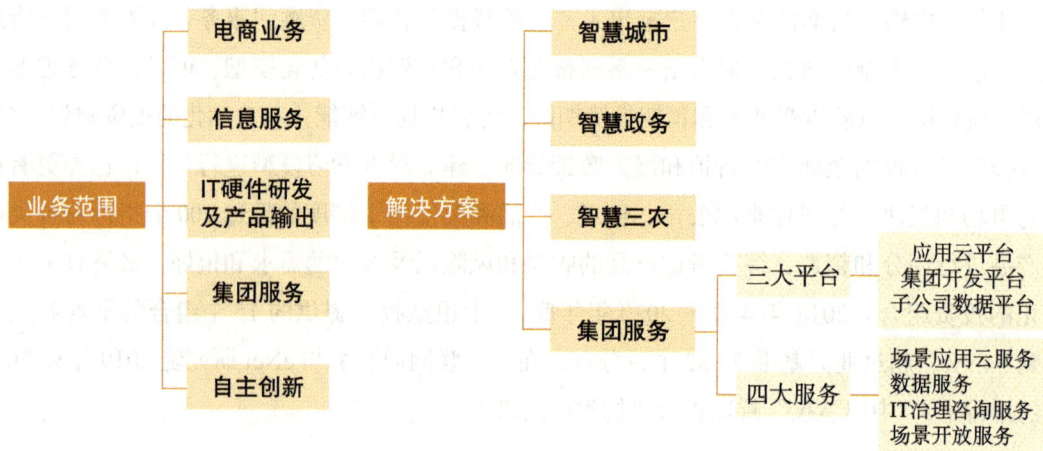

图 6-6　农银金科的业务范围

（资料来源：农银金科官网。）

在电商业务方面，农银金科旗下的兴农商城通过平台服务，为城市和农村两个市场中的各类商家提供公益、开放、全流程、可定制、综合化的电子商务与金融服务，是农行集团助力乡村振兴的重要抓手。一方面，兴农商城为大量农户创造了专业的农产品销售平台，借助前沿科技进行精准营销、带动新客，为农户扩展收入来源；另一方面，兴农商城所处的农行集团生态又可以借此充分洞察农户的贷款、理财需求等，利用新技术创新金融产品，提供更加适配的金融服务。

在信息服务方面，农银金科的业务包括解决方案信息、IT 信息和营销信息三大部分（见图 6-7）。具体而言，农银金科凭借领先的金融科技和集团生态下的客户、数据资源优势，致力于构建准确、透明、高效的信息服务通道，以满足各类客户与合作伙伴的信息需求。农银金科的信息服务可以帮助客户提高在系统架构、业务运营、客户管理等方面的竞争力，由此提升客户价值，提高客户黏性，打造共赢的氛围和促进良性循环。

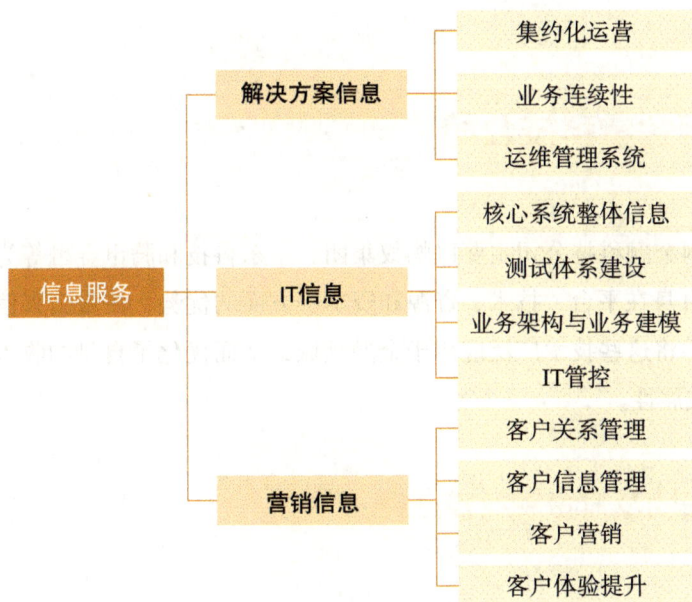

图 6-7　农银金科的信息服务

（资料来源：农银金科官网。）

在 IT 硬件研发及产品输出方面，农银金科采用了自主研发、合作共建等多种方式，推动相关新技术发展，同时拓展技术应用场景，为集团内部生态、其他金融机构、其他政企提供 IT 领域的解决方案。

在集团服务方面，农银金科主要为集团内部各子公司的运营提供科技支持和业务模式指导。公司一方面依托云计算技术，帮助搭建统一的 IT 服务架构，提升集团整体 IT 治理水平，夯实底层系统基础；另一方面灵活运用大数据、人工智能、物联网等技术，推动集团内部在客户、数据、业务、渠道、风险控制等各维度的合作联动与资源共享，从而创造增量业务，实现协同效应。具体来看，集团服务包括三大平台与四大服务。其中，三大平台分别是应用云平台、集团开发平台与子公司数据平台；在此基础上，农银金科提供场景应用云服务、数据服务、IT 治理咨询服务与场景开放服务四大服务。

在自主创新方面，农银科技主要针对非银业务，通过内外合作的方式，在有效隔离风险的前提下进行业务应用、运营模式、科技技术等方面的创新实践。基于"创新试验田"模式，公司既可以保障原有业务的安全运营，防止风险传染，又可以进行高效的技术孵化与联合创新，从而引入更多的前沿科技和高端人才，助力集团实现数字化转型。

农银金科与建信金科和工银科技相比，具有以下两个方面的特点：首先，农银金科重视农户需求，致力于借助金融科技为农户提供更好的电商与金融业务，助力乡村振兴；其次，在技术输出方面，农银科技更加专注于为集团内部其他子公司提供金融科技服务，推动集团实现数字化转型，而对外目前主要是以提供信息服务的方式开展业务。

6.3　互联网金融科技公司

我国的互联网金融科技公司主要以蚂蚁集团、京东科技和腾讯金融等为代表。这些互联网平台企业依托自身在平台、技术、资源和资本等方面的优势，注重新兴信息和计算机技术的研发与应用，并将这些技术广泛应用于金融领域，从而优化了自身的收入结构，同时提高了金融活动的科技属性。

6.3.1　蚂蚁集团及其金融科技业务

1. 公司简介

2014 年 10 月，起步于支付宝（2004 年成立）的浙江蚂蚁小微金融服务集团股份有限公司（简称蚂蚁金服）正式宣告成立。经过十余年的发展，蚂蚁金服已成为世界上比较领先的互联网开放平台和综合性金融服务机构，并于 2020 年 7 月更名为蚂蚁科技集团股份有限公司（简称蚂蚁集团）。公司旗下产品包括支付宝、余额宝、花呗、网商银行和芝麻信用等。

蚂蚁集团注重科技创新与协同合作，致力于为消费者和小微企业提供安全便捷的数字生活及数字金融服务。同时，公司持续开放产品和技术，协助企业实现数字化升级与协作。此外，蚂蚁集团的业务不仅覆盖国内城市和农村各层次的消费者、企业与金融机构，在全球范围内也有广泛布局，其目标是实现"全球收""全球付"和"全球汇"。

2015 年，蚂蚁集团完成 A 轮融资，募集资金 120 亿美元，公司估值达 450 亿美元，成为"超级独角兽公司"。2016 年，公司完成 B 轮融资，募集资金达 45 亿美元，公司估值达 750 亿美元。2018 年，公司进行了 Pre-IPO 轮融资，交易金额达到 140 亿美元，公司估值也超过了

1500 亿美元。尽管拥有超高估值，但由于监管问题，蚂蚁集团在 2020 年 11 月被上交所暂缓上市。此后，蚂蚁集团配合监管积极转型，在支付、征信、微贷、理财、保险等领域均进行了相应的业务调整。

尽管上市过程遭遇了不确定性，但蚂蚁集团的业务仍然实现了快速发展。2020 年，支付宝全球用户数量就已超过 10 亿名，交易规模约占第三方综合支付市场的 49%。截至 2021 年年末，累计超过 4500 万名小微经营者使用过网商银行的数字信贷服务，全年发放担保贷款近 500 亿元。2018 年 2 月，由互联网金融协会牵头持股 36%、芝麻信用等 8 家个人征信机构各自持股 8% 的百行征信获得了央行下发的首张个人征信业务牌照。钱塘征信牌照申请已于 2021 年 11 月获得受理，有望成为第三家市场化个人征信机构，蚂蚁集团与浙江省旅游投资集团为其并列最大股东。

2. 发展历程

从 2003 年 10 月淘宝网首次推出担保交易服务至今，蚂蚁集团立足于支付宝，不断进行业务扩张和延伸，目前在理财、保险、征信等领域均占有一席之地，已成为阿里巴巴体系的重要支柱之一。蚂蚁集团之所以能够实现快速发展，金融科技在其中发挥了至关重要的作用。

蚂蚁集团的发展历程可以大致分为三个阶段：第一阶段是从支付宝成立至小微金服筹建，此阶段依赖互联网技术的支付业务是公司的发展重点；第二阶段，公司从支付向综合金融服务转型，云计算、大数据、机器学习等金融科技技术被广泛深入地运用到公司拓展的各类金融业务中；第三阶段，为应对监管要求，蚂蚁集团宣布实施"TechFin"战略，将科技的优先级置于金融之前，更加注重技术的发展。

（1）第一阶段（2003 年—2012 年）：互联网支付结算　为了解决网络购物中商家与消费者之间的信任问题，淘宝网在 2003 年推出了担保交易服务，即先将买方支付的货款存储在第三方平台，等买方确认收货后，再由平台将货款汇入卖方账户，从而保证交易的顺利进行和资金的安全结算。2004 年 12 月，这一基于担保交易的服务被淘宝正式取名为"支付宝"。

随着网络购物的流行，脱胎于淘宝的支付宝也水涨船高。2005 年，支付宝推出"全额赔付"支付、7×24 小时客服热线等服务吸引用户，并与中国工商银行达成战略伙伴协议。2007 年，支付宝与建设银行、中国银行联合拓展海外业务，与其合作的境外电商网站支持支付宝会员使用人民币进行购物。为了保障业务量大幅增长下的高效交易，支付宝发布了基于云平台的账务三期，并逐步对整个系统进行分布化处理，增强了可伸缩性。

随着移动端的普及，支付宝开始探索淘宝之外的新应用场景。2008 年 9 月，支付宝手机 WAP 平台正式发布；同年 10 月，支付宝公共事业缴费服务上线，支持用户进行水、电、煤、通信等生活缴费。2009 年 6 月，支付宝正式推出手机客户端，开启了移动支付时代。同年 12 月，在支付宝成立 5 周年之际，其用户数超过 2 亿名，日交易笔数达到 500 万笔。

为了巩固在支付结算业务中的地位，支付宝不断创新产品和寻求合作。2010年12月，快捷支付正式亮相，大幅提高了支付成功率。2011年4月，快捷支付服务已与10家银行展开合作；同年5月，支付宝获得了国内首张支付牌照；同年7月，支付宝又推出了全新的条码支付服务，开始通过在线支付技术进军线下市场；2012年11月，支付宝快捷支付用户数突破1亿名。

在第一阶段，支付宝从解决淘宝交易问题的辅助工具，逐渐发展成为以支付结算为核心的独立平台，并向用户生活缴费和海外购物等场景拓展。虽然在这一阶段支付宝仍然主要依赖互联网技术，但也开始初步应用金融科技，例如在系统底层设计中使用云计算技术等。

（2）第二阶段（2012年—2016年）：综合性金融服务与金融科技　虽然支付结算业务取得了巨大成功，但是蚂蚁集团并未止步于此，而是积极拓展其他金融业务板块。2014年10月，起步于支付宝的蚂蚁金服正式宣告成立，转型为互联网金融集团是公司在这一阶段的主要发展战略。

在2012年—2016年间，蚂蚁金服推出了多种金融产品和服务。例如，在支付结算方面，蚂蚁金服依靠"All in 无线"战略重点发展支付宝钱包，顶住了微信支付所带来的冲击。在基金理财方面，支付宝与天弘基金合作，于2013年6月推出了余额宝，其1元起购的低门槛、通过支付宝App就可以直接购买或赎回的便利操作迅速吸引了大批用户。2015年8月，公司又进一步推出了"蚂蚁聚宝"智慧理财平台。在网上银行方面，2014年9月，公司旗下的网商银行获得中国银行业监督管理委员会（简称银监会）批复。在消费贷款方面，蚂蚁花呗在2014年12月面世，用户可以在淘宝和天猫上进行"赊账"购物。在征信服务方面，2015年1月芝麻信用开启公测，基于其平台的数据优势，芝麻信用分可以直观地呈现出用户的信用水平。

在上述丰富的业务板块中，大数据、云计算、人工智能等金融科技被广泛运用，推动了蚂蚁金服高速发展。2014年7月，支付宝钱包在国内率先试水指纹支付，带领移动支付跨入生物识别时代，进一步提高了支付的便捷性。网商银行是中国第一家将核心系统架构在金融云上，以及第一家将人工智能全面运用于小微风控的银行，这使其对海量数据和高并发金融交易等拥有很强的处理能力和弹性扩容能力。同年9月，蚂蚁金服宣布启动"互联网推进器"计划，加大与其他金融机构在渠道、技术、数据、征信等方面的合作。

在第二阶段，金融科技在蚂蚁金服的转型与发展中发挥了至关重要的作用。在2016年的"双11"，支付宝累计处理交易笔数达到10.5亿笔，支付峰值为每秒12万笔，交易金额超过1200亿元。同时，蚂蚁金服的技术输出也在很大程度上促进了金融科技在更多场景的应用。

（3）第三阶段（2016年之后）："TechFin"战略与新监管　2016年12月，蚂蚁金服提出了"TechFin"概念，标志着蚂蚁集团进入了以技术为核心的阶段。2017年，时任蚂蚁金服CEO的井贤栋对此进行了进一步强调，即公司将更加专注于金融云计算、连接、风控、信用等技术能力的研发提高，作为技术输出者支持金融企业对产品进行创新升级，双方互补互利，以更好和更广泛地服务用户。2020 年 7 月，公司正式更名为蚂蚁科技集团股份有限公司。

随着发展重心向技术转移，蚂蚁集团与金融机构的合作更加紧密，开放程度越来越高。2017 年 6 月，蚂蚁聚宝宣布升级为"蚂蚁财富"，支持基金和银行等合作者自主运营，并提供数据分析和人工智能等方面的技术支持。2019 年 12 月，中国工商银行与蚂蚁集团、阿里巴巴达成"互为场景、互为生态"的全面战略合作关系。2020 年 3 月，支付宝举办合作伙伴大会，正式上线数字生活开放平台。2021 年 6 月，蚂蚁集团自研数据库 OceanBase 发布 3.0 版本，并宣布开源 300 万行核心代码。

在技术创新方面，2017 年 9 月，支付宝在肯德基概念餐厅 KPRO 提供了全球首家商用刷脸支付服务。2018 年 6 月，依托区块链技术，蚂蚁集团打通了中国香港与菲律宾电子钱包之间的壁垒，上线全球首个钱包之间的区块链跨境汇款服务。2020 年 6 月，OceanBase 宣布独立进行公司化运作；同年 9 月，网商银行将卫星遥感技术全面运用在农村金融领域，通过金融科技搭建风控系统，解决农户贷款难问题。2021 年 5 月，基于区块链技术的蚂蚁链 IP 商业平台上线，开启 IP 授权市场的零售模式，支持 IP 合作按量收费。

同时，2020 年监管环境的转变也是蚂蚁集团发展的一大重要节点。虽然蚂蚁集团起步于互联网公司，但由于公司运营着数量巨大的金融产品和服务，因此，为了防范风险，不让线上线下交错的金融活动脱离轨道和影响金融稳定，蚂蚁集团必然需要接受相应的金融监管。为满足新的监管要求，2020 年蚂蚁集团下架了互联网存款产品。2021 年 4 月 21 日，中国人民银行、银保监会、证监会、外汇管理局等金融管理部门第三次约谈公司，提出了更加细致的监管与整改要求，其中特别强调了蚂蚁集团应该整体申设为金融控股公司；同年 11 月，借呗、花呗等均开启品牌隔离工作，将银行等其他金融机构的产品服务与借呗、花呗的自营产品明确区分开来。2022 年 1 月 28 日，在支付宝 App 上线的大病互助计划"相互宝"关停。

在监管趋严的背景下，蚂蚁集团一方面根据约谈内容整改和重塑金融业务，另一方面也更加坚定了将金融科技作为发展核心的战略。例如，"蚂蚁链"依托区块链技术，助推供应链金融、跨境贸易支付、商品溯源等项目落地；构建在支付宝之上的数字生活平台的应用场景不断丰富，用户持续增长。同时，蚂蚁集团也越发重视社会价值的建设。公司一方面引领行业，发起成立浙江金融科技伦理委员会，公布数字金融平台自律准则等；另一方面积极与中国人民银行合作，加入数字人民币推广试点工作，发挥支付方面的基础设施功能。

总体来看，在第三阶段，蚂蚁集团确认了"TechFin"的发展方向，强调发展科技技术和加强外部合作。同时，随着管理部门更加重视互联网金融领域的监管，原先的监管空缺被逐步填补，蚂蚁集团在原有金融方向上的相关业务需要按照新的监管要求进行整改。但是，监管要求的明晰也进一步助推蚂蚁集团明确了以科技为核心的发展战略。

3. 业务结构与运营

目前,蚂蚁集团的业务结构主要分为四大部分:数字支付、数字金融科技平台、征信业务与创新业务(见图6-8)。

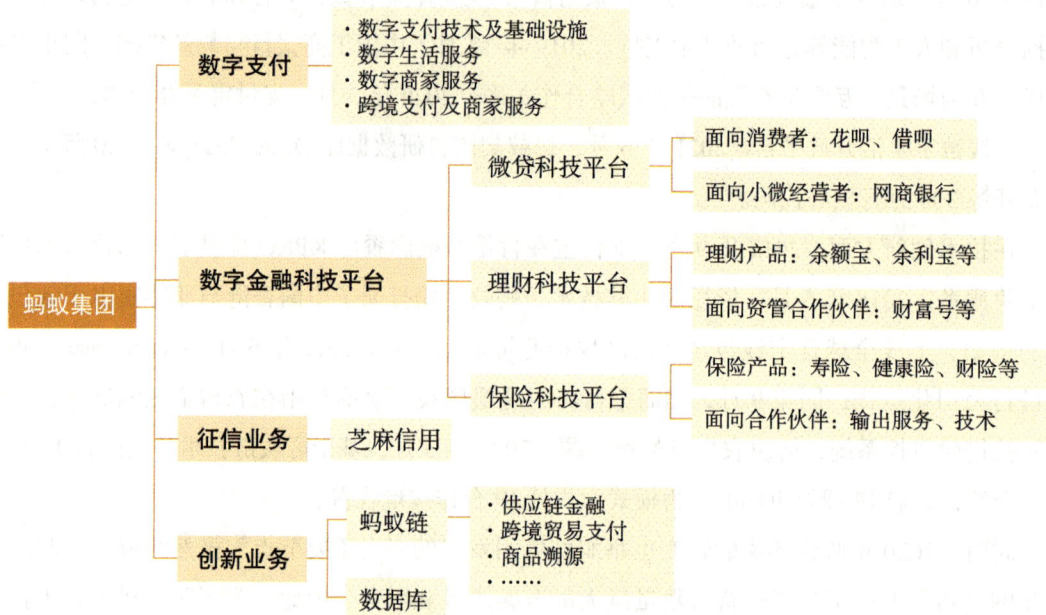

图 6-8　蚂蚁集团的业务结构

(资料来源:蚂蚁集团招股书、公司公告新闻。)

在数字支付方面,支付宝已成为我国数字支付领域的代表性工具之一。支付宝可以处理大规模的高并发交易,支持国内外商家、消费者在各类线上和线下场景进行安全、便捷的交易结算。同时,蚂蚁集团借助支付宝平台搭建数字生活服务生态,覆盖广泛的应用场景,包括出行、缴费、政务便民服务等。在征信业务方面,芝麻信用依托蚂蚁集团在网络交易和行为数据上的先天优势,通过云计算和机器学习等技术评估个人的信用状况,并将其应用于日常消费、融资租赁、旅游出行等场景。在创新业务方面,蚂蚁链和数据库均基于区块链、云计算、大数据、人工智能等技术,其目标是提高公司的硬科技输出服务费占比,应对监管和竞争等带来的不确定性,优化收入结构。

数字金融科技平台细分为微贷科技平台、理财科技平台和保险科技平台三部分。其中,微贷方面的目标是满足在传统信贷中无法获得充分服务的消费者和小微经营者等长尾人群的金融需求。蚂蚁集团通过与近百家银行和信托公司合作,利用大数据和云计算等技术进行贷款的核准、发放、风控和监测,降低了贷款门槛,提高了业务效率。面向消费者,花呗和借呗等服务采用智能商业决策算法,基于大量交易数据,完成供需匹配、风险控制和动态更新。面向小微经营者,网商银行一方面通过大数据风控模型发放无须抵押的信用贷款;另一方面利用底层系统搭建在金融云上的优势，降低成本，提高效率。

在近年来的新监管环境下，公司的微贷部分也面临着较大的整改挑战。首先，2021 年 6 月，蚂蚁消费金融公司（简称蚂蚁消金）开业。花呗和借呗将成为该公司旗下的专属消费信贷产品，而其他金融机构借助该公司提供的数据信息和交易平台所发放的金融产品和服务，则需要与花呗和借呗进行品牌隔离，不能再借挂名称。其次，2021 年 7 月，中国人民银行要求网络平台与金融机构在开展合作助贷业务时，要实现个人用户信息与机构的"断直连"。这意味着蚂蚁集团不能将用户的信用评价、风险评估等关键数据直接提供给合作伙伴，而必须通过个人征信持牌机构向外提供，这也会在很大程度上改变公司原有的运营模式。

在理财方面，蚂蚁集团利用客户触达、人工智能选择引擎、智能决策、流动性监测等创新技术，满足了大量有投资理财需求，但在传统财富管理模式下被高资金门槛、复杂操作流程、低流动性等拒之门外的用户。在保险方面，公司一方面通过金融科技手段向客户提供低门槛和易理解的保险产品；另一方面向合作伙伴输出客户洞察、风险管理等技术服务，帮助保险机构进行获客、筛选和优化业务流程。但同样地，在监管趋严后，理财板块的余额宝和短期养老保障产品被要求降低规模以防范风险，相互宝等在线产品被叫停。

总体来看，我国经济、金融和科技的融合式发展，共同推动了蚂蚁集团的成长壮大。目前，金融科技已经成为蚂蚁集团在支付、理财、贷款、保险、征信等业务领域立足的核心支撑力量，也是公司在新监管环境下整改和重塑业务的重要依托。

6.3.2　京东科技及其金融科技业务

1. 公司简介

京东科技专注于输出技术服务，与零售、物流、健康共同构成了京东集团的四大业务板块。从 2013 年 10 月京东金融正式成立，到 2018 年升级为京东数科，再到 2021 年与"智联云"合并成为京东旗下的业务子集团，京东科技已经走过了近十年的发展历程。在京东多年深耕供应链的基础上，京东科技进一步探索人工智能、云计算、大数据、物联网等前沿科技，向政府、企业、金融机构等各类客户输出覆盖全价值链的数智化技术。特别地，在金融方面，京东科技提供信贷、信用卡、保险、资管、供应链金融等众多产品和服务。

2016 年，京东金融获得红杉资本、嘉实投资和中国太平领头投资的 66.5 亿元人民币，完成了 A 轮融资，公司估值达到 466.5 亿元，跻身行业"独角兽"行列。2017 年，京东金融完成重组，京东集团出让其所持京东金融的全部股权，为进一步合规拓展更多金融业务打下了基础。2018 年，京东数科进行 B 轮融资，投资人包括中金资本、中信建投等，融资金额约为 130 亿元，公司估值达 1330 亿元。但与蚂蚁集团类似，京东科技的上市也遭遇了监管约束。随着互联网金融监管的加强，京东数科于 2020 年 3 月主动向上交所提交了 IPO 撤回申请；

2020年年底，京东数科重组为京东科技子集团，并纳入了京东云和人工智能业务。

在多年发展探索下，京东科技明确了其定位是"科技创新与实体产业深度融合的数智化企业"。截至2022年9月，依托京东云等技术能力，京东科技城市数字经济服务体系的落地实践已经覆盖了全国20多个省份、80多个城市，集聚5000多家企业，助力区域产业数智化高质量发展。所以，虽然公司仍旧具有很强的金融属性，需要在互联网金融的趋严监管环境下做出较多调整，但公司在金融科技及其应用方面仍具有很多优势，未来科技引领的发展战略也可以为公司的持续发展打开空间。

2. 发展历程

梳理京东科技的发展历程，公司从互联网电商场景下的金融服务起步，到立足"金融科技"以拓展金融业务版图，再到将"科技引领"作为核心的数智化企业，京东科技经历了三次重要的发展蜕变。

（1）第一阶段（2012年—2015年）：发展金融业务的互联网公司 为了向京东平台的商家与消费者提供金融服务，同时充分利用平台庞大的数据、流量资源，京东金融开始发展起来，逐渐形成了与电商业务互惠互利的良性循环。2012年11月，京东集团发布供应链金融服务体系。2013年10月，京东金融正式成立。2014年2月，京东白条上线。公司开创了国内第一款互联网消费金融产品，消费金融也与供应链金融并列成为公司第一阶段中的两大核心业务。

同时，京东金融并没有止步于电商供应、消费场景，而是凭借其在互联网技术上的优势，积极拓展其他金融业务。在2014年—2015年间，公司业务布局涉及财富管理、众筹、证券、保险和农村金融等领域，并陆续推出了京小贷、京东众筹、京东钱包等一系列金融产品和服务。

在第一阶段，京东金融的本质依旧是传统的金融业务，主要是依靠互联网技术将各种产品和服务拓展到线上。但随着业务的拓展和技术的进步，公司开始注重金融科技的探索。例如，在个人信贷领域尝试运用大数据搭建风控体系。该体系囊括超过1万的变量，完成了2亿人的信用评估，效率是传统模型的10倍以上。2015年10月，京东金融在行业内首次提出了"金融科技"的定位，推动了我国"互联网金融"向"金融科技"升级。

（2）第二阶段（2015年—2017年）：提供金融科技服务的科技公司 经过第一阶段的业务拓展与技术探索，京东金融明确了作为金融科技公司的发展定位，开始持续在这一领域加大投入和增强核心竞争力。2016年4月，京东云正式商用，京东金融开始进入云计算市场；同年10月，公司正式成立了金融科技事业部。2017年10月，公司组建了AI平台与研究部。2018年4月，京东金融发布京东人工智能开放平台NeuHub。此外，京东金融还积极投资其他金融科技公司，如美国大数据技术公司ZestFinance、国内网络借贷公司"钱牛牛"等，以进一步丰富业务板块和增强技术优势。

京东金融在金融领域与各类公司展开深入合作，共同创新产品与技术，为金融科技的应用创造更多场景。2017 年 1 月，京东金融与中国银联正式签署战略合作协议，公司旗下的网银成为中国银联收单成员机构，同时双方共享资源，在 NFC 支付产品、大数据服务、区块链测试、农村金融、国际业务等多方面共同创新，力争为客户提供更优质的金融科技服务；同年 8 月，公司与光大银行成为合作伙伴，强调在大数据风控、客户画像、人工智能等领域的深化合作。

在第二阶段，京东金融不再仅仅局限于打造金融业务的线上延伸场景，而是进入了利用金融科技为传统金融机构和非金融机构服务的阶段。公司强调数据、客户和连接三大业务核心，并通过技术输出帮助合作伙伴降本增效。作为行业内第一家将金融科技作为发展路线的公司，京东金融通过抓住机遇获得了快速发展。

（3）第三阶段（2017 年之后）：科技引领的数智化企业　公司在前两个发展阶段完成了从互联网金融到金融科技的跨越，而在第三阶段，公司的目标是转型成为数字科技公司，以进一步突出科技的核心地位。同时，虽然公司的服务目标依旧是帮助其他企业降本增效、优化业务运营模式及提高用户体验等，但已不再局限于金融领域，而是开始为实体部门和城市提供数智化建设方案，努力打造数字经济生态体系。2018 年 11 月，京东金融正式升级为京东数字科技控股股份有限公司（简称京东数科），并明确了新的发展方向。

京东数科在金融科技领域持续探索，对外输出的技术和数字化解决方案也更加成熟。2019 年 2 月，京东数科发布国内首个资产管理科技解决方案"JT^2 智管有方"。同年 8 月，公司入选"智能供应链国家新一代人工智能开放创新平台"。同年 11 月，京东数科发布"T1 金融云"，作为金融科技行业解决方案，金融云提供的服务全面覆盖金融机构的场景拓展、获取客户、业务运营、风险定价、资产定价等众多环节。2020 年 9 月，公司与中国人民银行数字货币研究所正式达成战略合作，推动数字人民币项目落地和移动基础技术、区块链平台等的研发建设。

需要指出的是，虽然京东数科将金融科技和数字科技作为发展核心，但其转型到目前为止并没有完全实现：其业务中的金融属性依然明显，利润的主要来源仍然是京东白条、金条等金融产品和服务，公司尚不能通过技术输出和变现所获得的利润维持运转。因此，尽管为了推进上市，京东集团对京东数科进行了多轮重组，如将京东云计算和人工智能等业务划归到京东数科旗下等，但最终还是在互联网金融监管整体趋严的背景下遭遇了上市失败。2021 年，京东集团再度整合京东数科与智联云两大技术板块，正式成立了京东科技子集团。

在这一阶段，京东科技作为整个京东集团对外输出技术产品与服务的核心平台，科技属性明显增强，但其金融属性依然明显。因此，与蚂蚁集团类似，如何在新监管下完成业务调整和转型升级，是京东科技亟须解决的问题。为此，京东科技需要在技术领域持续深耕，在保证利润的同时，合规经营金融业务，增强科技变现能力，以优化收入结构和实现可持续发展。

3. 业务结构与运营

京东科技的业务结构可以按照服务对象分为三大部分：商家和企业数字化解决方案、金融机构数字化解决方案、政府及其他客户数字化解决方案（见图 6-9）。公司紧紧围绕降本增效展开服务，同时在兼顾安全性（包括数据和隐私安全等）的基础上，向政府、企业和金融机构输出金融科技，帮助它们实现技术或业务的转型升级。

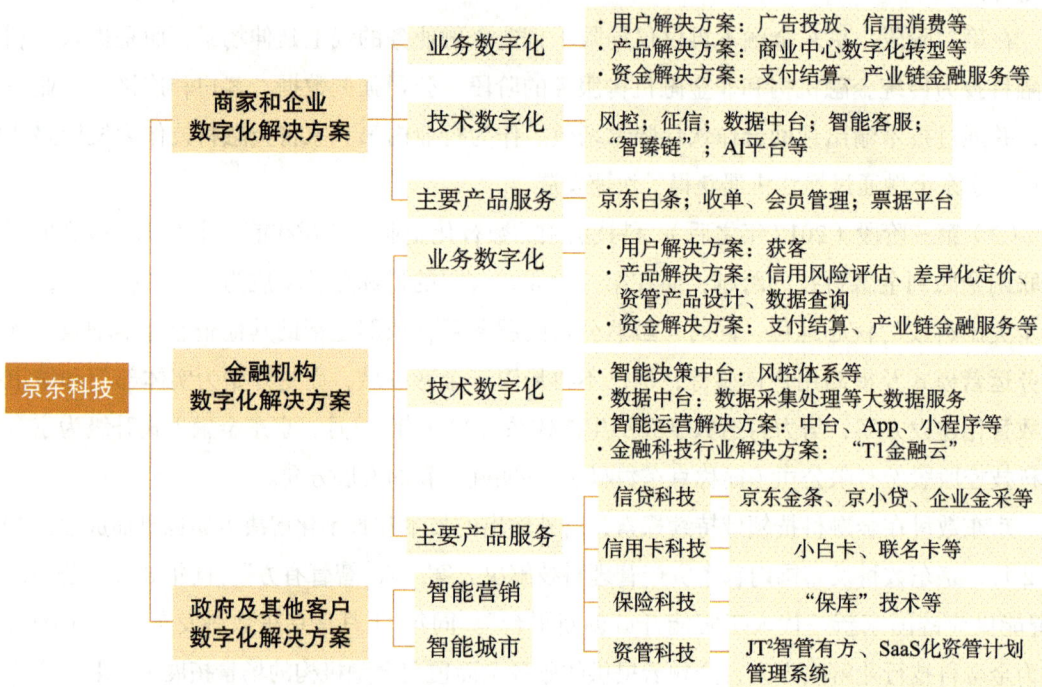

图 6-9　京东科技的业务结构

（资料来源：京东科技招股书，京东金融官网。）

当面向金融机构时，京东科技致力于打造"科技（Technology）＋业务（Industry）＋生态（Ecosystem）"的"金融行业联结（TIE）模式"，以数字化驱动价值增长（见图 6-10）。其中，"科技"是指公司为金融机构提供应用技术和基础技术服务，为客户制定风险管理、数据处理、决策运营等方面的智能化解决方案，帮助客户搭建各类中台，整合后台资源，对接前台业务，避免传统企业架构中的重复建设，进而提高效率。"业务"是指为客户提供用户、产品和资金解决方案，如各类信贷、存款、信用卡、资管和产业链金融产品的数字化升级，以吸引更多的高质量用户。此外，公司还将区块链技术与结构化金融产品相结合，帮助客户获得资金和流动性。"生态"是指京东科技背靠京东集团，拥有庞大的用户规模和供应链基础，服务对象覆盖各行各业，可以实现不同用户、不同业务和不同领域之间的联结，在实现规模效应和协同效应的基础上促进全场景的增长。

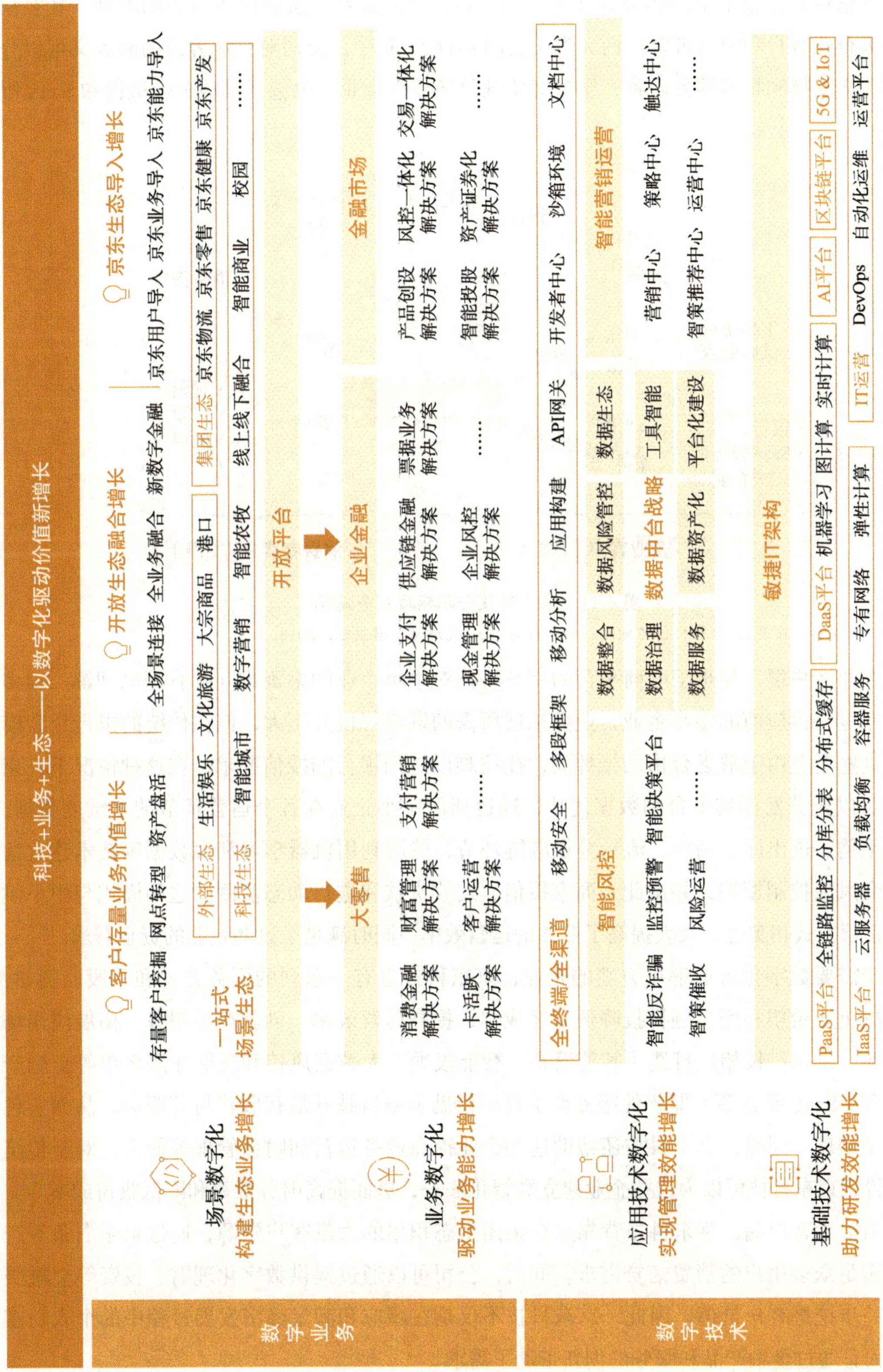

科技+业务+生态——以数字化驱动价值新增长

◎客户存量业务增长	◎开放生态融合增长	◎京东生态导入增长
存量客户挖掘　网点转型　资产盘活	全场景连接　全业务融合　新数字金融	京东用户导入　京东业务导入　京东能力导入
	外部生态　文化旅游　生活娱乐	集团生态　京东零售　京东物流　京东健康　京东产发
一站式	科技生态　数字营销　智能城市	线上线下融合　智能商业　校园　……
场景生态	开放平台	

图 6-10　京东科技和金融行业的联结（TIE）模式

（资料来源：京东科技官网。）

从京东科技在整个金融领域的业务结构与运营模式来看，按照服务对象的类型，其客户可以分为企业客户和消费者客户两大类（见图 6-11）。其中，公司对企业客户的服务又可以分为提供业务支持和技术服务两种，服务对象既包括传统企业，也包括其他金融机构和 SaaS 服务商等。

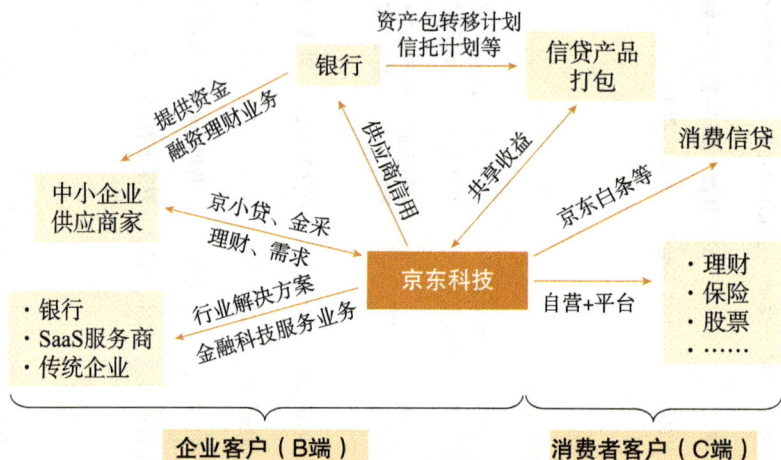

图 6-11　京东科技金融领域业务结构

（资料来源：王阳雯，《金融科技的创新、创业与案例》，经济管理出版社，2018。）

在企业客户端，起步于电商平台的京东科技对中小企业的融资难问题有深刻理解。很多作为京东零售供应商的中小企业，业务拓展所需的资金规模并不大，但在传统的银行贷款模式下，这些企业由于缺乏合格的抵押品，往往难以达到银行的授信要求。在这种情况下，京东科技可以充分发挥其平台和数据优势，通过抓取中小企业在各个运营环节的多维度数据，考察其采购、进出库、销售、流量等供应链环节，然后利用机器学习和大数据等技术建立信用评估和风险控制模型，并据此为商家授信、发放贷款和进行动态监测。这种模式与中小供应商的运营方式相契合，大大提高了业务的运营效率，同时满足了这些企业的资金需求。

对于需要数字化行业解决方案的企业，京东科技也有一系列的服务方式和手段。例如，传统金融企业希望利用金融科技降低获客成本，提高运营效率，创新产品服务，拓展应用场景。为此，京东科技相应打造了智能营销、智能投顾、大数据风控和反欺诈黑名单等金融产品和服务。SaaS 服务商（即软件服务商）可以借助金融科技开展代收代付等服务，从而实现软件流量变现。同时，京东科技还帮助这些企业提高业务运营和财务管理等能力。对于传统企业来说，京东科技可以为这些企业建立数智化账户，进而提高财务效率和降低收付成本。

在消费者客户端，京东科技背靠京东集团生态积累的大量客户资源，通过京东白条等产品充分满足众多用户的消费信贷需求。同时，公司可以通过提供数字化理财、投资等金融服务，进一步挖掘客户价值。因此，京东科技不仅是在顺应和满足经济发展过程中的个人财富诉求，而且通过金融产品和服务的创新带动了需求。

总体来看，京东科技注重技术的研发与应用，致力于通过为各类用户提供数智化解决方案来实现科技变现，进而优化收入结构和提高科技属性。同时，公司在金融领域的各项业务不仅是京东科技的重要资金来源，也是公司与整个京东集团生态进行循环互利的重要联结点。

6.3.3　腾讯 FiT 及其金融科技业务

1. 业务简介

腾讯金融科技（简称腾讯 FiT）是腾讯集团旗下提供移动支付与金融科技服务的综合服务平台，起步于财付通，以微信和 QQ 两大平台为基础，依靠技术优势和社交场景的数据流量，逐步拓展金融业务和构建金融生态。目前，腾讯 FiT 的业务已经覆盖移动支付、财富管理、证券投资、企业金融、民生服务等多个领域，同时也为其他金融机构提供技术和行业解决方案等服务。

从发展过程来看，早在 2005 年，腾讯 FiT 的前身财付通就已经开始运营。2015 年，FiT 正式成立。2018 年，FiT 业务线品牌升级为"金融科技"，但至今仍只是腾讯旗下的业务线之一，并没有成为单独的事业群，而是被划分至企业发展事业群中，作为新业务和新业态进行孵化。目前，腾讯 FiT 的支付基础平台日均支付笔数达到 10 亿笔，并与 500 多家金融机构、110 多万家商家达成合作关系。腾讯微证券作为首批人脸识别开户试点平台，用户只需 5 分钟即可线上开户。腾讯区块链可以支撑海量数据存储与业务的低成本快速接入等。

2. 发展历程

腾讯 FiT 业务线虽然没有独立运营，但是其发展历程与蚂蚁集团和京东科技等互联网巨头有很多相似之处。腾讯 FiT 的发展历程大致可以分为三个阶段：从互联网支付基础平台，到依靠集团流量和技术优势拓展金融业务，再到金融科技的应用与创新。

（1）第一阶段（2005 年—2015 年）：支付基础平台　2005 年 9 月，财付通正式成立，腾讯的支付业务也由此起步，并逐步成长为 FiT 线的核心业务。财付通成立的初衷是保障用户更加安全便捷地购买腾讯旗下的产品和服务，同时整合资源，扩大收入渠道。2006 年 12 月，财付通率先通过国家权威机构认证。2009 年，腾讯在我国互联网的支付市场已经占据 20% 的份额，并推出了手机移动端支付服务。2010 年，财付通发布第三方生活应用，开始将业务拓展到用户日常生活中的支付场景。2011 年，腾讯获得第三方支付牌照，同时当选中国支付清算协会常务理事单位。

同样在 2011 年，微信一经面世便迅速获得了庞大的用户和流量，公司也开始借助这一核心竞争力，进一步推动移动端支付业务的发展。2013 年 8 月，财付通与微信团队联合推出微信支付。2014年1月，财付通与QQ团队合作推出QQ钱包。同年2月，微信红包横空出世，带动了我国社交软件的第一波红包热潮。腾讯依托微信、QQ的社交属性创新支付的应用场景，同时尝试连接线下消费与线上支付，既巩固和扩大了其在支付市场的地位，也促进了大众消费"无现金时代"的到来。

（2）第二阶段（2015年—2018年）：支付基础平台与金融应用线　其实早在第一阶段的后期，腾讯就已经开始涉足支付之外的其他金融业务。例如，2013年，腾讯与蚂蚁金服和中国平安共同发起成立了全球首家互联网保险公司——众安保险。2014年，在利率下行、银行理财产品收益下降、余额宝风行的市场背景下，公司与其他金融机构展开合作，发布了互联网理财产品理财通。同年12月，腾讯旗下的微众银行成立，成为我国首家互联网银行。这些布局为腾讯金融应用业务线的成立打下了比较坚实的基础。

2015年9月，腾讯将支付业务与陆续发展起来的理财、证券和贷款等业务整合，正式成立了"腾讯支付基础平台与金融应用线"。凭借过硬的技术实力与用户资源，腾讯支付基础平台与金融应用线在各类金融业务中均获得了较快发展。2016年除夕，微信和QQ红包创造了每秒15.8万笔的支付记录。同年6月，腾讯占据了移动支付市场份额的38.3%，微众银行的有效客户数突破1000万名。2017年12月，腾讯理财通总用户数超过1亿名，资产保有量超过3000亿元。2018年11月，理财通用户超过1.5亿名，资产保有规模突破5000亿元。

在第二阶段，腾讯支付基础平台与金融应用线一方面通过外部合作和强强联合打破业务边界，依靠集团雄厚的资本优势对互联网理财、保险、贷款等业务进行外围布局，既控制了风险，也扩大了业务范围；另一方面，腾讯从即时通信起家，逐步发展为互联网综合服务商，无疑具有天然的科技基因和用户资源，能够利用技术和数据了解用户在各种场景下的需求，从而充分挖掘用户价值，丰富业务生态。

（3）第三阶段（2018年之后）：金融科技业务线　在金融科技大发展的背景下，已经积累了庞大客户资源和同时拥有科技、数据、生态、资本等众多优势的腾讯支付基础平台与金融应用线，必然会加入这一赛道。2018年8月，腾讯联合深圳税务局开出了第一批区块链电子发票。同年9月，腾讯支付平台与金融应用线正式升级为腾讯金融科技（简称腾讯FiT）业务线；10月，微信钱包在我国香港实现了"双向跨境支付"。

目前，腾讯FiT业务线对金融科技的应用已经覆盖很多领域。例如，在支付方面，财付通、微信支付、QQ钱包均可以处理高并发支付，覆盖线上线下各类场景（如手机充值、信用卡还款、理财通、微粒贷、生活缴费、腾讯公益等）；在财富管理方面，理财通能够为数亿用户提供安全便捷的"一站式"投资和理财服务，包括利用大数据和人工智能进行工资理财和指数定投等；在证券平台方面，腾讯微证券可以通过人脸识别快速开户，腾讯自选股可以24小时无间断按需推送各类信息及投资分析，且覆盖全球实时行情；在企业金融方面，腾讯FiT的服务对象不仅包括传统企业，还包括政府、产业互联网平台、SaaS厂商等，服务内容主要是基于金融科技向客户提供财务管理、融资合作、政策落实等各类解决方案。

总体来看，与蚂蚁集团和京东科技相比，腾讯金融虽然尚未独立运营，但金融科技不仅是腾讯 FiT 业务线中支付和理财两大核心业务的关键引擎，同时也为其他金融业务的开展提供了契机，并且可以为整个腾讯生态中的社交和游戏等板块赋能。

3. 业务结构与运营

腾讯 FiT 业务线按照其服务内容可分为七大部分：支付平台、财富管理、证券平台、企业金融、民生服务、信贷业务和保险业务（见图 6-12）。其中，企业金融和民生服务中的很多项目与支付平台连通。同时，腾讯 FiT 也十分重视金融安全，并借助海量大数据、智能风控系统和猎鹰天网三大核心来保障其旗下金融产品和服务的安全。

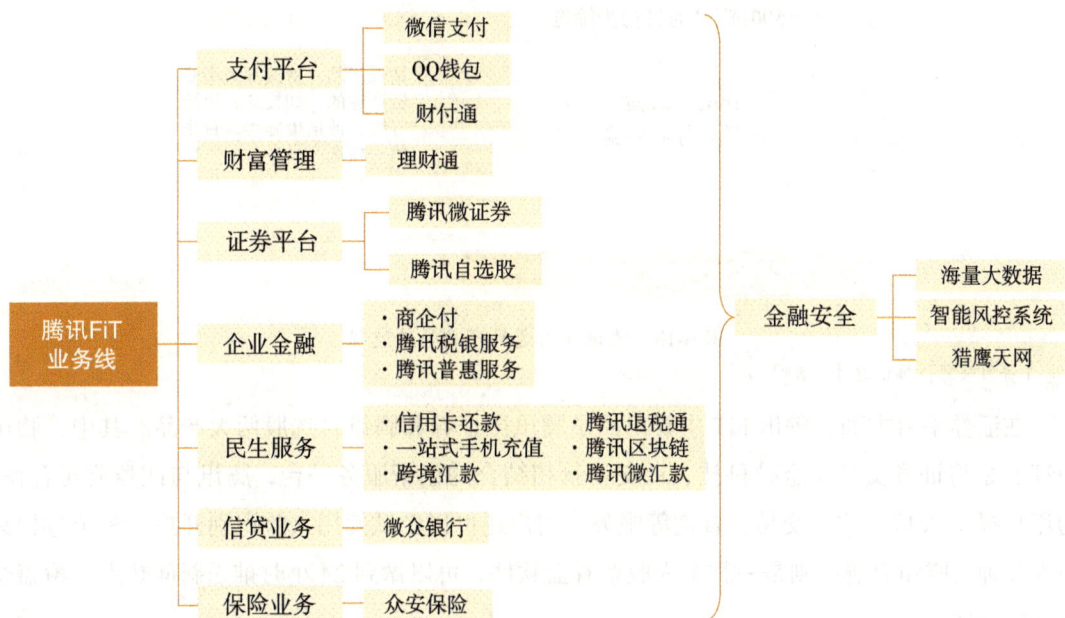

图 6-12　腾讯 FiT 业务线结构

（资料来源：腾讯 FiT 官网。）

在支付平台方面，微信支付和 QQ 钱包已经成为移动支付领域的标志性产品，在支付与社交融合下诞生的微信和 QQ 红包也经久不衰，成为大众生活中不可缺少的日常工具。腾讯 FiT 借助金融科技，不断提高处理高并发支付申请的能力，保障支付的安全和便捷，并持续推动线上支付覆盖更多的国民生活场景。同时，腾讯 FiT 不仅满足个人的支付和消费等需求，也为商家提供优质的移动支付和综合结算等管理服务。通过专业的技术输出，腾讯 FiT 可以使客户在零开发的情况下迅速接入支付系统，进而解决支付和结算问题，从而大大提高运营效率。

在财富管理方面，腾讯理财通在重视合规、风控、稳健的同时，以客户需求为核心，强调合作伙伴的"严筛"与产品服务的"精选"（见图 6-13）。理财通目前上线了货币基金、债券基金、指数基金、混合型基金、境外型基金等多种产品，可以满足客户多样化的理财需求。同时，理财通还从资金的支付、取出等多个环节为用户提供安全保障。例如，在理财通首创的"安全卡"机制下，从理财通取出的资金必须先汇入安全卡，这样即使发生支付损失，PICC 财险也会全额赔付，充当最后一道防线。

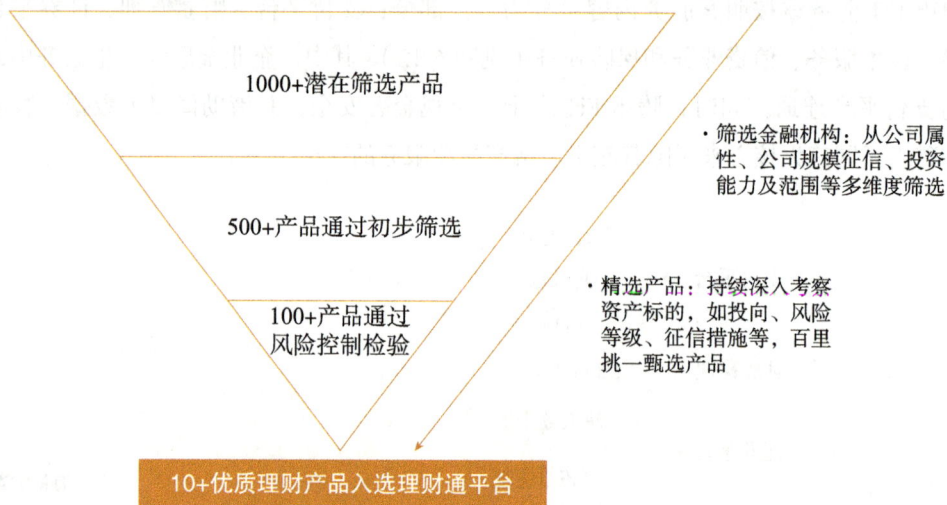

图中内容：
- 1000+潜在筛选产品
- 500+产品通过初步筛选
- 100+产品通过风险控制检验
- 10+优质理财产品入选理财通平台

- 筛选金融机构：从公司属性、公司规模征信、投资能力及范围等多维度筛选
- 精选产品：持续深入考察资产标的，如投向、风险等级、征信措施等，百里挑一甄选产品

图 6-13　腾讯理财通的产品筛选流程

（资料来源：腾讯财付通官网。）

在证券平台方面，腾讯 FiT 主要出品了腾讯微证券和腾讯自选股两大产品。其中，腾讯微证券是将证券交易、金融科技、社交场景相结合的创新服务平台，腾讯与证券公司合作，为用户提供 A 股开户、交易、查询等服务，用户还可以尝试使用人脸识别开户，整个过程只需 5 分钟。腾讯自选股则是一款个人股票看盘软件，可以做到 24 小时推送新闻热点，覆盖全球实时行情。

在企业金融方面，腾讯 FiT 通过构建金融基础设施，满足小微企业的金融需求。腾讯旗下的企业金融产品主要包括商企付、腾讯税银服务和腾讯普惠服务。其中，商企付依托先进的支付系统，基于现有的标准化组件，为其他电商平台、金融机构和企业等输出专业高效的定制化解决方案，如账户管理、智能分账等；腾讯税银服务通过推动"互联网＋税务＋金融"创新，协助税务部门和金融机构落实"税银互动"政策；腾讯普惠服务则主要发挥平台与技术优势，通过打通信贷和消费金融场景下各主体之间的壁垒，连接保险公司、银行和企业等，各方参与主体只需与腾讯平台连接一次即可，不需要多次重复对接，从而降低了沟通和交易成本。

在民生服务方面，腾讯 FiT 提供极速到账的信用卡还款、一站式手机充值、跨境汇款、腾讯退税通、腾讯区块链、腾讯微汇款等服务。这些业务是腾讯将支付优势、金融科技、生活场景深度融合后实现的创新。其中，腾讯区块链技术支持多种共识算法，可以根据不同场景进行配置，同时支持 10 亿级以上的记录与无限容量块文件存储。

在信贷业务方面，腾讯旗下的微众银行专注于普惠金融业务，产品包括微粒贷、微业贷和微车贷等，主要满足"长尾人群"和小微企业的贷款、融资和理财等需求。在金融科技领域，微众银行利用人工智能提供智能资管和精准营销等服务，利用区块链技术建设底层开源平台、进行隐私计算、搭建金链盟、设计分布式数据传输协议，利用云计算构建分布式核心系统与高容量、高扩展性的金融云，利用大数据进行风控运维等。

截至 2021 年，腾讯 FiT 业务线对腾讯集团的营收贡献达到 31%，成为公司第一大收入来源，表现非常亮眼。此外，在互联网金融严监管的背景下，腾讯 FiT 由于一直比较重视合规管理，没有过度追求规模扩张，所以其所受的冲击不如蚂蚁集团和京东科技那样剧烈。在这一背景下，腾讯 FiT 业务线有望在合规监管的引导下实现稳步发展。

6.3.4　度小满金融及其金融科技业务

1. 公司简介

度小满金融的前身是起步于 2013 年的百度互联网金融业务。2018 年，百度宣布旗下的金融服务事业群组正式完成拆分融资协议签署，并启用全新品牌"度小满"，以实现相关业务的独立运营。度小满金融继承了百度的技术基因，以"用科技为更多人提供值得信赖的金融服务"作为自身的使命，充分发挥在金融科技领域的优势，致力于构筑以客户需求为出发点的金融服务平台。公司基于智能获客、大数据风控、智能经营、智能策略和智能语音机器人等科技与金融机构展开合作，现有业务已覆盖信贷、理财、保险、支付、个人金融科技和供应链金融等领域。

2018 年 4 月，度小满金融获得由 TPG、凯雷投资集团、泰康集团和农银国际等多家机构超 19 亿美元的投资，公司估值达 36 亿美元。自独立运营以来，度小满金融与 100 多家银行机构、10 多家持牌消金公司和 30 多家保险机构成为合作伙伴，累计服务超过 1200 万名小微企业主和工商个体户。虽然从目前的情况来看，度小满金融与蚂蚁集团、京东科技和腾讯 FiT 相比，业务规模、客户流量和市场份额等都稍逊一筹，但依托百度在搜索引擎方面的技术背景和传统优势，其未来的发展仍然具有很大的想象空间。

2. 发展历程

度小满金融与其他互联网金融平台公司类似，也经历了从传统互联网金融业务到以金融科技为核心的发展转型。度小满金融的发展历程大致可以分为三个阶段：从布局互联网金融，到组建金融服务事业群组（FSG），再到成立度小满金融独立运营相关业务。

（1）第一阶段（2013年—2015年）：互联网金融布局　2013年，阿里巴巴在支付宝平台的基础上推出"余额宝"，率先掀起互联网金融热潮；腾讯紧随其后，借助微信支付、财付通占据市场份额。彼时，与阿里巴巴和腾讯并列中国互联网"三巨头"的百度，自然也开始布局互联网金融业务。2013年7月，百度旗下的"百付宝"正式拿到第三方支付牌照。同年9月，百度在上海设立实体小额贷款公司的申请获得批准，注册资本约为2亿元；同年，百度金融对标"余额宝"，打造线上高收益理财产品"百度百发"，并于10月推出"华夏基金现金增利货币基金"并获得了超高访问量，12万人在约4小时内抢购了总计10亿元的基金产品。随后，百度又接连推出"百发有戏""百发100指数基金"（互联网首只大数据基金）和"百发精选"等理财产品。

由于具有与阿里巴巴、腾讯不同的特点，百度在布局互联网金融的过程中遇到了一些特别的挑战。例如，支付宝具有强大的电商生态优势，腾讯FiT则依靠社交和游戏产品获得了大量的高黏性用户，两者均可以通过"平台引流"的模式，在用户消费或社交之时轻松引入支付结算等资金使用场景，然后再通过第三方支付工具，将电商或社交平台内的资金向旗下的金融产品引流。但对于百度来说，采用"平台引流"的模式面临不小的障碍。虽然百度作为我国最大的搜索引擎，拥有巨大的流量数据，但其盈利模式一直是收取商家的广告费用，而普通网民则可以免费进行搜索；同时，用户在进行搜索时，无须登录账户，更不需要将自己的银行卡与百度账户绑定。因此，百度缺乏一个可以连接用户搜索行为和金融业务的"桥梁"。

针对上述问题，百度在2013年"百度世界大会"上推出了一款即搜即用的全功能App"轻应用"。如当用户在百度上搜索"长城"时，百度旅游轻应用就会出现，为用户推送酒店、交通、美食、娱乐等各类线下服务。同时，百度地图也与大量线下实体商店合作，与百度轻应用一起作为用户搜索行为和消费场景的连接点，并搭建用户账号体系，让百度成为线下交易的前台。2014年9月，百度又推出"直达号"，为各类商家在百度移动平台上打造唯一的官方服务账号，以获得实现线下服务直达的更多机会。因此，在第一阶段，百度通过解决平台引流跟上了互联网金融的热潮，并为后续发展金融科技奠定了基础。

（2）第二阶段（2015年—2018年）：金融服务事业群组　经过第一阶段对支付和理财等业务的实践积累，同时顺应互联网金融行业向金融科技升级的趋势，百度于2015年12月宣布成立金融服务事业群组（FSG）。百度FSG以消费金融、钱包支付和互联网证券为主体，并在此基础上积极拓展新的金融业务。2016年9月，百度"有钱花"信贷服务产品上线。2017年8月，百信银行收到中国银监会同意开业的批复，成为中国第一家独立法人模式的直销银行；同年9月，百度金融获得保险经纪牌照。

在第二阶段，百度 FSG 明确提出了布局金融科技领域的发展战略，并特别注重人工智能技术的研发应用，积极展开与政府、银行和高校等部门的合作。2017 年 5 月，百度金融与贵州省政府金融办、大数据局等达成深度合作关系，联合推出"贵州金融大脑"。2017 年 6 月，百度金融推出"磐石反欺诈工作平台"，构建全方位的反欺诈系统，并开始面向金融行业伙伴提供风控反欺诈服务；同月，中国农业银行与百度在金融科技领域成为战略合作伙伴，合作内容包括共建金融大脑以及客户画像、精准营销、客户信用评价、风险监控、智能投顾和智能客服等方向的应用。2017 年 7 月，百度推出区块链开放平台"BaaS"，帮助企业联盟构建属于自己的区块链网络平台。2017 年 11 月，百度世界智能金融分论坛在京举行，百度金融宣布将开放智能消费平台、ABS 平台和大数据风控平台"般若"，以更好地为金融机构提供全面的整体解决方案。2018 年 1 月，百度凭借在人工智能领域的丰厚积淀，推出了国内首个金融 AI 大数据一体机"融智"。

（3）第三阶段（2018 年之后）：度小满金融　2018 年 4 月，百度 FSG 正式完成拆分融资协议签署，升级成为度小满金融以实现独立运营和拓展金融业务范围。同年 8 月，北京证监会允许其经营范围增加基金销售业务。2019 年 5 月，度小满金融成为哈银消费金融公司的第二大股东，进一步布局消费金融领域。同时，公司更加关注小微企业主和"长尾人群"，通过金融科技布局金融普惠，先后推出"小微加油站""家和贷"等产品，帮助小微企业和家庭解决经营资金周转的问题。截至 2022 年 1 月，度小满已累计服务超过 1200 万小微企业主及工商个体户。

同时，度小满金融在原有基础上对金融科技领域进行持续探索。2018 年 8 月，百度举办"Create 2018"开发者大会，度小满作为全新品牌首次正式亮相，并举办智能金融论坛，发布"云帆消费金融开放平台 2.0""磐石一站式金科平台"和"智能 ABS 平台"三大开放平台；同年 10 月，度小满金融与南京银行签署战略合作协议，在消费金融和小微金融等领域展开深度业务合作，将合作成果推向南京银行"鑫合金融家俱乐部"的 100 多家商业银行成员单位，让更多的金融机构能够运用人工智能技术服务实体经济。

2019 年 11 月，度小满金融的智能语音机器人、智能风控和支付科技项目入选了中国人民银行等六部委批复的首批金融科技应用试点。2021 年 11 月，度小满金融"博士后科研工作站"正式揭牌，该工作站将成为度小满金融培养金融科技高端人才的重要平台，特别是探索人工智能技术在金融领域的前沿应用。

3. 业务结构与运营

目前，度小满金融的业务可以分为六大板块：信贷、理财、保险、支付、个人金融科技和供应链金融科技（见图 6-14）。其中，个人金融科技业务主要依靠公司旗下的度小满金融开放平台，即"度小满磐石"开展业务，主要提供反欺诈、资质评估、风险预警和建模服务四类产品。供应链金融科技则主要面向企业提供金融科技和技术输出两大服务。

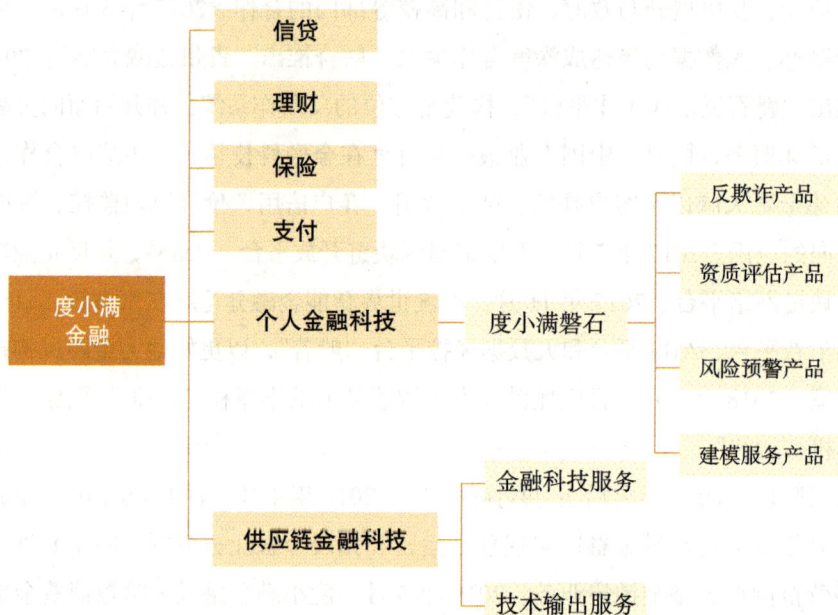

图 6-14　度小满金融的业务结构

（资料来源：度小满金融官网。）

"度小满磐石"是度小满金融旗下以人工智能、大数据和云计算等科技能力为基础搭建的金融科技开放平台，旨在为银行和互联网金融机构等提供多层次的风控服务。

在反欺诈方面，度小满金融基于风险名单、多头防控和欺诈因子，构建了多维立体的反欺诈产品矩阵。其中，风险名单依托大数据和人工智能技术，为机构客户提供高风险用户识别服务，帮助客户进行信贷审批风险核查和渠道客群质量监控；多头防控通过合规、全面、独有的数据资源保障产品效果，为客户提供信贷用户共债风险排查和风控模型搭建服务；欺诈因子以信贷欺诈行为作为训练目标，通过行业领先的图关联算法挖掘分析用户的关联网络、信贷行为和网络行为等特征，利用机器学习技术综合评判用户欺诈风险。

在资质评估方面，资质因子是度小满金融的核心产品。资质因子基于大数据和人工智能技术，可有效应用于客群划分、审批履约风险和资产违约预测场景。资质因子能够覆盖全国大多数网民用户，有效解决国内信贷申请用户资质数据维度不足和"白户"问题，同时运用深度神经网络和协同训练（Co-training）半监督学习等先进算法，确保模型的区分度。

在风险预警方面，度小满金融推出了贷中贷后风险监测服务。该服务通过对机构已授信或已用信客户的欺诈风险和资质等级变化进行监控并推送风险预警信息，帮助机构实时掌握客户风险波动，具备维度全面、定制化程度高和模型差异化等优势。

在建模服务方面，度小满金融依托其在数据、技术和业务方面的经验优势，帮助机构开发个性化的风控模型，包括自动建模和驻场建模服务。自动建模是指为金融机构提供标准化的在线建模流程及平台服务，帮助客户一站式、自动化、高效、合规地进行建模，以提升业务效率。驻场建模则是指在机构端进行建模，帮助机构根据自身的业务和客群情况，灵活、高效、合规地进行各类模型定制，以满足客户精细化的业务运营需求，提升风险经营能力。

"度小满供应链科技"（Du Xiaoman Supply Chain Tech）是度小满金融凭借其在人工智能、大数据和区块链应用方面的优势打造的供应链科技平台。该平台的目标是让科技更有效地应用到核心企业与上下游小微企业的融资场景中，为企业提供更加便捷和普惠的金融服务。具体而言，度小满供应链科技板块的"满链融平台"（见图6-15）利用区块链的不可篡改、去中心化和智能合约等特征，将企业的应收账款转化为可在线流转、偿付和转让的高效安全的数字债权凭证。企业可以在平台上自主办理满链融数字凭证的签发、承兑、保兑、偿付、转让、兑付等业务，从而解决应收账款盘活等难题，同时减少外部融资，降低供应链整体的财务成本。

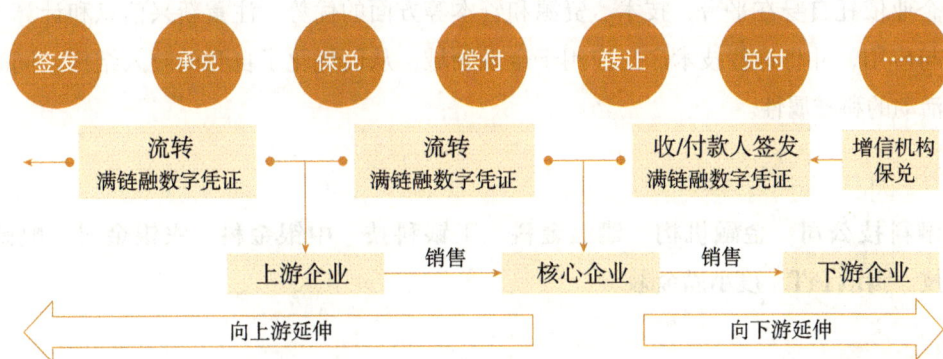

图 6-15 "满链融平台"的业务流程

（资料来源：度小满金融官网。）

总体而言，度小满金融在金融科技领域的成长较之蚂蚁集团、京东科技和腾讯 FiT 业务线来说稍显薄弱，业务量级和客户规模等相对更小一些。但经过多年的发展，度小满金融也积累了一定的科技实力和实践经验，明确了重点钻研人工智能技术的发展策略，以充分发挥差异化的比较优势，力图在激烈的竞争中占据一席之地。

【本章小结】

金融科技公司是指将大数据、云计算、区块链、人工智能等新兴科技运用于金融活动，通过金融产品和服务的创新或组织管理流程的再造，降低金融成本，提高金融效率，改善金融服务，在信息或技术方面具有先导优势的企业。

按照公司或其背靠的母公司（集团）主要业务所处的行业，金融科技公司可以大致分为三类，即由 IT 企业、传统金融机构或大型实体企业发展而来的金融科技公司。按照发起资本的性质，金融科技公司又可以分为来自产业资本的金融科技公司和来自金融资本的金融科技公司。

美国和欧洲比较成功的金融科技公司通常专注于某个垂直方向，如支付、财富管理或融资借款等，先深化核心产品，然后再逐渐扩展版图。相比之下，我国比较成功的金融科技公司几乎都是互联网平台公司发展而来的，其路径一般是以拥有高用户参与度的消费者平台为基础，通过不断扩展金融科技的应用场景和技术，逐渐建立其庞大生态的金融科技系统。

在我国的金融科技实践中，大型国有银行纷纷设立了专门的金融科技公司，包括中国建设银行设立建信金融科技有限公司、中国工商银行成立工银科技有限公司、中国银行设立中银金融科技有限公司、中国农业银行设立农银金融科技有限公司。此外，一些较大的股份制银行，如中国光大银行、中国民生银行、华夏银行、招商银行、平安银行、兴业银行、北京银行等也先后设立了金融科技公司。

我国的互联网金融科技公司主要以蚂蚁集团、京东科技和腾讯金融等为代表。这些互联网平台企业依托自身在平台、技术、资源和资本等方面的优势，注重新兴信息和计算机技术的研发与应用，并将这些技术广泛应用于金融领域，从而优化了自身的收入结构，同时提高了金融活动的科技属性。

【关键词】

金融科技公司　金融机构　建信金科　工银科技　中银金科　农银金科　蚂蚁集团
京东科技　腾讯 FiT　度小满金融

【复习思考题】

1. 举例说明金融科技公司的定义与类型。
2. 简要分析银行发起设立的金融科技公司的主要特点。
3. 简述互联网金融平台金融科技公司的未来发展趋势。

第 7 章 ▶

金融科技伦理

【本章要点】

1. 金融科技及其伦理问题。
2. 金融科技伦理的基本原则。
3. 互联网金融伦理。
4. 大数据伦理。
5. 区块链伦理。
6. 人工智能伦理。

【背景材料】

21世纪经济报道（2022年4月18日，记者：边万莉）：你是否遇到过"大数据杀熟"？是否被迫做过"二选一"的难题？又是否留意过"不授权就不能使用"的霸王条款？

诚然，金融科技的不断创新发展，为金融机构提升了服务效率，为人们的生活提供了便利，促进了经济社会的发展；但同时，也衍生出复杂多样的伦理问题与潜在风险，给金融创新、金融监管、金融安全带来一系列新的挑战。

科技求真，伦理求善。为进一步完善科技伦理体系，提升科技伦理治理能力，有效防控科技伦理风险，中共中央办公厅、国务院办公厅于2022年3月印发了《关于加强科技伦理治理的意见》，明确了科技伦理治理的原则，并提出要健全科技伦理治理体制、加强科技伦理治理制度保障、强化科技伦理审查和监管。

中国证监会原主席肖钢认为，构建金融科技伦理治理框架的目标，是促进金融科技向善行善，健全金融科技公序良俗，实现技术创新、金融改革和金融安全在更高水平的动态平衡，高效服务实体经济和人民生活。金融科技伦理治理并不是一劳永逸，只有久久为功，才能见效。有数据显示，2020年，我国银行、证券、保险、信托、基金等机构自主开展以及为金融机构提供技术服务的金融科技业务规模合计达到7.5万亿元，金融科技独角兽企业达到23家，占全球金融科技独角兽企业总数的41%左右，中国金融科技独角兽企业的总估值为3150亿美元。"在充分肯定成效的同时，应当看到，金融科技存在伦理失范问题，往往会引起较大的社会危害，需要引起高度重视。"肖钢如是说。

从现实情况来看，我国金融科技发展面临的伦理挑战有哪些？中国人民银行科技司司长李伟撰文提出了四个方面的伦理挑战：数据安全不容忽视、算法滥用日益严重、无序竞争亟须规范、数字鸿沟有待弥合。值得一提的是，我国在金融科技伦理治理方面进行了有益探索。从宏观角度来看，"十四五"规划和2035年远景目标纲要提出要"健全科技伦理体系"；2022年1月，中国人民银行印发的《金融科技发展规划（2022—2025年）》要求，"健全多方参与、协同共治的金融科技伦理规范体系"；2021年1月，中国人民银行金融科技委员会确定，把推动金融领域科技伦理治理体系建设作为年度工作重点之一。

7.1　金融科技带来的伦理冲击

金融科技伦理是由金融伦理和科技伦理融合而成的一种伦理形态，是在科技创新驱动下所产生的特定场景下的金融伦理。通常而言，金融伦理是金融活动主体在金融活动中应当恪守的道德准则和行为规范，强调金融效率与金融正义的有机统一；而科技伦理则是指科技活动和发展过程中应当恪守的价值准则，如尊重生命、公平正义和负责任的创新等。如果把金融科技比喻为一辆快速向前行驶的列车，那么金融科技伦理就是指引这辆列车前进方向的路标。

在实践中，金融科技依托大数据、云计算、人工智能和区块链等前沿技术，并以互联网为载体，在很大程度上改变了传统金融服务的提供方式，使金融服务越来越智能化和便利化。特别是随着大数据风控、生物识别支付场景、智能投顾、智能合约等应用的出现，金融服务不仅效率得到了极大提升，而且更加全面地渗透到社会生活的方方面面。不过，在金融科技蓬勃发展的过程中，相关伦理问题也逐渐凸显，并且越来越成为金融科技长期可持续发展的制约。概括而言，金融科技带来的伦理冲击主要表现在以下几个方面。

1. 诚信缺失

在互联网金融中，由于大部分机构并未接入中国人民银行征信系统，加之缺乏有效监管，各种信用违约事件时有发生。除网络贷款客户出现信用违约外，还出现了许多互联网金融平台的违约事件。例如，2018 年 6 月，国内的多个网贷平台集体"爆雷"，出现了标的到期无法兑付、提现困难、平台"跑路"等事件。同时，在 P2P、众筹、区块链等众多互联网金融项目中，还存在各种恶性欺诈行为。例如，以互联网金融项目为幌子进行"集资"，拿到钱后立即"跑路"或者宣告项目"死亡"，最终导致投资人血本无归。此外，互联网金融在融资、理财、支付等各个领域，也存在各种信息造假现象。例如，在以 P2P 为代表的融资领域中，一些客户为获得贷款而提供虚假信息来粉饰自己，同时平台自身的信息和标的信息也不完全准确，这导致双方的信息不对称更加严重，阻碍信息流通和市场交易的公平性。在理财领域，一些互联网金融机构会隐瞒理财项目的真实风险，或故意不进行充分的风险揭示，以此来吸引客户投资。在支付领域，一些第三方支付机构为了扩展自身的客户群体，往往对商家的身份信息缺乏有效管理和认证，导致虚假的商家信息泛滥。

2. 数据泄露和滥用

伴随着互联网技术的普及和信息通信技术的进步，人类正在步入"万物互联"的时代。这个时代产生的数据体量要比以往任何时代都多，数据的价值也比以往任何时代都要高。数据是金融科技时代的核心资源之一。金融科技对数据价值的深度挖掘，推动了业务模式的创新和服务效率的提高，同时也引发了诸多数据伦理方面的问题，如数据泄露和数据滥用。数据泄露的类型主要包括个人信息泄露、组织信息泄露和国家信息泄露，其中个人信息泄露发生的频率最高，引发的社会关注度也最高。近年来，因为数据保存系统被黑客恶意攻击而发生信息泄露的事件层出不穷，例如，2020 年雅诗兰黛邮件存储系统中的 4.4 亿条邮件地址和日志被泄露。在数据滥用方面，由于大数据所有权的归属问题一直缺乏明确的法律规定，这导致金融科技活动中的数据使用规则比较模糊，进而滋生了数据滥用问题。例如，一些平台为了实现精准营销和定向推送，过度采集用户数据，或者根据用户的行为数据，建立用户的偏好档案，并将其用作商业用途。当这些行为没有得到用户许可时，就是对数据的滥用。数据的泄露和滥用都严重侵犯了用户的隐私和人权。

3. 安全责任模糊和人类决策受控

这一类伦理问题主要是金融科技创新过程中将人工智能应用到金融领域引发的。技术伦理强调技术的中立性，包括功能中立和责任中立。所谓功能中立，即技术只需要实现自身机制内设的功能即可，无须承担除此之外的更多功能；所谓责任中立，即技术的设计者和使用者若无主观故意，就无须对因技术使用而对社会产生的负面影响承担责任。在金融科技领域，以智能投顾为代表的人工智能技术，改变了传统金融资产管理服务的提供方式，在提高金融服务效率的同时，也引发了安全责任归属方面的争议。例如，因智能投顾发生重大失误而对投资者造成的巨大损失，是否应当由投资者自行承担？如果不由投资者承担，算法本身应当如何承担法律责任？算法使用者（如金融机构）是否应当承担责任？算法研发者（如技术部门）是否应当承担责任？从现实情况来看，对于上述问题的回答，不仅需要法律部门进行明确规定，也需要建立相应的伦理准则或判断标准。此外，随着人工智能自主学习能力和决策能力的不断提高，人的决策行为与人工智能之间的关系会变得越来越复杂。特别是随着人工智能的应用场景越来越多，人类会在有意或者无意间按照人工智能的建议行事，长此以往就会对人工智能的决策和建议产生依赖，进而丧失独立自主决策的能力。

4. 算法歧视

从计算机技术上看，为了将输入的数据转换为期望的输出结果，需要进行一系列的编码过程，这一过程就是算法。大数据、云计算和人工智能等前沿技术都是以算法为核心的，而这些前沿技术又是金融科技所依托的核心技术，因而算法成为金融科技创新过程中的基础要素之一。在金融服务过程中，征信系统将客户的大数据信息输入程序，通过内置的算法模型，可以生成客户的风险画像；智能投顾将客户信息和市场信息输入内置的算法模型，可以生成客户最优的资产投资组合。虽然算法的引入极大地便利了金融活动的各方参与主体，但算法模型本身由于高度专业化，加之代码的保密性等问题，整个算法过程很容易成为一个"技术黑箱"。与此同时，从伦理的角度来看，虽然技术是中性的，但算法不是。算法是由人设计和开发的，不同的人往往具有不同的价值观，而算法的"技术黑箱"可以使设计者轻易地将自己的主观价值嵌入其中。在这种情况下，如果开发者将带有偏见的价值取向内置到算法之中，那么随着算法的自我迭代，这些偏见就会被循环放大，最终导致"自我实现"的歧视性反馈循环。不仅如此，即使开发者在开发过程中并没有内置歧视性的价值选择，算法也有可能自己运行出歧视性的结果。这种情况通常是由于输入的数据带有歧视性特征，因而只要数据得不到修正，算法就会继续放大这些歧视（专栏 7-1）。

专栏 7-1

算法歧视

2019 年 8 月 20 日，美国苹果公司与高盛集团联合推出信用卡 Apple Card。同年 11 月，美国企业家大卫·海涅迈尔·汉森（David Heinemeier Hansson）在 Twitter 上指责 Apple Card 涉嫌算法性别歧视，因为他的信用额度是他妻子的 20 倍，尽管他们在申请时提交的是联合纳税申报表，并且妻子的信用评分更高。苹果公司联合创始人史蒂夫·沃兹尼亚克（Steve Wozniak）也指出，他获得的 Apple Card 信用额度是他妻子的 10 倍，尽管他们夫妻共同使用多个银行和信用卡账户。不久，纽约金融服务部（New York Department of Financial Services）发言人明确表示，金融服务部已决定就此展开调查，以确定 Apple Card 的算法是否存在违法行为，并确保所有消费者不分性别都受到平等对待。

这已经不是人们第一次质疑算法背后的公正性。2018 年 11 月 4 日，IG 夺冠的喜讯让互联网沸腾，玩家们奔走相告、竞相庆祝。作为 IG 战队老板的王思聪在微博发起抽奖，随机抽取 113 名用户，向每人发放一万元现金作为奖励。可是抽奖结果却出乎意料：获奖名单中有 112 名女性和 1 名男性，获奖者的男女比例是 1∶112；然而根据官方数据显示，在本次抽奖活动中，所有参与用户的男女比例是 1∶1.2，性别比并不存在悬殊差异。不少网友开始质疑微博的抽奖算法，有用户将获奖人数设置为大于参与人数，发现依然有大量用户无法获奖。这些无法获奖的用户很有可能已经被抽奖算法判断为"机器人"，其在未来的任何抽奖活动中或许都没有中奖的机会。然而，在算法的黑匣子面前，我们看到的大多只有结果，却无法理解决策的过程。

常言道："犯罪者遭受什么样的刑罚，取决于法官早餐吃什么。"正是由于法官在量刑时常常受到诸多非法律的外在因素影响，基于大数据、数据挖掘、人工智能等技术的犯罪风险评估系统开始盛行。Northpointe 公司开发的犯罪风险评估算法 COMPAS 对犯罪者的再犯风险进行评估，并给出一个再犯风险分数，法官可以据此决定犯罪者所应遭受的刑罚。非营利组织 ProPublica 研究发现，这一算法系统性地歧视了黑人，白人更多被错误地评估为低犯罪风险，而黑人被错误地评估为高犯罪风险的概率是白人的 2 倍。Northpointe 公司曾向 ProPublica 披露说其犯罪风险评估算法会考虑受教育水平、工作等诸多因素，但未披露具体算式，称算法是其私人财产。犯罪风险评估系统是一个"黑箱"，所以人们无从知晓 Northpointe 公司是否将美国社会中固有的种族歧视问题编写进算法。

亚马逊曾在 2014 年开发了一套"算法筛选系统"，目的是在招聘的时候帮助 HR 筛选简历。开发团队打造了 500 个算法模型，同时教算法识别 50000 个曾经在简历中出现的术语，然后对应聘者的不同能力分配权重。最后开发团队却发现，算法对男性应聘者有着明显的偏好，如果识别出简历中有女子足球俱乐部、女子学校等经历时，就会对简历给出相对比较低的分数。这个算法模型最终被路透社曝光，亚马逊也适时停止了算法的使用。但令人深思的是：为何"没有价值观"的算法开始有了偏见？亚马逊发现，其招聘系统存在偏差的原因在于，该算法所使用的原始数据是公司过往员工数据。过去亚马逊聘用的男性偏多，算法学习到了这一特征，因此在决策中更容易忽略女性求职者。

奥威尔在他的政治小说《1984》中写过一句很著名的话："谁掌握过去，谁就掌握未来；谁掌握现在，谁就掌握过去。"这句话其实也可以用来类比算法歧视。归根到底，算法决策是在用过去预测未来，而过去的歧视可能会在算法中得到巩固，并在未来得到加强，因为错误的输入形成的错误输出作为反馈，进一步加深了错误。最终，算法决策不仅仅会将过去的歧视做法代码化，而且会创造自己的现实，形成一个"自我实现的歧视性反馈循环"。

不公平算法带来的歧视是无形、不易察觉而又影响深远的。科技公司及组织不应该将"带有明显歧视性质的算法"在不经测试的情况下应用到现实情景。在未来的算法开发过程中，应该对算法开发者进行适当的"算法伦理"教育，并且确定一些算法"基本准则"，如同"机器人永不能伤害人类一样"。

（资料来源：本专栏内容摘编自互联网公开资料。）

5. 技术沦为金融犯罪的工具

以比特币为例，比特币的高度匿名性导致执法部门难以确定其使用者，这就为犯罪集团利用比特币进行"洗钱"及其他违法犯罪活动提供了可能。例如，美国司法部查封的暗网网站"Silk Road"就是比较典型的利用比特币进行洗钱和毒品交易的网站。同时，区块链技术具备信息"不可篡改"的特征，所有交易一经发生，便会被打上明确的时间标签，如果想要对其进行更改，需要控制全网 51% 以上的节点。尽管信息的不可篡改性有很多潜在好处，但当犯罪分子利用这一特性进行金融犯罪时，就会显著增加执法机构进行犯罪追踪的难度。在现实中，当犯罪分子利用区块链技术进行金融诈骗时，即使有关部门能够追踪到该诈骗行为，往往也难以撤销之前的资金转账行为，这意味着被诈骗的资金很难被追回。此外，一些违法犯罪分子还通过区块链散布虚假信息牟利。由于区块链技术对原始数据的保护，监管部门即使明知这些数据是虚假的，也无法将其及时删除，从而导致虚假信息的不良影响被延长和放大。

金融科技对伦理的冲击除了表现在上述几个方面之外，还有算法推荐所带来的"信息茧房"、技术普及差异所带来的"数字鸿沟"以及金融科技公司的"非持牌展业"等所造成的伦理问题。从目标上看，金融科技的创新与发展是为了更好地优化资源配置和提升效率，进而提升人类的福祉，但创新的前行仍然需要伦理和法律的指引和约束，否则就容易偏离正确的轨道，导致经济和社会的损失。近年来，世界各国都在努力完善对金融科技的监管立法和伦理规范。从长远来看，只有在法律的约束和伦理的引导下，金融科技才能驶向更加广阔的海洋，更好地服务于民众和促进社会进步。

7.2 金融科技伦理的基本原则

金融科技是技术驱动的金融创新，其根本目标是促进金融资源的高效配置，进而增进社会福利和人类福祉。为了实现这一目标，金融科技必须遵循相应的伦理规范，确保技术创新不逾越道德红线。在具体实践中，金融科技伦理的基本原则是金融伦理一般原则在金融科技领域的具体运用，因此，它应该既符合一般意义上的金融伦理原则，同时又能充分体现金融科技伦理的独特性和特殊要求。

7.2.1 诚信、公正和平等

契约精神是金融行业健康发展的基石，如果契约关系被破坏，金融行业的信用关系也将受到严重影响。因此，诚信作为一种社会契约，自然而然地成为金融科技应该遵守的基本伦理原则。从实践来看，金融科技的发展曾经因为诚信原则被破坏而遭遇严重挫折。例如，轰动一时的"e租宝"事件："e租宝"通过虚假宣传和发布虚假借款标的欺骗社会公众，是典型的非法集资和庞氏骗局。此类理财和融资平台的频频"爆雷"，严重破坏了社会公众对金融科技产品与服务的信任，由此带来的负面影响可能需要相当长的时间来消化。因此，为了实现金融科技的持续健康发展，必须重视诚信原则。

金融科技的发展还应该遵循公正和平等原则。金融科技的发展目标应当是让人们能公平地享受到金融科技所带来的发展红利，而不是进一步加深人们在获取金融服务方面的不平等性。公正表现为机会公平和结果公平，金融科技伦理应该将其贯彻到从国家到个人的方方面面。例如，由于不同国家的技术发展水平和金融体系完备度不尽相同，一些发展中国家对金融科技的研发存在着先天劣势，这使得金融科技的发展可能会进一步加大发展中国家和发达国家之间的金融差距。具体到个人，老年人群体由于在运用新技术方面存在困难和障碍，金融科技的发展可能会使这部分群体被排除在受惠群体之外。毫无疑问，发展中国家和老年群体都是金融科技发展过程中的弱势群体，这部分群体如果无法公平地获得金融科技服务，就毫无疑问违背了机会平等原则。又如算法歧视，研发者通过将偏见内置到算法程序中，使得输出结果天然地对部分群体存在歧视。此外，一些智能投顾系统在向投资者推荐产品时，几乎总是优先推荐某款产品，这使得该产品相比于其他产品拥有算法上的优势，对其他理财产品而言显然也是结果不公平的。类似地，一些金融机构（平台）根据客户行为大数据进行定价歧视，向偏好更强的客户提供服务时收取更高的价格，而对偏好更低的客户则收取更低的价格，这就造成了客户之间的结果不公平。

在实现公正和平等的金融科技伦理原则过程中，也会出现一些悖论，如效率与公平之间的冲突。以算法为例，算法因为编程的专业性和保密性，其整个运行过程都在技术"黑箱"中运行。公众只能接收到其输出的结果，却无法了解这个结果是怎么得到的。基于这一特性，开发者可以将自己的价值观任意嵌入算法之中，即使是有偏见的价值观也不例外。为了更好地保护算法使用者的权利，防止公众受到偏见和歧视，开发者应当将算法代码公之于众；然而，对算法代码的专利保护可以更好地激发开发者对算法进行创新。因此，在算法专利保护和公众公平之间就需要进行权衡取舍。金融科技发展应当是公正和平等的，社会在充分保护知识产权专利的同时，也应当从公正的角度，尽力保护消费者的权利，推动知识产权的推广和开放。

7.2.2　向上向善和尊重人权

向上向善是一种普遍的伦理原则，意味着尊重、进步、公平和责任。在金融科技创新发展的道路上，法律规范存在空白，金融科技伦的理体系也尚未健全，创新者应当谨记向上向善的伦理原则，保证创新行为不会突破伦理底线。"科学绝不是一种自私自利的享乐，有幸能够致力于科学研究的人，首先应该拿自己的学识为人类服务。"马克思明确指出技术进步的目的是服务全人类，是以全人类福祉的提高为价值追求。资本具有逐利性，但技术不应当是自私自利的。在金融科技的创新发展过程中，技术不应当沦为资本逐利的工具。

在任何时候，无论科技发展到什么程度，维护人类的安全、自由、尊严等基本权利，都是技术发展不可逾越的伦理底线。技术发展本身不是目的，实现人的自由全面发展才是技术发展的根本目标。金融科技无论发展到什么阶段，都应该坚持以人为本的原则，维护人类的自由和尊严。金融科技通过利用大数据、人工智能和区块链等技术，可以更加便利地为人类提供金融服务，但也更容易侵犯人类的自由和尊严。以算法为例，如果客户浏览了某类金融产品，程序就会依据相关浏览记录计算出客户的偏好，进而为客户推荐更多的此类产品，然后程序又会进一步记录相关浏览信息，从而不断强化此类偏好……如此循环往复，客户接收到的信息推荐就会越来越集中于某类特定的产品，从而失去接触到其他类型金融产品的机会。在这种情况下，人们就会困于"信息茧房"之中，失去了选择自由。又如，隐私不受侵犯是人类基本的自由权利和尊严体现，然而在金融科技的发展过程中，频繁地出现了私人信息泄露的情况。由于数据已经成为金融科技时代最为重要的资产之一，一旦金融机构的数据库遭遇黑客攻击，就会导致大量的客户信息泄露。同时，金融机构在得到客户授权的前提下会收集客户的数据，并在客户不知情的情况下对相关数据进行过度分析，这经常导致客户的隐私被侵犯和泄露。

此外，劳动权也是公民应该享有的基本权利，保障劳动权是保障人权的一个基本方面。随着人工智能等金融科技的发展，许多原来需要由人完成的金融服务将逐渐由机器完成。同时，智能获客、智能风控和智能投顾等技术的出现，也在很大程度上使得原相关岗位的工作人员面临失业的风险。如果上述机器对人的替代持续进行，那么越来越多的工作岗位将会被人工智能或其他技术所取代，金融行业的就业吸纳能力就会出现下降。这意味着，金融科技发展所面临的一个重要伦理问题将是如何保障金融从业人员的劳动权。从这个意义上看，金融科技在发展和取代一部分劳动的过程中，应该尽可能地创造出更多新的工作岗位和机会，从而在提升效率的同时，充分保障金融从业者和意愿从业者的劳动权。

7.2.3　负责任的创新

每一种科学或技术的馈赠都有其负面影响。金融科技依赖技术创新实现了金融服务的快速迭代升级，使金融服务更加高效便捷，接纳更为广泛的社会公众享受金融发展红利。但与此同时，诸如算法歧视、数据泄露和数字鸿沟等伦理问题也逐渐凸显，这对金融科技伦理体系的建设提出了更加紧迫的要求。"负责任的创新"将以责任为核心的伦理道德理念嵌入金融科技的创新活动之中，使金融科技的发展符合社会的期待和公众的道德要求。

技术是中立的，但是作为创新主体的人则不是，每个人都有自己的价值观。研发者在金融科技创新过程中必须秉承对人类负责任的态度，以提升人类福祉为动机和目的。同时，社会在对创新活动进行评价时，也应当将创新主体的主观动机考虑在内。如果创新者的主观动机不合乎道德要求，则这种创新活动也不应当被提倡。此外，金融科技创新结果在社会伦理规范中必须是可以被社会所接受的，如果创新结果预期会损害人类利益或者违背伦理道德，就应当被制止。从目前的情况来看，以人工智能为代表的金融科技创新目前仍处于探索阶段，未来会暴露出什么问题仍不明确，法律也尚未能对参与各方的责任做出清晰明确的界定。在这种情况下，参与金融科技研发的相关各方就必须具有严格的自律意识，以伦理道德为准绳，主动约束自己的行为，以负责任的态度进行创新。否则，在利益驱动下，一些尚未成熟的金融科技应用可能被不当利用，从而对人类社会的发展造成危害。

从实践来看，二十国集团（G20）于 2019 年表决通过了《关于贸易和数字经济的 G20 部长声明》，首次就人工智能的研发提出了倡议，即"G20 人工智能原则"。该原则倡议人工智能各参与方应当以负责任的态度对人工智能的相关信息进行披露，确保人工智能系统能够正常运行，并对系统运行的后果承担相应责任。同年，我国也发布了《新一代人工智能治理原则——发展负责任的人工智能》，提出了"和谐友好、公平公正、包容共享、尊重隐私、安全可控、共担责任、开放协作、敏捷治理"八条基本原则。这些原则旨在更好地协调人工智能发展与治理的关系，确保人工智能安全、可控、可靠，推动经济、社会及生态的可持续发展，以负责任的态度推动共建人类命运共同体。

7.3 金融科技伦理的主要内容

本书前面的相关章节从技术的角度将现有的金融科技概括为大数据、云计算、人工智能和区块链四大代表性的核心技术，但如果从现实金融应用的角度来看，这些技术中的两个或多个是同时附着在一些金融产品、服务和平台上发挥作用的。在这一点上，传统意义上的互联网金融表现得比较明显。以 P2P 网贷、众筹、第三方支付为代表的互联网金融，其运用的技术可能涉及大数据、云计算、人工智能和区块链中的一种或多种，但其业务形态由于附着于互联网这一共同载体，因而会产生与此相关的一些伦理问题。因此，在本节中，首先从互联网金融所涉及的一般性伦理问题出发，然后具体讨论各种技术可能涉及的特定伦理问题。需要指出的是，由于云计算所涉及的伦理问题基本上可以归入互联网金融和大数据所涉及的相关伦理问题，因此后文不再进行单独介绍。

7.3.1 互联网金融伦理

1. 互联网金融中的伦理风险

互联网金融是在"第三次信息科技革命"的浪潮下，网络技术与金融服务相互融合的产物。正如人类历史上的其他先进技术一样，网络技术也有其两面性，它在促进经济社会发展的同时，也带来了一些严重的经济、社会和伦理问题，其中比较典型的包括过度逐利、恶性竞争、诚信丧失、掠夺性放贷、网络洗钱和监管套利等。

（1）过度逐利　从互联网金融领域的各种违法和失德行为来看，大都与互联网金融主体的过度逐利有着密切关系。正如马克思曾经指出的，人们奋斗所争取的一切，都同他们的利益有关。但对利益的过度追求会使个体为了个人私利而牺牲他人（社会）的利益，进而产生严重的背德乃至违法犯罪行为。对此，马克思在《资本论》中曾援引英国经济评论家邓宁格的精彩论述来予以说明："一有适当的利润，资本就胆大起来。如果有 10% 的利润，它就保证到处被使用；有 20% 的利润，它就活跃起来；有 50% 的利润，它就铤而走险；有 100% 的利润，它就敢践踏一切人间法律；有 300% 的利润，它就敢犯任何罪行，甚至冒绞首的危险。"

在金融活动中，以最小的风险实现最大的利润，一直被视为一个基本的投资法则。事实上，在合理合规的基础上追求利润最大化是无可厚非的；但如果对利润的追求建立在过度冒险的基础上，那么实际上就偏离了"收益与风险相权衡"的投资法则，转向了赌博和冒险。金融行为的基本思想应该是在合乎伦理与法律规范的基础上追求利润最大化。在互联网金融领域，一旦相关机构和从业者唯利是图和失去原则，就很容易产生种种道德机会主义行为，试图钻法律和制度的空子，产生投机、欺诈、违约、背信弃义等损人利己的行为。而对于互联网金融的普通投资者而言，如果一味追逐高收益和个人利益最大化，而不管平台经营是否合法合规，也必然会为自身的投资带来巨大风险。

（2）恶性竞争　在互联网金融平台"野蛮成长"的过程中，平台之间的恶性竞争越来越激烈。为了吸引投资者进入平台投资，很多平台都以名义上的预期高收益来吸引客户。为了规避监管和法律风险，一些借贷平台虽然名义上将标注的借贷利率控制在所谓法律允许的范围内（即不超过同期央行 LPR 利率的 4 倍），但如果考虑到附加的借款手续费、第三方支付费和提现费等，实际的综合借贷利率要远远高出其标注的水平。有些不规范的借贷平台还会出现违法违规的砍头息、中介费、长贷短借等情况。根据网贷之家的统计数据，2019 年十大理财平台的理财年化利率为 7.09%～14.25%，远高于同期的存款和债券等低风险产品的收益率。其中，一些借贷平台中 30 天之内还款的短期借贷产品，其综合的年化利率竟然高达近 200%。根据金融学的常识，预期收益率越高，潜在的风险必然越大。

在恶性竞争的背景下，一些平台为了吸引借款客户入驻，会打着低利率的名义招揽项目和借款人，即使在他们明知一些客户还款能力较差的情况下，依然向其提供名义上低利率但实际上高利率的借款。有的平台为了吸引借款人和降低风控支出，刻意忽视风险管理，只需要通过简单的信息收集和审查，就会在极短时间内放款给借款人，还有的平台甚至会将钱借给一些实际上不具备借款资质的借款人。这些都使得大量高风险的项目在平台上聚集。此外，为吸引投资者，一些平台在抛出高息诱惑投资者的同时，并没有履行必要的风险揭示义务，也没有对投资者的风险偏好和损失承受能力进行测评。这些都会导致一些风险承受能力差的投资者忽视投资过程中风险，承担了可能远远超过其承受能力的风险，最终导致血本无归。

（3）诚信丧失　对于金融业而言，诚信是市场的基石和灵魂，比黄金还宝贵。互联网金融由于其"隔空传递信息和交易"的虚拟性和隐蔽性，往往成为诚信丧失的重灾区。从本质上看，第三方支付、网络信贷和众筹等互联网金融产品实际上也是信用产品。历史经验反复表明，没有高度发达的诚信机制和文化，就不可能有金融市场的持续稳定发展。但如果市场主体仅仅将信用视为一种外在要求，而没有内化为内在的伦理精神，那么在信息高度不对称的互联网金融领域，各种投机、欺诈和违约等丧失诚信的行为必然会反复发生，而这无疑将严重打击投资者的信心和热情，引发公众对整个互联网金融行业的不信任，最终阻碍行业的健康发展。

事实上，从我国互联网金融发展的"第一波热潮"（2013 年—2015 年）来看，互联网金融，尤其是 P2P 平台在快速发展的过程中鱼龙混杂，出现了大量违约、跑路等失信背德行为。例如，曾经火极一时的网贷平台"e租宝"，通过冠名真人秀节目和在主流媒体上发布广告等方式，赚取社会信任，并借助"庞氏骗局"的套路，通过降低投资门槛和许诺高额回报，最终骗取了社会公众高达 500 多亿元的资金。还有一些互联网金融机构通过设立虚假标的吸收大众资金以满足自身的融资需求，或者在未经许可的情况下，私自挪用客户的资金用于投资，如 2018 年的"ofo 小黄车挪用客户保证金事件"，涉及客户保证金数额高达上百亿元。互联网金融中常见的诚信丧失事例还包括各种花样翻新的欺诈和逃废债现象（专栏 7-2）。

专栏 7-2

互联网金融中的欺诈与逃废债现象

互联网金融作为最近 20 年出现的一个新生事物，在发展的早期难免存在法律制度不完善、市场秩序不健全的情况，在这一背景下，蓬勃发展的互联网金融市场成为一些投机分子和不法分子的诈骗载体，各种欺诈与逃废债现象屡屡发生。

1．欺诈

在第三方支付领域，二维码支付功能的推出虽然方便了客户方便快捷地完成消费支付，但由于二维码支付缺乏识别和拦截恶意网址信息的能力，容易导致网络病毒或非法在线网址入侵，窃取客户信息，盗刷客户资金。同时，一些职业诈骗犯通过将钓鱼网站伪装成电商或金融机构发布诈骗信息，或冒充银行客服向客户索要验证，盗取客户钱款。此外，部分第三方支付平台的账户未采用实名注册制，使其沦为部分网络犯罪集团的洗钱通道。

在 P2P 网贷领域，欺诈方式一般有三种：①诈骗，主要是利用 P2P 准入门槛低、违法成本小的特点，通过直接在网上购买包装 App，并以高额利息或高额返现为诱饵来吸引客户投资，短时间内募集到大量资金后迅速跑路；②自融，即 P2P 平台的实际借款人为平台自身或关联方，利用虚构的投资标的欺骗出借人为自己融资；③庞氏骗局，即平台通过承诺高额收益来吸引投资人，但实际投资收益根本无法覆盖本息，只能不断地借新还旧来维持运行，一旦新增资金放缓或者中断，整个体系就会崩盘，导致投资人血本无归。

在众筹领域，存在不少"伪众筹"的项目，即以虚假信息包装自己的财务背景，然后以合伙或投资众筹为名，以高额利息作为诱饵，通过隐瞒先期资金来源、虚假宣传经营状况及虚构投资项目等手段，向社会公众非法集资，最终导致投资人遭受损失。

2. 违约和逃废债

违约和恶意逃废债现象在网贷领域非常常见。例如，网络小贷和校园贷因为贷款条件的门槛低，一经推出便很受欢迎。但这类贷款通常伴随着超高的利率，一些借款人由于缺乏信用意识和风险意识，只管当下借钱应急，不管能否如期还款，为了借钱到手，对多高的利率都愿意承担。在这种情况下，一旦出现还款逾期等违约行为，在借贷公司不当催收方式的逼迫下，贷款人可能还会陷入"套路贷""连环贷"的圈套，最终陷入无力偿还的"债务陷阱"。

此外，一些小微企业借助互联网信贷平台获得了融资机会，但因为经营不善，资金链断裂导致无力偿还贷款，尽管主观上没有违约故意，但在客观上产生了违约的事实和结果。另一种是存在主观恶意的违约行为，即逃废债行为。特别是在网贷行业出现集体"爆雷"时，有的借款人以平台出问题为借口，故意逾期不还款，等待 P2P 网贷平台资金链断裂倒闭，以逃避还款义务。

（资料来源：本专栏内容改编自网络公开资料。）

（4）掠夺性放贷　掠夺性放贷（Predatory Lending）通常以不了解信贷市场、信用记录较低的弱势群体为对象，通过诱导借款人去借超过自身偿还能力的贷款，最终导致借款人遭受严重的个人损失，如破产、陷入贫困、住房的赎回权被取消等。一般认为，当放贷行为出现以下一个或多个特征时，就具有明显的"掠夺性"：①贷款条款导致借款人严重不合理的净损失，如"按资产放贷"，导致借款人遭受破产和失去抵押的住房；②贷款人寻求不正当的收益，包括收取较高的利息和费用；③放贷行为中涉及对借款人或资金提供者的欺诈、欺骗；④放贷行为缺少透明度，但在法律上又不确认为欺诈，如放贷行为涉及对某些法律要求内容的误导性疏漏；⑤放贷人要求借款人在贷款合同中放弃重要的司法救济手段，如合同条款中包含绝对强制的仲裁条款等。

在互联网金融领域，各种放贷组织大量出现、鱼龙混杂，一些不法分子为了逐利，开发出各种带有明显欺骗性和敲诈性的贷款套路。例如，发放大量明显超过借款人还款能力的贷款，将显失公平或带有欺骗性的贷款条约隐藏在贷款合同中，或以各种不透明和不合理的"套路"收取高利息或高费用等。掠夺性放贷的一类典型案例是各种裹挟着欺诈和胁迫的"校园贷"。此类贷款不仅给大学生造成了沉重的债务和心理负担，而且破坏了家庭和社会和谐，导致了严重的社会问题（专栏 7-3）。

"校园贷"的模式与危害

所谓"校园贷",主要是指互联网金融平台对在校大学生发放的各类贷款。早在2005年,早期的校园贷就已经出现在大学校园,只不过当时并不是以P2P、各类平台提供的模式经营,而是银行给大学生发放信用卡贷款。彼时,我国在校大学生的规模接近3000万人,随着超前消费主义的盛行,加之网络借贷的便捷,大学生的消费贷需求十分旺盛,一度有大量的电商企业、消费金融公司和P2P平台等进入校园贷领域。一些互联网金融平台笃定,即使大学生本人没有收入来源,他们的父母也会出于责任替孩子还款,所以一哄而上进入校园贷领域。

在运作模式上,一些互联网金融企业或非法组织将目标投向大学生市场,营造提前和分期消费的理念,让未出校门的大学生成为高利贷的受害者。一些互联网金融人员以"刷信誉"或者"刷单"为由,诱骗大学生用自己的身份证、学生证从互联网金融平台以信用贷款的方式套现资金,并谎称已经还上借款,但实际上最终的追债对象仍是学生本人。而且一旦逾期未还,这些原本万元以内的小额贷款就会在半年至1年之内"利滚利"地增至几万元甚至几十万元。

在大学生无力偿还的情况下,如果不由家长出面偿还,平台追债者就会不断恐吓和骚扰借款大学生,甚至采用极其恶劣的手段逼迫、威胁。这不仅严重冲击了社会伦理道德的底线,而且在事实上已经演变成为违法犯罪行为。

事实上,在校园贷背后,还隐藏着另外一些深层次的伦理问题。例如,某借款女生在接受采访时称,自己贷款主要是为了能购买一支价值2000元的口红,因为每个月父母给自己的1000元生活费无法实现这一愿望。还有一些借款人,在深知自身能力无法偿还贷款的情况下,仍疯狂从几家甚至几十家网络借款平台恶性套现,仅仅是为了满足自己挥霍无度的生活。在挥霍了借款之后,由于无力偿还贷款,又害怕平台"暴力催债",一些借款人就可能实施盗窃等违法犯罪行为。由此可见,在很多恶性互联网金融事件中,事实上双方参与主体都既是受害者,同时也是不法行为的实施者,都冲击着社会伦理道德的底线。

鉴于校园贷和暴力催收的危害,2016年4月,教育部与银监会联合发布了《关于加强校园不良网络借贷风险防范和教育引导工作的通知》,明确要求各高校建立校园不良网络借贷日常监测机制和实时预警机制,同时,建立校园不良网络借贷应对处置机制。2017年4月,银监会发布《关于银行业风险防控工作的指导意见》,要求重点做好校园网贷的清理整顿工作。5月,教育部会同银监会、人社部共同下发《关于进一步加强校园贷规范管理工作的通知》,要求一律暂停网贷机构开展在校大学生网贷业务。

需要指出的是,尽管国家已大力整治"校园贷"和"现金贷",明令禁止不可以暴力催收,但这些乱象仍然在一定程度上存在。据媒体报道,经过一系列整治,校园贷得到了遏制,但部分网贷平台换上"马甲",将小额现金贷款业务包装成回租贷、培训贷、创业贷等名目，通过社交软件等渠道，继续坑害大学生，导致一些大学生上当受骗，身心和财产都受到了侵害。

（资料来源：本专栏内容根据网络公开资料综合编写。）

（5）网络洗钱　互联网活动的虚拟性和匿名性等特征使得网络金融交易存在严重的信息不对称，特别是客户资料信息的真实性和网络资金来源的合法性往往难以核查，这就为网络洗钱行为提供了土壤和便利条件。所谓网络洗钱，主要是指犯罪分子通过网上银行以及其他金融机构提供的网络平台或金融服务，借助第三方电子付款系统、开放型电子货币等支付工具隐瞒或掩饰犯罪收益，并将该收益伪装起来，使其看上去合法的一种活动和过程。在具体的洗钱方式上，互联网金融的洗钱行为通常包括网上银行洗钱、第三方支付洗钱、网络赌博洗钱、电子虚拟货币洗钱（如比特币）、网络证券洗钱、网络保险洗钱、网络理财洗钱等（专栏 7-4）。

由于互联网金融的准入门槛不高，加之监管不严，犯罪分子注册非金融支付机构从事洗钱犯罪的成本较低。同时，一些非金融支付机构盲目扩张而忽视合规问题。在形形色色的非金融支付机构一哄而上的过程中，第三方在线支付业务中所蕴含的洗钱风险迅速加大。近年来，通过第三方在线支付业务平台参与洗钱的案例层出不穷。此外，在网络金融空间中，犯罪分子可以借助各种高科技手段，以匿名方式快速将犯罪收益转移，整个洗钱过程的线索很容易被隐藏或割断，导致资金的来源与去向难以追踪，从而极大地增加了反洗钱工作的难度。

专栏 7-4

网络洗钱的主要方式

近年来，网上洗钱案例的数量逐渐增多。从目前的情况来看，网络洗钱的主要方式主要有以下几种：

1. 网上银行

网络银行具有下列特点：客户和金融机构之间实现了无人化、无纸化交易；客户与银行之间的联系由原来的直接接触变成了间接接触，传统的银行反洗钱审查措施大打折扣。这就使得利用网上银行进行的洗钱方式比传统的洗钱方式更为隐蔽和快捷。例如，钰诚集团将"e租宝"平台上所吸收的公众存款通过其离岸海外子公司到金三角地区设立银行机构和自由贸易区为其洗钱，此后在东南亚设立了东南亚联合银行，以此宣传集团的"资本雄厚"。但有内部员工爆料，这其实是钰诚集团的洗钱场所。

2. 第三方支付平台

一家信誉极低、网页设计简单的淘宝网店对外宣传销售茶叶。通过支付宝平台的网络监测发现，该店的商品品种少长期无更新、无产品介绍与交易评价，但销售总量很大，买家多为常客。经公安机关检查，该网店实际销售的是非法生产的国家管制药品三唑仑片、盐酸曲马多片剂等。该店进货的"上家"是淘宝网上一家销售女士内衣的网店，警方在其实际控制人的住处搜查出大量用于制造违禁药品的设备和原材料。两家网店为掩盖犯罪事实，利用虚假的产品销售界面在购物平台上进行交易，并在支付宝平台上转移犯罪所得，最后通过物流运输完成整个犯罪过程。

3. 网络赌博

网络赌博通常开设在一些比较落后的岛国和一些开设网站不受有关部门监管的国家，他们一般不过问客户的身份资料，这使得洗钱更为方便。犯罪分子在将黑钱汇进赌博网站开设的账户中以后，一般先象征性地赌上一两次，然后通知网站将自己账户里的钱以网站的名义开出一张汇票退回来，如此重复操作，一笔笔黑钱就轻而易举地被"洗干净"了。

4. 电子虚拟货币

网络虚拟货币目前已经发展成一个庞大的金融资产交易市场，除比特币等虚拟数字货币外，甚至一些热门游戏的游戏币，都在线与美元的汇率挂钩并实时更新，几乎成为现实金融市场的一种翻版。虚拟货币的使用有效地克服了传统货币洗钱的缺点，如面值有限、有印钞号、耗时且影响交易速度等，从而使得相关的金融洗钱犯罪活动更为猖獗。

除上述几种主要的方式外，网络证券、网络保险、网络理财等都可以作为洗钱的工具。此外，还有犯罪分子通过建立网络"空壳公司"和网络"前台公司"等，与互联网的电子商贸服务结合在一起进行洗钱。总体而言，对于形形色色的各种网络洗钱活动，由于现有的侦破手段和法律法规还不够完善，相关反洗钱工作面临较大难度。

（资料来源：本专栏内容根据网络公开资料编写。）

（6）监管套利　监管套利是市场主体利用制度之间的差异和不协调来转变外部制度约束或进行因制度障碍而不能直接进行的经济活动，以此来扩展业务、增加利润或降低成本。监管套利的实质是通过躲避监管来获得不正当或不公平的竞争优势。随着互联网技术和移动通信技术在金融领域的深入应用，出现了许多与传统金融在业务、模式、产品上不同的金融业态。这些互联网金融平台、产品、模式突破了原有金融监管的框架，对原有的监管框架形成了挑战。在原有的监管政策无法对互联网金融进行有效监督，而新的监管政策又未能及时跟进的情况下，一些互联网金融平台未能有效地约束自身的行为，在产品、模式的遮掩下开展各种游离于监管边缘的灰色业务，从而形成了事实上的监管套利。

从具体做法来看，一些金融主体利用监管制度的不完备或监管标准的不统一、不严格，以"打擦边球"的形式来逃避监管和获取不正当利益。例如，一些 P2P 平台作为撮合融资双方交易的中介平台，本应只承担信息中介的职能和收取相应的中介费，但是在利益的驱使下，这些平台不甘于只赚点中介费，开始以非法集资等形式建立"资金池"，并通过资金的期限错配来开展类似银行的信贷业务，成为"影子银行"。但这些"影子银行"却没有像真正的银行那样面临严格的监管约束，而是长期游离于监管的视野之外，这也导致其长期处于风险过度承担和缺乏外部监管的状态。2016 年的《网络借贷信息中介机构业务活动管理暂行办法》实施后，一些网贷平台为了逃避监管，主动退出，又将视野瞄准了尚处于监管空白区的互联网理财平台，即试图通过把 P2P 平台改造为互联网理财平台，继续从事监管套利活动。

2. 应对互联网金融伦理问题的措施

互联网金融领域的伦理失范现象，不仅严重影响了行业的健康发展，而且引发了诸多严重的社会问题。因此，有必要确定互联网金融活动的伦理边界，加强互联网金融的有效监管，通过"自律"和"他律"相结合，促进互联网金融的良性可持续发展。

在互联网金融的伦理原则方面，核心目标是实现金融伦理与互联网伦理的有效结合。例如，互联网伦理比较强调公开、透明、开放和勇于探索，而金融伦理可能更多地强调公平、谨慎、责任等，二者既相互兼容和支持，又存在侧重点的差异，需要通过理性融合，最终发展出适用于互联网金融的具体伦理规则。从目前的情况来看，为应对互联网金融中出现的伦理问题，可以采取以下针对性的对策措施：

（1）建立互联网金融的伦理准则和行业自律标准　实现互联网金融的健康发展，不能只依靠以法律和政府监管为代表的外部硬约束，还应当纳入以伦理调节（规制）为代表的内部软约束，并通过行业协会等自律组织予以监督实施。特别是在完善的互联网金融法律法规及细则出台之前，行业自律将是保障互联网金融健康发展的"第一道防线"。在伦理准则的制定方面，互联网金融的发展需要结合互联网金融活动的特点，特别是瞄准其中易发、多发的伦理缺失行为，围绕公平、诚信和互惠等核心伦理价值，有针对性地建立起一套完善的互联网金融伦理体系，为参与互联网金融活动的金融机构（平台）、金融科技服务商、第三方数据服务商、金融自律组织、金融消费者、金融监管部门等相关主体提供可供参考的职业伦理准则。同时，以中国互联网金融协会为代表的行业自律组织要进一步完善自身的职能和管理制度，在引导行业依法合规经营的基础上，推动建立消费者权益的保护机制，禁止不正当竞争，打破行业陋习和潜规则，引导互联网金融的相关主体在不违背伦理原则的前提下追求利润，最终实现个人、行业和社会的协调发展。

（2）加强金融消费者的伦理教育及从业人员的职业道德建设　在互联网金融时代，超前消费和过度消费的观念越来越成为一个普遍的社会问题，其中不少失德和违法行为都源于不切实际的消费需求和过度的消费欲望。特别是在网络购物和网络借贷越来越快速便捷的情况下，要解决互联网金融的伦理失范问题，就必须引导社会树立正确的消费观和金钱观。在这种情况下，加强对金融消费者的教育，除了要对其进行金融投资基础知识、网络操作技术和反诈骗知识的教育之外，还要引导其结合自身实际情况，坚持理性消费和适度消费。在金融从业人员的伦理教育方面，首先要强化互联网金融企业的管理制度，通过将职业伦理方面的要求纳入人才招聘、选拔和评价的过程中，塑造良好的企业伦理文化和制度；其次要结合金融伦理教育，提升互联网金融从业人员的工作素质和道德水平，增强其自制力和自我约束能力，确保其在工作中能够坚守职业道德；最后要建立有效的警示和惩罚制度，通过必要的约束机制，确保金融从业人员的行为不越过法律和道德的底线。

（3）完善法律体系和加强对互联网金融的有效监管　在互联网金融活动中，很多不道德的行为往往游走在违法犯罪的边缘，而一些极端的败德行为则已经是赤裸裸的犯罪行为。面对异常复杂的互联网金融环境，不仅需要源于内心伦理道德的自律，也需要来自外部的强制性法律规范和有效监管。法律是最底线的道德，道德是高标准的法律，二者相辅相成、互为支持。在互联网金融的发展过程中，如果只有伦理，没有法律，那么互联网金融就会成为犯罪分子聚集的"天堂"，良善将让位于邪恶，社会的底线公平与正义将不复存在。因此，在加强金融伦理和职业道德教育的同时，必须进一步完善约束互联网金融活动的相关法律法规和加强对互联网金融的有效监管。事实上，从互联网金融行业中发生过的风险事件，特别是极端案例来看，很多是由于法律法规和监管制度的缺失造成的。因此，在互联网金融创新发展过程中，需要制定从网络借贷、第三方支付到众筹的全面法律法规体系，促进互联网金融活动阳光化和规范化。同时，要加强对互联网金融监管方法的研究，在鼓励发展和创新的同时，有效控制各种显在和潜在的风险。

（4）完善社会征信体系　在互联网金融发展的早期阶段，由于缺乏真实、有效和可获得的信用信息数据库，加之网络金融活动的虚拟性和信息不对称等问题，很多互联网金融业务从一开始就面临严重的信用风险，而信用风险正是制约互联网金融发展的最主要风险之一。因此，要从根本上防范和消除互联网金融领域的失信和违约问题，必须从环境和制度上培育良好的社会信用土壤，使相关金融主体的信用行为"有迹可循"，并以此为依据，鼓励诚实守信行为，惩戒失信违约行为。这就意味着，互联网金融的诚信环境建设不仅需要法律的约束和伦理的支持，还需要完善社会征信体系建设，扩大征信信息的覆盖面，增强个人和企业信用评估的准确性和有效性，进而为互联网金融的诚信建设提供全面、系统、有效的信息和制度支持。事实上，社会征信体系一直被视为互联网金融最重要的基础设施之一，在培养信用意识、强化信用责任和防范信用风险等方面发挥着重要作用。有效的信用数据积累和广泛的信用数据共享，能够夯实互联网金融发展的信用和信息基础，从而进一步发挥诸如大数据风控等金融科技的作用，衍生出新的金融产品（服务）和金融风险管理方法。

（5）加强对洗钱等违法犯罪活动的监控和打击　加强对洗钱、赌博、诈骗、暴力催收等违法犯罪活动的监控和打击，可采取以下几个方面的措施：①加强对网络用户的实名制认证管理，对进行网络交易的用户实行实名制认证制度，一旦发现身份不符，坚决禁止任何未经认证的用户交易发生，同时禁止服务系统提供像预付费电话卡一样的工具；②扩大大额交易和可疑交易报告制度范围，特别是对提供第三方中介的网络公司，应建立自己的反洗钱机构，开发独立的反洗钱分析系统，定期向央行报送可疑数据，对拒不执行报送制度的和执行不力的网络公司，要加大处罚力度，对涉嫌洗钱的要坚决取缔；③加强互联网监控，及时发现和关闭赌博网站，对国（境）外的赌博网站的中国访问者进行监控，及时掌握有关信息，并适时进行外围调查，同时加快我国彩票业的发展，为社会提供更多健康、合法的博彩产品，不断满足社会的需求，挤压国（境）内外各种赌场的生存空间；④规范网络数据管理，制定严格的网络交易和虚拟货币变动保存期限规定，可参照金融机构纸质交易记录保存管理办法，对网络产生的交易记录数据保存一定时间（如五年），同时完善法律法规，给网络证据一个合法的身份；⑤开发相关网上交易监控系统，提高监测水平，将所有符合可疑标准的交易信息均自动汇集到监测中心，采用大数据等手段对相关数据信息进行分析甄别，为司法侦查提供依据。

7.3.2　大数据伦理

1. 大数据所引发的金融伦理风险

大数据技术被广泛应用于金融服务的方方面面，有效提高了金融服务的效率。大数据具有数据类型繁多和大容量的特点，这就意味着其本身内含着共享的价值观。通过数据共享，"信息孤岛"被打破，不同系统保存的消息被整合在一起，有助于提高资源配置的效率。但事物的两面性告诉人们，共享在带来便利的同时，也意味着隐私的公开。特别是当大数据技术被肆意滥用，就会导致一系列的信息伦理风险，如侵犯隐私、信息泄露、大数据"杀熟"、信息污染、媒介的"反向驯化"、数据鸿沟等。

（1）侵犯隐私　金融科技公司在利用用户的金融数据方面具有天然优势，且收集用户数据的渠道十分宽泛，如手机银行、网上银行、客户经理和电子商务信息等。通过运用大数据技术，金融科技公司可以便利地生成用户风险画像，并将其用于信贷风险控制。

不过，基于大数据技术的信贷风险评估程序，需要从全网抓取用户的相关信息，这就涉及侵犯隐私的伦理风险（专栏 7-5）。首先，金融平台公司在抓取用户数据的过程中是否得到了用户的知情同意？数据收集的范围是否超出了信贷风险评估所需要的必要范围？如果数据收集未得到用户的授权或者过度收集，都构成对用户隐私权的侵犯。其次，金融平台公司在抓取用户私人数据的过程中，由于平台管理不善或遭到黑客攻击，可能导致用户的隐私数据被无关第三方获取，这也会对用户的隐私形成侵犯，并造成相关的经济和精神损失。

专栏 7-5

大数据时代的隐私保护伦理困境

传统意义上的隐私是指个体不愿意被他人打扰的私人领域，表现为可以由个体自主决定是否分享以及分享范围的信息。但是，随着大数据技术的普及，个体的生活足迹无不处于被监控和收集的状态，传统意义上的私人领域正在遭受不可抗力的入侵，信息分享自决权也被削弱。此时的隐私权则从静态意义上的信息自决权发展为收集、使用和控制数据的动态权益。大数据时代，个体通过移动终端和传感设备源源不断地产生行为数据，大数据技术对这些数据进行分析和预测，导致个体对隐私的掌控越来越困难。

大数据时代的隐私保护伦理困境主要集中在四个阶段：

（1）数据产生阶段　如今我们都身处一座超级"全景式监狱"之中，这座监狱没有围墙、瞭望塔和狱卒，但是有无处不在监控视频。这些监控视频监督着我们的一举一动，如果有必要，可以随时了解到我们身在何处、做了什么。视频监控实质上就是数据监控，通过记录我们的非结构化行为数据，让我们成为一个"透明人"。

（2）数据收集阶段　公民在不同的应用终端都会留下网络足迹，这些足迹是零散和杂乱无章的，任何一个足迹片段可能不会对公民的隐私形成重大隐患。但是，大数据技术通过将公民在网络上留下的足迹收集在一起，就可以再现该公民完整的生活轨迹，使公民的隐私荡然无存。在大数据收集阶段，公民并不知道有关自己生活足迹的完整片段是怎么形成的，也不知道每个具体片段是在何时何地被收集或者泄露的。这就意味着公民对自己隐私信息控制权的丧失。

（3）数据分析阶段　大数据技术可以利用复杂的算法分析出海量数据之中的相关关系，挖掘出隐藏在数据背后更深层次的隐私，甚至可以对个体的未来进行预测。这就意味着大数据掌握的公民信息可能比公民自身掌握的信息还要多，通过对数据进行二次甚至三次整合，大数据可以掌握越来越多的隐私信息，这是对公民隐私和尊严的严重侵犯。

（4）数据分享阶段　数据是这个时代最有价值的资产之一，也由此诱发了针对数据的犯罪。掌握大数据的机构或个人非法出售隐私数据，黑客攻击数据库并将大批量的个体数据公之于众，这些行为都严重损害了公民隐私权，使公民陷入隐私泄露的痛苦之中。

（资料来源：本专栏内容摘编自杨建国，《大数据时代隐私保护伦理困境的形成机理及其治理》，《江苏社会科学》，2021，第1期。）

（2）信息泄露　在金融科技时代，金融机构为实现业务的迅速扩张，降低IT设备的信息负载成本，纷纷采用分布式的数据基础结构，搭建以云计算为底层技术架构的金融服务系统。云计算技术是依托于大数据的一种分布式计算方式，通过"网络云"将数据计算过程分解为无数个小模块，之后对计算结果进行合并，以缩短计算时间。

金融机构保有的数据一般隐私性较强，因此主要使用私有云和行业云。其中，实力较强的金融机构一般将敏感数据保存于私有云，只将非敏感数据共享到公有云；而中小型金融机构因为实力有限，一般将数据保存在公有云。目前云计算技术尚未完全成熟，其在金融活动中的应用也还处于试错阶段，一旦云计算系统宕机，就会对金融体系的稳定和用户的利益产生负面影响。当金融机构将数据大规模上传至私有云或者行业云，就存在信息泄露的风险：①云计算系统本身出现宕机导致数据泄露；②黑客攻击导致信息泄露；③不法分子通过非法获取访问权限，进而读取、修改和删除敏感数据。

信息泄露不是金融科技所独有的，也不是金融科技的云服务所独有的，但是云服务出现信息泄露的频率确实很高。例如，外媒 ZDNet 曾于 2018 年 5 月报道过一次大规模的数据泄露事件。美国软件公司 AgentRun 未对 Amazon S3 存储桶加密，其中缓存了大量用户信息，包括姓名、种族、婚姻、收入、健康和医疗信息等。在持续一小时的开放访问中，共有上万名保单持有人的敏感信息被泄露。在这次信息泄露事件中，相关人员的责任从道德层面和法律层面应该如何界定，成为一个值得思考的问题。

（3）大数据"杀熟"　在大数据时代，数据使用者通过数据挖掘得到"用户画像"，然后为用户制定个性化的服务并从中获利。例如，理财平台基于用户的资产信息、交易记录和风险偏好等数据，对用户进行精准营销，这既提升了运营效率，同时也便利了用户的产品选择。但随之产生的一个问题是，这种推荐会陷入一种自我循环：一旦用户点开了某种推荐产品，系统就会不断地推荐更多的此类产品。这种循环一方面会限制用户的视野，另一方面也会对用户形成骚扰，引发信息伦理困境。同时，大数据时代的算法可以根据用户对产品的偏好程度和依赖程度进行区别定价，导致产品使用频率更高的用户不公平地付出了更高的价格，即大数据"杀熟"（专栏 7-6）。

大数据时代最重要的资产之一就是用户的行为大数据，平台基于用户的搜索、浏览及消费记录，可以轻易获取用户的消费偏好和消费习惯，进而向用户精准地推荐个性化的服务。通过大数据分析，平台可以提高交易的成功率和消费量，也为用户节省了获取所需服务的搜寻时间。但是，在这一过程中，一些平台为了获取更多的利益，违背公正原则，依据用户的消费能力、消费意愿、消费频率和紧急程度等信息进行区别定价，即"杀熟"营销。大数据"杀熟"不仅违背了公平正义的伦理，而且也违背了最基本的信任原则和相关商业伦理。特别是，对企业忠诚度高的用户往往会下意识地信赖企业定价，认为自己会得到更加优惠的定价（商业伦理告诉我们理应如此），但实际上却在不知不觉中付出了更高的价格。

大数据"杀熟"属于经济学中的价格歧视行为，但又与传统的差异化定价有所不同，因为后者的价格歧视是公开的，而大数据"杀熟"则具有隐蔽性。例如，一罐可乐在大型超市的售价为 2 元，而在五星级酒店的售价为 30 元，这种售价差异是消费者所熟知的，所以即使被五星级酒店"杀"了 28 元，也是消费者自愿选择的。但大数据的价格歧视行为是隐蔽的，多数消费者是在完全不知情的情况下被"杀"了价。同时，大数据"杀熟"的隐蔽性特征也使消费者在维权举证上存在困难。企业通常以套餐内容、商品配置或者时间点不同进行辩解，加之其营销的算法规则具有保密性，从而使消费者在维权的过程中面临很多障碍。

大数据"杀熟"

大数据"杀熟"在我国引起社会的普遍关注大约是在 2018 年。当年，大量的网约车、视频、电影订票、生活服务类平台被曝出存在疑似大数据"杀熟"的问题，其中以在线差旅服务（OTA）平台的问题最为严重。有媒体报道，北京的周女士欲携带家人前往海南度假，其通过 OTA 平台提前一个月关注机票价格。在这一个月的时间中，周女士多次搜索北京至海南的航班，结果发现机票价格比最初搜索时高出了 1000 元。于是，周女士便让朋友帮忙搜索，却发现朋友手机显示的价格比自己低了几百元。同样的时间搜索同样的航班，不同的人却得到不同的机票价格，这就排除了因机票余量减少引起价格上涨的可能性，而出现这种情况最可能的原因就是平台通过搜索频率确认了周女士出行需求较高而进行了价格歧视。OTA 平台的这种做法就是典型的大数据"杀熟"，许多消费者都表示在预订酒店、机票的过程中有过类似经历。

大数据"杀熟"现象最早可以追溯到 2000 年，当年有用户发现亚马逊出售的某类碟片对老顾客的报价是 26.24 美元，对忠诚度不高的顾客报价却是 22.74 美元。因此，大数据"杀熟"现象或许早在 2018 年之前就已经普遍存在。北京市消费者协会在 2019 年做过一次关于大数据"杀熟"的问卷调查，88.32% 的受访者认为大数据"杀熟"现象普遍存在，56.92% 的受访者经历过被大数据"杀熟"。同时，调查结果显示，网购、网约车和在线旅游等涉及消费领域的平台大数据"杀熟"问题最多，其中在线旅游高居榜首。

2021 年 7 月 7 日，绍兴市柯桥区法院针对胡女士诉上海 A 公司侵权纠纷一案做出判决，此案成为绍兴市首例消费者经历大数据"杀熟"后维权成功的案例。原告胡女士是 A 公司平台的钻石贵宾客户，在该平台上累计消费了 10 余万元。2020 年，胡女士通过 A 公司平台订购了舟山希尔顿酒店的一间豪华湖景大床房，价款为 2889 元。退房时，胡女士却发现这间房的挂牌总价是 1377.63 元，"不仅没有享受到星级客户应当享受的优惠，反而多支付了一倍的房价。"之后 A 公司以这是供应商的问题为由，仅退还了胡女士部分差价。胡女士遂将 A 公司起诉至法院。绍兴市柯桥区法院经审理后当庭宣判：判处上海 A 公司赔偿原告订房差价，并按房费差价部分的 3 倍支付赔偿金。消费者面对大数据"杀熟"天然地处于劣势地位，胡女士的案例为消费者遭遇大数据"杀熟"而进行维权时增强了信心。

大数据"杀熟"本质上属于一种不道德的商业行为，在某些国家可能会违反对消费者权益保护的规定。2020 年，我国文化和旅游部印发了《在线旅游经营服务管理暂行规定》，其中第十五条明确规定了"不得滥用大数据分析等技术手段……侵犯旅游者合法权益"，明确了大数据"杀熟"行为的违法性。大数据"杀熟"这种隐蔽的价格歧视同时也违背了我国《消费者权益保护法》中的公平诚实信用原则，侵犯了消费者的知情权。法律只是道德的底线，仅仅从法律层面对大数据"杀熟"做出惩罚规定是不足的，还应当从伦理道德层面对其提出谴责。大数据"杀熟"违反了公平、诚信和信赖原则，也伤害了传统的商业伦理。社会应当追求一个诚信公平的市场交易环境，让消费者的合法权益得到充分保护。

（资料来源：以上内容摘编自互联网公开资料。）

（4）信息污染　信息共享将原本被私人垄断的信息转变为公共品，让多方主体拥有了处理信息的权利。这些主体为了实现一定的目的，会对信息进行各种各样的处理，最终将原始信息以另外一种形态呈现给受众。在这个过程当中，信息就存在被"污染"的风险。信息污染是指相比真实信息，处理后的信息被混入了有害的、误导的或者无用的信息，这是对真实信息的一种损害。信息污染主要有三种类型：①虚假信息，即信息在传播过程当中被混入了许多虚构的信息，导致数据失真和信息的可信度下降；②信息超载，即大量无用的信息被重复共享，挤占信息传播渠道，致使信息的价值密度降低；③信息骚扰，例如一些理财机构随机向用户推送理财消息，这对于没有理财需求的用户而言本质上是一种骚扰。

（5）媒介的"反向驯化"　媒介的"反向驯化"是指人与媒介的从属关系发生了颠倒，本应该是"媒介从属于人"，却变成了"人从属于媒介"。在大数据时代，信息媒介极大地便利了人们对数据的抓取和吸收，但如果长此以往，就会导致人们丧失主观能动性。当人们不再具备自我收集信息的能力之后，就会完全依赖信息媒介，此时信息媒介就完成了对人的"驯化"。以微博和微信为例，一方面，它们便利了人们对于信息的获取和沟通；另一方面，沉迷其中的人一旦离开微博和微信，就会陷入惶恐和不安，从而出现被媒介"反向驯化"的特征。人的主体价值是人类尊严的表现，媒介的"反向驯化"是对人类自由和尊严等基本价值的一种挑战。

（6）数据鸿沟　数据鸿沟是经济不平等和贫富差距在大数据时代的延伸，违背了人类一直以来所追求的公平正义伦理。从国际角度来看，数据鸿沟表现为信息技术发达的国家对信息技术落后国家的网络霸权，后者只能依附于前者，这是由国与国之间信息化水平和经济实力等方面的差异引起的。从社会群体来看，数据鸿沟表现为信息优势群体占据了媒体话语权，信息弱势群体则集体失言，这是由人们对网络使用技能和知识水平的差异引起的。信息资源的共享暗含着人们可以平等地使用资源，但是数据鸿沟加剧了人们之间的信息不平等，这与公平的伦理相悖。

2. 应对大数据伦理问题的措施

总体来看，大数据所涉及的核心伦理问题主要集中体现在以下三大方面：①数据隐私。特别是在法律规范没有对数据收集边界做出明确规定的情况下，大数据技术很容易侵入人们的隐私边界以内。②社会公正。如果数据收集者对数据的收集没有得到授权，还通过贩卖和滥用数据获利，就违背了社会公正的伦理道德。③信息权利。大数据的产权理应属于（产生这些数据的）民众，但由于涉及海量数据的主体，要得到所有人的授权几乎是不可能的，这就在数据的产权和使用之间产生了悖论，导致大数据的产权边界在实践中很难明确界定。

为应对大数据所带来的伦理冲击，有必要对其进行相应的伦理规范，包括信息伦理规范和技术伦理规范。所谓信息伦理规范，主要是指通过构建信息伦理治理体系，明确信息使用的基本伦理原则，并对信息活动的主体进行伦理和道德方面的约束。所谓技术伦理规范，是指在技术发展过程中，技术主体不应当只考虑技术实现的可能性，还应当考虑技术发展的目的以及技术活动（包括后果）的正当性。

基于大数据所带来的信息伦理问题，信息伦理主体在信息使用的过程中应遵守一些基本的伦理原则，如共享原则、公正原则、知情同意原则、无害原则、互惠原则等。同时，大数据技术的发展过程中应当遵守如下技术伦理规范：①无害性，即无论是使用大数据的目的还是结果，都应当以促进人类福祉为宗旨，坚持以人为本；②尊重自主，即数据使用者在数据收集、存储、使用和共享的各个阶段，都应当充分保障提供数据者的知情权，确保在提供数据者的授权范围内使用数据；③权责统一，即数据收集者和使用者应当以负责任的态度对待数据，在享有数据权利的同时，主动承担起相应的责任和义务。

此外，在当今社会"全景式监狱"的监控体系下，要解决大数据所带来的隐私保护问题，就需要采取一系列措施降低监控所带来的潜在风险。首先，就监控程序本身而言，对监控软件安装的位置、监控时间及资料存储都要加强监督，避免监控程序无底线侵入公民的私人生活；其次，收集和使用公民隐私数据时必须告知公民使用数据的范围、方式、目的及潜在风险，并要获得公民的同意与授权，在对公民隐私数据的实际使用过程中，输出的结果不能超出公民最初的授权范围，促进知情同意和结果控制的统一。

应该指出，大数据作为新兴技术，在创新过程中会不可避免地出现一些新的伦理问题，解决此类技术伦理问题需要创新技术治理方式，将伦理规范和法律规范有效结合起来。针对数据隐私权问题，数据使用者应当坚持负责任的态度，牢记权责统一的技术伦理原则，在授权范围内使用和保护数据；为了社会公正，大数据的使用应当坚持透明公开原则，在合理范围内尽可能地公开数据，让大数据价值不被少数人所独占。除了伦理规范层面的软约束，大数据治理还需要配套法律规范的硬约束，从法律层面对数据所有权归属问题进行探讨，明晰数据的产权边界，尽可能消除大数据使用的模糊地带。最后，技术创新是为了实现社会进步和人类的自由全面发展，这是在应用大数据技术过程中所有人都应当保持的初心。

7.3.3　区块链伦理

1. 区块链所引发的金融伦理风险

在区块链所在的相关金融应用领域，存在与之相关的伦理风险，如虚拟货币的伦理风险、通证经济的伦理风险，以及围绕区块链编织的各种金融骗局等。

（1）虚拟货币　基于区块链节点网络和数字加密算法的虚拟货币，通常由开发者自主设计，并在一定范围的虚拟社区中被接受和使用。虚拟货币发行的"去中心化"是对传统货币银行体系的一种挑战，有可能会推动货币发行和流通的某些变革。但私人部门发行的虚拟货币由于缺乏国家信用的支持，一般只能在特定的网络社区中使用，并且价值波动非常大，这导致其成为金融投机和制造泡沫的工具。以比特币为例，其带来的伦理风险主要包括以下几个方面：

1）能源消耗巨大。基于比特币的算法设计，挖矿难度会逐渐增加，但是"挖"出的比特币数量会越来越少，即开发单位比特币的耗电量会越来越高。"挖矿"是一种高耗能的过程，包括"挖矿"过程中的耗电量以及冷却"矿机"的耗电量。根据央视的相关调查，由 5000 台"矿机"组成的中型"矿场"每年大概需要耗电 6000 万 kW·h，相当于 10 万人口一年的生活用电量。

2）引发偷盗行为。例如，虽然比特币的设计和使用在技术上被认为是相当安全的，但比特币偷盗事件频繁发生。偷盗行为主要分为两种：一种是外部攻击，另一种是监守自盗。例如，2016 年 5 月 16 日，黑客攻击了香港数字货币交易所 Gatecoin，被盗走的比特币价值高达 200 万美元。2014 年 2 月 24 日，当时全球最大的比特币交易所 Mt.Gox 因为 65 万枚比特币被盗而破产。后有媒体推测，该事件很有可能是内部人员的"监守自盗"。

3）助长投机和犯罪。私人虚拟货币由于缺乏国家主权信用的背书，价格经常出现大起大落，这使得大量投机者趋之若鹜，将其视为理想的投机工具。同时，比特币的去中心化和匿名性等特征使其经常被不法分子用于洗钱等非法交易和犯罪活动。例如，美国司法部查封的暗网网站 Silk Road 就是一个利用比特币洗钱和贩毒的网站，美国联邦调查局（FBI）从该网站查扣了约 14.4 万枚比特币。

（2）通证经济　通证经济（Token Economy）是指在区块链网络中，以通证作为价值载体进行的生产、分配、交换和消费等一系列经济活动。通证（Token）最初指代登录验证的令牌，在区块链技术与通证经济结合后，主要用于指代基于区块链的数字资产。简言之，通证包含流通和证明两个概念，是经区块链算法加密后用来流通的价值表示物。例如，比特币就是在比特币虚拟社区中得到普遍共识的通证，可以在区块链网络中流通。

从理论上看，区块链无论有没有通证都是区块链，而通证无论有没有区块链都是通证，但二者的结合却相互促进了彼此的发展。区块链技术增强了通证的可信性和可流通性，而通证则让区块链成为所谓的"价值互联网"。例如，公共区块链平台以太坊（Ethereum）通过将开源的智能合约引入区块链网络，数字资产开发者可以将通证的发行和流通方式内嵌到智能合约之中，而当经济关系触发相关的合约执行条件时，通证的流通就可以得到自动执行，这就是所谓的通证经济。从目前的情况来看，通证经济尚处于非常不成熟的状态，其面临的潜在伦理问题主要包括以下三个方面：

1）流通风险。通证经济的运行，需要经历"权利客体——通证——权利"的转换。从技术上看，实现权利客体向通证的转换是容易的，因为权利主体通过与开源的智能合约签约，都可以将其拥有的权利客体自动转换为通证，并且区块链信息的不可篡改性和可追溯性可以保证相关权利客体存在的真实性。但是，从通证到权利的兑换却存在着无法实现的可能性。由于通证的价值是在交换中实现的，因此，如果通证不能兑换成真实的价值，通证经济的循环体系就会受阻。例如，对于那些具有明显地域特色的动产而言，地域内和地域外的交易者对其价值的认可度就会存在明显差异。此类动产通过智能合约转化为通证是容易的，但通证再在区块链网络中试图实现其权利的时候，就有可能因为交易主体对其价值判断差异较大，导致其难以广泛流通和随时兑换，进而导致通证持有者遭受损失。

2）诚信风险。通证奖励是推动通证经济平台运行的一套激励机制。在发展初期，平台为了快速拓展市场，会以奖励通证的方式来吸引客户。当平台运营进入平稳期之后，为了引导用户，平台也会对符合特定行为的用户进行通证奖励。但平台经营目的是追求利润，其对用户的引导并不都以社会伦理为导向，在这种情况下，就有可能导致用户的非诚信行为。例如，有些用户为了获得通证奖励而对相关体验给出好评，而不论其实际的体验感如何。又如，个别新闻 App 为了推送特定文章，对阅读此类文章的用户提供通证奖励，而这有可能埋没真正有价值的新闻，从而对行业生态产生消极影响。

3）垄断风险。由于区块链技术本身具有"去中心化"特征，因此将垄断风险与区块链技术联系在一起似乎有点"不可思议"，但通证经济确实可能带来垄断的伦理困境。这主要是因为，通证的发行和使用规则由开发者规定并"强加"于用户，虽然用户也可以对规则进行修改，但是修改难度极大。这就很容易造成开发者对规则的垄断。2017 年 6 月，"分布式自治组织"（The DAO）因为智能合约代码漏洞，导致 350 万枚以太币被盗。以太坊创始人维塔利克·布特林提出对以太坊区块链实施硬分叉（使黑客利用漏洞转出交易的区块失效），得到了 85% 的以太坊算力支持。最终虽然完成了硬分叉，但形成了新链和旧链两条区块链，导致了以太坊社区的分裂。

（3）金融犯罪　近年来，世界范围内基于区块链概念所编织的各种金融骗局，以及基于虚拟货币的各种金融违法犯罪活动越来越多，主要表现在以下几个方面：

1）非法集资。2019 年 9 月，据长沙市官方消息，趣步公司因涉嫌非法集资、传销和诈骗被立案调查。趣步被宣传为"区块链 + 运动大数据"，用户只要走路就能得到"糖果"作为奖励，"糖果"可以用于支付或者提现。先进入的用户需要购买"糖果"，然后通过"发展下线"的方式提高"糖果"价格并获取收益。这是一种典型的非法集资和传销套路。

2）诈骗。2019 年 12 月，郑州警方通报了一起涉案金额达 13.6 亿元的区块链金融诈骗案。犯罪团伙首先以许诺"挖矿"可以获得高额回报来向投资者销售"矿机"，当投资者"挖"出虚拟币后，再以平台受到黑客攻击为由冻结账户，禁止投资者提现。

3）洗钱。虚拟货币的匿名性和"点对点"交易特点使其经常被作为洗钱工具使用。2021年3月19日，中国最高人民检察院发布虚拟货币洗钱犯罪的典型案例，案件中被告人陈某某将犯罪赃款300余万元转账给"矿工"，向其购买比特币密钥，之后在境外兑换使用。以购买比特币密钥进行洗钱是目前一种较新的洗钱方式，因为"矿工""挖矿"所得的虚拟货币，其背景一般都很干净，导致相关洗钱行为很难被识别。

4）技术攻击。近年来，网络黑客利用开发者编写代码中的漏洞，通过对数据库进行恶意攻击，进而非法获取虚拟货币或隐私信息的案件层出不穷。2019年，比特币钱包"银金矿"（Electrum）遭到黑客攻击，丢失了至少1450枚比特币。同年7月26日，数字货币借贷平台YouHodler被爆出数据库漏洞，导致8600多万条用户数据记录泄露。2020年8月，以太坊经典（Ethereum Classic，ETC）在一周内连续遭到51%攻击，导致超过10万枚以太币被"双花"（Double-Spend）。

2. 应对区块链伦理问题的措施

为应对区块链技术在开发和应用过程中的各种伦理风险，可考虑从以下方面采取措施：

（1）确立区块链行业的伦理原则　伦理学家塞巴斯蒂安·波茨坦·曼（Sebastian Porsdam Mann）和马克斯·施密德（Max Schmid）认为，通用性（Universality）、平等性（Equality）、效用性（Utility）、约束性（Constraints）和发展性（Development）五个原则构成了区块链行业伦理框架的基础。这些原则得到了所有主要规范理论的支持，并且得到了法律和标志性人权的支持。

（2）建立并完善区块链的相关法律法规　由于区块链技术缺乏中心化的监督管理机构，消费者的权益难以得到有效保障，因此，政府需要通过及时立法加强对消费者的保护。同时，针对区块链应用所引起的民事和刑事责任归属问题，相关部门也应加强立法研究，尽快弥补相关领域法律规范的缺失。2019年1月10日，国家互联网信息办公室发布《区块链信息服务管理规定》，旨在落实区块链信息服务提供者的责任义务，为区块链信息服务治理提供了初步的法律依据。

（3）提高区块链行业的监管效率　为前瞻性地防范区块链应用所可能给经济社会带来的风险，金融和其他相关监管机构要明确监管原则，既要强调审慎和合规方面的要求，也要避免监管过严，预留一定的容错空间。同时，由于区块链包括公有链、联盟链和私有链，因此要结合三种链的不同特性，进行针对性的分层监管。此外，针对区块链所具有的技术风险，监管部门要尽快明确行业技术标准，进一步提升对区块链服务提供者技术能力的监管。

（4）还应高度重视加密数字资产和以数字金融为名的非法金融活动　据不完全统计，目前全球有影响力的加密货币已达1万余种，总市值超过1万亿美元，其中有不少被认为是

"看不懂的数字金融"。例如，Defi 运用区块链技术将传统金融服务中的所有"中介"角色全部由代码替代，NFT 通过智能合约使现实中的资产存续于"数字空间"等。此外，还有大量"挂羊头卖狗肉"的非法金融活动也披上了"数字金融"的外衣。这些都加大了消费者权益保护的难度。

7.3.4　人工智能伦理

1. 人工智能所引发的金融伦理风险

人工智能虽然可以促进金融服务效率的提升，但如果在开发过程中缺乏道德考量，也会引发诸如威胁人类主体地位、责任主体不明、引发诚信危机、导致结构性失业等伦理问题。

（1）威胁人类主体地位　人工智能的发展目标是模仿和拓展人的能力范围，但随着技术发展，人工智能可能发展到超出设计者的预期和控制。当人工智能与人类的相似度越来越高，就有可能颠覆现有的社会人际关系，甚至颠覆人类的社会主体地位，最终使人类被人工智能所指挥，成为人工智能的"工具"。在当前阶段，即使人工智能尚未发展到挑战人类主体地位的地步，也会对人类的自主决策能力造成一定影响。自主决策能力是人类自由的重要标志，但在智能化的应用场景中，当人工智能越来越多地代替人类进行决策，就会导致人类对智能决策产生依赖，并逐渐丧失自主决策的能力。例如，2019 年发生的多起波音 737MAX 飞机坠机事件，原因都被归咎于飞机自动驾驶系统故障。但其中一个令人瞠目结舌的事实是，飞行员并未受过额外的培训以应对可能发生的故障。当飞机故障发生时，飞行员竟然失去了控制飞机驾驶的能力。这也在一定程度上反映了人工智能对人类自主决策能力的负面影响。

《乐记》有言："凡音之起，由人心生也。"人工智能的发展可能在有限理性方面已经逐步超越了人类，但在感性能力方面仍然远远落后于人类。事实上，人类在社会活动中所展现出来的情感互动，可能是人工智能永远无法真正模仿的，在这个意义上，人工智能可能永远也无法真正取代人类的主体地位。尽管如此，人工智能所引发的哲学和伦理思考毫无疑问将一直持续下去。

（2）责任主体不明　人工智能的高度智能化，代表其有一定的自主决策和行动能力。人类虽然具有法律主体地位，需要对自己的行为承担法律后果，但人工智能并不是法律主体，其是否应该对自己的行为承担法律责任、承担哪些法律责任以及如何承担责任，目前都还存在着较大争议。以自动驾驶为例，由自动驾驶引发的交通事故，应该由自动驾驶者负责，还是由车辆所有人或者生产厂家负责，目前在立法和实践中都还存在着争议。再以智能投顾为例，由于智能投顾的相关主体涉及技术开发团队、运营管理团队、投资者及智能投顾本身，那么，如果智能投顾程序出现问题从而造成投资者损失，责任归属应当如何确定？特别是，智能投顾是否应该承担法律责任，以及是否可以将责任主体外扩到运营管理团队和技术开发团队（专栏 7-7），都是值得讨论的问题。如果风险事件责任归属不明或者失当，社会的公平正义就会受到负面影响，长此以往还会引发责任失衡风险，进而阻碍人工智能的发展。

为了解决责任认定不明的问题，至少需要从以下两方面着力：①人工智能从设计到使用的全过程，都应该做好登记，以便发生问题时可以清楚地进行责任追溯；②应在广泛讨论的基础上，逐渐构建起公平公正的责任机制，明确各方主体的责任范围和优先级。

专栏 7-7

智能投顾民事责任认定

智能投资顾问是现阶段最典型的智能金融形式之一，"它基于投资者自身的理财需求、资产状况、风险承受能力、风险偏好等因素，运用现代投资组合理论，通过算法搭建数据模型，利用人工智能技术和网络平台提供理财顾问服务"。目前，我国的智能投资顾问分为三类：①依托于传统金融公司的智能投资顾问，如招商银行的摩羯智投和广发证券的贝塔牛等；②依托于互联网金融公司或财富管理公司的智能投资顾问平台，如同花顺的 iFinD 智能投资顾问和宜信财富旗下的投米 RA（Robo-Advisor）等；③独立的智能平台，如理财魔方、蓝海智投、弥财等，但这些机构当中也有不少同时为基金等机构导流客源。

在传统的投资顾问模式下，投资顾问与投资者之间因为专业关系而形成了信义关系，即投资顾问对投资者承担信义义务。信义义务要求受信人为了委托人的最大利益行事，是一种利他性的义务。然而，传统投资顾问模式下的主体定位和义务体系都是以自然人和金融机构为义务对象，其义务内容也是根据自然人和金融机构的行为特点设定的。因此，当智能程序取代自然人充当投资顾问时，传统规则在适用上就面临困境。

在智能投资顾问模式下，机器基于算法给出投资建议。算法的形成基于两方面：一方面是对市场数据的分析；另一方面来自人类的知识。后者其实是对自然人投资顾问行为的模拟，这是智能投资顾问最为核心的内容，也意味着自然人在专业判断、职业伦理和利益衡量上的瑕疵和偏差可能迁移给机器。智能投资顾问本身因为法律人格缺乏而不适用信义义务，并不代表信义义务需要解决的信息不对称和利益冲突问题不再存在。相反，在使用智能投资顾问的情况下，这些问题越发严重，并且更加隐蔽。

首先，智能投资顾问未必能够满足善意性的要求。在国内外的一些案例中，金融交易软件的出售者误导投资者认为该软件将会帮助他们自动赚到钱，并且带有欺诈故意，结果导致使用该软件的投资者在衍生品市场上遭受了实质性损失。在我国黄登辉等非法经营、帮助毁灭证据案中，被告设立的技术公司向投资者销售炒股软件，在销售同时虚构保证收益率等，吸引投资者购买，造成 100 多名消费者的巨大损失。其次，我国现有智能投资顾问的盈利模式容易引发利益冲突。不少智能投资顾问表面上是中立性的买方投资顾问，但事实上是衔接基金的卖方投资顾问。例如，山西证监局在 2017 年 4 月的投资者风险提示中就点名批评了某些智能投资顾问 App 实际上是在帮助基金做销售导流。再者，智能投资顾问未必符合自然人投资顾问应当承担的谨慎义务要求，其输出的结果直接取决于从投资者那里获得到的信息，因为缺乏人类的直觉思维，可能会提出过度泛化、模棱两可甚至误导性的建议。

从人工智能目前的发展状况来看，智能投资顾问尚不能成为民事主体。如果智能投资顾问不能成为独立的主体，就需要确定自然人或者机构作为义务主体，以避免义务失灵问题。在侵权法的过失责任原则下，人工智能设计者的责任仅限于设计者可以控制的算法输入和输出。如果人工智能超出设计者预想的模式，则由人工智能的运营者来承担责任，这能够更好地促进运营者谨慎经营。另外，由运营者承担信义义务符合智能投资顾问的业务本质。智能投资顾问本质上仍属于金融业务，因此应当由智能投资顾问的长臂运营者来承担信义义务。

与金融从业者不同，程序设计者（技术人员）不过是利用技术把前置了的"受托咨询"行为转化为算法。这是相对中立的行为，没有必要用信义义务来规制。程序设计者类似于受托人的辅助人，除非故意或者过失造成投资者损害，否则并不承担赔偿责任。但是，程序设计者仍然需要满足从事算法开发的基本资质要求，这不仅包括计算机知识和技能，更涉及基本的算法伦理要求。

（资料来源：以上内容摘编自中国社会科学网。）

（3）引发诚信危机　人工智能虽然可以进行自主决策，但是其决策机制和道德选择是开发者从一开始就内置于算法之中的。这意味着，如果算法中本来就包含着歧视与偏见，那么这些歧视与偏见就会被人工智能不断重复和放大，进而影响到社会公众对人工智能技术的信任，典型的例子如前文多次提及的大数据"杀熟"问题。同时，在人工智能逐渐发达的时代，人工智能对人类的极致模仿将导致人们无法轻易分辨出自己的"所见所闻"是真是假，人与人之间的信任关系也会因此而受到威胁。例如，在人工智能时代，虚拟现实技术的发展使人们的所见所闻可能不再为真，并由此产生极大的欺骗性和误导性。2018 年，中国首位人工智能主持人亮相乌镇第五届世界互联网大会。2019 年，《人民日报》首位人工智能虚拟主播亮相中国国际大数据产业博览会。这些虚拟主持人在外貌、形态、声音等方面都极其逼真，几乎和真人无异。此外，此类人工智能技术也可能被用于非法活动。例如，2019 年 3 月，犯罪分子通过人工智能语音合成技术，模仿了一家英国能源公司所属母公司首席执行官的声音，并与该能源公司负责人通话。在通话过程中，"首席执行官"要求该负责人立即向匈牙利供应商转账。此次诈骗案导致该公司损失了 22 万欧元。

（4）导致结构性失业　与人类劳动不同，人工智能在工作过程中可以不受时长限制，实现 24 小时不间断工作。同时，人工智能具有高精准度、低错误率和高效率等方面的优势，这使其在很多领域将逐渐取代人类的工作。这一方面解放了人类和减轻了人类的劳动负担，但另一方面也不可避免地会造成相关替代领域的大规模结构性失业。2016 年，日本智库野村综合研究所与英国牛津大学合作，就人工智能对日本国内就业的潜在影响展开调查。按照研究人员设定的标准，日本 49% 的人工劳动可以被人工智能取代。另外，根据我国人社部提供的调查数据，在 2014 年—2017 年间，被调查企业因使用机器人而造成的相关从业人员累计减少12.5 万人。人工智能所导致的结构性失业，使很多人无法在工作中实现自我价值和社会价值，导致其陷入经济困境和心理困境。同时，结构性失业还会拉大社会收入差距，进而加剧社会不公，引发一系列的社会问题。

2. 应对人工智能伦理问题的措施

人工智能伦理是在发展人工智能技术和产业的过程中，各方参与主体所应当遵守的伦理道德规范。人工智能伦理强调人类利益原则和责任原则，即人工智能应当以推动人类社会进步和提升人类福祉为目标，通过建立权责一致的规则体系促进人工智能的健康发展。

目前世界主要国家和地区都很重视人工智能的伦理问题，通过立法或者制定伦理准则，推动人工智能负责任的创新和发展。2016 年，欧盟出台《欧盟机器人民事法律规则》，建立了机器人的登记制度和负责任的创新原则。2017 年，德国发布《道路交通法第八修正案》，将智能驾驶纳入法律规范，并于次年发布首份关于自动驾驶的伦理道德标准，其中强调人类安全必须优先于其他任何财产。2018 年，美国颁布《人工智能国家安全委员会法案》和《自动驾驶法案》，对人工智能使用过程中可能出现的责任进行了主体认定，同时就算法歧视、数据保护和社会就业等伦理问题提出了应对原则。2019 年，欧盟发布《人工智能伦理指南》，重点阐释了技术稳定、隐私保护、问责制等基本原则。

2018 年，我国发布《人工智能标准化白皮书》，详细论述了人工智能发展过程中存在的伦理问题。白皮书认为，人工智能技术存在被滥用和违背伦理道德的风险。为此，人工智能伦理体系的建设需要遵循以下原则：①人类利益原则，即人工智能发展应当以实现人类利益为根本目标；②责任原则，包括技术开发的透明度原则和技术应用的权责一致原则。2019 年，国家新一代人工智能治理专业委员会发布《新一代人工智能治理原则——发展负责任的人工智能》，其中提出要负责任地发展人工智能，强调人工智能的发展应符合人类的伦理道德和价值观。

如根据国际证监会组织、欧盟近年来的思路，以人工智能和机器学习为代表的金融科技应该满足以下五个方面的基本伦理原则：①善举，即确保模型的使用和运行以善意为本，符合投资者的最大利益并具有市场诚信；②不伤害，即能够理解和解释基于人工智能（机器学习）的决策，继而能识别可能发生的不当行为；③人的自主权（包括可审核性），即确保人对模型能够决定和不能决定的方面均拥有控制权；④公平（包括问责制和透明化），即确保高层能够恰当理解模型的行为并承担责任，以便能在企业内部和客户面前公平行事；⑤可解释性，即确保模型产生的结果是可以解释的。

【本章小结】

金融科技带来的伦理冲击主要表现在以下几个方面：①诚信缺失；②数据泄露和滥用；③安全责任模糊和人类决策受控；④算法歧视；⑤技术沦为金融犯罪的工具。此外，算法推荐所带来的"信息茧房"、技术普及差异所带来的"数字鸿沟"以及金融科技公司的"非持牌展业"也会带来相应的伦理问题。

金融科技的根本目标是促进金融资源的高效配置，进而增进社会福利和人类福祉。为了实现这一目标，金融科技必须遵循相应的伦理规范，确保技术创新不逾越道德红线。在具体实践中，金融科技伦理的基本原则包括诚信、公正和平等，向上向善和尊重人权，以及负责任的创新等。

互联网金融是在"第三次信息科技革命"的浪潮下，网络技术与金融服务相互融合的产物，代表性产品（服务）如第三方支付、网络借贷和众筹等。互联网金融具有开放性、共享性和合作性等基本特征。互联网金融在促进经济社会发展的同时，也带来了一些严重的社会伦理问题，如过度逐利、恶性竞争、诚信丧失、掠夺性放贷、网络洗钱和监管套利等。

在互联网金融的伦理原则方面，核心目标是实现金融伦理与互联网伦理的有效结合。从目前的情况来看，为应对互联网金融中出现的伦理问题，可以采取以下针对性的对策措施：建立互联网金融的伦理准则和行业自律标准，加强金融消费者的伦理教育及从业人员的职业道德建设，完善法律体系和加强对互联网金融的有效监管，完善社会征信体系，加强对洗钱等违法犯罪活动的监控和打击等。

大数据具有数据类型繁多和大容量的特点，内含着共享的价值观。通过数据共享，"信息孤岛"被打破，不同系统保存的消息被整合在一起，有助于提高资源配置的效率。但共享在带来便利的同时，也意味着隐私的公开。特别是当大数据技术被肆意滥用，就会导致一系列的信息伦理风险，如侵犯隐私、信息泄露、大数据"杀熟"、信息污染、媒介的"反向驯化"、"数字鸿沟"等。

为应对大数据所带来的伦理冲击，有必要对其进行相应的伦理规范，包括信息伦理规范和技术伦理规范。其中，信息伦理规范应遵循共享、公正、知情同意、无害、互惠等基本原则；而技术伦理规范应遵循无害性、尊重自主、权责统一等基本原则。

区块链技术主要是为了解决中心化记账方式的弊端而产生的。区块链具有去中心化、开放性、自治性、匿名性和信息不可篡改性等特征。目前，区块链技术在银行、证券和保险等主要金融领域都有对应的应用场景，同时也产生了相应的伦理风险，其中比较典型的如虚拟货币的伦理风险，通证经济的伦理风险，以及围绕区块链编织的各种金融骗局等。

通用性、平等性、效用性、约束性和发展性五个原则构成了区块链行业伦理框架的基础。在实践中，为应对区块链技术在开发和应用过程中的各种伦理风险，一是要确立区块链行业的伦理规范；二是要建立和完善区块链的相关法律法规；三是要提高区块链行业的监管效率。

人工智能是一种研究如何模拟和扩展人的智能的新兴技术科学。在金融业，人工智能被广泛用于扩展服务方式、提升服务效率和改善客户体验。人工智能虽然可以促进金融服务效率的提升，但如果在开发过程中如果缺乏道德考量，也会引发诸如威胁人类主体地位、责任主体不明、结构性失业等伦理问题。

以人工智能为代表的金融科技应满足以下基本伦理原则：①善举，即确保模型的使用以善意为本，符合投资者的最大利益并具有市场诚信；②不伤害，即能够解释机器的相关决策，并识别可能发生的不当行为；③人的自主权，即确保人对模型拥有控制权；④公平，即确保高层能够恰当理解模型的行为并承担责任，并在企业内部和客户面前公平行事；⑤可解释性，即确保模型产生的结果是可解释的。

【关键词】

金融科技　算法歧视　信息茧房　数字鸿沟　掠夺性放贷　网络洗钱　监管套利　信息泄露　信息污染　大数据"杀熟"　媒介的"反向驯化"　虚拟货币　通证经济

【复习思考题】

1. 简要说明金融科技所带来的伦理风险及其危害。
2. 简要解释金融科技伦理所应该遵循的基本原则。
3. 举例说明互联网金融的相关伦理风险及应对措施。
4. 举例说明大数据在金融运用中的伦理风险及应对措施。
5. 举例说明区块链在金融运用中的伦理风险及应对措施。
6. 举例说明人工智能在金融运用中的伦理风险及应对措施。

第 8 章 ▶

金融科技监管

金融科技概论

【本章要点】

1. 金融监管的一般理论基础。
2. 金融科技带来的监管挑战。
3. 金融科技监管的现状与发展趋势。
4. 我国金融科技监管的发展历程与趋势。

【背景材料】

新华社北京电（2020 年 4 月 27 日，记者：吴雨）：中国人民银行 27 日表示，为深入做好金融科技创新监管试点工作，中国人民银行支持在上海市等 6 地扩大试点，引导持牌金融机构、科技公司申请创新测试，着力提升金融服务实体经济水平。在依法合规、保护消费者权益的前提下，探索运用现代信息技术手段赋能金融"惠民利企"，缓解小微和民营企业融资难融资贵、普惠金融"最后一公里"等痛点难点，助力疫情防控和复工复产。

经济观察网（2022 年 3 月 23 日，作者：胡群）：中国人民银行官网发布的《人民银行金融科技委员会召开会议研究部署 2022 年重点工作》强调，2022 年要贯彻"十四五"规划纲要，多措并举推动《金融科技（FinTech）发展规划（2022—2025年）》（简称《规划》）落地实施，高质量推进金融数字化转型。

会议部署五项重点工作，其中三项涉及监管，即建立健全金融科技伦理监管框架和制度规范，深化运用金融科技创新监管工具，以及强化数字化监管能力建设。"数字化金融监管新时代已经到来，监管合规对数据的重视程度逐渐上升，监管科技智能化成为必然趋势。"索信达控股首席执行官吴辅世向经济观察网称，在推进金融数字化转型中，加强金融科技的合规应用与发展，将成为从监管层到行业层的重要共识。

中国人民银行金融科技委员会成立于 2017 年 5 月，旨在加强金融科技工作的研究规划和统筹协调。2022 年作为《规划》实施的第一年，中国人民银行金融科技委员会部署了五项任务。其中三条直接涉及金融科技监管：第二条是建立健全金融科技伦理监管框架和制度规范，加强科技伦理风险预警、跟踪研判和敏捷治理，引导从业机构落实伦理治理主体责任，用"负责任"的科技创新打造"有温度"的金融服务，切实维护消费者合法权益、服务实体经济；第三条是深化运用金融科技创新监管工具，强化商业银行金融服务数字渠道管理，研究建立智能算法信息披露、风险评估等规则机制，持续提升监管统一性、专业性和穿透性；第五条是强化数字化监管能力建设，健全金融科技风险库、漏洞库和案例库，运用监管科技手段着力提升政策前瞻性、针对性和有效性。

8.1 金融监管的一般理论基础

8.1.1 金融监管的定义及其重要性

从现代经济金融学的主流文献来看，金融监管首先被认为是政府行为的一部分，因此，按照自由市场理论和政府干预最小化原则，金融监管主要扮演的是"守夜人"，即弥补市场失灵的角色。在这一大前提下，由于金融业运行所具有的高杠杆和高风险等特殊性，以及由此带来的"溢出效应"，金融监管常常被视为维护金融体系稳定运行的必要制度安排。特别是，作为追求利润最大化的市场主体，金融机构的决策和行为通常只从自身的微观利益出发而不考虑宏观影响，这就常常导致微观行为（个体理性）和宏观结果（集体不理性）之间出现明显的不一致性，甚至矛盾。在这种情况下，如果由来自市场之外的政府来代表社会公众实施监督管理，就可以有效规范和约束金融机构的行为，从而创造良好的金融秩序和维护金融体系的稳定运行。因此，从宏微观相结合的角度，金融监管可以被大致定义为通过维护金融体系的稳定有序运行以提高资源配置效率和维护社会公众利益的一种金融制度安排。

除上述一般性界定外，金融监管还被认为在金融体系的运行过程中具有特殊的重要作用。这种特殊重要作用源于以下两个方面的基本事实：①金融体系所具有的巨大外部性效应使其在很大程度上具备（准）公共产品的属性，这使得政府的外部监管具有介入的合理性和必要性；②金融体系运行的复杂性和网络关联性使其内涵的扭曲和失败比其他市场更为严重，在这种情况下，单靠市场的自我调节和矫正机制很难阻止这些蔓延的扭曲和失败。

对于第一个事实，即金融体系的外部性效应而言，高效稳定的金融体系可以通过价格发现、风险配置和公司治理等功能的发挥，提高资源流动、组合和配置的效率。因此，金融体系的稳定性和效率性不仅影响企业的信贷可获得性和融资能力，而且广泛地影响到企业的交易费用和边际资本回报。这意味着，金融体系的稳定性和效率性本身就是一种公共商品，具有巨大的外部性，并会通过溢出效应影响实体经济。从微观层面上看，无监管和无约束的金融活动可能造成微观信息和激励机制等方面的扭曲及市场定价机制的失效，这些都将破坏金融市场有效性和稳定性的前提和基础。从宏观层面上看，高效稳定的金融体系依赖良好的金融基础设施和相应的制度安排，这些公共品只能由代表社会利益最大化的政府部门来提供。因此，在已经探测到的金融市场无效或低效率的领域，政府应当毫不迟疑地承担起矫正市场扭曲的主要责任，因为对于可能引发大规模"负外部性"的金融体系而言，维护高效稳定的市场条件本身就意味着履行"提供公共产品"的标准政府职能。

对于第二个事实，即金融体系运行中的市场失败而言，周期性爆发的金融危机已经非常清楚地显示了无约束的市场行为如何最终走向稳定与效率的反面。在 2008 年国际金融危机之前，占据主导地位的新自由主义理论的核心思想就是限制政府活动，最终由市场力量全面取而代之。这一政策处方来自"无监管的市场更优越"这一价值信仰，其理论基础是"有效市场假说"。根据这一假说的"激进版本"，由市场进行的自发调节和收入分配被视为具有"不言自明"的合理性和公正性，市场是公民社会本能的、自律的产物，而政府则是外在的、强制的"入侵者"。新自由主义理论的窘境在于，它既无法确保长期的经济和金融稳定，同时也无法在危机发生后依靠市场的自我修复机制来控制风险、重塑信心和重启经济增长。事实上，作为 2008 年国际金融危机的一个重要教训，当面对系统性的金融风险和危机事件时，除政府干预机制的有效介入可以使私人金融体系免于崩溃之外，尚无其他任何可替代的私人部门解决方案。

事实上，金融体系所具有的特殊外部性效应，以及由无约束市场所引发的各种扭曲和失败充分表明，完全不受监管的市场可能面临巨大的系统性风险，良好的金融监管对于金融体系乃至整个经济体系的稳定运行都是不可或缺的。当然，需要指出的是，由于金融监管过程涉及行为限制、利益分配、权力配置等诸多现实问题，这不仅加大了问题的复杂性，而且使金融监管本身面临着机会主义行为和外部干预等问题，甚至存在因卷入利益关系而沦为被监管者"俘获对象"的可能性。从现实情况来看，实践中存在两种截然不同的金融监管方式：促进市场的监管和替代市场的监管。前者基于激励导向，注重通过"疏导"改善市场机制，从而减轻市场失败；而后者则倚重"围堵"和过度管制，最终导致市场扭曲，加重市场失败。金融监管的基本目标，就是要通过构建合适的金融监管框架和采取必要的金融监管措施，在宏观上促进金融稳定与效率的平衡，在微观上完善金融市场机制和加强消费者（投资者）权益保护，从而确保金融体系的稳定高效和金融活动的健康有序。

8.1.2　良好金融监管框架的基本标准

金融监管框架一般包括金融监管的目标、原则、方法（工具）和体制安排等方面的要素，这些要素构成了一国金融监管体系的核心要点。在现实中，尽管不同国家的金融监管体系可能存在差异，但从内容上看，一般都包括对监管目标、原则、方法（工具）和体制安排等方面的具体规定和陈述。换言之，金融监管框架是用于刻画一个国家金融监管体系内容与特征的一个结构性分析框架，它明确了一个国家的金融监管部门应该基于什么目标、根据什么原则、采用什么方法和工具，以及在一个什么样的体制框架下去实施金融监管活动。

对于一个良好的金融监管框架而言，监管当局应当明确其监管的目标与原则，并通过清晰的结构化流程，将长期的最终目标转化成动态的、日常的监管行动。基于全球各主要国家在金融监管实践方面的经验和教训，反思其理论逻辑和基础，可以发现，良好的金融监管框架需要满足以下基本标准：

1. 明确的监管目标

金融监管的最终目标是基于宏微观相统一的视角，在确保金融体系整体稳定的基础上，促进金融服务效率的提升，并在此过程中兼顾公平问题。具体来看，在宏观层次上，金融监管的基本目标是纠正市场失败，实现稳定性和效率性的平衡，其中效率性要以稳定性为前提和基础；在微观层次上，金融监管的基本目标是通过维护正常的市场秩序（公正、高效、透明），一方面促进金融机构审慎经营，另一方面保护投资者权益，并在此基础上鼓励有效金融创新，激发市场活力。

2. 清晰的监管原则

监管原则制定和实施监管的过程中所应该遵循的一般规律和规则。监管原则以监管目标为指向，以监管经验为基础，以监管活动的一般规律为依据，是具有坚实理论基础并经过长期实践检验、被证明具有普遍适用性和有效性的指导性规则。基于金融业的运行规律和特征，实践中常见的监管原则包括依法监管原则、公平公正原则、全面监管原则、适度监管原则、协调合作原则等。上述监管原则在针对不同的金融领域（子市场）时各有侧重点，并可以衍生出一些具有更加具体指向的原则，如投资者保护原则（属于公平公正原则大类）、透明度原则（属于公平公正原则大类）、全面风险管理原则（属于全面监管原则大类）、监管效率原则（属于适度监管原则大类）等。

3. 丰富的监管方法与工具

随着金融体系的日益发达和金融创新活动的多样化、常态化，金融监管的方法和手段也应该不断地丰富和完善，通过合理设计和及时推出各种宏微观审慎工具，最终形成宏微观相结合、多维度、多层次的金融监管"工具箱"。传统的金融监管方法主要分为现场检查和非现场检查，其下各有若干具体的监管工具与手段（专栏 8-1）。此外，近年来随着金融科技的发展，为满足现代金融体系下的金融监管需要，监管当局还应该研究和加强大数据等前沿技术的运用，通过监管工具的科学化和量化分析，进一步提高金融监管的效果和效率。

专栏 8-1

金融监管的非现场检查与现场检查

非现场检查又称非现场监管或非现场监测（监控），是指金融监管当局对金融机构报送的各种财务数据、报表和报告，采用一定的技术方法进行分析，及时发现金融机构经营管理中所存在的问题，特别是对其风险状况进行评估。非现场监管的优点是能够在不进入金融机构的情况下，实现对金融机构经营和风险状况的持续监控和动态分析，总体来看是一种成本低、效率高且有助于随时发现问题、前瞻性发现问题的监管方式。非现场检查包括合规性检查和风险性检查两类。其中，合规性检查的主要内容包括信贷规模、资产负债比例的执行情况等；而风险性检查的主要内容则包括资本充足性、资产流动性、资产质量、盈利状况、市场风险等。

非现场检查的程序一般分为六个步骤：①采集数据，即金融机构按监管当局规定的统一格式和口径报送基础报表和数据；②数据核对，即监管当局对金融机构报送数据的完整性、真实性和准确性进行审查；③形成风险监管指标值，即监管当局将基础数据加以分类和归并后，按照事先设计的软件系统自动生成资产质量、流动性、资本充足率、盈亏水平和市场风险水平等一系列指标值；④风险监测分析和质询，即监管当局对指标结果进行分析，对金融机构经营管理上存在的问题提出质询，金融机构按规定的时间和方式对质询事项做出说明，并提供相关资料；⑤风险初步评价与早期预警，即监管部门通过对比分析、趋势分析和计量模型分析等，得出金融机构的风险水平及发展趋势评价，及时发出预警信号，并按规定撰写非现场检查报告（重大问题需撰写专题报告），提出改进措施、意见和建议，必要时可做出处理决定，监督金融机构执行；⑥指导现场检查，主要是根据非现场检查发现的问题和疑问，制订现场检查计划，并确定现场检查的对象、时间、范围和重点，从而提高现场检查的针对性和效率性。

现场检查又称现场监管或稽核检查，是指金融监管当局指派专人或专门小组，进入被监管的金融机构，进行实地检查，主要方式包括查阅金融机构的财务报表、文件档案、原始凭证和规章制度等资料，查验和核实金融机构相关信息、数据和资料的真实性和准确性，以及检查金融机构的经营管理和风险控制等制度是否合规和完善。现场检查一般包括专项检查和全面检查两类。前者是指对金融机构报表和资料中暴露出的问题或风险隐患进行专项重点检查，及时提出意见和建议，并采取必要的措施督促其纠正；后者是指对金融机构的资产质量、贷款风险、经营管理水平和日常业务操作等经营管理状况进行定期的常规全面检查。从频率上看，常规全面检查至少一年或一年半进行一次，对纳入关注范围的高风险或问题金融机构的检查频率会更高。现场检查的程序一般分为五个步骤：①根据非现场分析和其他渠道获得的信息，确定现场检查的具体对象和时间；②向被检查机构发出"检查前问卷"，有针对性地提出问题；③制定现场检查方案；④向被检查机构发出现场检查通知；⑤开始现场检查。

（资料来源：本专栏摘选自马勇，《金融监管学》，中国人民大学出版社，2021。）

4. 有效的监管决策与行为

实践中的金融监管是决策与行为的一体化活动。良好的监管决策是有效行动的基础和依据，而良好的监管行为则是监管决策得以落实和实现监管目标的重要保障。不论是宏微观审慎监管，还是市场行为监管，都应该有一套规范和行之有效的决策机制和流程，确保监管决策的科学性、及时性和有效性，同时防止决策随意性和权力滥用所带来的政策风险。此外，由于金融监管本身是高成本的活动，监管行为本身还应遵循"经济性"原则，通过行动协调和信息共享等方式避免不必要的成本支出，尽量降低监管成本和减轻被监管者的负担。

5. 合理的监管体制与机制

金融监管体制包含各监管主体之间的职权边界、责任划分、协调机制等一系列相关制度安排，其目标是通过结构化的制度和机制设计，将金融监管的相关要素整合在同一个框架之内，以确保监管目标、工具和行为的一致性、协调性和有效性，同时消除"监管盲点"和避免"重复监管"。在实践中，金融监管的体制和机制安排应充分考虑不同国家和地区在经济金融发展阶段、文化制度背景等方面的差异，因时制宜、因地制宜地建立起相应的体制和机制。此外，为确保监管行为规范、有效和符合长期性标准，理论上还应建立对监管者的"再监管制度"，通过"监管问责"机制强化监管部门的责任意识和制度约束。

8.1.3　金融监管实施的动态过程

从金融监管实施的动态过程来看，主要包括以下四个核心步骤：监管决策、监管实施、监管调整和监管评估，如图 8-1 所示。

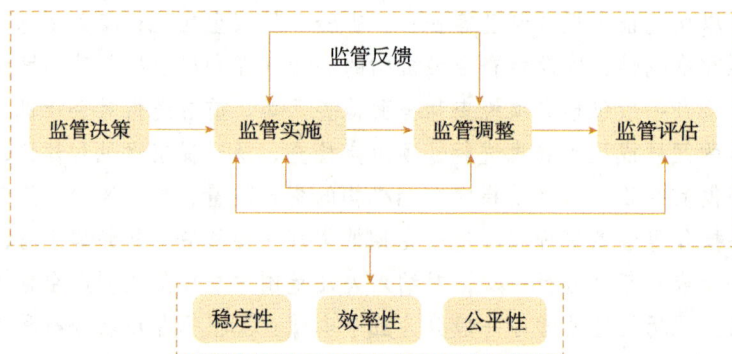

图 8-1　金融监管实施的动态过程

1. 监管决策

所谓监管决策，是指负责金融监管的政策当局在法定的金融监管框架下，根据既定的监管目标或为配合国家宏观调控的整体需要，在遵循金融活动一般规律和进行具体分析判断的基础上所做出的监管决定。简言之，金融监管决策是有法定授权、有特定原因（目标）和有客观依据的监管行为。从性质上看，监管决策是整个监管动态过程的第一个步骤，属于监管的起点和基础，监管的原因、依据、目标、范围、原则和方法等都在这一步骤会有一个初步的、要点式的勾勒。良好的监管决策对金融监管的后续实施，以及监管的效果和效率等方面均具有重要影响。

监管决策可分为系统性的监管决策和特定性的监管决策。前者是指针对整个被监管对象群体进行统一要求的监管决策。例如，为防止信贷的过度扩张，要求所有的金融机构都要在经济繁荣期额外提取一定比例的资本金或坏账准备金；又如，为控制信贷投放过于集中的风险，要求所有的金融机构对单一客户的贷款余额不能超过其净资本的一定比例（如 10%）。后者是指针对特定范围的被监管对象（个体对象或特定群体对象）所做出的监管决定。例如，为惩罚风险行为和促进优胜劣汰，监管部门决定对某违规经营、严重资不抵债的金融机构进行破产清算；又如，为抑制"大而不能倒"的道德风险，要求满足"系统重要性"的金融机构在一般资本金要求的基础上，额外计提（比普通金融机构）更多的资本金（专栏 8-2）。

专栏 8-2

系统重要性评估标准

根据国际货币基金组织、国际清算银行和金融稳定理事会发布的《系统重要性金融机构、市场和工具的评估指引》，系统重要性主要从规模、可替代性和关联性三方面进行评估。其中，规模使用资产、负债、交易量、市场份额和风险敞口等关键指标评估金融机构是否具有系统重要性；可替代性主要用于评估一些在金融体系中发挥特殊作用机构（如支付结算系统及其他金融基础设施等）的系统重要性；关联性主要考虑一家机构陷入财务困境可能引发交易对手或其他机构出现财务困难。该指引从上述三个方面分别针对金融机构、市场和工具提出了一系列指标，包括主要指标和二级指标，用以评估、判断是否具有系统重要性。

此外，评估系统重要性还需要考虑一些相关因素：①金融体系的结构和运行规则，因为某一机构、市场或工具的系统性影响很大程度上取决于金融体系中其他相关要素功能的发挥，如市场和市场基础设施的健全性、危机管理和处置的制度框架等；②宏观经济环境的变化，因为系统重要性很大程度上取决于评估时的特定经济环境，经济结构的变化趋势和周期性因素将对评估结果产生影响；③评估目的，因为评估系统重要性的最终目的不同，相应的评估方法和标准会有所不同，评估结果也会不同；④评估范围和地理背景，即某一金融机构、市场和工具可能在当地、一国和国际层面上具有系统重要性，或仅在其中一个层面具有系统重要性。

（资料来源：本专栏根据网上相关公开资料综合编撰。）

2. 监管实施

所谓监管实施，是指金融监管当局根据其所做出的监管决策，遵循一定的流程，采用相应的监管方法和监管工具，要求被监管对象落实其相关监管要求的过程。这一过程通常包括以下三个典型环节：①告知，即以书面或口头通知的方式，让被监管对象知悉相关监管要求和具体执行规则；②监督，即运用一定的监管方法和工具，对被监管对象的落实情况进行定期或不定期的检查；③反馈，即通过对被监管对象的落实情况进行积极反馈（如表扬或其他正向激励措施）或惩戒（如约谈、警告、罚款、吊销牌照等），确保相关监管要求得到良好的执行。

上述三个实施环节中，第二个环节是常规性金融监管着力最多的一个环节，也是决定监管实施效果的关键环节。这一环节的核心是各种监管方法和工具的运用。在实践中，最基本的监管方法如前文所述可归纳为两大类：现场检查与非现场检查，每一类下面又包含若干具体的手段和工具。在监管工具方面，根据相关工具的目标指向，总体上也可以分为两大类：一类是针对个体金融机构的微观审慎监管工具，主要是为了控制单个金融机构的过度风险承担；另一类是针对整个金融体系活动的宏观审慎监管工具，主要是为了抑制系统性的金融风险。2008年国际金融危机之后，通过宏微观审慎工具相结合来确保金融体系的全面系统稳定，已成为金融监管领域的新共识（专栏8-3）。

专栏8-3

宏微观审慎监管工具的差异与结合使用

宏观审慎监管和微观审慎监管在很大程度上是互补的：稳定的金融体系要求金融机构保持稳健运行，金融机构的稳健运行也离不开金融体系的稳定。不过，二者也存在一些明显的差异：微观审慎监管聚焦于单个金融机构的风险，而宏观审慎监管则聚焦于整个金融体系的系统性风险。相应地，微观审慎监管主要是通过抑制金融机构的过度风险承担来保护存款人的利益，而宏观审慎监管则主要致力于控制系统性危机给整个经济社会带来的损失。从政策含义来看，宏观审慎监管者主要关注金融机构的集体行为及溢出效应，而微观审慎监管者则会将此类风险视为外生给定，因为它们与单个金融机构的行为无关。

正是由于宏观审慎监管和微观审慎监管的视角存在差异，它们有时会采取截然相反的行动。例如，当面临系统性的流动性紧张时，宏观审慎部门倾向于鼓励金融机构贷款，而微观审慎监管者可能会要求金融机构保持流动性（限制贷款）以控制风险。类似地，在经济下行期，宏观审慎监管者倾向于释放资本以促进信贷扩张和经济复苏，而微观审慎监管者则更倾向于要求计提更高的资本以抵御潜在风险的增加。从实践情况来看，宏观审慎的监管工具目前仍处于开放和试行的过程中，而微观审慎的监管工具总体上已经相当丰富。同时，虽然越来越多的人认为采取积极的宏观审慎政策是必要的，但这些政策在发达国家的使用还比较有限。除校准问题和治理问题外，与其他宏观经济政策工具之间的相互影响也带来了复杂的挑战。这表明，通过将宏观审慎风险转化为微观审慎风险去缓释，对于降低系统性风险非常重要。

宏观审慎监管和微观审慎监管的相互联系可由图 8-2 予以简要说明。二者除了宏观（系统范畴）和微观（单个金融机构）的视角差异外，在风险识别和风险缓释方面也存在着差异。图 8-2 的左上角代表宏观审慎分析，其重要性日益增加，各国金融稳定报告数量的增加就是一个例子。上侧的水平箭头表示从宏观审慎分析到宏观审慎政策的转化，这会涉及那些旨在缓解系统性失衡的政策工具，如贷款价值比（LTV）上限、杠杆率限制、逆周期资本要求及对抵押品的保证金要求等，这些工具不是为了在某个特定时间点解决单个金融机构的具体问题。左下角代表微观审慎风险识别，这是传统监管活动的基础，主要包括各种传统的风险因素，如信用风险、市场风险、操作风险、利率风险、国别风险、战略风险和流动性风险等，但不包括它们的二阶影响。这些风险对应微观审慎监管工具，如最低资本要求、流动性要求、公司治理要求及其他风险缓释工具等。

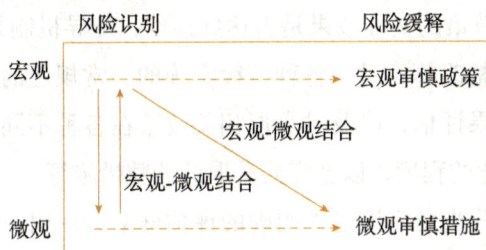

图 8-2　宏 - 微观审慎监管的相互联系

宏观审慎监管和微观审慎监管的结合需要在宏观和微观层面双向进行，这会产生协同作用：一方面，微观审慎信息丰富了宏观审慎分析，如识别常规性的风险敞口、集中度风险以及网络弹性；另一方面，宏观审慎性数据的引入，对充分评估个体金融机构所面临的风险也非常重要。事实上，这是加强监管最快捷和有效的方式，也是 2008 年金融危机带给我们的最为重要的教训。

（资料来源：本专栏内容改编自凯勒曼等，21 世纪金融监管，张晓朴译，中信出版社，2016。）

3. 监管调整

监管当局实施监管的过程并不能一蹴而就，而需要根据现实需要和实际情况的变化动态地进行调整。在大部分情况下，引发监管调整的主要原因包括：①在实施监管的过程中，监管对象由于某种原因发生了重大变化，以至于之前的监管决策和实施方案不再适用或者需要进行部分调整；②在实施监管的过程中，由于发生了非预期的外部冲击（如经济金融危机或自然灾害等）或重大政策调整，导致监管的目标、条件或环境发生了逆转、中止，或需要做出必要的调整；③在实施监管的过程中，发现之前的监管决策和方案由于种种原因存在失误或偏差，导致监管方法（工具）不妥或者监管效果不佳，因而需要做出必要的修正。总体来看，金融监管的调整过程本质上是一个监管行为动态纠偏和持续优化的过程。

需要指出的是，金融监管作为一种政策行为，与其他政策一样，需要尽可能地通过保持政策的稳定性和持续性来增强其信誉度和可预期性。如果政策调整过于频繁和反复无常，则会扰乱市场预期，同时增加调控的转换成本。因此，在没有特别理由的情况下，监管当局应该尽可能地保持其监管行为的稳定性和可预期性，主要通过"微调"或"边际调整"应对监管过程中的一些新问题和新情况，避免监管行为的突然转向和频繁变化对被监管对象的不良影响。当然，监管调整的最终目的是增强监管效果和更好地实现监管目标，如果现实情况确实发生了需要进行重大监管调控的变化，那么就应该进行相应的监管调整。

4. 监管评估

对于一项新的金融监管政策，监管当局应该在实施该政策一段时间之后，及时进行政策效果的评估，以明确相关政策的实际效果是否达到预期，传导机制是否清晰，存在哪些问题，以及需要进行哪些调整或整改等；对于各种持续实施的、常规性的金融监管政策，也应该定期或不定期地进行政策效果评估，以及时掌握相关政策在各种不同情况下的调控效应，机制和效果是否发生变化，变化的程度，以及需要采取的调整措施等。

从实际做法来看，监管当局应该建立明确的评估框架，使用一揽子指标组合对各种监管活动的效果进行系统评价。同时，监管评估应涵盖监管流程的不同方面和不同阶段，采用定量指标与定性指标相组合的方法，提升监管评估的可靠性、可持续性和可分析性。从作用上看，监管评估既是对过去的监管行为的一种"考核"，同时也是未来进一步监管调整或变化的重要依据，不论是从监管活动持续开展的角度，还是从监管经验总结分析的角度来看，监管评估都是整个监管过程必不可少的一个重要环节。

8.2　金融科技监管的兴起与发展

8.2.1　金融科技带来的监管挑战

金融科技有利于金融机构实时归集处理多维金融数据，快速自动生成报告，从而降低金融机构的合规成本与运营成本。此外，在金融业务中应用新兴科技还有利于增强金融机构的创新活力与竞争力，从而提高金融业的整体效率。不仅如此，金融科技的快速发展还带来了显著的长尾效应，使金融服务的覆盖面扩展至更多潜在客户群体，相较传统金融服务更具普惠性，从而弥补了传统金融服务的空白。不过，金融科技在发挥上述积极作用的同时，也对金融监管提出了一些新的挑战。

1. 金融科技的跨界化

金融科技的跨界化加强了不同经济部门之间的关联性，提高了风险在不同机构之间传染的可能性，从而增加了金融市场的系统性风险。金融科技的跨界化集中体现于两个方面：①从定义来看，金融科技至少跨越了金融与技术两部门，在金融机构将市场基础设施外包的场景下，金融科技是金融机构、市场基础设施运营公司与科技公司三个部门的有机结合；②金融科技中的金融部分可能涉及多个金融子行业，例如在传统的 P2P 网络借贷模式中，引入保险公司为资金交易提供担保，这项金融活动就跨越了银行和保险两个金融子行业。在金融与科技水乳交融、金融机构综合经营程度日益加深的背景下，目前一些国家仍然采取分业监管模式，同时未将那些对金融稳定有重大影响的科技公司纳入监管范畴，这些无疑会导致监管漏洞与监管真空，从而增加系统性金融风险。因此，监管当局需要密切关注快速发展的金融科技及其潜在的系统性风险，并将相关金融和科技公司一并纳入监管范围。

2. 金融科技的去中介化

金融科技，特别是存贷款和资本筹集类金融科技的快速发展拓展了直接融资的渠道，使部分资金绕过传统商业银行这个媒介进行融通，这种现象被称为融资的去中介化，又称为"金融脱媒"（Financial Disintermediation）。金融脱媒作为市场化主导金融创新的产物，一方面显示了金融市场边界的扩展和金融创新的繁荣，另一方面也带来了相应的金融监管挑战。特别是随着金融脱媒现象的日益深化，大量未达到监管标准、资本充足率较低的新型去中介化金融机构进入市场，一些传统的商业银行也开始"主动脱媒"，推进综合化经营。这些都导致了"影子银行"在监管范围之外野蛮生长，在增加金融监管难度的同时，滋生了大量隐性的系统性金融风险。此外，大量脱媒资金绕过金融中介直接参与经济活动，也使货币流通速度大大提高，流动性风险增加，同时信用创造活动更加难以监控。这些也会削弱监管当局的宏观审慎调控能力。

3. 金融科技的去中心化

分布式账户（Distributed Ledgers）即通俗意义上的区块链技术，被认为是一项极具发展潜力和可能给金融体系带来颠覆性变化的金融科技。分布式账户的操作原理可概括为：网络中的某项交易信息被所有用户同步记录，通过用户间的互相验证（而不是向金融中介机构或清算中心验证）减少交易信息被少数用户篡改或伪造的可能，进而增强交易用户间的信任，降低中介成本。这意味着，未来分布式账户的广泛应用可能会削弱甚至替代现有的集中交易和清算机制，从而形成"去中心化"的金融交易体系。但与此同时，目前已有的大部分金融服务与市场基础设施，以及建立在此之上的金融监管，都是以"中心化"为框架的。于是，由金融科技所带来的"去中心化"金融运行模式与传统的"中心化"监管体系就会产生制度性错配，从而使很多交易行为游离于监管视野范围之外，进而带来更为复杂和更容易传染的系统性金融风险。

4. 金融科技的数字化

数字技术与金融的结合为金融机构节省了成本，大幅提升了金融服务的整体效率，但同时也带来了相应的监管问题：①在数字化金融科技的应用中，需要保证模型算法的准确性和数据的安全性，这就要求监管的重点从传统的微观标准转向监管部门相对不太熟悉的技术风险控制；②数字化金融科技在一定程度上提高了金融服务的门槛，特别是将部分年龄结构偏大和知识水平偏低的客户"拒之门外"，从而对金融普惠性造成损害；③基于相同金融数据样本进行学习的智能投顾系统往往会给风险偏好类似的客户推荐高度雷同的资产组合，这可能强化金融市场中"同买同卖、同涨同跌"的现象，从而加剧市场共振；④基于带有偏见的数据训练出来的算法不一定能够给出公允的投资建议，有可能出现以"大数据杀熟"为代表的算法歧视问题（专栏8-4），最终损害市场公平竞争和消费者的正当权益。因此，数字化的金融科技要求监管当局加强对技术风险的关注以及对金融消费者权益的保护。

专栏 8-4

大数据算法为什么会产生"算法歧视"问题？

在大数据领域有一个著名的说法，《自然》杂志曾经用 BIBO 来形容，也就是"Bias in，Bias out"的缩写。它所表达的含义是：如果输入的是有偏见的数据，那么输出的也将是有偏见的数据。大数据可理解为人类社会的一面镜子，能够反射出社会中人们意识到的和没意识到的偏见。例如，如果社会对某个种族或者性别存在偏见，那么在大数据输出的结果中也将显示这种偏见。

如专栏 7-1 所提及的，亚马逊公司曾经开发了一套"算法筛选系统"，用于在招聘时筛选简历。开发团队开发了 500 个模型，并教算法识别了 50000 个曾在应聘者简历中出现过的术语，来让算法学习公司赋予不同能力的权重。但是开发团队逐渐发现，这套算法给出的结果具有明显的性别歧视：其对男性应聘者存在明显的偏好，而当算法识别出与"女性"相关的词汇时，便会给对应的简历相对较低的评分。这主要是因为像亚马逊、微软、谷歌、苹果这些高科技公司，其整体员工结构以男性为主，也就是说，亚马逊用来训练算法的数据本身就存在对男性的偏好。在这种情况下，基于以往简历数据进行学习的算法自然而然地保留了这种偏好，从而清楚地将高科技产业的性别歧视摆在了台面上。

然而，即便能开发出一套可以自动剔除带有偏见数据的"算法筛选系统"，将没有偏见的数据输入让算法进行学习，算法也无法实现绝对的公平。众所周知，当算法学习的数据规模越大，算法产生的错误将越少，结果也将更加精准。但在现实中，总是主流的事物拥有更多的数据，而非主流的事物则拥有更少的数据。因此，当两套算法进行比较时，数据多的算法产生的错误会相对更少，而数据少的算法则会产生相对更多的错误，久而久之，两套算法之间仍然会拉开差距。

（资料来源：本专栏根据网上相关公开资料综合编撰。）

5. 金融科技带来的监管规避

金融科技激发了金融创新活力、丰富了金融市场，但是，也有部分金融科技是为了规避监管而进行的虚假创新。这些伪金融科技运用复杂的数字技术为自己披上合法的外衣，进而达到规避金融监管和从事非法金融活动的目的。其中，不少投机分子利用上述方法进行监管套利，建立所谓的"金融科技企业"，实际上却从事着洗钱、恐怖融资、非法集资、高利贷等违法行为。这不仅不利于金融市场的长期健康发展，也有悖市场的公平与正义。因此，监管当局需要进一步加强甄别金融科技实质的能力，对那些披着"金融创新"外衣的各种违法违规活动予以坚决打击。

8.2.2　金融科技监管的现状

1. 监管科技的兴起

金融科技的迅猛发展成为现代金融体系中的新兴元素，一方面塑造着新的金融业态，另一方面也给金融监管带来了严峻挑战。金融科技的跨界性、技术性及复杂性等特征使其明显区别于传统的金融活动，因而不能简单地将传统的金融监管方式直接"套用"在金融科技的监管上。如何在平衡金融稳定与效率、保护消费者合法权益、维持市场公平竞争环境等监管目标不变的情况下，实现对金融科技的审慎而具有包容性的监管，是目前监管当局所面临的主要问题，在此背景下，金融监管当局开始求助于监管科技，用科技来解决科技带来的问题。这种"以子之矛，攻子之盾"的做法被认为是针对金融科技的一种有效监管方式。

所谓监管科技（Regulatory Technology，Regtech），本质上是科技与金融监管相融合的产物，最早出现在英国。根据英国金融行为监管局（FCA）的定义，监管科技是金融科技企业为金融机构提供的自动化解决方案，旨在通过新技术的应用，有效解决金融机构监管合规和降低合规成本等问题。根据上述定义不难看出，早期的监管科技实际上是金融机构为了开展自动化合规审查和降低合规成本而引入的一种应用技术产品。不过，当越来越多的金融机构都开始使用监管科技手段时，金融监管当局也不得不开始使用相应的科技手段进行监管，否则就会出现与金融机构之间的"技术不对称"以及监管套利等有损监管效果的现象。因此，监管科技的内涵既包括金融机构利用监管科技提高自身的合规经营和风险管理能力，满足监管和业务发展的需要，也包括监管部门利用新技术来增强监管能力和效率。

近年来，随着科技的不断进步及对监管要求的不断上升，科技与监管相结合的趋势越发明显，除上述 Regtech 概念外，Suptech 和 Comptech 等新概念也不断涌现。目前对于上述概念，国际上没有统一的定义，国内也没有相对应的标准中文译法。但总体来看，主要观点对 Regtech 和 Suptech 的定义较为一致，认为两者在本质上都是运用技术手段使参与方在金融业务或金融监管活动中提升效率和降低成本；二者的主要区别在于技术运用主体的不同，Regtech 主要从开展金融业务的市场机构的角度出发，强调合规性和低成本，而 Suptech 则更多地从监管机构角度出发，强调监管的有效性和高效性。

不过，在实践中，也有一些研究机构认为 Regtech 的含义更广，泛指科技和监管的结合，而不局限于受监管机构对科技的运用。例如，有观点认为，可将 Regtech 分为两个分支：①监管端的应用，即 Suptech；②在金融机构合规端的应用，即 Comptech。由于目前这些相关概念仍处于不断发展演化的过程，其内涵和外延随时可能随技术和业务的发展创新而不断变化。尽管各方对 Regtech 的定义有所不同，但对 Suptech 的理解均较为一致。本书参考金融稳定委员会（Financial Stability Board，FSB）和巴塞尔银行监管委员会（Banks Commission for Basel Supervision，BCBS）对 Suptech 和 Regtech 的定义，主要介绍应用于监管端的监管科技（Suptech）。

从监管科技发展的内在动因来看，随着金融科技相关业态的不断丰富发展，以及监管要求所涉及的规则数量及复杂性日益上升，监管机构对信息的需求也在不断增加。2020 年，根据金融稳定委员会（FSB）对 25 个相关国家所做的调查，近一半的受访国认为，提高监管的有效性和效率是发展监管科技的最主要动因（见图 8-3）。

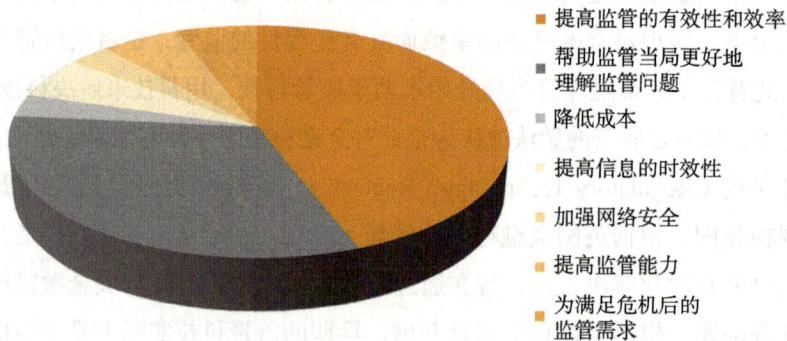

图例：
- 提高监管的有效性和效率
- 帮助监管当局更好地理解监管问题
- 降低成本
- 提高信息的时效性
- 加强网络安全
- 提高监管能力
- 为满足危机后的监管需求

图 8-3　实施监管科技的主要动因

（资料来源：FSB, The Use of Supervisory and Regulatory Technology by Authorities and Regulated Institutions, October 2020。）

金融市场的快速变化意味着监管机构需要实现数据的快速处理及实时监测分析，这也催生了监管当局对新技术的需求。具体而言，金融科技创新业务的不断涌现，需要监管机构进一步加深对复杂金融业务的理解。同时，金融产品和业务的创新增加了风险的隐蔽性和复杂性。在这种情况下，如果监管者无法穿透标的资产来源，就难以及时有效地防范风险。因此，在金融科技时代，监管者需要从本质角度来定义和规范相关金融业务的属性，并通过创新科技的应用来挖掘底层信息，以便设定适用的法律法规，并采取更加具有针对性的监管措施。

特别是 2008 年国际金融危机之后，全球金融监管整体趋严，合规成本大幅提升，这很大限度地催化了监管科技的创新和飞速发展。监管科技能够利用大数据、云计算等新兴信息技术，帮助金融机构核查其是否符合反洗钱等监管政策、遵守相关监管制度，避免因违反监管合规要求而带来的巨额罚款（专栏 8-5）。同时，金融科技的快速发展也导致金融风险日益复杂化，不同业务之间相互关联、渗透，跨行业、跨市场风险不断提升。为适应金融市场的新变化，促进金融行业健康发展，监管部门也开始越来越主动地进行各种监管科技工具的研发和创新，以更好地适应新兴金融科技业态条件下的金融监管需求。

专栏 8-5

监管科技与反洗钱监管

在经济和政治不稳定的时期，涉及洗钱和恐怖主义融资的金融犯罪比以往任何时候都引人关注，尤其是对于私人金融机构和当局而言。无论是涉及几家北欧银行的洗钱丑闻，还是恐怖组织融资的丑闻，这些事件在世界范围都引起了很大的反响。因此，监管机构必须通过在金融机构反洗钱和恐怖主义融资方面执行更严格的规则来加强监管。金融科技和监管科技等技术创新的兴起也推动了监管进步，这些创新旨在加快金融交易的执行速度和改善监管合规性的风险管理。如今，无论对于银行、保险和投资公司等金融机构，还是整个社会来说，这都至关重要；因为洗钱和恐怖主义融资通常会消耗大量的人力成本和造成严重的损失。

在最近的一项研究中，叶斯曼·库卢姆（EsmanKurum）使用德尔菲法，通过专家回答调查问卷来预测特定行业或特定主题的未来趋势。其内容包括四个方面：①招募至少五名与致力于反洗钱相关或作为金融机构服务的反洗钱合规和监管科技专业人士；②确定在使用监管科技和新的相关技术工作时，反洗钱合规专业人员通常优先考虑的因素；③将注意力集中在使用监管科技的未来结果上，以了解洗钱在中长期内如何发展；④研究反洗钱法规遵从情况以及反洗钱专业人员之间的共识情况。

该项调查包括两轮问卷，确保被调查的专家达成共识。若没有达成共识，则进行额外调查的第三轮调查。第一轮包括有关监管科技与反洗钱合规性相关性的公开而广泛的问题；第二轮包含更多技术问题，并使用第一轮调查的结果进行详细说明。调查结果显示：加强交易监控将是监管科技解决方案可以帮助解决的下一个问题，而金融机构予以适应需要花费的时间将成为在遵守反洗钱法规方面实施监管科技解决方案的主要挑战。反洗钱合规性与技术水平更高的洗钱技术之间将存在正相关关系。在设计金融机构中的反洗钱程序时，监管科技的作用可能会超过监管机构本身。

因此，建议金融机构投资监管科技重点使用人工智能和云计算进行交易监控和基于 KYC 的生物识别的解决方案加强其反洗钱合规计划。此外，如果金融机构想要加速适应这些新技术并更快地改善其反洗钱遵从程序，则必须对监管科技解决方案进行投资。监管者应意识到犯罪分子正在使用并将使用越来越复杂的机器学习方法。因此，监管机构不仅应关注监管科技，还应接受该技术，以更好地理解它，从而为金融机构制定适应性的反洗钱法规。就像金融机构一样，对监管科技的投资也意味着对人类的投资：监管机构应吸引更多的技术专家来帮助进行技术转型。对监管科技解决方案使用的不断增长体现了人们对反洗钱的重视。

(资料来源：本专栏内容摘编自钱家彦编译，《监管科技解决方案和反洗钱法规：金融犯罪的未来是什么？》，人大金融科技研究所。)

总体来看，监管科技实际上是金融科技的一个分支，其目标主要聚焦于研发各种能够更加有效满足监管要求的工具。但由于二者发展的内在动因不同，监管科技与金融科技又存在一定的差异：金融科技的发展主要由信息技术公司和金融创新公司推动，是市场机制下"自下而上"的自发生长；而监管科技则是在监管当局回应金融机构需求的过程中"自上而下"地得到发展的。从诞生背景来看，由于监管科技本来就是对金融科技跨界性、技术性和复杂性等特征的直接回应，目标是为各种金融科技业务提供"量身定制"式的监管工具设计，因此，监管科技的引入无疑会在提高金融科技监管的针对性和有效性、降低监管成本和推动监管合作等方面发挥积极作用，从而使持续有效的金融科技监管成为可能。

2. 监管科技演进的阶段和相关工具运用

从本质上看，监管科技是监管流程的信息化、数字化、科技化演进，因而信息技术的不断演化为监管科技不断升级提供了可能。依据信息、计算机和相关技术的演变，监管科技的发展进程大致可分为以下四个阶段：

（1）人工参与处理阶段　在这一阶段，数据录入、报告生成、风险分析等均为人力完成，在此过程中依靠软件、简单模型（如 Excel）等工具对数据进行简单处理和分类，这是数据化、自动化的初级阶段。由于过程中需要人工对数据的真实性进行核验，且通过邮件等方式点对点报送数据存在局限，因此存在操作风险和安全风险。

（2）流程标准化阶段　在这一阶段，通过开发运用软件，按照既定规则及流程要求金融机构将数据提交至统一的网站平台，网站可对数据进行自动核验。由于工作流程按照既定规则运行，这意味着数据、报告、模型走向了标准化。

（3）流程自动化阶段　在这一阶段，通过运用数据科学（Data Science）技术，推动后台业务自动化，通过借助应用程序编程接口（API）及机器人流程自动化（RPA），以获得精细度更高、更加多元化及频次更高的监管数据；同时，监管机构可以借助云存储和"数据湖"（Data Lake）进一步提高数据存储及计算功能，实现更加复杂的统计建模计算，进而做出更精准的预测。

（4）自主分析检测阶段　在这一阶段，通过使用人工智能和机器学习（ML）等技术，进行学习归纳并形成模型算法，如通过自然语言处理系统（NLP）直接从网页抓取信息，或通过机器学习自动对分散的数据进行配对及整合。在数据标准整合的前提下，监管当局可以实时地从监管对象那里抓取相关底层数据和生成分析指标，从而保证监管信息的及时性和有效性。

目前，监管科技已经被广泛运用于金融监管。在具体功能上，监管科技已经涵盖了数据收集和数据分析两大方面。其中，数据收集包括形成报告（自动化报告、实时检测报告），进行数据管理（数据整合、数据确认、数据可视化、云计算大数据）等；数据分析包括通过虚拟助手采集消费者、被监管机构的相关信息并进行交流，市场监管，不端行为检测分析，微观审慎监管和宏观审慎监管等。在应用领域上，监管科技已经广泛运用于银行、证券、保险、互联网金融等领域的监管。关于各种具体监管科技和相关工具在金融领域的运用，详见专栏 8-6。

专栏 8-6

监管科技和相关工具在金融领域的运用

1. 监管科技走向金融监管的全链条运用

现阶段监管科技的运用主要集中于事中监管阶段，但各监管主体正在努力探索其在事前和事后监督中的应用。在金融监管中，自动化采集监管数据、智能化分析风险态势等监管科技的应用正日益成熟。例如，奥地利中央银行在奥地利报告服务有限公司搭建基础数据立方来进行数据自动化采集与推送；澳大利亚证券投资委员会建立市场分析和情报系统来提供实时监控。与此同时，各国、各组织也在不断加强监管科技在监管事前和事后阶段的运用，包括事前将监管政策与合规性要求"翻译"成数字化监管协议，并搭建监管平台提供相关服务；事后利用合规分析结果进行风险处置干预、合规情况可视化展示、风险信息共享、监管模型优化等。例如，英国金融行为监管局（FCA）正在探索利用 NLP 和 AI 技术来对欧盟金融工具市场指令 II（MiFiD-II）进行法规解释，美国金融业监管局通过市场质量报告卡审查和分析成员在贸易报告、最佳执行、公司报价和卖空等方面的合规性。

2. 监管端与合规端合作发展监管科技成为主要路径

监管机构与银行等金融机构、金融科技公司合作研发逐渐成为趋势。金融监管机构一直高度关注科技发展对其监管领域和监管方式的影响。传统上，金融监管机构提升自身科技实力的主要方式是建立金融科技部门，加强自身技术研发。但是，随着近年来科技发展与创新由政府主导逐渐转向社会主导，特别是在人工智能等领域，金融监管机构开始寻求与银行等金融机构、金融科技公司合作的研发模式。以此模式推动监管机构科技升级，一方面可以节省研发成本，缩短研发周期，避免人力或经济成本对研发的限制；另一方面可以实时跟进合规端的监管科技建设，保障其合法、合理、有序推进，起到一定程度的事前事中监督的作用。由于金融监管机构运用监管科技的一个重要目的就是提升监管效率，更有针对性地对被监管机构进行监督管理，因此在与被监管机构进行合作的过程中，也更容易发现其存在的问题，并有针对性地、及时地进行相应指导，帮助其做好合规端的监管科技建设。例如，纳斯达克和花旗集团合作，宣布共同创建一种新的全球性支付解决方案，花旗通过CitiConnect for Blockchain（CCB）连接平台与纳斯达克金融组支持的Linq平台之间的链接自动处理跨境支付。这两家机构利用其各具特色的监管科技平台，为机构银行间合作提供了新的可能，对监管效率的提升起到了重要推动作用。

3. 区块链技术成为监管科技的重要组成部分

区块链技术在金融监管领域（如智能合约、智能监管报告等）得到进一步开发与运用，在移动支付、证券、保险、票据、数据确权等方面都取得了较为显著的应用效果。把区块链作为现有监管的辅助工具，作为建立信任机制的基础而并非推翻现有中心化监管网络，建立以区块链为底层的分布式网络趋势渐显。例如，FCA未来计划实施的一个项目BARAC，旨在调研区块链技术运用于自动化监管和合规的可能性。IBM与外汇市场基础设施公司CLS合作，创建了一个名为Ledger Connect的平台，这是为金融服务机构专门设计的概念平台。它的目标是将区块链技术运用于多种金融领域。目前为止，包括巴克莱银行和花旗银行在内的9家金融服务机构都参与了这一概念平台的验证和测试。德勤等公司也抓住机遇，加大区块链应用于监管科技的投入。例如，通过区块链技术帮助北爱尔兰银行达到《欧盟金融市场法规》的合规要求，将其业务数据整合上链，建立起区块链分布式报表系统。这使得银行内部各部门间、银行与其他金融机构间建立起跨链联系，实现了报表和数据在节点之间的传输。

4. 监管科技运用中的数据治理不断强化

数据在监管科技运用中的重要地位成为行业共识，为避免因数据问题造成监管困境，数据治理模式的探索成为研究核心。数据是监管科技的基础，在监管科技中所运用的数据可能来自监管机构内部，也可能来自许多被监管机构。例如，卢旺达国家银行采用"数据进栈"方式，通过电子数据仓库从商业银行、保险公司、小微金融企业、养老基金、外汇机构、电信运营商等被监管金融机构的IT系统中抓取数据。在这样的过程中，哪些数据能抓取、哪些数据不能抓取，谁有权利抓取，抓取后如何使用，运用在什么范围内，是否涉及企业商业秘密、公民个人信息，采取了哪些数据泄露防范措施等，都需要通过一定的法律或规章制度来进行规范和保障，而目前数据权属、使用问题仍是一个难题，需要进一步加强研究与确认。美国在此方面已有相应探索，如《财务透明法案（2017）》第二部分设定了美国证券交易委员会（SEC）的数据标准，以指导SEC的数据相关工作，其中对使用机器可读数据进行公司信息披露报告做了专门规定。要求不迟于法案颁布之日后 6 个月，以及此后每 6 个月，委员会应向众议院的金融服务委员会和参议院的银行、住房和城市事务委员会提交一份报告，说明如何使用机器可读数据进行公司披露。在这份报告中，需要说明《1933 年证券法》第 7 条、《1934 年证券交易法》第 13 条或第 14 条规定中的哪些信息能够以机器可读的方式披露，哪些信息不能。

5. 监管科技在监管决策中的作用有待明确

在监管科技不断被提起的同时，如何处理好监管科技与监管决策的关系成为关键。特别是通过监管科技收集和分析数据得出的监管报告的地位和作用应当进一步明确，以避免因此而产生的决策矛盾和无效投入。例如，卢旺达国家银行将自动监测形成的监管数据与内部系统数据结合起来为监管者和决策者提供信息，荷兰银行、新加坡金融管理局运用可视化工具将大量的、密集的、复杂的数据以一种容易理解的方式呈现给监管者。那么，此类报告是作为一种辅助性的参考材料，还是作为监管者做决策时必须考虑的必要因素，抑或是对其可信度采取一种什么样的判断方式，需要继续明确。否则，可能造成投入与产出不成正比，影响到监管科技究竟能够发挥多大作用以及是否能够真正提高监管效率。《财务透明法案（2017 年）》中就有规定（SEC）需要分析在向投资者、市场、委员会和发行人披露公司信息时使用机器可读数据的成本和效益，以及分析委员会本身如何使用收集的机器可读数据。

6. 监管科技制度化进程正在加快

随着监管端运用的不断深化，监管科技的制度化进程正逐步提上日程。例如，2016 年 10 月，SEC 投票通过了《投资公司报告现代化规则》，推动注册投资公司的信息披露更加现代化。根据新规则，在 2018 年 6 月 1 日之后，大多数基金将被要求开始提交新形式的 N-PORT 和 N-CEN 的报告；资产净值低于 10 亿美元的基金将在 2019 年 6 月 1 日之后提交 N-PORT 报告。新规则将加强共同基金、ETF 和其他注册投资公司的数据报告。在这些规则之下，注册基金将被要求提交一份新的月度投资组合报告表格（表格 N-PORT）和一份新的年度报告表格（表格 N-CEN）。这些信息将必须通过 SEC 的 EDGAR 系统以结构化的数据格式进行电子化入档，这将使委员会和公众能够更好地分析信息。规则还将要求在财务报表中进行增强和标准化的披露，并将在与基金的证券借贷活动有关的基金登记声明中增加新的披露。可以说，监管科技的制度化进程将成为监管科技运用中数据治理规范化和监管科技决策明确化的重要保障。

7. 从"技术辅助"走向"智能监管"

目前，监管科技在我国的发展如火如荼。从中央到地方监管部门，从顶层设计到具体实践，都透露出对监管科技的重视。2018 年 8 月，证监会正式印发《中国证监会监管科技总体建设方案》，为监管科技提供了一个官方的且颇为详细周密的设计蓝图。各地金融办也在加强监管科技部署，取得了重大突破。但需要明确的是，现阶段虽然很多监管科技都以"智能监管"作为概念，但从实际情况来看，离真正意义上的"智能"还有不小距离，仍属于"技术辅助"的范畴——不是 AI（Artificial

Intelligence），而是 IA（Intelligent Assistant）。一方面，真正做出监管决策的是人而不是机器，机器提供的结果只起到参考作用，也就是说，既可以完全采纳，也可以部分采纳，还可以不采纳；另一方面，监管人员根据监管目的调用相关功能获取相关分析结果，而不是由机器自主调用和分析。但可以肯定的是，监管引入更多的科技元素和智能元素是大势所趋，最终的智能监管也完全可以期待，而科技和智能的参与程度是在法律上值得探讨的问题。监管科技的运行始终要在金融监管法律框架内进行，既要遵循监管的基本法律原则，又要以监管法律为根本依据，还要明确相应的权利、义务和责任。

8. 对传统监管问责机制形成挑战

传统金融监管强调监管的程序正当原则，在金融监管的检查过程中体现得尤为明显。例如，《证券法》第一百七十二条的规定，进行监督检查或者调查，其监督检查、调查的人员不得少于二人，并应当出示合法证件和监督检查、调查通知书或者其他执法文书。监管的依据和结果也需要公开，如《证券法》规定，证券监管的依据应当公开；依据调查结果对证券违法行为做出的处罚决定也应当公开。但在监管科技中，尤其是发展到智能监管阶段时，更多的监管行为是通过机器学习等"自主执行"而做出的，由此也容易引发监管者"不作为"或"乱作为"的质疑。也就是说，传统的监管法对监管科技中的某些行为具有不适应性，因此有待重新考虑科技的开发者和使用者（监管者）如何分配权利义务。2018 年 12 月，证监会发布《证券基金经营机构信息技术管理办法》（简称《办法》），其中第六条规定："证券基金经营机构应当完善信息技术运用过程中的权责分配机制，建立健全信息技术管理制度和操作流程，保障与业务活动规模及复杂程度相适应的信息技术投入水平，持续满足信息技术资源的可用、安全性与合规性要求。"该《办法》提出了信息技术运用过程中的权责分配的要求，可以看作是对未来监管方运用监管科技发出的一个先声。

（资料来源：该专栏内容节选自何海锋，《监管科技的八大发展趋势》，《财经》，2019 年 4 月 1 日。）

3. 金融科技监管的国际实践

对于金融科技带来的监管挑战，国际金融监管组织和各国金融监管当局积极回应，从不同角度研究了金融科技的演进方式、风险环节，以及对金融体系和监管的影响，并在此基础上探索出了各种改进金融科技监管的方式。

在国际组织层面，金融稳定理事会（FSB）重点关注金融科技对金融稳定的潜在影响，成立了金融创新网络工作小组，主要负责与金融科技相关的研究工作；巴塞尔银行监管委员会（BCBS）成立了金融科技工作小组，重点关注金融科技对银行业的市场地位、经营模式和系统性风险的影响，以及对银行业监管的挑战；支付与市场基础设施委员会（CPMI）关注金融科技给传统支付方式与支付体系等金融基础设施带来的影响，以及给支付清算领域所带来的潜在风险；国际证监会组织（IOSCO）主要关注金融科技对资本市场的影响，特别是众筹融资业务的风险问题；国际保险监管协会（IAIS）主要关注金融科技对保险业和保险监管的影响，特别是对保险业信息科技风险的影响。

在单个国家层面，不少国家已经在金融科技监管领域进行了积极探索，并形成了以欧陆和英美为代表的两种不同的监管逻辑。这种监管逻辑的差异主要源自大陆法系与英美法系对"金融监管权是否由行政赋权"的不同回答。以日本、德国和其他欧盟成员国为代表的大陆法系观点认为，金融监管权脱胎于行政权，监管当局与金融科技企业之间是"命令与服从"的关系，因而强调对企业行为的合法性监管。这是一种典型的规则型监管理念。相反，英美法系认为金融监管权脱胎于市场自律，因而更加关注金融风险的防范与化解，并将金融科技监管的对象界定为"金融风险"而非企业行为。这是一种典型的原则型监管理念。根据这一理念，监管当局与金融科技企业之间不再是"命令与服从"的对立关系，而是以防范金融风险为共同目标的协作关系。持这种监管理念和原则的国家包括美国、英国、澳大利亚、新加坡等。

在行政特别权理论的影响下，德国的金融监管自始至终显示出高度的公权力属性。面对具有诸多优势和便利的金融科技，德国的金融监管机构——联邦金融监管局（BaFin）明确表示不会为金融科技开辟"绿色通道"，而是将其纳入传统金融监管的范畴，进行一致的审慎监管。德国监管当局对金融科技采取的是功能性监管。发达的监管科技有利于监管当局厘清金融科技的基本形态，从而将金融科技按其业务实质分别纳入对应的功能性监管框架。同时，为适应日新月异的金融科技发展态势，德国监管当局不断修改和完善相关法律，填补金融科技领域的空白，并定期组织宣传活动向市场主体普及金融科技监管知识，加强全社会对金融科技的共同监管。德国相对严格的金融科技监管虽然在一定程度上限制了金融科技的迅速发展，但也有效降低了系统性风险，起到了稳定金融体系的作用。

在以金融风险控制为导向的英美监管体系中，监管当局对金融科技采取的是适度性、包容性和鼓励性的监管，以期实现金融科技发展与金融风险管理之间的平衡。此前，美国货币监理署（OCC）在《支持联邦银行系统负责任的创新》白皮书中明确提出，支持银行与非银行机构有责任的合作与创新。美国消费者金融保护局（CFPB）也在《CFPB 创新细则》中声明，要为金融科技的发展营造相对宽松的监管环境，在法律没有明确禁止的条件下，只要是有助于提高消费者体验的创新金融产品，一律适用"无异议函政策"（Policyon No-Action Letters）。此外，美国还利用自身的科技与资本优势大力发展监管科技，并不断对法律法规做出相应的调整和完善，以避免出现监管真空或监管滞后的现象。

在金融科技与监管科技方面，英国处于相对领先的位置，于 2013 年 4 月成立的金融行为监管局（FCA）致力于维持金融市场秩序，保护消费者合法权益，以及促进有管控的金融创新。在监管实践中，英国一方面实施"项目革新"计划，帮助金融科技企业理解监管规则，降低合规成本；另一方面创造性地启动"监管沙盒"机制，在保护消费者权益的前提下，为金融科技企业提供"缩小版"的市场环境与"宽松版"的监管环境，缩短从研发到进入市场的时间，提高金融服务的效率。英国"监管沙盒"机制在金融科技监管中显示出了一定的优势，并逐渐受到世界各国监管者的青睐。目前，澳大利亚、新加坡、中国等国家也在积极探索建立自身的"监管沙盒"模式。表 8-1 概要地展示了部分国家在金融科技监管方面的政策措施。

表 8-1　部分国家金融科技监管的政策措施

国家	监管机构	政策措施	主要内容
美国	消费者金融保护局（CFPB）	实施"催化剂项目"	向符合条件的金融科技企业和金融科技监管企业颁发"无异议函"，但不具有法律效力
	商品期货交易委员会（CFTC）	建立"创新实验室"	加强监管当局与金融科技企业的联系，完善金融科技监管体系，通过金融科技和监管科技企业的合作来提升金融科技的监管效率
英国	金融行为监管局（FCA）	《监管创新计划》	监管当局要利用监管科技减轻监管压力，降低金融机构的合规成本
		《2017—2018 年商业计划》	确立金融科技监管的三大目标：降低金融科技监管成本；使更多客户群体获得金融服务；实时监控金融交易以防范洗钱和金融诈骗
德国	德国联邦金融监管局（BaFin）	《德国金融监管局关于众筹业务/虚拟货币使用/智能资产投资组合管理业务的说明》	对金融科技六个主要应用领域中的业务模式进行了规定与说明
澳大利亚	澳大利亚证券和投资委员会（ASIC）	《257 号监管指南》	实施金融科技牌照豁免政策，符合条件的金融科技产品只需事先备案，无须审批
新加坡	新加坡金融管理局（MAS）	《金融科技"监管沙盒"指南》	放宽对金融科技企业的资产管理和董事会结构等要求，允许在特定的时间与范围内为一定数量的客户提供创新金融产品

（资料来源：徐晓莉和杜青雨，《我国金融科技监管体系研究：来自国外的启示》，《新金融》，2019，第 6 期。）

4. 金融科技监管的主要模式

在金融科技飞速发展的时代背景下，监管科技被认为是支持金融科技监管的基础设施。从各国的监管实践来看，监管当局除了大力发展监管科技之外，还探索建立了多种具体的监管模式，以更好地满足本国金融科技监管的实际需要。

（1）"监管沙盒"模式　监管沙盒（Regulatory Sandbox）是监管当局提供的一个安全空间，在保障消费者的合法权益不受到侵害的前提下，金融科技企业可以在这个空间内自由地对其金融创新产品、服务以及业务模式进行测试，而不受到现有监管规则的约束。监管沙盒模式体现了包容性的监管理念，允许监管"容错"和企业"试错"，实现了金融科技企业与监管当局之间的良性互动，在风险可控的情况下促进了金融创新。这种模式的优越性主要体现在：①可以增进金融科技企业对监管规则的了解与适应，从而降低合规成本，缩短创新产品与服务进入市场的时间；②可以增强监管当局对金融科技发展现状及未来趋势的理解，提高监管的主动性和前瞻性；③可以降低消费者的金融消费风险，保护消费者的合法权益。

监管沙盒的具体运作可以分为三个阶段：第一步是申请核准阶段，金融科技企业提交企业自身与测试项目的相关材料，由监管当局进行尽职调查与资格审查，一般情况下，那些具有较大的创新突破意义、有助于提升消费者福利的项目更容易通过审核；第二步是测试阶段，即通过审核的企业与监管当局就申测项目商定测试方案，随后按照拟定的方案进入沙盒测试，监管当局对此进行全程监测，并实时提出合规性评价与指导，若测试过程中发现损害消费者利益或者有碍金融稳定的现象，监管当局会立即终止测试；第三步是退出与总结阶段，即企业在测试结束后必须主动退出沙盒，监管当局对申测项目进行评估并反馈，对于正式通过的项目，与测试企业共同商定是否以及在多大范围内推广该项目。

监管沙盒模式由于能较好地平衡金融创新和风险控制，目前已被 50 多个国家和地区所使用，并进行了本土化调整。纵观世界各国的监管沙盒模式，通常具有以下五个方面的共同特征：①设立准入门槛，只有满足创新显著真实、促进金融业发展、增加消费者福利、存在沙盒测试必要性的企业才能参与测试；②测试对所有企业开放，包括满足准入要求的持牌金融机构、非持牌企业及其他企业（其中持牌金融机构重点关注创新产品进入市场后的合规风险；而非持牌企业则主要了解消费者的市场需求，为申请执照做准备，在满足一定要求后，非持牌机构可获得"有限授权"，在沙盒中测试其创新产品与服务）；③重视消费者权益保护；④及时反馈信息并调整规则；⑤建立平稳的退出机制，一般包括测试期限结束后的主动退出，以及在企业经营不善或者违反测试条件时的强制退出。

（2）"法链"模式　针对目前金融监管落后于金融科技发展的状况，部分国家主张将金融科技作为监管的手段，发展"区块链＋监管"的模式，即"法链"（Regchain）模式。法链模式的主要思想是利用区块链技术所具备的去中心化、开放式、分布式共享、不可篡改、共识信任等特征，将市场参与主体的内在信息外部化，构建一个公开透明、共同治理的监管环境。这种模式能够解决金融科技企业与监管当局以及与金融消费者之间的信息不对称问题，既有利于监管当局减少对金融市场的干预，降低监管成本，也有利于金融消费者保护自身权益，做出理性的投资决策，从而增强金融市场的有效性，使市场能够通过自身的价格形成机制化解金融风险，促进金融稳定。

在监管理念方面，法链模式以效率和公平为首要目标，注重在防范金融风险、鼓励金融科技创新以及保护消费者权益三者之间寻求平衡点。在监管主体方面，法链模式的监管主体更加多元化，除了金融监管当局之外，还纳入了企业自身作为自监管主体，以及广大金融消费者、投资者和社会公众作为第三方监管主体。这主要是因为，区块链技术的应用使得所有企业信息都成为区块链节点上共享的、不可篡改的公开监管信息，于是每个区块链用户都可对其进行利用和监督。在此模式下，金融监管当局需要减少各种刚性的监管政策和直接干预措施，更多地充当行业协调者和促进者的角色。法链模式是金融科技监管发展到较高水平时的高级监管模式，要求具有较为成熟的区块链技术，以及各主体之间实现充分的信息共享。

（3）"创新中心"模式 创新中心（Innovation Hub）是向所有企业开放的集中联络点，旨在建立企业与监管当局之间有效沟通的桥梁，帮助企业理解相关法律法规与监管条例。企业可以向创新中心咨询金融科技产品、服务与业务模式等问题，创新中心将从监管角度为企业提出合规性建议，帮助企业明确所承担的法律责任。创新中心的运作需要秉持"非正式引导"原则，即企业不能依据咨询的内容要求监管当局做出相关政策承诺，这也为监管当局的参与提供了弹性空间。创新中心能够加强监管当局和金融科技企业之间的联系与学习。这种互动既有利于监管当局了解行业趋势，识别新的金融风险，做出相应政策准备，也有助于企业熟悉监管框架与相关法律法规，从而快速进入市场并实现稳健发展。

创新中心的运作可分为三个阶段：①企业就金融科技相关问题，通过邮件或者实际会议等形式向创新中心进行咨询；②创新中心归集收到的问题，并就问题的迫切性、复杂性等特征进行分类处理，考虑到专业对口因素，创新中心可能会将部分问题转交其他当局进行处理，或者选择与其他当局（包括境外监管当局）合作解决，以提高答复的效率与专业性；③创新中心对企业进行答复，并根据问题的一般性选择是否公开问询与答复的具体内容，以解决同质性问题，提高工作效率。与其他监管方式相比，创新中心不需要烦琐的程序，也不需要耗费大量监管资源，因而更容易实施且帮扶的企业数量也相对更多。目前，创新中心模式已在英国、澳大利亚、新加坡、中国香港等多个国家和地区施行，并形成了两种不同的组织方式：一种是成立专门的创新中心小组；另一种是"中心辐射"模式，即监管当局只设置一名专职协调员，其余工作人员则以更加灵活的方式参与创新中心的问询工作。

（4）"创新加速器"模式 创新加速器（Innovation Accelerator）又称为创新孵化器，一般由政府出资设立，旨在帮助具备优秀金融创新技术或想法的企业和具有良好市场前景的金融科技创新产品或项目获得政策扶持与资金支持。创新加速器一般有三个参与主体：金融科技企业、监管当局和市场专家团队。在这一模式下，针对金融科技企业提出的项目或想法，监管当局会给出相应的合规建议，并帮助企业了解监管规则，从而缩短获得市场准入许可的时间；市场专家团队则会对企业创新产品的可操作性与合理性进行验证，评估其中蕴含的商机，并讨论产品是否具有改进空间以及如何进行改进。经监管当局与市场专家团队的共同评议，创新加速器会向合规问题小和市场前景好的金融科技企业或项目提供融资，以尽快解决资金缺口问题，以及推动金融科技创新更加高效地转化为实际应用。

8.2.3　金融科技监管的发展趋势

1.　从规则监管转向更加包容的原则监管

目前许多国家的监管当局对金融科技采取的是"事先规定＋事后处理"监管模式，即事先制定金融科技企业需要遵守的制度与规则，企业必须按照相关规定开展经营活动，一旦发生风险事件，监管当局将叫停带来风险的金融业务，集中找出风险来源并加以解决。然而实践证明，这种响应式、被动式的静态监管模式在面对日益数字化、智能化、跨界化的金融科技所带来的问题时显得捉襟见肘。因此，金融监管当局需要变革监管理念，由响应式、被动式监管转变为前瞻式、主动式监管，以适应金融科技日新月异的发展态势，加强对未来可能发生的金融风险的预测与防范。

金融科技因具有普惠性、跨界化、去中心化等特点而极具特殊性，需要与传统的金融活动区分开来，因此，强调企业行为适法性与合法性的传统规则监管理念不再适用。一方面，规则监管无法识别跨界金融科技带来的系统性风险；另一方面，过于刚性的规则监管可能会束缚金融科技发展，降低金融服务效率。相比较之下，英美所采取的以"风险监管"为导向的原则监管更有利于金融科技的健康发展，这是因为在以金融风险为监管对象的情形下，监管当局与金融科技企业协同合作的关系能够更加有效地降低金融风险，维护金融市场稳定。此外，在不违背"防范金融风险"这一基本原则的前提下，金融科技的发展具有较大的弹性空间，有利于提高金融服务效率。综上所述，在对金融科技进行监管的过程中，监管当局应改变传统的规则监管理念，转而实施更具包容性的原则监管。

2.　强化风险识别和宏观审慎监管

无法准确识别金融科技的本质是造成金融科技监管效率低下的一个重要原因，这也为投机分子利用"伪金融科技"进行监管套利提供了便利。因此，未来金融科技监管发展的一个重要方向是强化风险识别，明确监管空白，并设计出具有针对性的监管工具，以更加有效地甄别金融科技的真伪，从而提高金融监管的效率，在促进金融资源向真正的优势金融科技企业流动的同时，严厉打击借用"创新"旗号混淆视听、从事非法金融活动的伪金融科技企业，从而真正落实金融消费者权益保护，维护公平公正的市场环境和秩序。

随着金融科技的深入发展，金融科技的跨界化特征越发凸显，金融部门与科技部门深度交互，金融机构综合化经营趋势越加明显，各类机构之间的联系网络越来越密集。这一方面促进了金融业的繁荣，另一方面也显著提高了宏观经济中的系统性风险。为防范系统性金融风险，监管当局需要加强宏观审慎调控，对目前尚未纳入监管范畴但对金融稳定具有重大影响的科技企业实施监管。同时，监管方式需要从机构型监管逐渐转向功能型监管，以更好地应对综合经营趋势下的监管需要。此外，金融科技的"长尾效应"在智能化特征的强化下也带来了新的系统性风险。例如，智能投顾给规模庞大的长尾客户群所提供的非个性化投资建议可能会加剧市场共振，从而强化负面冲击下的杠杆效应与羊群效应，导致金融危机的自我实现。因此，监管当局还需加强对资金量较小但数量巨大的长尾客户的教育与引导，以减少金融科技智能化背景下同质性行为所带来的市场共振和系统性风险。

3. 应用监管科技和引入协同监管

在实践中，融合新兴技术的金融科技日新月异，表现形式日益复杂化。这促使监管当局必须紧跟金融科技的发展步伐，主动运用监管科技手段，通过建立完备的监管科技系统，实现对金融科技的实时、全面和有效监管。由于监管当局在运用监管科技进行监管的过程中，其限制主要来自自身处理海量数据的能力，因此，监管当局在发展监管科技的同时，可以考虑以下两种监管模式：①将金融科技企业的自监管纳入监管体系，加强监管当局与金融科技企业的知识共享与交流，明确金融科技中的主要技术应用、风险环节及未来发展趋势；②将对技术的监管外包给第三方监管科技企业，由后者承担日常的技术运营和维护责任，从而加强金融监管的专业性和有效性。

在金融科技飞速发展的背景下，监管当局所承担的监管责任与内容将与日俱增，出于监管长效性与稳定性的考虑，客观上需要引入协同监管机制，以缓解单一监管主体所面临的多目标困境。在这方面，一个有益的借鉴是英国的"双峰"监管模式，即通过设立审慎监管局和行为监管局两个相对独立的监管主体，对审慎监管与行为监管进行明确区分，在加强分工和专业性的同时，更好地维护金融体系的整体稳定和金融消费者的合法权益。在这一模式下，审慎监管当局主要负责制定和实施宏观审慎政策，并对系统重要性金融机构、重要金融基础设施及金融控股公司进行监管，而行为监管当局则主要立足于微观角度，对金融科技企业的具体经营活动和交易行为进行合规监管。

4. 加强国际合作和促进监管协调

2008年国际金融危机后，为防范系统性金融风险，各国监管者纷纷制定了一系列不同标准的监管法案，而这些法案在不同的市场中通常有不同的执行规则，这些都显著提高了金融机构，特别是跨国金融机构的合规成本与监管成本。因此，通过加强国际合作，建立统一的监管标准和开发一致的合规工具，将有助于降低各国之间的监管差异，进而提高金融监管工作的效率。此外，对于监管者而言，标准化的监管规则与一致性的监管工具也非常有益，不仅能减少监管当局所需要重复处理的数据和信息，还能节省监管当局在不同标准之间进行转换和调整所额外耗费的人力和物力资源。因此，在未来的金融科技监管中，不同国家的监管部门之间需要尽可能加强交流与合作，通过促进监管工具和标准的一致性，降低监管成本，提高监管效率。

8.3　我国的金融科技监管

8.3.1　我国金融科技监管的发展历程

较之传统金融业长期处于学习和追赶西方发达国家的状态有所不同，我国的金融科技行业近年来基本上处于与西方发达国家齐头并进的状态，且在一些应用领域体现出了比较明显的"弯道超车"优势。从实践进程来看，自《2006—2020 年国家信息化发展战略》颁布之后，我国金融业与科技不断融合。2013 年，我国互联网三大领军企业——百度、阿里巴巴和腾讯（简称 BAT）——开始将互联网技术应用于金融行业，推出了第三方支付、众筹、P2P 等互联网金融业务，标志着金融科技开始在实践领域大规模应用。2015 年，第十二届全国人民代表大会第三次会议的政府工作报告首次将"互联网 +"战略上升至国家战略层面，推动了互联网金融业的迅猛发展，以 BAT 为代表的互联网企业利用自身电子商务平台所汇集的海量交易和用户数据，衍生出一些新的金融科技业务模式，如互联网理财和互联网保险等。不过，互联网金融在概念的内涵和外延上并不完全等同于金融科技（专栏 8-7），而只是后者在发展初级阶段的一种特定场景下的应用。在这一时期，由于缺乏经验和监管引导，"野蛮生长"的互联网金融也滋生了一些乱象。直到 2016 年 4 月 12 日国务院办公厅颁布《互联网金融风险专项整治工作实施方案》（简称《实施方案》），过度狂热的互联网金融浪潮才逐渐消退，并逐渐转向具有深层次技术内涵的金融科技创新。

专栏 8-7

金融科技与互联网金融的联系与区别

金融科技与互联网金融在概念与内涵上既存在联系，又有一定的区别。从共性上看，金融科技与互联网金融都是科技与金融的结合，体现的都是运用现代科技手段进行金融创新的过程。从区别来看，互联网金融主要是对金融业务应用场景的拓展，现实中主要是将互联网作为一种新的销售渠道和模式，类似于将金融产品和业务搬到互联网的"货架"上出售和交易；相比之下，金融科技更加强调的是新型技术手段融入金融产品和服务过程中所产生的技术创新效应，这些效应具有扩展和重塑一部分金融基础设施的作用，因而对于现有的金融体系而言是一种新元素的引入，而不仅仅只是应用场景的简单变换。

从目前的共识性认知来看，金融科技强调的是技术手段对金融业所起到的支持、优化与辅助作用，其本质仍然是金融，因此，金融科技的发展仍然需要遵循金融发展的基本规律。相比之下，互联网金融的内涵相对更加模糊，既包括互联网企业所引入的"互联网＋金融"模式，也包括传统金融机构所引入的"金融＋互联网"模式。在这两种模式并行的情况下，由于理论上并未就互联网与金融之间"谁为主次"的问题进行明确区分，导致实践中出现了一些忽视金融本质和违背金融规律的现象，最终引发了互联网金融乱象和各种风险事件。从这个角度来看，无论何种性质的金融创新，都应该在遵循金融基本规律的前提下展开，而对金融基本规律的坚守也构成了任何情况下良好金融监管的基础性前提。

（资料来源：本专栏根据网上相关公开资料综合编撰。）

与金融科技的发展相对应，我国的金融科技监管发展也大致经历了以下四个阶段：

（1）金融信息保护阶段　在信息技术与金融业结合之初，网上银行与网络支付是主要的创新金融业务，金融科技监管的对象是传统金融机构，关注的重点是金融信息基础设施的建设以及金融信息的安全。

（2）风险警示阶段　金融与科技的深度结合产生了众多金融创新产品与业务模式，由于监管当局对这些产品与业务模式的本质属性和影响认识不足，并未出台具有针对性的监管政策，仅以发布风险提示的形式提醒市场参与者关注并防范金融风险。

（3）合规整治阶段　面对互联网金融业务频频"爆雷"，金融风险逐渐显露的问题，2015年中国人民银行等十部门联合印发《关于促进互联网金融健康发展的指导意见》，开始规范互联网金融业务形态，初步划分监管职责。2016年颁布的《实施方案》进一步规定各项业务的合法与非法、合规与违规的边界，明确各部门权责，采取"穿透式"监管方法，共同落实整治任务。随后，针对各类业务的监管细则接连出台，中国金融科技监管走向规范。

（4）科学规划和规范引导阶段　2019年8月，中国人民银行印发《金融科技发展规划（2019—2021年）》，明确提出中国金融科技发展过程中需要完成的六项重点任务和五个具体目标，并指出了促进金融科技稳定健康发展的四个审慎监管方向，以进一步增强金融业的科技应用能力，实现金融与科技的深度融合和协调发展，使我国的金融科技发展居于国际领先水平（专栏8-8）。

专栏8-8

《金融科技（FinTech）发展规划（2019—2021年）》的主要内容

2019年9月6日，中国人民银行印发《金融科技（FinTech）发展规划（2019—2021年）》（简称《规划》）。《规划》提出，中国金融科技发展的目标是：到2021年，建立健全金融科技发展的"四梁八柱"，进一步增强金融业科技应用能力，实现金融与科技深度融合、协调发展，明显增强人民群众对数字化、网络化、智能化金融产品和服务的满意度，使我国金融科技发展居于国际领先水平。

此外，《规划》还明确了金融科技发展的六项重点任务，即加强金融科技战略部署、强化金融科技合理应用、赋能金融服务提质增效、增强金融风险技防能力、加大金融审慎监管力度、夯实金融科技基础支撑。在夯实金融科技基础支撑方面，要求加强金融科技联合攻关、推动强化法律法规建设、增强信用服务支撑作用、推进标准化工作、强化金融消费者权益保护。其中，在加强金融消费者权益保护时，需要建立健全适应金融科技发展的消费者权益保护机制。

在强化金融科技合理应用部分，《规划》提出了五个具体目标，即科学规划运用大数据、合理布局云计算、稳步应用人工智能、加强分布式数据库研发应用、健全网络身份认证体系。其中，科学规划运用大数据要求"打通金融业数据融合应用通道，破除不同金融业态的数据壁垒，化解信息孤岛，制定数据融合应用标准规范，发挥金融大数据的集聚和增值作用，推动形成金融业数据融合应用新格局，助推全国一体化大数据中心体系建设"。

在加大金融审慎监管方面，《规划》提出了四个发展方向，即建立金融科技监管基本规则体系、加强监管协调性、提升穿透式监管能力、建立健全创新管理机制。其中，在建立金融科技监管基本规则体系时，要"充分借鉴国际先进经验，系统梳理现行监管规则，结合我国金融科技发展现状和趋势，加强金融科技监管顶层设计，围绕基础通用、技术应用、安全风控等方面，逐步建成纲目并举、完整严密、互为支撑的金融科技监管基本规则体系。针对不同业务、不同技术、不同机构的共性特点，明确金融科技创新应用应遵循的基础性、通用性、普适性监管要求，划定金融科技产品和服务的门槛和底线"。

8.3.2　我国金融科技监管体系的框架

我国的金融科技监管在复杂的实践过程中，秉持"摸着石头过河"的一贯审慎做法，逐步探索并建立了适用于我国金融科技发展的监管体系框架，初步涵盖了监管目标、监管主体、监管对象、监管模式、监管工具等方面的内容。

在监管目标方面，我国金融科技监管的目标与传统金融监管的目标总体一致：①防范、化解金融风险，维护金融系统的安全与稳定；②维持公平竞争的市场秩序，促进金融科技的健康发展与效率提高；③注重保护金融消费者的合法权益。

在监管主体方面，我国金融科技监管的主体包括"一委一行两会一局"，即国务院金融稳定发展委员会、中国人民银行、中国证券监督管理委员会、中国银行保险监督管理委员会及各地方金融监管局。2023 年 3 月，中共中央、国务院印发了《党和国家机构改革方案》，决定组建国家金融监督管理总局。国家金融监督管理总局成立后，涉及金融控股公司的监管职责和有关金融消费者保护的职责统一划入国家金融监督管理总局，同时，决定组建以下三个涉及金融科技研究和管理的部门：①中国人民银行数字货币研究所，负责数字货币研究和发展；②中国人民银行数据管理局，负责金融数据治理和应用；③中国人民银行科技部，负责金融科技和网络安全工作。除上述行政监管部门外，我国还引入以互联网金融协会为代表的行业自律组织作为监管主体的补充，对金融科技进行自我监督和自我规范。2017 年 5 月，中国人民银行金融科技委员会成立，其核心目标是深入研究金融科技发展对货币政策、金融市场、金融稳定、支付清算等领域的影响，加强金融科技工作的战略规划与政策指引。

在监管对象方面，随着金融与科技的深入融合，金融科技越发显现出跨部门和跨时空的特征。为此，我国金融科技监管的对象不仅包括各种传统类型的金融机构和业务，还涵盖其他各种可能对金融稳定产生重大潜在影响的科技企业或互联网企业及其相关业务。

在监管模式方面，为避免出现监管空白，我国目前正在同步发展纵、横两套组织体系，以对金融科技形成"网格式"的监管。其中，在垂直方向上，重点建设"中央为主、地方为辅"双层监管模式，即中央层面成立以人民银行为核心的整治工作领导小组，统筹全国整治工作，而银保监会和证监会等部门则各司其职，督促地方按全国统一部署落实各项工作；地方层面则贯彻落实《实施方案》提出的"属地组织"原则，即"各省级人民政府成立以分管金融的负责同志为组长的落实整治方案领导小组，组织本地区专项整治工作，制定本地区专项整治工作方案并向领导小组报备"。在水平方向上，根据《实施方案》中的"条块结合"原则，形成"以金融监管部门为核心，其他部门协调配合"的中心发散模式。

从监管工具来看，我国金融科技的监管工具可分为三大类：金融科技监管政策、监管科技和金融教育。在监管政策方面，我国目前已经颁布了多项有关金融科技各种业态的监管政策（专栏8-9）。在监管科技方面，目前监管部门已开始将大数据、区块链、人工智能、云计算等金融科技应用于监管和监测分析。例如，中国人民银行直属的"反洗钱监测分析中心"在日常接收和分析涉嫌洗钱和恐怖融资的可疑交易报告过程中，会利用基于大数据技术建设的反洗钱监测综合分析平台；银保监会将分布式区块链技术应用于 EAST 数据库，实现了对银行等金融机构十余项业务的线上合规监管，在节省监管成本的同时提高了监管效率。此外，监管当局还通过各种方式加强对投资者的金融教育，提高其风险防范意识，同时加强舆情监测和强化媒体责任，引导投资者合理合法反映诉求，维护良好的市场环境。

专栏 8-9

我国金融科技监管的一些主要政策

关于 P2P 业务，2016 年 8 月，中国银监会联合其他部门发布了《网络借贷信息中介机构业务活动管理暂行办法》（简称《办法》）。《办法》重申了 P2P 平台的信息中介本质，沿用负面清单的方式界定 P2P 业务的边界红线，并且明确提出 P2P 平台不得吸收公众存款、不得设立资金池等 13 条"监管红线"。此外，《办法》还要求 P2P 平台"应当实行自身资金与出借人和借款人资金的隔离管理，并选择符合条件的银行业金融机构作为出借人与借款人的资金存管机构"。

关于第三方支付，2017 年，中国人民银行办公厅发布《关于实施支付机构客户备付金集中存管有关事项的通知》，对支付机构的客户备付金实施集中存管，要求第三方支付机构应将客户备付金按照一定比例交存至指定机构专用存款账户，央行及商业银行暂不向第三方支付机构记付利息，第三方支付机构不得挪用、占用客户备付金。

关于区块链数字货币，2017 年，工商总局等七部门印发《关于防范代币发行融资风险的公告》，将代币发行融资界定为非法金融活动，任何组织和个人不得非法从事代币发行融资活动，各金融机构和非银行支付机构不得开展与代币发行融资交易相关的业务，加强代币融资交易平台的管理。

关于股权众筹业务，2018 年，中国证监会等 15 部门印发《股权众筹风险专项整治工作实施方案》，明令禁止以下六类行为：擅自公开发行股票、变相公开发行股票、非法开展私募基金管理业务、非法经营证券业务、挪用或占用投资者资金，以及对金融产品和业务进行虚假违法广告宣传。

8.3.3　我国金融科技监管的发展趋势

金融科技总体上是一个动态发展的新生事物，既孕育着一些符合金融规律、有助于金融产业创新发展的积极因素，也隐藏着一些可能对整体金融稳定和金融消费者权益造成损害的负面因素。监管部门需要在包容而审慎的理念下，根据科技金融的特点制定适宜的监管模式、方法和规则，不断提高监管的技术、能力和水平，在鼓励金融科技创新发展的同时，牢牢守住不发生系统性风险的底线。从目前的情况来看，我国金融科技监管的发展趋势可概括为以下四个方面：

1. 形成"规则 + 原则"的监管理念

有效的金融科技监管需要平衡创新与风险之间的关系：一方面，刚硬而严苛的规则监管固然有助于抑制金融风险，但由于监管部门的自由裁量权较小，对金融创新的包容性与容错性偏低，从长期来看不利于推动金融科技的积极创新；另一方面，宽松而包容的原则监管虽然有利于金融科技创新，但也可能因为"放任过度"而滋生各种金融乱象，最终扰乱金融市场秩序，不利于金融稳定和保护金融消费者权益。

目前，我国的金融科技监管体系总体上是以各种政策和条例为主的规则监管，可以适度引入一些原则性的监管思路，形成刚柔并济的"规则 + 原则"监管理念。其中，刚性的规则体系主要用于确保金融科技的稳定发展；而柔性的原则则主要用于"开放式容错"，通过给科技金融企业"松绑"，鼓励其积极展开金融创新。简言之，规则是明确底线和禁区，而原则则是打开边界和空间，让金融科技企业在总体风险可控的范围内自由探索，充分释放其主观能动性和创新潜力。此外，"规则 + 原则"的监管理念还能促进金融科技企业与监管当局之间的良性互动。同时，监管当局由于拥有较大的自由裁量权，可以根据实际情况的变化适时动态调整监管政策，这也有助于提高监管的灵活性和有效性。

2. 探索中国版"监管沙盒"模式

在众多国家与地区的金融科技监管实践中，监管沙盒被认为是一种能在控制金融风险前提下促进金融科技创新的有效模式。基于金融科技的共性特征，监管沙盒也可以成为我国金融科技监管框架中的一个有益组成部分。从现实进展来看，2019 年中国人民银行等六部委批准在十省市开展为期一年的金融科技应用试点（专栏 8-10）。该试点是我国首次尝试引入监管沙盒理念及管理流程，市场称之为中国版"监管沙盒"。其主要流程分为"开放申请窗口—公布申请结果—做出中期评估—决定是否推向市场—沙盒外评估"五步，具体如图 8-4 所示。

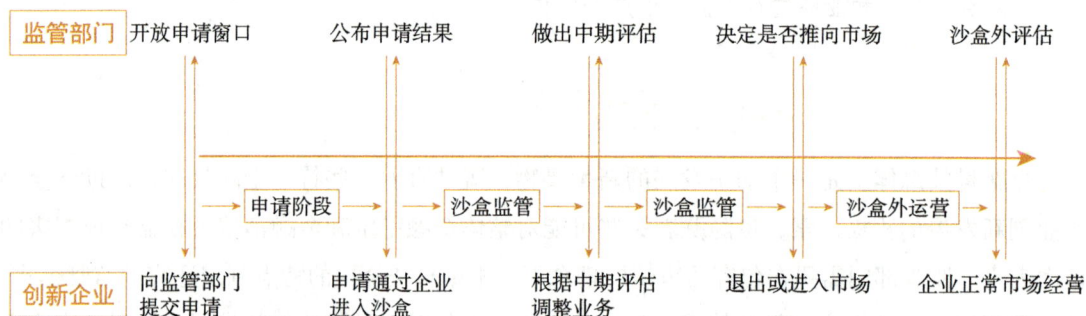

图 8-4 中国版"监管沙盒"的主要流程

总体来看，中国版"监管沙盒"在设计之初就考虑了包容性和审慎性。从金融的角度来看，刚性的门槛是坚持"金融科技的本质是金融"这一核心定位，把从事金融业务必须持牌经营作为一项基本要求。从科技的角度来看，监管沙盒需要明确科技安全的底线和标准，使相关产品能够通过沙盒充分测试和迭代完善。此外，历史经验表明，监管力度也是影响金融监管效果的重要因素，合适的监管力度有助于平衡创新和风险之间的关系。不过，监管沙盒也不是万能的，通常存在适应性和公平性等方面的不足。前者是指小范围试验不等于大范围推广，由于监管沙盒是小范围内真实场景下的一种测试，如果将小范围放大，可能会出现不适应和出现"集体谬误"问题；后者是指由于沙盒机制下的监管自由权较大，一些并无真实创新内涵的项目也有可能进入监管沙盒，从而获得一定的特权，这会导致不公平竞争问题。在中国版"监管沙盒"发展完善的过程中，需要很好地平衡和解决上述问题。

专栏 8-10

我国首批金融科技应用试点及其监管情况

自试点批复后，十省市陆续提出了不少的项目，大致可分为两类：一类是防范风险，如反洗钱和反欺诈，如何控制非法集资、防止资金盗用以及加强理财风控等；

另一类是运用科技手段服务小微企业和民生领域，如人脸识别技术的改进和隐私保护等。

2019 年 12 月 5 日，中国人民银行支持在北京市率先开展金融科技创新监管试点，首批 6 项创新应用已于 2020 年 3 月 16 日经公示审核通过。根据中国人民银行北京营业管理部披露，首批正式入选的金融科技应用包括基于物联网的物品溯源认证管理与供应链金融、微捷贷产品、智令产品、**AIBank Inside** 产品、快审快贷产品以及手机 **POS** 创新应用；对应的试点单位分别为中国工商银行、中国农业银行、中信银行 / 中国银联 / 度小满 / 携程、百信银行、宁波银行、中国银联 / 小米数科 / 京东数科。

目前，只有持牌金融机构可以申请入盒，金融科技企业只能"搭伴入盒"。从试点项目分布来看，目前进入监管沙盒的创新项目更多的是技术手段、业务流程等方面的应用试点，具体业务方面的创新还不是很多。一些专家建议，下一步可考虑允许非持牌机构申请进入沙盒，初期可以要求非持牌机构与持牌机构合作，测试期间使用限制性牌照等监管工具。

3. 发展监管科技和实施"穿透式"监管

如前文所述，监管科技是现代金融监管基础设施的重要组成部分，且与金融科技的特性相适应。在金融科技监管的过程中，为了使监管做到有数据、有手段、有路径、有规则、有标准，金融监管当局需要打通部门之间的"数据孤岛"，建立信息共享机制，同时重点培育和运用大数据、云计算、人工智能及区块链等新兴监管技术，让监管科技与金融科技同步提升，确保监管始终动态有效。事实上，发达的监管科技不仅能够提高金融科技监管的效果和效率，还能够让金融科技企业更好地合规发展，进而促进金融科技的持续创新和应用，提高金融科技服务金融和支持实体经济的效率。

此外，针对金融科技普遍存在的跨部门和跨时空特性，为避免出现"监管空白"和"监管空隙"，还需要将"功能性"监管和"穿透式"监管的理念融入监管框架和实践之中。具体而言，对金融科技不应再按照具体的业务形态来划分，而要基于其所发挥的金融功能来划分，因为技术虽然是不断创新迭代的，但其基本的金融功能是稳定不变的。金融监管当局应立足于金融科技企业和业务的金融属性，根据实质性原则确定功能属性，然后根据功能属性确定对应的监管规则。在此基础上，监管当局还应通过"穿透式"监管，把金融科技企业的资金来源、中间环节和最终投向"一竿子插到底"，贯穿起来，明确业务之间的嵌套和关联关系，然后综合全部信息判断相关业务的性质，并执行相应的监管规定。

4. 构建综合化和立体化的协同监管体系

基于我国现有的监管资源，可以考虑构建综合化和立体化的协同监管体系，并明确层次划分和责任定位。具体而言，在现有以"一委一行两会一局"为代表的官方监管当局（第一监管主体）、金融科技企业（第二监管主体）、行业自律组织和投资者等其他市场参与主体（第三监管主体）三方并存的体系下，中央金融委员会和中国人民银行等官方监管主体主要负责制定监管制度、原则和规则，从宏观层面上实现对金融科技的监管；金融科技企业则基于对自身财务结构、业务模式、技术产品等信息的了解，根据监管部门的一般性要求建立符合自身特点和需要的内部风险控制机制，从微观层面上实现金融科技企业的自我监督；而行业自律组织等其他市场主体则以非官方第三监管主体的身份，通过制定行业标准和反不正当竞争等制度，完善自律惩戒机制，开展风险教育，对金融科技企业行为的合规性进行监督。此外，为形成良好的国际金融科技治理环境，统一金融科技监管的国际标准，我国还应加强与国外金融监管机构的交流与合作，建立不同国家和地区之间的信息共享和合作机制。

【本章小结】

从宏微观相结合的角度，金融监管可以被大致定义为通过维护金融体系的稳定有序运行以提高资源配置效率和维护社会公众利益的一种金融制度安排。金融监管对金融体系的良性运行具有重要作用，主要是源于以下两个方面的基本事实：①金融体系所具有的巨大外部性效应使其在很大程度上具备（准）公共产品的属性，这使得政府的外部监管具有介入的合理性和必要性；②金融体系运行的复杂性和网络关联性使其内涵的扭曲和失败比其他市场更为严重，单靠市场的自我调节和矫正机制很难阻止这些蔓延的扭曲和失败。

金融监管框架一般包括金融监管的目标、原则、方法（工具）和体制安排等方面的要素，这些要素构成了一国金融监管体系的核心要点。金融监管框架明确了一个国家的金融监管部门应该基于什么目标、根据什么原则、采用什么方法和工具，以及在什么样的一个体制框架下去实施金融监管活动。良好的金融监管框架至少应满足以下基本标准：①明确的监管目标；②清晰的监管原则；③丰富的监管方法与工具；④有效的监管决策与行为；⑤合理的监管体制与机制。从监管过程来看，金融监管实施的动态过程主要包括四个核心步骤：监管决策、监管实施、监管调整和监管效果评估。

金融科技带来的监管挑战主要包括：①金融科技的跨界化与分业监管的结构性错配可能导致"监管空白"；②金融科技的去中介化考验监管当局的风险识别能力；③金融科技的去中心化与中心化的监管体系存在制度性错配；④金融科技的数字化可能会诱发一些新的技术风险；⑤部分金融科技实际上是披着"金融创新"外衣的监管规避，这对监管当局的科技识别能力提出了更高要求。

金融科技的跨界性、技术性以及复杂性等特征使其明显区别于传统的金融活动，因而不能简单地将传统的金融监管方式直接"套用"在金融科技的监管上。在此背景下，监管科技应运而生。所谓监管科技，是指通过在监管过程中引入各种金融科技，更加有效地解决监管合规问题，并降低金融机构的合规成本。

　　金融科技监管的主要模式包括"监管沙盒"模式、"法链"模式、"创新中心"模式和"创新加速器"模式。未来金融科技监管的发展趋势包括：①从规则监管转向更加包容的原则监管；②强化风险识别和宏观审慎监管；③应用监管科技和引入协同监管；④加强国际合作和促进监管协调。

　　我国的金融科技监管在复杂的实践过程中，秉持"摸着石头过河"的一贯审慎做法，逐步探索并建立了适用于我国金融科技发展的监管体系框架，初步涵盖了监管目标、监管主体、监管对象、监管模式、监管工具等方面的内容。从未来发展看，我国的金融科技监管呈现以下几个趋势：①形成"规则＋原则"的监管理念；②探索中国版"监管沙盒"模式；③发展监管科技和实施"穿透式"监管；④构建综合化和立体化的协同监管体系。

　　金融科技总体上是一个动态发展的新生事物，既孕育着一些符合金融规律、有助于金融产业创新发展的积极因素，也隐藏着一些可能对整体金融稳定和金融消费者权益造成损害的负面因素。监管部门需要在包容而审慎的理念下，根据科技金融的特点制定适宜的监管模式、方法和规则，不断提高监管的技术、能力和水平，在鼓励金融科技创新发展的同时，牢牢守住不发生系统性风险的底线。

【关键词】

　　公共产品　外部性效应　现场检查　非现场检查　监管目标　监管原则　监管工具　监管决策　监管科技　规则监管　原则监管　监管沙盒　法链模式　创新中心　创新加速器　包容性监管　审慎性监管　穿透式监管

【复习思考题】

1. 解释说明良好的金融监管需要满足的标准。
2. 简要说明金融科技给金融监管带来的挑战。
3. 简要阐述金融科技监管的主要模式及其原理。
4. 简要阐述未来金融科技监管发展的可能趋势。
5. 简要说明我国金融科技监管的现状和未来发展方向。

参考文献

［1］韩大涛. 区块链供应链金融规范管理与风险管控 [M]. 北京：中国商业出版社，2020.

［2］黄斯狄. 区块链金融：重塑互联网经济格局 [M]. 北京：电子工业出版社，2018.

［3］唐文剑，吕雯，等. 区块链将如何重新定义世界 [M]. 北京：机械工业出版社，2016.

［4］曹偾，林亮，李云，等. 区块链研究综述 [J]. 重庆邮电大学学报（自然科学版），2020，32（1）：1-14.

［5］代闯闯，栾海晶，杨雪莹，等. 区块链技术研究综述 [J]. 计算机科学，2021，48（S2）：500-508.

［6］傅丽玉，陆歌皓，吴义明，等. 区块链技术的研究及其发展综述 [J]. 计算机科学，2022，49（S1）：447-461.

［7］郭上铜，王瑞锦，张凤荔. 区块链技术原理与应用综述 [J]. 计算机科学，2021，48（2）：271-281.

［8］郭婷玉，刘慧瑶，朱烨婷. 互联网金融背景下个人征信体系的发展与完善：以芝麻信用为例 [J]. 市场研究，2020（6）：30-31.

［9］解黎，姚世坤. 区块链技术在征信领域应用探究 [J]. 征信，2018，36（8）：26-30.

［10］李博文. 人工智能的金融应用研究 [J]. 金融科技时代，2020，28（3）：18-21.

［11］刘翔. 区块链技术赋能的供应链金融模式研究 [J]. 会计之友，2021（23）：148-152.

［12］马克，张泽栋. 法定数字货币对货币创造体系的影响研究 [J]. 经济纵横，2022（1）：110-119.

［13］马勇. 金融监管学 [M]. 北京：中国人民大学出版社，2021.

［14］马勇. 金融伦理学 [M]. 北京：中国人民大学出版社，2022.

［15］王玉. 基于区块链技术的跨境支付结算创新研究 [J]. 海南金融，2021（10）：71-79.

［16］徐俊，范增杰. 百度金融在中国的兴起：互联网金融"平台引流"发展模式新范例 [J]. 金融法苑，2015，（2）：26-35.

［17］徐忠，孙国峰，姚前. 金融科技：发展趋势与监管 [M]. 北京：中国金融出版社，2017.

［18］杨涛，邹凯琳. 人工智能在信用评级中的应用 [J]. 全国流通经济，2020（16）：160-162.

［19］易宪容. 金融科技的内涵、实质及未来发展：基于金融理论的一般性分析 [J]. 江海学刊，2017（2）：13-20.

［20］赵旭. 基于区块链技术的证券行业应用前景及业务开展路径探析 [J]. 上海立信会计金融学院学报，2018（6）：94-103.

［21］朱林. 区块链技术在保险行业的应用场景分析 [J]. 软件，2021，42（6）：180-182.

［22］科斯. 金融科技 150 年变革 [J]. 刘冬影，译. 金融市场研究，2020（1）：9-15.

［23］BAGEHOT W. Lombard street：a description of the money market[M]. London：Henry S. King & Co.，1873.

［24］CAMERON R. Banking in the early stages of industrialization：a study in comparative economic history[M]. New York：Oxford University Press，1967.

［25］ELING M，NUESSLE D，STAUBLI J. The impact of artificial intelligence along the insurance value chain and on the insurability of risks[J]. The geneva papers on risk and insurance-issues and practice,2022,47(2): 205-241.

［26］HICKS J. A theory of economic history[M]. New York：Oxford University Press，1973.

［27］KAUR D，SAHDEV S L，SHARMA D，et al. Banking 4.0：'the influence of artificial intelligence on the banking industry & how AI is changing the face of modern day banks'[J]. International journal of management，2020，11（6）：577-585.

［28］KSHETRI N. The role of artificial intelligence in promoting financial inclusion in developing countries[J]. Journal of global information technology management，2021，24（1）：1-6.

［29］KUMAR N，SRIVASTAVA J D，BISHT H. Artificial intelligence in insurance sector[J]. Journal of the gujarat research society，2019，21（7）：79-91.

［30］MALALI A B，GOPALAKRISHNAN S. Application of artificial intelligence and its powered technologies in the Indian banking and financial industry：an Overview[J]. IOSR Journal of humanities and social science，2020，25（4）：55-60.

［31］MHLANGA D. Industry 4.0 in finance：the impact of artificial intelligence（AI）on digital financial inclusion[J]. International journal of financial studies，2020，8（3）：1-14.

［32］SCHUMPETER J. The theory of economic development[M]. Cambridge：Harvard University Press，1912.

［33］ZINISHA O. S，IVANENKO I N，AVDEEVA R A. Artificial intelligence as a factor to improve bank efficiency[J]. Indo American journal of pharmaceutical sciences，2019，6（3）：6917-6919.